中国地方学研究成果系列

地方学研究

第8辑

奇海林　杨勇　王春霞　主编

学苑出版社

图书在版编目（CIP）数据

地方学研究．第 8 辑 ／ 奇海林，杨勇，王春霞主编．—北京：学苑出版社，2024.5
　ISBN 978-7-5077-6967-8

　Ⅰ．①地… Ⅱ．①奇… ②杨… ③王… Ⅲ．①地方文化-中国-文集 Ⅳ．① G127-53

中国国家版本馆 CIP 数据核字 (2024) 第 099382 号

责任编辑：战葆红
出版发行：学苑出版社
社　　址：北京市丰台区南方庄 2 号院 1 号楼
邮政编码：100079
网　　址：www.book001.com
电子信箱：xueyuanpress@163.com
联系电话：010-67601101（销售部）　010-67603091（总编室）
印　刷　厂：内蒙古掌印文化科技有限公司
开本尺寸：710 mm×1000 mm　1/16
印　　张：27.25
字　　数：425 千字
版　　次：2024 年 5 月第 1 版
印　　次：2024 年 5 月第 1 次印刷
定　　价：89.00 元

编 委 会

顾　　问：奇·朝鲁　　陈育宁

主　　编：奇海林　　杨　勇　　王春霞

副 主 编：龚萨日娜　奇　慧　　李月琴　　吴秋莹

委　　员：陶文辉　　甄自明　　乌宁夫　　钱格祥

　　　　　甘宜汴　　牧　兰　　崔云娜　　吴晶晶

　　　　　于　妍　　韩云鹏　　王子华　　李沂恩

　　　　　杨　婷　　高兴超　　陈　峥　　夏　博

　　　　　单塔娜

前 言

2022年9月16日，鄂尔多斯学研究会成立20周年。20年来，鄂尔多斯学研究会始终坚持"立足鄂尔多斯、研究鄂尔多斯、服务鄂尔多斯"的发展理念和"思想体系+知识体系+话语体系+应用服务"的发展思路，走出了"因时代而立、因作为而兴、因交流而跃、因个性而美、因文化而强"的良性发展道路。

20年来，鄂尔多斯学研究会作为我国地方学百花园中一朵鲜艳夺目的"马兰花"，芬芳四射，赢得众多赏花者拍手称赞。究其原因，不外乎三个方面：首先，研究会这个平台基础扎实、道路平坦，有利于"凝心研究、聚力服务"；其次，社会环境优越，智库作用与日俱增，有利于研究成果为社会服务；再次，研究会组织力量强，研究队伍老中青竞争有力，有利于研究项目或课题良性运行。

2023年，对鄂尔多斯学研究会而言，可谓喜事连连。上半年，自治区民委启动了为期三年的《南京知青在草原》重大课题，使命与重任更加艰巨。可贺的是，在全国社科联第二十一次学会工作会议上，鄂尔多斯学研究会荣获"全国社科联先进社会组织"荣誉称号；下半年，市委宣传部要求研究会完成《鄂尔多斯70年发展历程、成就及经验》《印记鄂尔多斯》两项重大课题，就在如此关键时刻，研究会又被民政部门评定为"5A 社会组织"。实践再一次证明，在鄂尔多斯学研究会的路途中，鼓励和鞭策总是结伴而来。

本辑从鄂尔多斯学研究、地方学研究、铸牢中华民族共同体意识研究、历史研究、经济研究、文化教育研究等 6 个方面收集了全国地方学专家学者的 50 余篇论文和研究报告。在此，编委会诚挚感谢所有作者提供的研究成果与研究者付出的辛勤劳动。

本辑由鄂尔多斯学研究会副会长、专家委员会秘书长王春霞负责协调统筹事宜，由王春霞、龚萨日娜、奇慧、李月琴、吴秋莹进行具体文字整理，对她们的辛勤劳动，表示谢意。

本辑的出版还得到荣誉会长奇·朝鲁、陈育宁、夏日、雷·额尔德尼、郭启俊、杭栓栓等老前辈的关心与关注，得到学苑出版社的鼎力支持和帮助，在此一并致谢！

由于我们的能力所限，文辑中如有不妥之处，敬请同人批评指正。

编委会
2023 年 10 月 10 日

目 录

鄂尔多斯学研究

继往开来，勇毅前行
　　——庆祝鄂尔多斯学研究会创建20周年大会致辞 ………… 奇海林（3）
创建地方学　彰显正能量
　　——庆祝鄂尔多斯学研究会创建20周年 ………………… 夏　日（6）
研究鄂尔多斯学的奉献者
　　——写在鄂尔多斯学研究会成立20周年之际 ……… 雷·额尔德尼（10）
二十年接续奋斗　新征程再创辉煌………………………… 王　云（17）
在鄂尔多斯学研究会的日子
　　——庆祝鄂尔多斯学研究会创建20周年 …………………… 齐凤元（21）
秉持初心　创新发展　成就非凡
　　——鄂尔多斯学研究会建会20年的回顾与前瞻 ………… 潘　洁（29）
致敬！鄂尔多斯学研究会………………………………… 阎秉忠（37）
文化自觉走向文化自信的鄂尔多斯学研究会……………… 高海胜（41）
写在鄂尔多斯学研究会成立20年之际 ………… 赵　谟　苏丽娅（51）
我心中的鄂尔多斯学研究会……………………………… 弓生淖尔布（62）
与鄂尔多斯学研究会的情缘……………………………… 李申德（66）
回顾鄂尔多斯学创立20年 ……………………………… 包海山（77）

勇立潮头　再攀高峰
　　——写给鄂尔多斯学研究会 …………………………… 张冷习（85）
用学术为城市代言
　　——写在鄂尔多斯学研究会成立20周年之际 ………… 杨鹏飞（90）
砥砺前行　创新有为
　　——成绩卓著的20年 …………………………………… 杨　莉（100）
鄂尔多斯学研究是地方学研究的一面旗帜………… 徐进昌　殷继红（104）
开展学术交流　共创研究成果的平台——鄂尔多斯学研究会
　　……………………………………………………… 龚萨日娜（107）
独家创立　贡献卓著的专家委员会………………………… 潘　洁（112）
浅谈鄂尔多斯文献馆地方文献数字化建设………………… 奇　慧（118）
鄂尔多斯学杭锦旗研究会这五年…………………………… 冯春生（123）

地方学研究

日本的地方学与"地方创生"实践经验……………………… 龚　卉（133）
关于中国地方学学科体系探索的思考
　　——以厦门学研究为例 ………………………………… 陈　耕（142）
地方学研究的特点………………………………………… 谢耀亭（150）
地方学研究如何谋求"突围"
　　——以"内蒙古学"的构建为例 ………………………… 胡益华（156）
学科学：地方学研究的方法论……………………………… 刘开美（162）
量化、网络化研究与地方学发展前景……………………… 钟昌斌（168）
新时代新疆地方学发展思考
　　——以新疆塔城学为例 ………………………………… 仇安鲁（179）
创建张家口学的可行性研究……………………………… 李殿光（196）
北京学和澳门学的比较分析……………………………… 张冷习（207）

内蒙古研究的新立意新格局新气象
　　——评新书《内蒙古学概论》 ……………… 王利俊（218）
地方学研究的鄂尔多斯学研究会实践与启示…………奇海林（222）
凝心研究、聚力服务的鄂尔多斯学研究会 ………… 王春霞（229）

铸牢中华民族共同体意识研究

铸牢中华民族共同体意识的札萨克实践………… 王春霞　牧　兰（239）
铸牢中华民族共同体意识的准格尔旗实践
　　…………………… 奇海林　唐达来　杨福林　侯　旭（247）

历史研究

北京传统胡同街巷命名方式及特点研究……… 李　莹　朱永杰（259）
北京孔庙和国子监的文化价值与活化利用………………张雨盟（267）
康熙第二次亲征噶尔丹所经内蒙古西部地方地名研究………刘忠和（275）
探究中国古都地理空间机制………………………………姚亦锋（286）
古代黄石地区矿冶地方文化的传播
　　——以明清时期《大冶县志》为例 ……………… 刘金林（295）
广州"花城"探源……………………………………………梁达平（304）
东胜区罕台镇的蒙古语村名、地名……………………刘忠和（311）

经济研究

黄河"几字弯"乡村人才振兴的对策建议
　　——以鄂尔多斯为例 ……………………奇海林　苏利英（317）
论鄂尔多斯经济增长与民生改善的协调发展………李相合　郭玉伟（328）
见证鄂尔多斯市改革开放四十年的伟大社会变革和辉煌成就的点滴片段
　　………………………………………………………赵　谟（338）
乡村振兴的巴润哈岱实践………… 甘宜汧　乌宁夫　王春霞（352）

联动发展的展旦召实践……………………………乡村振兴课题组（362）

文化教育研究

原乡漫瀚调唱响布尔陶亥………………………………………杨　勇（375）

鄂尔多斯——伊克赛…………………………………………潘照东（379）

二十年，不断加深对成吉思汗陵文化内涵的认识…………旺楚格（387）

鄂托克岩画保护存在的问题与保护对策的思考…………马西毕利格（394）

深化合作　协同创新　推动学校思想政治理论课建设………陶文辉（399）

推动职业教育高质量发展的思考………………………………付　瑞（405）

铸牢中华民族共同体意识的逻辑演进与新时期学校民族团结教育创新实践研究

　　——鄂尔多斯市第一中学伊金霍洛校区民族团结教育工作纪实

　　………………………………………………………………陈　峥（412）

鄂尔多斯教育如何与经济同步高质量发展………………………杨　莉（417）

鄂尔多斯学研究

继往开来，勇毅前行

——庆祝鄂尔多斯学研究会创建 20 周年大会致辞

奇海林

在党的二十大即将召开这一举世瞩目的时节，鄂尔多斯学研究会迎来了二十华诞的庆典时刻，现场和线上的朋友们，让我们用真诚热烈的掌声祝福鄂尔多斯学研究会 20 岁生日快乐！

20 年前，2002 年 9 月 16 日，鄂尔多斯学研究会紧随鄂尔多斯市的成立，在首任会长奇·朝鲁先生的精心运作下，实现了从无到有，勇敢地走进我国地方学的百花园。

20 年来，鄂尔多斯学研究会始终坚持"创品牌地方学、建和谐研究会"的目标，坚持"立足学术、服务建设、创新机制、着眼发展"的会旨，坚持"举社会之力、办大众之事"的理念，坚持"向心、奉献、低调、务实、节俭、高效"的会风，坚持"因时代而立、因作为而兴、因交流而跃、因个性而美、因文化而强"的特点，坚持"知识体系+应用服务"的机制，研究成果有目共睹，服务效果众人皆知，不仅成为鄂尔多斯市本土的知名智库，而且首创了中国地方学研究联席会制度，从地方先进社团组织走向全国先进社团组织，多次受到各级党政组织的褒奖和表彰。

借此机会，我们向奇·朝鲁先生、夏日先生、陈育宁先生等鄂尔多斯学研究会第一代拓荒者，致以崇高的敬意！鄂尔多斯学研究会第五届常务理事会决定，授予奇·朝鲁先生、夏日先生、陈育宁先生"鄂尔多斯学宗师·泰斗"荣誉称号，授予奇·朝鲁先生、夏日先生、陈育宁先生荣誉会长光荣称号，感谢三位老先生为鄂尔多斯学研究会做出的历史性贡献。20 年来，在三位老先生的共同努力下，鄂尔多斯学研究会这个地方学研究平台为鄂尔多斯市人的全面发展、为地区的现代化建设发挥了不可替代的智库作用，他们不仅是鄂尔多斯学这个平台的灵魂，也是鄂尔多斯学精神的传承者，更是鄂尔多斯学研究会的薪火传承人。

在三位老先生的带领下，一大批热爱鄂尔多斯的老干部、老知识分子立足鄂尔多斯、研究鄂尔多斯、服务鄂尔多斯，共同梳理了各民族交往交流交融的鄂尔多斯辉煌历史、灿烂文化，《鄂尔多斯大辞典》《鄂尔多斯学概论》等一大批著作，凝聚了他们这一代人的学识与心智。

作为第二任会长，我代表第五届理事会，向第一、二、三、四届理事会的同人，向所有参与过鄂尔多斯学研究会的同人，表示真诚的谢意！你们为鄂尔多斯学研究会所做出的一切努力，将永远铭记在鄂尔多斯学研究会的历史丰碑之中。正如习近平总书记曾经说过的，"一切有理想、有抱负的哲学社会科学工作者都应该立时代之潮头、通古今之变化、发思想之先声，积极为党和人民述学立论、建言献策，担负起历史赋予的光荣使命"。你们是鄂尔多斯的骄子楷模，鄂尔多斯人将永远记着你们。

20年来，鄂尔多斯学研究会始终坚持"凝心研究、聚力服务"的根本目的，顺利实现了新老交替，由探索发展阶段迈入高质量发展阶段。

《2035 的鄂尔多斯》《红色鄂尔多斯》《绿色鄂尔多斯》《文化鄂尔多斯》《发展鄂尔多斯》《幸福鄂尔多斯》《走好新路子 建设先行区》等一大批服务现实的著书立说陆续出版发行，人们的视线里，鄂尔多斯学研究会注重新时代、注重新理念、注重新发展的新面孔，令人刮目相看、叫人耳目一新，社会各界再一次高度重视鄂尔多斯学研究会这个重要智囊库。

2021 年，鄂尔多斯学研究会被内蒙古自治区社科联确定为"内蒙古自治区社会科学创新平台——沿黄生态保护与高质量发展智库联盟"牵头单位，新的历史使命和任务更加任重道远，立足鄂尔多斯，立足"几字弯"，还要跳出鄂尔多斯，跳出"几字弯"，但还不能离开鄂尔多斯，离开"几字弯"，既要考量人类命运共同体，铸牢中华民族共同体意识，还要牢牢把握"两个屏障""两个基地""一个桥头堡",生态优先、绿色高质量发展的新路子,更要为鄂尔多斯市和黄河"几字弯"现代化建设走出新路子、建设先行区、当好排头兵建言献策,不断提供更多更好的决策咨询意见。

同人们,在未来的五年,我们将用机制保障研究会常务理事会的工作坚强有力。用项目、课题带动研究人员创造出更多更好的学术成果。用激励机制吸引更多更好优秀中青年专家学者参与研究会项目和课题。用好用活"智库联盟"这个自治区级研究平台。打造两个以上自治区级研究机构或高等院校的合作研究平台。创新与全国地方学研究平台的合作协同机制。高质量完成《鄂尔多斯大辞典》修订编纂工作。培养出一批研究鄂尔多斯有影响力的中青年专家。

同人们,鄂尔多斯学研究会第五届理事会,将牢记嘱托,不辱使命,踔厉奋发,砥砺前行,在习近平新时代中国特色社会主义思想的指引下,沿着中国特色社会主义现代化建设道路,以项目、课题为中心,以高等院校、党校、博物院、融媒体和社会各界关注鄂尔多斯社科问题的专家学者为基本队伍,以全国各地关注鄂尔多斯的学者为专家,开放办会,灵活运作,机制用人,充分调动一切社会力量,在"实力鄂尔多斯、活力鄂尔多斯、绿色鄂尔多斯、宜居鄂尔多斯、幸福鄂尔多斯"建设过程中,书写更多符合鄂尔多斯发展、带有鄂尔多斯泥土芬芳的好文章。

奇海林,鄂尔多斯学研究会会长,专家委员会主任。

创建地方学　彰显正能量

——庆祝鄂尔多斯学研究会创建 20 周年

夏　日

地方学研究是一门老学科，但大面积发展是近 20 年来的事。还是由鄂尔多斯学研究会的创立与助推，才使不少地方的有志者积极行动和组织起来，使地方学研究事业进入一个新阶段。

鄂尔多斯学研究会是由一位退休的老领导创办起来的，他依靠当地的"土专家"、学者、热爱家乡的志愿者以及关心鄂尔多斯的外地专家和走出去的鄂尔多斯人开门搞科研，闯出了一片新天地。他就是鄂尔多斯市的前身——内蒙古自治区原伊克昭盟常务副盟长、一级巡视员奇·朝鲁同志。

20 年来，鄂尔多斯学研究会在奇·朝鲁同志、陈育宁同志、奇海林同志和杨勇同志的领导下做了大量有效工作，取得很大成就，做出很大贡献，产生很大影响。

一　工作、贡献、影响力

一是发表了大量学术性、创新性、理论性文章。二是出版了一大批涉及不同领域的书籍。以上两项，我估计是鄂尔多斯包括原伊克昭盟，发表文章、出版著作最多最丰富的时期。三是编辑出版了对鄂尔多斯阶段性研究成果的集大成者——《鄂尔多斯大辞典》。这本书对了解鄂尔多斯、认识鄂尔多斯、宣传鄂尔多斯、研究鄂尔多斯，乃至于建设鄂尔多斯发挥了并且继续发挥着深刻而重大的作用。经过这次修订，《鄂尔多斯大辞典》的内容会更全面、更深刻，作用也会更大。四是培养了一大批地方学研究人员和不同专业的专家，以及写作、创作人员。这一群人不但发挥了积极作用，做出了应有贡献，而且会进一步发酵做出更多贡献，其影响和精神还会传宗接代。五是进一步激发了鄂尔多斯人，包括走到各地甚至走到各国各地区的鄂尔多斯人，更加热爱家乡，多为家乡做贡献的意识和情怀，这也是一种热爱祖国的爱国情怀。六是为形成关心地方学研究、关心地方建设事业、热爱学习、写作、创作的文明、和谐、积极向上的社会氛围散发着正能量的传导影响。七是团结吸引了不少外地专家、学者，来鄂尔多斯考察、调研，甚至参与研究、建言献策、对外宣传鄂尔多斯，扩大了鄂尔多斯的影响力和知名度。八是为地方党政领导和部门工作，提供了不少好意见、好思路，肯定也为地方"五位一体"总体布局、"四个全面"战略布局的贯彻，发挥了积极作用。

以上八条，是我谨从鄂尔多斯学研究会 20 年工作影响力方面，概括的工作成绩和做出的社会历史贡献。实际上，创建研究会本身就是一个大贡献。

二 我只讲一条经验

这条经验，就是开门办会——地方学研究工作的群众路线。这也是鄂尔多斯学研究会"举社会之力、办大众之事"理念的具体化。地方学是一门交叉学科，对地方而言也是带有全面性的学说。它像一所综合大学，有许多专业需要设置，需要涉及。一个地区又没有许多研究机构和高等院校，更没有专门、专职科研人员。作为一个群众团体、民间组织最好的办法，就是走群众路线，开门办会，开门搞研究。鄂尔多斯学研究会，做到了，而且做得很好，很有成就，并且创造了一套经验。广泛动员干部群众，广征博集文章、书稿，采访挖掘老同志和学者意见史料，从中发现民间科研成果，发现课题立论，发现参与者；面上开花，点上扎根，逐步形成研究概论；走出去，请进来，主动联合有关部门和机构，搞研讨、办论坛，推动社会研究工作；联系各地地方学研究机构和研究者组织联席会议，互学互鉴，合作交流，而且成功助推了更大范围的地方学研究。

三 对今后工作的几点想法

（一）深化一些课题的研究

对 20 年中经过研究会发表、出版的文章和书籍，仔细梳理一下，整理出其中提到的课题、立论、问题和建议，从中筛选出需要深化、补充研究的课题，分别交给几位专家委员会委员深化研究，找资料、找专家，拿出成果，进行论证鉴定。

（二）河套人文化

至今没有见到一本关于河套人文化的专著或论文集。请研究会委托专人，关注一下。确认有无专著，有的话引进来，设法再版，补充我们的文献资料；或是把隐藏在各种历史书籍中的介绍文章、研究论述，摘录下来，出一本专集。

（三）北方骑马民族是从这里出去的观点

内蒙古文物考古队田广金教授在世时曾说，他从文物考古中发现，北方骑马民族是由原始社会末期，从中原地区北部、内蒙古南部地区、鄂尔多斯一带走出去的人们形成的。所谓北来说、西来说理论，是当时只发现进来的文物根据，而内蒙古朱开沟、大窑文化考古发现的是走出去的证据。从时间及今天的气候情况推测，田教授说得似乎有道理，但需要依据考古学资料、历史知识和自然知识，经过详细考察、验证，才能确定其是否是事实。不管是否是历史事实，进行研究，还是有意义、有价值的。

（四）鄂尔多斯的青铜文化

鄂尔多斯历史上是多民族交往、交流、交融的地区，是农耕文化、草原文化、黄河文化的结合体，应该在资料收集整理的基础上深化研究，用事实和结论，证明鄂尔多斯文化是中华民族共同体文化的集中体现。

（五）近现当代的爱国主义历史人物、革命先烈以及有大贡献、大功劳者，把他们的先进事迹、故事整理出来，编辑成书。树碑立传，启发教育后人

我的想法是把类似这样一些历史事迹、历史人物的故事，经过研究，单独成书，最终搞出一套鄂尔多斯历史丛书。再经过综合研究，总结几点规律性、

有特点的结论，让人们学习、了解、传颂。进一步提高鄂尔多斯人的自豪感、凝聚力，抒发乡愁。

（六）建议研究会在"服务建设"办会宗旨的基础上自加一项任务：真正成为鄂尔多斯在全面建设社会主义现代化国家、决胜第二个百年新征程伟大事业中的"智库"

不断从国家战略高度提出鄂尔多斯的战略策划、战略措施、战略项目；不断对地方建设不同领域的阶段性工作作出"报告"总结，提出建设性意见；不断对地方上出现的倾向性问题，以及群众正当反映，以内参方式提交党政领导参考，或者根据市、旗、区党政领导委托，去完成特定任务，等等。鄂尔多斯学研究会20年研究工作，已经培养了一批了解关心本市建设事业的研究工作者，有能力做"智库"工作，有能力完成"智库"任务。这项工作，作为一个群众社团，是可以自主去办的。当然，市党政领导，同意委托研究会正式为"智库"更好，如果没有委托，我们也有责任去做这些工作。我说的这是自加任务，是"服务建设"的宗旨所赋予的任务。

夏日，内蒙古自治区政协原副主席，鄂尔多斯学研究会荣誉会长。

研究鄂尔多斯学的奉献者

——写在鄂尔多斯学研究会成立20周年之际

雷·额尔德尼

光阴荏苒，时光穿梭。弹指一挥间，鄂尔多斯学研究会已经成立20周年了。前10年我只是见证者，后10年我逐渐参与其中，切身感受到研究会正在不断发展壮大，成就令人瞩目，也深刻体会到这些成就实属来之不易。仔细回味，感慨良多，在此谈一点个人体会。

一 坚定发展理念，明确服务对象

鄂尔多斯学研究会从成立之日起，就坚定地明确了自己的使命担当和历史重任。归纳起来，有"五个始终坚持"：始终坚持"立足学术、服务建设、创新机制、着眼发展"的办会宗旨；始终坚持"举社会之力、办大众之事"的办会理念；始终坚持"向心、奉献、低调、务实、节俭、高效"的会风；始终坚持"打造品牌地方学、构建和谐研究会"的目标；始终坚持"知识体系+应用服务"的学科建设理念。

鄂尔多斯学研究会的研究领域和服务对象极其明确，那就是立足鄂尔多斯、研究鄂尔多斯、服务鄂尔多斯。研究会成立以来，以历史和文化、经济和社会、生态保护和建设为鄂尔多斯学的研究重点，力求从理论与实践的结合上诠释鄂尔多斯经济、文化、生态之间互动发展的各种现象，总结归纳其内在规律，为建设文明富裕和谐鄂尔多斯提供智力支持。鄂尔多斯学的众多研究成果都是从学术理论的高度，在促进经济发展、繁荣社会事业、创新社会治理、提供公共服务等方面发挥应有的作用。

二 争取领导支持，协调有关部门

鄂尔多斯学研究会高度重视协调外部关系，力求得到各方面的关注和支持。研究会成立不久，就主动联系全国地方学研究有关机构，倡导成立了中国地方学研究联席会。联席会以联盟的形式，推举轮值主席方，鄂尔多斯学研究会主动担任了首任轮值主席方，建议构建科学合理的全国性地方学组织管理模式。中国地方学研究联席会自2005年建立以来，出版《地方学研究专辑》6册、《地方学研究信息》68期，队伍越来越壮大，成果越来越显著。在第二任轮值主席方北京学研究会的组织带领下，联合香港、澳门特别行政区、台湾地区以及日本、韩国、马来西亚、新加坡等国建立了亚洲地方学研究平台，定期召开亚洲地方学研究论坛。地方学研究能够打开良好局面，鄂尔多斯学研究会发挥了不可替代的促进作用。

鄂尔多斯学研究会高度重视与地方党政领导和社科联主管部门的联系，长期坚持请示汇报制度，努力争取党委政府和业务主管部门的重视和支持，保证了各项重大研究项目得以顺利实施。

鄂尔多斯学研究会成立之初首次提出将阿尔寨石窟申报为全国重点文物保护单位，在市委、市政府和自治区党委、政府的支持和推动下，阿尔寨石窟被国务院特批增补为第五批全国重点文物保护单位。《鄂尔多斯大辞典》首发式座谈会由鄂尔多斯市委、市政府主办，鄂尔多斯学研究会承办。鄂尔多斯市委书记及党委、人大、政府、政协四大班子领导出席会议并讲话，对鄂尔多斯学研究会和《鄂尔多斯大辞典》的编纂工作给予了充分肯定和高度评价，鼓励研究会要在鄂尔多斯改革开放的发展中做好理论研究，更多地为党委政府中心工作做好理论研究和决策咨询服务。多年来，鄂尔多斯市委、人大、政府、政协领导和宣传部等部门的领导多次到鄂尔多斯学研究会考察指导。鄂尔多斯市委领导通过参加鄂尔多斯学研究会举办的学术理论研讨会议，给予研究会的评价是"举办活动有特色，学术研究有成果，服务大局有作为"。鄂尔多斯学研究会是鄂尔多斯市社科联下设的3个研究机构之一，同时也是自治区社科联的直属社会团体，研究会得到了自治区和鄂尔多斯市两级社科联的高度重视和大力支持。自治区社科联历届主席和副主席均多次到研究会考察指导，而且多次将自治区社科联会议安排在鄂尔多斯学研究会举办。

三 注重人才培养，壮大研究队伍

鄂尔多斯学研究会致力于为研究鄂尔多斯学的专家学者提供良好的服务平台和培养人才的舞台。研究会不断创新机制，首创了在民间社会组织中设立专家委员会的模式，聘请了我国著名民族史学家和历史文化专家为首任专家委员会主任委员。专家委员会聘请、培养了一支专业齐全、水平较高、协调和写作能力较强、有高度使命感和责任感的专家队伍。在鄂尔多斯学研究会走过的20年岁月里，粗略估计有几百人在这个平台上施展才华，在这个舞台上展现作为，其中不乏市内长期从事专业工作的老专家和区内、国内的知名教授。他们围绕鄂尔多斯历史文化、民间民俗文化、文化教育实践、公共文化服务、经济社会发展、生态环境改善、城市发展建设等方面，开展调查、挖掘、整理、研究和科学普及，在取得各类课题研究成果的同时，也壮大了研究会的研究队伍，培养了一大批从事鄂尔多斯学研究的人才。近几年来，研究会又吸收了一批中青年研究人才，建立了老中青梯队式研究队伍，极大地提升了研究会工作能力和研究水平。鄂尔多斯学研究会的各位专家学者，为鄂尔多斯文化建设和经济社会发展做出了重要贡献，这也是鄂尔多斯学研究会的重要成果和宝贵财富。

四 突出研究重点，取得丰硕成果

鄂尔多斯学研究会作为一个民间社会组织，突出鄂尔多斯区域性综合研究，狠抓地方学学科体系建设，为党委政府提供了大量决策咨询和调查研究报告，常态化开展对全市重点文化和旅游项目的研究与服务，取得了丰硕的成果。20年来，研究会编辑发行了《鄂尔多斯学研究》（季刊）80多期，《鄂尔多斯日报·鄂尔多斯学研究》每月专版共发行220多期，举办、承办鄂尔多斯学和中国地方学各级各类学术会议90多次。

鄂尔多斯学研究会还编辑出版了《鄂尔多斯大辞典》《鄂尔多斯学概论》《我与鄂尔多斯》等120多部专著。其中《鄂尔多斯大辞典》作为鄂尔多斯百科全书式的著作，可以称得上是中华人民共和国成立以来鄂尔多斯标志性文化工程。《鄂尔多斯学概论》系统总结了鄂尔多斯学研究的内涵，对鄂尔多斯学与鄂尔多斯文化及其涵盖的鄂尔多斯经济、政治、生态、社会之间的关系进行了再梳理、再阐释，体现了鲜明的地域特色。

五 发扬奉献精神，勇挑历史重担

回顾鄂尔多斯学研究会20年的历程，在中国地方学研究领域，能成功打造出"鄂尔多斯学"这个享誉自治区内外的品牌，取得了累累硕果。我想，之所以在一个地市级的地方学研究机构，能够取得如此不凡的成果和影响力，就是因为研究会能够主动担当，勇挑重担，甘于奉献。在此，我们十分感谢为之无私奉献并做出特殊贡献的几位同志。

首先，要感谢鄂尔多斯学研究会的3位元老：奇·朝鲁、陈育宁和夏日同志。众所周知，成立鄂尔多斯学研究会，是奇·朝鲁同志2002年从盟市级领导岗位上退休后的主要工作目标，筹备过程中得到了陈育宁和夏日同志的高度认可和鼎力支持，鄂尔多斯学研究会在3人的运筹帷幄之中应运而生。

奇·朝鲁同志作为鄂尔多斯学研究会创始人和首任会长，连任3届，辛勤工作了15年。奇·朝鲁同志任职期间办了许多重要而有意义的事情，为研究会做出了重要贡献。在研究会自身建设上，他组织创建了专家委员会，确立了办会理念，制定了办会宗旨，确定了奋斗目标，聘请和培养了一大批精英人才，同时在长期的工作中也为研究会养成了良好的会风和工作作风。他在中国地方学研究中发挥了重要作用，尤其是他协调建立了鄂尔多斯学研究会与中国地方学研究联席会，有力地提升了地方学研究平台的工作水平。在他的领导下，研究会为鄂尔多斯市经济社会发展做出了应有的贡献，比如多次组织召开专题研究鄂尔多斯文化建设、经济社会发展的重要会议，形成了很多有影响力、有推动力的学术研究成果。奇·朝鲁同志把退休后的全部精力投入研究会的工作，为之呕心沥血，带领一班人无私奉献，干出了业绩，实现了人生价值，获得了"全国先进退休干部"荣誉称号。

陈育宁同志是宁夏大学原党委书记、校长、博士生导师，宁夏回族自治区政协原副主席，也是全国著名的民族史学家和历史文化专家。鄂尔多斯学研究会成立之初，陈育宁同志受聘为鄂尔多斯学研究会专家委员会主任，任期3届，15年。陈育宁同志知识渊博，工作敬业，是一位优秀的学科带头人。他曾多次强调：所谓"学"，必须是有自身的鲜明特点，有深厚的文化积淀，有特定的核心内容，有自身的发展趋势。专家委员会在他的领导下，准确地把握了鄂尔多斯学的研究方向、研究重点，取得了一大批重要研究成果，充分发挥了专家委员会的作用，使之成为鄂尔多斯学研究会的中坚力量。20年来，陈育宁教授身居银川，心系鄂尔多斯，经常往返于两地之间，他深入鄂尔多斯各地调查研究，亲自指导学术课题研究和学术活动开展，为鄂尔多斯学科体系建设做出了重要贡献。

夏日同志是内蒙古政协原副主席、全国政协常委。夏日同志是从鄂尔多斯走出的老领导，对鄂尔多斯经济社会发展、文化建设工作做出了重要贡献。他对鄂尔多斯市情非常熟悉，对民间社会组织工作有深刻的体会和丰富的经验，是一位知识广博、能力极强的德高望重的老领导。夏日同志不负众望，参与鄂尔多斯学研究会工作后，很负责任地参加研究会的各项重要活动、重要课题研究、重大问题决策。夏日同志为鄂尔多斯学研究会创立和发展，取得重要研究成果，发挥了特殊作用，做出了重要贡献。

其次，我们要感谢鄂尔多斯学研究会迈向新征程的现任两位领导：奇海林和杨勇同志。

奇海林同志是鄂尔多斯市委党校原副校长，知名教授。2017年根据组织要求和本人申请，奇·朝鲁同志和陈育宁同志分别退出鄂尔多斯学研究会会长和鄂尔多斯学研究会专家委员会主任岗位。奇海林同志2017年被推选为研究会专家委员会主任、2019年退休后正式接任研究会会长。几年来，大家有目共睹，在奇海林同志的领导下，研究会在原来的基础上，守正创新，继往开来，在研究领域的拓展方面有了新突破。他对鄂尔多斯学的学科体系建设在思想体系、知识体系和话语体系建设等方面提出了新思路，特别是加强了鄂尔多斯学应用服务和实践活动，更加注重社会科学普及，进一步密切了与自治区、鄂尔多斯市两级社科联的联系，新吸收了一批中青年研究人才，建立起了老中青梯队式研究队伍。奇海林同志在鄂尔多斯地方经济和民族理论研究领域颇有建树，学术研究成果丰硕，他带领专家学者们5年来完成了10余项自治区级课题，其中不乏重大课题，完成了数十项市级各类学术研究课题任务。2021年，鄂尔多斯学研究会被自治区社科联授予"内蒙古沿黄生态保护与高质量发展智库联盟"平台，开始承担起自治区级社科理论研究机构职责。奇海林同志在短暂的几年内，领导鄂尔多斯学研究会开创了新的工作局面，创造了新辉煌，令人称赞。

杨勇同志从事文博研究、非物质文化遗产保护、文化旅游工作多年，具有文博研究馆员的高级职称，出版了很多专著，是鄂尔多斯文化研究领域研究成果较多的知名专家。杨勇同志在鄂尔多斯学研究会担任了3届15年秘书长、10年常务副会长，在奇·朝鲁和奇海林两任会长领导下，统筹研究会各项日常事务，对接专家学者，协调有关地方学研究机构，协助会长开展研究和项目服务。15年来，杨勇同志在鄂尔多斯学研究会勤奋努力工作，勇于奉献，出色地完成了各项工作任务，为鄂尔多斯学研究会创新发展发挥了重要作用。

鄂尔多斯学研究会从创立以来，还有很多的奉献者、志愿者和默默无闻、尽职尽责的工作者，在此不一一列举，我们绝不会忘记他们做出的重要贡献。

回顾过去豪情满怀，展望未来充满生机。鄂尔多斯学研究会成立20年来，走过了创学、立学、治学的发展历程,成就有目共睹。我们坚信,鄂尔多斯学研究会在新时代新征程上一定能够取得更好的成绩,发挥更大的作用,创造更多的辉煌!

雷·额尔德尼,内蒙古自治区人大常委会原副主任,鄂尔多斯学研究会荣誉会长。

二十年接续奋斗　新征程再创辉煌

王　云

2022年，欣逢鄂尔多斯学研究会成立20周年。

20年矢志不渝、奋楫笃行，鄂尔多斯学研究会奉行"六个坚持"，即坚持"立足学术、服务建设、创新机制、着眼发展"的办会宗旨，坚持"举社会之力、办大众之事"的办会理念，坚持"向心、奉献、低调、务实、节俭、高效"的会风，坚持"打造品牌地方学、构建和谐研究会"的目标，坚持"知识体系+应用服务"的服务社会思路和坚持"因时代而立、因作为而兴、因交流而跃、因个性而美、因文化而强"的发展导向，在学科建设、理论阐释、智库建设、学术研究、社会科学普及等方面取得显著成绩。

20年耕耘学界、踔厉奋进，鄂尔多斯学研究会立足实际，担当作为，为鄂尔多斯经济社会发展做出积极贡献。其一，它创建了一个地方学品牌——鄂尔多斯学。鄂尔多斯学是以鄂尔多斯为研究对象，进行综合性系统性应用性研究鄂尔多斯的一门有地方专门知识和理论的学问。鄂尔多斯学对鄂尔多斯经济、政治、文化、生态、社会等现象，进行知识上系统归纳、认识上升华提高、规律上深入探讨、理论上概括创新。鄂尔多斯学是认识鄂尔多斯的一扇窗口，研究鄂尔多斯的一把钥匙。2012年，《鄂尔多斯学概论》问世，该书从理论到实践，对鄂尔多斯学所涵盖的鄂尔多斯经济、政治、生态、社会、文化之间的关系做出科学的阐释与回答。今天，鄂尔多斯学已经成为鄂尔多斯的一张文化名片，成为鄂尔多斯社科领域的一个品牌。其二，它创编了《鄂尔多斯大辞典》，填补了鄂尔多斯市无市情工具书的空白。《鄂尔多斯大辞典》是自治区各盟市第一本不同于地方志，以词条形式编纂成的百科全书式大辞典。出版以来，受到社会各界好评，荣获内蒙古自治区人民政府社科优秀成果三等奖，是鄂尔多斯软实力标志性文化工程。其三，它培养了一支社会科学的团队。哲学社会科学的发展离不开哲学社会科学人才队伍的建设。习近平总书记在中央人才工作会议上指出，"要培养造就大批哲学家、社会科学家、文学艺术家等各方面人才"。哲学社会科学人才队伍是繁荣发展哲学社会科学的重要力量。鄂尔多斯学研究会的成立，为鄂尔多斯的哲学社会科学工作者提供了一个开展社会科学研究的平台，为培养锻炼鄂尔多斯社会科学人才做出积极贡献。鄂尔多斯学研究会的专家委员涉及各领域、各学科，可谓人才荟萃。其四，它探索出一条社会组织成长壮大的独特道路。鄂尔多斯学研究会成立以来，坚持存史、立论、资政、惠民，抓队伍建设、抓活动组织、抓课题研究、抓知识普及、抓对外交流，取得了令人称赞的成就，相继荣获市、自治区、国家级"先进学会""先进民间组织""先进社会科学团体""网络社会先进集体"等荣誉。提出"知识体系＋应用服务"发展思路，把学术研究与服务社会紧密结合，通过走进大学、走进基层、走进网络等途径，推动习近平新时代中国特色社会主义思想"飞入寻常百姓家"，为新时代社团组织成长壮大做出有益探索。其五，它推动了地方学的交流互动。鄂尔多斯学研究会成立以来，主动与北京学、温州学、泉州学、广州学、杭州城市学等学会进行学术交流，发起创建"中国地方学研究联席会"，并被推举为首任轮值主席单位，多次组织参与全国大型学术交流活动，讲述鄂尔多斯故事，传播鄂尔多斯文化，为推动鄂尔多斯学术繁荣做出积极贡献。

20年砥砺前行、不负韶华，鄂尔多斯学一路走来，业绩辉煌，成果丰硕。鄂尔多斯学研究会能够取得如此成绩，得益于鄂尔多斯市委、市政府的高度重视，得益于鄂尔多斯学研究会专家学者和会员们的共同努力，更得益于我们所处的伟大时代。党的十八大以来，以习近平同志为核心的党中央高度重视哲学社会科学工作，让哲学社会科学工作迎来了一个繁荣发展的春天。历史证明，社会越是发达，哲学社会科学的作用越是凸显。与时代同步伐，与祖国共命运，紧紧抓住时代发展的机遇，努力创造无愧于时代的业绩，这是鄂尔多斯学研究会能够取得事业成功的根本所在。

20年岁月如歌，20年成绩卓著，我为鄂尔多斯学研究会20年取得的成绩深感欣慰。站在新的发展起点上，对鄂尔多斯学研究会今后发展提出几点期望。

第一，建设一流的社会科学特色智库。建设新型智库是推进国家治理体系和治理能力现代化的重要内容。纵观当今世界各国现代化发展历程，智库在国家治理中发挥着越来越重要的作用，日益成为国家治理体系中不可或缺的组成部分，是国家治理能力的重要体现。社会发展的任务越是艰巨繁重，越需要强大的智力支持。鄂尔多斯市第五次党代会确定建设"五个鄂尔多斯"（建设经济更强的实力鄂尔多斯、建设动能更足的活力鄂尔多斯、建设生态更优的绿色鄂尔多斯、建设城乡更美的宜居鄂尔多斯、建设福祉更高的幸福鄂尔多斯）的发展目标。具体提出要高水平打造现代能源产业基地、转型发展示范区、黄河几字弯公园城市、全区推进共同富裕先行区、全国文明城市典范城市、国家创新型城市、国家生态文明建设示范市、全国市域社会治理现代化标杆城市等目标。目标高、任务重，推进这些工作，尤其需要智库更好发挥作用。希望鄂尔多斯学研究会立足时代发展的需要，建设一流智库，积极开展政策研究和决策咨询，主动服务党委政府，服务人民群众，为鄂尔多斯经济社会高质量发展贡献更多智慧力量。

第二，奉献一流的社会科学学术精品。习近平总书记在哲学社会科学工作座谈会上的讲话中指出，"要按照立足中国、借鉴国外，挖掘历史、把握当代，关怀人类、面向未来的思路，着力构建中国特色哲学社会科学"。繁荣发展鄂尔多斯社会科学是构建中国特色哲学社会科学的重要组成部分。鄂尔多斯学研究会在20年的成长壮大中，形成了较强的研究力量和深厚的学术积累，为繁荣发展鄂尔多斯学术奠定了基础。今后，希望鄂尔多斯学研究会能够继续弘扬崇尚精品、严谨治学、注重诚信、讲求责任的优良学风，肩负起启迪思想、陶冶情操、温润心灵的重要职责，承担起培根铸魂、以文化人、以学辅世的使命，奉献更多精品力作。同时，也要进一步开展好学术交流活动，扩大鄂尔多斯的学术影响，推动鄂尔多斯学术走向全国、走向世界。

第三，建设一流社科类社会组织，为社会组织带好头、作表率。社会组织是我国社会主义现代化建设的重要力量，是联系社会资源与群众需要的桥梁纽带，大力发展社会组织是当前哲学社会科学工作的一项重要任务。当前，我市社会组织发展参差不齐，部分社会组织群众参与率不高，有的社会组织名存实亡，没有发挥社会组织应有的作用。希望鄂尔多斯学研究会能够系统总结办会经验，努力建好全国一流的社会组织，发挥好先进社会组织的引领示范作用，为鄂尔多斯社会组织的繁荣发展做出应有的贡献。

第四，培养一流的社会科学人才队伍。繁荣发展哲学社会科学，人才是保障，也是关键。近年来，市委市政府高度重视人才工作，出台相关政策引进人才、培养人才，为人才的成长与发挥作用创造了良好环境。全市社科界要抓住这个机遇，加强社会科学的人才队伍建设。鄂尔多斯学研究会在 20 年的发展中，团结凝聚了一批理论功底扎实、造诣高深、成就突出的社会科学人才。未来，希望鄂尔多斯学研究会在服务经济社会发展的同时，继续做好人才的发现、培养等工作，为鄂尔多斯哲学社会科学繁荣发展培养一流的人才队伍。

征途漫漫从头越，追梦前行再出发。站在新的发展起点上，愿鄂尔多斯学研究会在新征程上再创新业绩，再铸新辉煌！

王云，鄂尔多斯市社科联党组书记、主席。

在鄂尔多斯学研究会的日子

——庆祝鄂尔多斯学研究会创建 20 周年

齐凤元

我在鄂尔多斯学研究会的日子，是不同寻常的日子，是激情满怀的日子，是至今依然眷恋的日子……

搞了大半辈子新闻，真没想到，退休后与鄂尔多斯学研究会不期而遇，却一"见"钟情。在鄂尔多斯学研究会专家委员会常务副主任委员岗位上干了八年（2002—2010 年）学术研究。这段经历说长不长，说短不短。对我来说不同寻常。之所以不同寻常，是因为学到了知识，增长了见识，提升了学识，拓宽了视野，结交了朋友，充实了晚年生活。可以说一举多得，受益匪浅。

今年是鄂尔多斯学研究会创建 20 周年。在这个时间节点上，回顾以往，感慨颇多。总结梳理一下结交的人和办理的事，很有意义。这篇短文，一是为庆祝建会 20 周年奉献一份薄礼；二是表达我对鄂尔多斯学研究会心蓄已久的感激之情。

开展学术交流　共创研究成果

专家委员会是鄂尔多斯学研究会的核心群体。在建会初期，鄂尔多斯学研究会创始人、首任会长奇·朝鲁（伊克昭盟行署原副盟长、巡视员）、鄂尔多斯学研究会专家委员会主任委员陈育宁（宁夏回族自治区政协副主席，宁夏大学校长、教授、博士生导师）就提出"立足学术，服务建设，创新机制，着眼发展"和"举社会之力，办大众之事"的办会理念。"立足学术"是专家委员会的根本职能，其成员大多是本土学有专长、对鄂尔多斯认识精到、情感深厚的专家学者。初创时期专委会委员 42 位，到我离任时 120 位。其中不少中青年专家陆陆续续也热情地加入这个团队。

学术研究与交流。专家委员会的主要任务，一是负责学术研究规划的论证，课题立项的审议，研究成果的评价等。二是对研究会委托的研究项目、课题，协同所有成员主动承担，发挥各自专长，又快又好地拿出成果。对学术新人着重引导、培养，使其在学术领域健康成长。专家委员会在团结、联络专家学者中起到桥梁、纽带作用，成为研究会学术交流的中枢。

在学术研究、学术交流实践中，专家委员会始终遵循科学性、规律性和"五个原则"。即促进精品生产原则、体现思想前沿性和原创性原则、注重学术研究为主、服务现实为主的"双为主"原则、倡导"多歧为贵，不取苟同"的自由原则，恪守信任与质疑的平等原则。建会第一个十年先后举办过18次大型学术论坛及专题研讨会。每次研讨会都取得了一定的学术研究成果。我印象深刻的有两项研究成果值得关注，即鄂尔多斯文化的定义和成吉思汗文化学术概念的提出。

关于鄂尔多斯文化。不少学者分析和阐述了鄂尔多斯文化的概念、内涵和外延、起源、归属和特征。提出鄂尔多斯文化是黄河文化和草原文化的组成部分。鄂尔多斯文化是多民族人民共同培植的一种多元融合、风格独特的文化，是以蒙古族文化为主体、融合吸收了汉族等多民族文化的成果而形成和发展起来的一种独特的地域文化和民族文化。鄂尔多斯文化具有起源的原创性、持久的交融性、璀璨的经典性和进取的现代性等特点。

关于成吉思汗文化学术概念的提出。在2006年8月14日—18日的首届鄂尔多斯文化学术研讨会和2007年8月10日—12日第二届鄂尔多斯文化学术研讨会上，先后有宁夏大学教授陈育宁、副教授杨满忠、内蒙古大学人文学院教授马冀、鄂尔多斯市文化局副局长汪楚格、内蒙古师范大学教授格·孟和等几位学者在研讨中都涉及了这个命题。概括地说，成吉思汗文化内涵，一是成吉思汗时代巨大的历史变革所产生的各种文化现象，包括思想观念、社会制度、科学技术、典籍文学、民俗习惯等；二是对这些文化现象的传承、研究以及由此而对成吉思汗的崇拜和祭祀等。并从中提出成吉思汗文化概念的背景及其研究对象,从形成的背景、主要内容、基本特点、历史地位与作用等五个方面论述了成吉思汗文化的学术内涵,引起与会学者和社会的高度关注。

制定课题研究规划。创会伊始,会长奇·朝鲁就要求专家委员会除策划、组织、安排好当年的各项学术研讨会外,还有一项重点工作,就是要有计划、有目标、高效率、高品位地搞一些研究课题。课题不求数量但要质量。为此专家委员会开始搞第一个课题研究五年规划(2003—2007年)。2003年8月4日,鄂尔多斯学研究会一届三次理事会通过了这个规划。规划是在2003年2月15日发出《关于征集鄂尔多斯学研究会研究课题的启事》,向社会广泛征集的基础上形成的。纳入规划的课题坚持五大原则:重大原则、服务原则、广泛原则、创新原则和超前原则。经过专家委员会座谈讨论,第一个五年规划确定了27个课题,重点是人才战略、社会发展战略、城市规划、品牌战略、鄂尔多斯文化、文化遗产挖掘整理、集团发展规律、民营经济、企业核心竞争力、企业文化、旅游文化的整合、乡音方言、鄂尔多斯地质变迁、鄂尔多斯气候演变、蒙古族膳食文化等。规划最终确定专著49部,作者27人;论文47篇,作者22人。到2007年,如期完成规划的著作42部,放弃7部;论文完成41篇,放弃6篇。

上述规划中的著作、论文出版后,在社会上比较有影响的有奇忠义的《末代王爷》、杨道尔吉的《鄂尔多斯风俗录》、奇·朝鲁主编、齐凤元执行主编的《我与鄂尔多斯》(1—3卷)、葛云鹏译著的《贺希格巴图诗集》、梁冰的《鄂尔多斯史》、吴建雄的《鄂尔多斯植物志》等。其中获国家、自治区、市级社科类各项奖励共计78部(篇)。

追寻先辈足迹　展示今人风采

编著《我与鄂尔多斯》(多卷本)一书。古人云:"知古而鉴今。"奇·朝鲁会长在《我与鄂尔多斯》一书的序言中说："在鄂尔多斯漫长的历史长河中，曾经发生过多少重要人物和重要事件，这一切虽已随着岁月的流逝成为尘封的文学记载，但其精神却无时不在激励着我们继续前行。其成败的过程也为后世留下了宝贵的经验和教训。这是一笔无形的物质和精神财富。"基于这种认识，在筹划鄂尔多斯学研究会的过程中，接受了一些老同志的建议，将历史上特别是新中国成立半个多世纪以来发生在鄂尔多斯的重要事件和重要人物，写成一些记叙性文章出版。建会初始，就将出版这样一部书列入工作重点。会长任主编，我为执行主编。具体负责征集、组稿、选编、校阅等事宜。

为了编好这部书，专家委员会部分成员先后召开过三次座谈会，讨论对书稿的基本要求。经过几番商讨斟酌，大体上确定以新中国成立后50多年为重点。题材由作者自定，内容自选，采用记述形式，以第一人称叙事手法，撷取自己在鄂尔多斯革命和建设中最珍贵的一两件事，编辑成书。这样既可以从不同领域、不同角度全面、真实、系统地记录鄂尔多斯半个多世纪以来的历史变迁和经济社会发展状况，更好地宣传和研究鄂尔多斯，又可为鄂尔多斯学提供翔实的资料和研究的依据。

具体到操作层面，我们先根据界别列出约稿名单，一位位落实。接着于2003年2月18日、6月6日、6月23日先后分三次向社会各界发出征稿信。这样就扩大了组稿范围。大批来稿络绎不绝。第一卷书稿编辑完成后，为了保证出版精品。我和郝至远坐镇内蒙古人民出版社校阅、督导。做到每道工序一丝不苟。2004年1月12日、3月4日，鄂尔多斯学研究会会长亲自主持，先后在呼和浩特、东胜区举行《我与鄂尔多斯》（卷一）出版发行座谈会。与会者对这部书的出版表示由衷赞赏，并给予高度评价。他们认为这不仅是作者，而且是全市各族人民为鄂尔多斯革命和建设事业付出辛勤劳动、获得丰硕成果的真实记录，也是他们奉献给鄂尔多斯人民的一片赤子之情和纯真厚礼。

《我与鄂尔多斯》一书，从2003年6月开始组稿、编辑第一卷，到2008

年1月第四卷出版，历时四年零六个月。总字数90.9万，作者148位。最终，这部书获得自治区社科类图书一等奖。

编著《鄂尔多斯历代书目索引》。众所周知，鄂尔多斯文化底蕴深厚，著述颇丰，各类著作汗牛充栋。但若问鄂尔多斯地区至今究竟有多少人出版过多少书，作者是谁，书名何如？恐怕能回答者寥寥。原因之一，我市至今尚无一部较为系统而完整的书目索引。为弥补这一缺憾，也为了系统地掌握历代鄂尔多斯文化资源家底，摸清其文化脉络。鄂尔多斯学研究会于2004年5月20日面向社会广泛征集历代已出版书目启事。各机关、团体、企业、学校、商家、市民，以及作者、知情者、收藏者纷纷推介。与此同时，于2004年下半年我断断续续走访了七八位专家学者及图书收藏家，请他们提供书目。其中包括市地方志专家梁冰、蒙古语翻译专家葛云鹏、蒙古史学者曹纳木、市党史办马步萧、袁志忠等。至2006年年末，共征集历代书目和新中国成立前重要函件以及当代论文书目、汉文著作1312条，蒙古文著作365条；汉文论文968条，蒙古文论文846条。

书目索引所征集的书目，既包括近现当代鄂尔多斯籍著作者、外籍著作者、编译者撰写鄂尔多斯的书，也包括古籍中涉及鄂尔多斯部分书目，还有一部分系新中国成立之前盟、旗政府重要政务函件、大族家谱等。

纵观今天出版的《鄂尔多斯书目索引》，远非鄂尔多斯历代书目之全部，仅为一小部分。寄望于后来者增而补之。

功在当代工程　利在千秋伟业

编纂《鄂尔多斯大辞典》。编纂《鄂尔多斯大辞典》是鄂尔多斯学研究会创建初期决定的一项彪炳千秋的重大文化工程。2002年11月22日鄂尔多斯学研究会专题讨论通过了《编纂〈鄂尔多斯大辞典〉可行性研究报告》，并上报市政府审批。《鄂尔多斯大辞典》是一部全方位、广角度、宽领域、多学科、高水平的百科全书式的大型工具书，具有存史、资政、育人、宣传功能，以及综合性、地域性、知识性和实用性特点。其中地域性是核心。如果缺乏地域性，本辞书出版的必要性将会大大削弱。只有彰显地域性，才会突出它的实用价值。这部辞书不仅是适应鄂尔多斯改革发展和建设文化大市的需要，更好地满足人民群众日益增长的精神文化需求的一项大文化工程，更是体现鄂尔多斯综合实力特别是文化实力的标志。

2005年6月27日，市委向各旗、区党委、人民政府、市直机关各部门发出通知，成立《鄂尔多斯大辞典》编纂委员会。编委会下设《大辞典》总编办公室。主任由奇·朝鲁兼任；常务副主任由我担任。《大辞典》编纂前，陈育宁教授就关于编写《大辞典》的体例、内容、组织、工作流程等事宜，提出四点指导意见。我们遵照这四点意见，具体操作。2005年12月20日聘请19位专家担任各分编主编、副主编。签署了《鄂尔多斯大辞典》分编主编责任书。之后，各分编主编听取了陈育宁教授、汤晓芳编审（宁夏人民出版社编审），就大辞典词条条目设计、词条释文编写、辞书的质量要求以及编纂注意事项等方面的讲解。并聘请内蒙古农业大学教授马玉明对分编主编进行了培训。

《大辞典》的体例，参照国内一般阅读和检索习惯，采取平行分列式。即依据各门类在鄂尔多斯存在的实际状况，并结合内容多少，设定了12个分编。在编写、定稿过程中，我记得最棘手的问题是"当代人物"这个分编。之所以棘手，是因为它涉及最敏感的人物谁可入编？讨论时分歧较大。最后，划了几道硬杠杠。思路是"三些"。即门槛高些，人数少些，释文精些。入编名单确定后，于2007年12月20日，在《鄂尔多斯日报》上刊发《关于鄂尔多斯大辞典·当代人物》入编人物公示。公示后引起社会热烈反响，基本没有疑义。最后，共有143名人物以列传入编，564人以列表入编。

2009年8月末，《鄂尔多斯大辞典》基本定稿。9月1日召开各分编主编、副主编座谈会。回顾总结《大辞典》编写过程，交流感想。大家最为感慨的是，对所征集汇总的7000多条词条，如何筛选、增删、修改，不仅工作量大，更要保证质量。各分编主编付出的辛劳是可想而知的。最后录入本辞典词条 3800 条，135 万字，300 幅图片。11 月 3 日《鄂尔多斯大辞典》首发式在鄂尔多斯假日酒店举行。市党政军领导及各界人士百余人出席。至此，这项功在当代、利在千秋的文化大工程历时四年圆满完成。2010 年 12 月 2 日《鄂尔多斯大辞典》获内蒙古自治区第三届哲学社会科学优秀成果政府奖。

创建一门学问　铭记两位学人

回顾 20 年走过的路及其建树，有两位学人应该铭记。我觉得他们不仅应该载入鄂尔多斯学创业史，更应该载入鄂尔多斯文化史。这两位就是奇·朝鲁会长和陈育宁教授。陈育宁教授是鄂尔多斯学理论奠基人，学术开拓者；奇·朝鲁会长是呕心沥血、始终不渝的领导者、践行者。我一直认为没有他们二人的默契配合，没有他们二人的全身心投入，就不会有鄂尔多斯学，更不会有鄂尔多斯学的今天。

鄂尔多斯学 20 年的发展过程中，陈教授始终如一。不仅参与学术交流，凡研究会的重大活动他都参与策划，具体指导。特别是在地方学研究方面常有理论创新。比如，鄂尔多斯学定义及其内涵，就是他学术研究的重要成果。他认为鄂尔多斯学是以鄂尔多斯为研究对象的一门学问。但这个概念不同于目前我国对于人文社会科学所界定的历史、文化、经济，自然环境变迁等众多领域为研究对象，它不是一门学科，而是一门地方性的综合学问。这门学问里包含了不同的学科，不同学科里又包含了若干鄂尔多斯学的子系统。主要是那些具有自身特色、自成体系、有自身发展规律的社会文化现象、经济现象为研究对象，把这些研究的问题，加以概括提炼，成为一门有专门知识和理论方法的学问，构成为"学"。为鄂尔多斯学做了一个准确科学的界定。这些年鄂尔多斯学研究会开展的学术研究，就以此为理论支撑和学术指南。

之后，于 2008 年 2 月在总结五年来鄂尔多斯学研究成果的基础上，他提出了撰写一部《鄂尔多斯学概论》理论专著，并草拟了《概论》编写提纲，较为详细地列出包括导论共七章的概论内容。这个提纲经过他与汤晓芳编审的三次修改，最后定稿。在编写过程中，对这部《概论》写些什么内容、怎么写，都做出了具体指导。沉甸甸的 20 万字巨著于 2012 年 7 月出版。由此可见，陈教授为创建鄂尔多斯学投入了相当的精力和智慧，为丰富和发展鄂尔多斯文化做出了卓越贡献。

首任会长奇·朝鲁的功绩更是众所共识的。到退休年龄，他本可以颐养天年。但他自找"苦"吃，创办鄂尔多斯学研究会。这是个"苦"差事，而不是美差。因为是民间社团，开展一切活动，其经费除非报请市委、市政府批准的项目，按预算由财政拨款外，其余完全靠自筹。在这方面会长付出的心血也是不少的。除开展学术研究，还要每年举办 1—2 次大型学术研讨会，从策划、组织到主持等事宜，会长自始至终要付出相当大的精力。没有一股奉献精神，没有一副勇于担当的双肩，没有一颗赤诚的心能做到吗？

谈到会长的奉献精神，我举个小例子：鄂尔多斯学研究会常年驻会工作人员有六七位，虽不是义工，但也只是每月象征性地发些报酬。说出来不怕众人笑话，最初那几年，每人每月 300 元。但大家无怨无悔，工作起来都挺有劲。谁也不在乎钱多少。因为堂堂会长和我们一样也是 300 元。你说他主办研究会图财还是图利，我说两者皆不图。这就是奉献精神。

2010 年他领导的鄂尔多斯学研究会荣获民政部授予的"全国先进社会组织"荣誉称号和证书。他本人荣获"全国离退休先进干部"荣誉称号和证书。这就是党和人民给予他的最珍贵的回报。

齐凤元，鄂尔多斯日报社党委原书记、社长、总编辑、高级编辑。

秉持初心　创新发展　成就非凡

——鄂尔多斯学研究会建会 20 年的回顾与前瞻

潘　洁

一　二十年，铸就一座丰碑

一提起鄂尔多斯学，我的脑海里立刻勾勒出一条修长而陡峭的路径，通向一座草木葱茏、欣欣向荣的绿色园圃；一群志同道合、抱负高远的男女老少在那里辛勤劳作，默默耕耘，时不时地以甜美而丰硕的果实奉献于社会……

鄂尔多斯学研究会以国家改革开放为背景，以青春焕发的鄂尔多斯为底色，在撤盟设市的时代节点上宣告面世，迄今整整二十个年头。在这七千多个日日夜夜里，它以存史、立论、资政、惠民为己任，置身历史与现实，物质与精神，经济与文化，理论与实践，自然科学与人文科学的结合部，围绕鄂尔多斯的古今中外，方方面面，开展了一系列发掘、调查、整理、汇聚、研讨、编纂、预测工作，形成了在本地枝繁叶茂，在全国独树一帜的民办社科研究团体。每年出版数量可观、水平上乘的书刊，举办一两次富于学术性、针对性、前瞻性的研讨会，并以自己的学术影响力，联络交流了全国各地数十家地方学研究单位。打造了一张浓墨重彩的鄂尔多斯学术名片，把鄂尔多斯的自然、人文资源禀赋，改革发展业绩以及内涵丰富的鄂尔多斯精神推向了全国。同时将与我市相同、相近或不同地区的文化、理念、经验、智慧吸收进来，作为参照和借鉴，丰富我们的知识积存，启迪我们的治市思路。总之，鄂尔多斯学研究会以较短的时间，较少的投入，培育了一个充满活力的民间社会团体，铸就了一座光芒四射的学术丰碑。它的成就与贡献，将载入鄂尔多斯的改革与建设史册，长久流传。

二　人才集聚　知识凝练　成果荟萃

知识财富与学术成果，都是人创造的。研究会一创立，就召集起许多在全市各级党政、部门、团体担任过领导职务的管理人才，还招揽了一群各系统、各学科的专家学者和学术带头人。其中多数是已经退休的，部分是即将退休的；不分民族、籍贯、学历、职位，不拘一格，只要对鄂尔多斯的某个方面有所研究、有所积累的，都网罗旗下，委以重任。学科创立者，研究会发起人、主持人奇·朝鲁的作用、地位和贡献是有目共睹的。可以说，没有奇·朝鲁，便不会有鄂尔多斯学及其研究会的创立和发展。早在2001年，他由副盟长改任巡视员，鄂尔多斯市即将面世的时候，他就着手调研、策划、构思、筹组这个前无古人的学科和研究团体。他首先联络了同样是土生土长的鄂尔多斯蒙古族人、当时仍在全国政协担任领导职务的夏日以及曾长期在鄂尔多斯及内蒙古自治区工作过的我国民族史学家，时任宁夏大学党委书记、校长的陈育宁。几经商讨，决定共同开创的这门学问就叫"鄂尔多斯学"，确立了这个团体的结构、工作方式及研究方向。2002年9月16日，研究会隆重建立，奇·朝鲁任会长，陈育宁任专家委员会主任委员，夏日任顾问。这三位领导是研究会的开会元勋，分别做出了巨大的贡献。杨·道尔吉作为奇·朝鲁的助手，在研究会筹建阶段及建会初期的几年里，担任副会长兼秘书长，夙夜匪懈，献智出力，是我们应该永远铭记的。奇会长为了学科发展，学术兴旺，以少有的广阔胸怀，使命担当和献身精神，很快完成了角色切换和工作方式的转变。一方面放下身段，主动问从前的部属、现任的官员汇报工作，谋求扶持；另一方面礼贤下士，把联系、圈定的首批研讨论文作者奉为专家，逐一邀请，待为上宾。几年后，人们总结研究会成败得失，认为是功在"四力"：党政领导的公权力，本土企业家的财力，专家学者的智力，还有一个，奇·朝鲁会长的人格魅力。奇·朝鲁主持研究会，从始至终，都诚心诚意倚重领导和专家。不仅把时任市委、市政府、政协的领导悉数聘为顾问，还对曾在鄂尔多斯担任过领导职务、已经离退休、包括定居外地（主要是呼市、包头）的老同志赋予荣誉职务，时常登门或致函征求他们的意见或建议。每年春节之前，他到呼和浩特市，邀请在呼和浩特市的老领导、老专家举行一次茶话会，就研究会的工作请益、集智，已形成惯例，十数年坚持不辍。奇会长在研究会退居二线之前，还特意立项，指定专人，遍访担任过伊克昭盟、鄂尔多斯市党政领导的老同志，请他们撰文或口述发展历程、治理经验以及执政感悟，汇编成数十万字的《见证》一书广为传播。20年里，坚持始终，时常眷顾这个研究会的领导同志还有雷·额尔德尼、云照光等。专家委员会成员，由初起时的31人，扩展到近200名。其中较为活跃、著述较多的有齐凤元、包海山、乔布英、旺楚格、潘照东、姚鸿起、弓生淖尔布、甄自明等。在同外地地方学交往中，北京学（北京联合大学）的张妙弟、张宝秀，包头西口文化研究会的郑少如，山西改革研究会的吕日周，湖北三峡学的刘开美等地方学团体的负责人，都曾与鄂尔多斯学研究会有过频繁的互动，饶有成果的交流，彼此结下了深厚的友谊。

  鄂尔多斯不仅自然资源特别是能源储量极为丰富，而且从古至今，有着独具特色的人文蕴藏。是一座取之不尽的文化富矿。研究会一成立，就慨然担负起发掘、整理、传播这些文化精品的使命。认为以蒙古族文化为主体，经过上千年各民族交往、交流、交融而形成的鄂尔多斯文化，是中华国学的一个有机的分支。它不仅是几十年鄂尔多斯飞速发展，由偏僻闭塞、贫穷落后一跃而步入改革发展快车道的文化支撑，而且为实现中华民族伟大复兴的鄂尔多斯目标规划增添了底气，输送了精神能量。研究会并没有为此展臂高呼，矜夸炫耀，而是以自己的研究成果，论坛结论，润物无声，默默奉献。这么多年，研究会汇集、编纂、发行的汗牛充栋的书籍、刊物、画册，发出的报告、建议、咨询材料，有的为各级领导、各专业部门直接采纳，被广大群众欣然接受，更多的则将在现在与未来的岁月里逐步发挥其教化、规范、引导作用，成为主流理论、舆论、理念、社风民俗的不可或缺的补充。鄂尔多斯学的视野逐渐地从"古"向"今"挪动，由"远"向"近"靠拢。一方面，以自己的人才优势、人脉网络，参与古迹申遗、旅游规划，另一方面，着眼宏观，面向未来，邀请知名学者教授厉以宁、陈育宁、吕日周、王国平等人来鄂尔多斯市讲学，引入一股股知识的活水，开拓了我市从上到下各类人群的眼界。此外，在宣传党的路线方针政策，诠释地方党政的施政纲领、发展规划，践行社会主义核心价值观，促进经济转型发展，实施精准扶贫等方面，研究会也都积极介入，有所作为。现代社会，政府、企业、社团为"三大支柱"。鄂尔多斯学研究会积极主动地担负了作为学术性社会团体的使命和责任，并因此受到上级领导的赞誉和广大群众的认可。

三　我与鄂尔多斯学的渊源

我来到鄂尔多斯，迄今66年有余。从1956年到2004年，前48年的经历遭际，因研究会齐凤元兄的邀约，写出《泣血含笑忆当年》，辑入研究会2004年编辑出版的《我与鄂尔多斯（卷二）》。那只是个提纲挈领式的总结。关于我在鄂尔多斯学研究会的出入进退，2017年鄂尔多斯学研究会出资出版的我的《鄂尔多斯学论丛》展示无遗。20年，我全程参与了，而且两头冒尖。其中2009—2016年驻会，任鄂尔多斯学研究会专家委员会常务副主任委员，干的却都是编辑书刊、联络专家、策划研讨、审评论文这些琐细的事务性、技术性工作。我坦承，在奇·朝鲁会长领导和陈育宁主任委员指导下，做起事来是愉快而有成就感的。我从2002年研究会筹建时就参加进来了。先是撰写论文，接着参加创立大会。之后，时常为会刊供稿。我看到，我感到，这个研究会同我之前参加的一些学会、协会不一样。它新，研究内容、运行方式、管理方法，都不用别人用过的套路；它高，学术水平、人员素质、起步姿态，都抱负高远，不同凡响；它近，说的、做的、探讨的，都是我们身边、我们十分熟悉、紧贴鄂尔多斯的事。伊克昭盟，鄂尔多斯，这块土地，这群人，我们身处其中；耳濡目染，朝朝暮暮，一下子同"学"字联系到一起，顿时使人兴奋，使人心头生热。搞鄂尔多斯学研究，哪有科班，哪有"专业对口"的地方学专业大学生。于是，如我之类的长期工作、生活、思考于斯的专业工作者入了研究会领导人的法眼。起初根本没想到全身心地投入。后来受事业感召，熏风吸引，会长邀请，才于2009年年初同蒙古族青年才俊包海山一起到会部办公。直到2017年，才欣然离开。说自己8年之中，20年内，为鄂尔多斯学研究事业做了大量工作，怕是有夸功耀绩之嫌；但平心而论，也的确付出了不少的辛劳和汗水。经手编审的，自己写作的文字不下200万字，而且不完全是翻来覆去的"文字匠"生涯，其间也不乏创新思维与独到见解。奇·朝鲁会长在为我的"论丛"撰写的"序"中说："他对鄂尔多斯学这门新兴学科所持有的独到的见解，既有深刻的理论思考、科学思维，又有可付诸实践的理论阐述。这些是他对鄂尔多斯学所做出的重大贡献。他从鄂尔多斯学研究引申到地方学研究的论述文章，也引起了全国地方学研究界的高度关注和好评。"仔细掂量，老会长的评价有些过誉了，倒是他同一篇文字里的另一段表述写出了我的真实感受："就这样，许多像老潘一样的志同道合者'人以群分'地聚集在鄂尔多斯学研究这个群体中，一起为创立鄂尔多斯学这个学术文化品牌奉献智慧，一起为创办好鄂尔多斯学研究会这个社会组织贡献精力，一起享受生活，施展才华，体现价值。"顺便补白一句，我在研究会上班，虽然待遇不高，却每月有工资，编辑稿件、发表文章、审评论文，另有编辑费、稿酬和审评费；而奇·朝鲁会长起初同大家一样，拿低微的工资，后几年则分文不取，是高等级的老年"志愿者"。同他比起来，在风节上，我自愧不如。

建会初期，作为局内的旁观者，我归纳了鄂尔多斯学几个"结合部"的特点。认为这是鄂尔多斯学的优势，曾以《结合部，风光无限》为题加以赞誉。建会五周年时，我发表了"新剩余价值"观点，认为研究会专委会不与党政机关及专业部门争人才，充分调动老专业工作者、科技工作者的积极性，将他们的"余热"汇聚起来，转化成学术成果，这一做法是一个很大的创举，十分明智，效验明显。直至今日，还在延续。2004年，基于在盟科情报所编辑《伊克昭科技》和在《鄂尔多斯日报》从事编辑、采访、评论、调查的体会，写出《改善生态保护环境应当列为鄂尔多斯学研究会重大而紧迫的研究课题》，引起一定的共鸣。环保工作者、研究会的专家之一李树信说要在他们办的刊物上转载。后来转载了没有，不得而知。而从伊克昭盟到鄂尔多斯市，"三种五小"，治沙造林，保护生态一直摆在十分重要的位置，以至21世纪初，在改革开放、经济建设步入快车道的同时，出现了生产发展、生态改善、生活提高的现象，我将之称为"三生有幸"，参加研讨，撰写文章，总不忘为之鼓与呼。如今，治理生态、保护环境已成为我市我区的首要任务，核心使命。这说明，研究会从一开始就注重环境生态建设，极力促进上下各方生态意识的提高，是很有前瞻性的。同个人经历爱好有关，我喜欢琢磨文化现象，文化与经济、社会的关系。在鄂尔多斯这么久了，总会有些感受，得出一些结论。我参加鄂尔多斯学研究的第一篇论文就是论说文化的。接下来，在《围绕"鄂尔多斯经济现象"说文化》一文里，归纳了八个方面的鄂尔多斯蒙汉人民的集体性格和精神特质。深入研究、细致提炼后，写成《鄂尔多斯崛起中的人文要素》，参加自治区党委宣传部主办的"鄂尔多斯模式"研讨会，被评为优秀论文。

驻会那八年，承蒙会领导信任，本人除了编辑书刊，还负责策划、设计、组织了多次学术研讨会和专题论坛。每次研讨，主题、论题、关注内容、研究倾向都不一样，一次比一次有所创新和提高。以连续三届的成吉思汗文化论坛为例，一届比一届深化和贴近现实。最后在专家建议下，引申出成吉思汗箴言，成吉思汗廉政思想，从而做到了古为今用，推陈出新。2013年，在鄂尔多斯市苏泊罕景点举办的中国地方学建设与发展研讨会上，我提出了民办公助体制是社会团体成功的基础和活力的源泉，获广泛认可。我代表中国地方学研究联席会草拟的《中国地方学建设与发展鄂尔多斯九月共识》几乎一字不改地获得会议通过并在全国地方学界传播发布。我为研究会总结、提炼的"向心，奉献；低调，务实；节俭，高效"的12字会风得到会长和研究会各位专家、同人的认同，至今仍是研究会宗旨、理念的组成部分。

我原先学的、从事的都是经济。后来取得高级经济师职称，还任过盟经济学会的理事。进入研究会后仍不忘"本行"，论述过鄂尔多斯市的五年规划、资源节约、转型升级、调整产业结构、扭转"一煤独大"等课题。听了厉以宁教授在我市的讲学，觉得那为数不多的为鄂尔多斯发展所提供的指导建议很有可操作性，价值很高，于是写了《"资源资本化"很适合鄂尔多斯市情》一文，发表于研究会在《鄂尔多斯日报》辟设的专版上。可惜没能引起相关部门的重视。2008年后半年，我从多年的实践、观察及学习科学发展观的感悟出发，结合本市发展态势，写出《平衡较快 健康均衡科学发展之道也》一文，联系20世纪中期"大跃进"、大煤钢铁、放高产卫星的教训，提醒一味追求速度，有造成失衡的危险性。谁知转年期望更高了，口号更响了，投资急剧增长，基建规模大幅膨胀，个别领导提出过于超前的"建设百万人口城市""把鄂尔多斯建成（我国）西部金融中心"的口号。此时，我以企业经营者的务实目光和经营敏感，认为过热现象已经出现了，而某些领导、个别部门还在推波助澜，于是我写了《一个不容忽视的课题：控制房价》，希望地方政府用"看得见的手"从房地产入手调控市场，让"车"跑得稍慢一点，让经济、金融的热度稍降一点。这一呼吁、建议较之后来的金融危机、资金链断裂提早二年时间。倘被重视和采纳，或者部分采纳，可能减少、挽回的损失将是巨大的。遗憾，痛惜，无奈，因人微言轻，文章虽然发表了，但声音很快熄灭了，基本上没起到警示作用。

研究会五年前迁至康巴什市委党校，其时我已年近八旬，再一次"告老还乡"。然而，仍偶尔参加研究会的活动，关注社会上对研究会的臧否毁誉。我与研究会的渊源，远不止上述流水账上的记载，真是"剪不断，理还乱，永远没有终点站"。

四 高台再出发 勇担新使命

奇·朝鲁会长在其第三个任期未满之时即萌生了退意。好在在他的主持下，研究会已经大业底定，赢得了各界广泛的称道，获得了所有可能获得的荣誉；而且，具有扛旗、掌门能力的接班人已经选定。第四届班子，奇海林、杨勇脱颖而出，构成研究会的"双峰"。几年来的实践证明，以这两个人为首的新的领导集体完全称职，胜任有余，必能把鄂尔多斯学研究事业引向更加辉煌的天地。相信他们一定会继承奇·朝鲁会长主持下形成的美好传统和优良作风，不忘初心，服从、服务于市党政的战略部署，永远胸怀百姓，关注各族人民的安危冷暖。坚持从改革建设、民愿民需中寻找课题，依靠专家学者，严谨治学，开放办会，潜心学术，耐住寂寞，不断提高精神产品的质量。说到意见、建议，我唯一的希望是保持地方学的本色和鄂尔多斯学研究在20年中形成的特色与优势，与时俱进，力争创新。创新是学术研究团体的灵魂。处理好继承和发展、保持与创新的关系，研究会就一定能建成品牌地方学，在鄂尔多斯再创辉煌，蒙汉人民走向更加富裕幸福的大业中找准自己的坐标点，做出超越前人的非凡贡献。

吟了几行歪诗，作为本文的结尾——

鄂市立，鄂学兴
一众赤子献大忠
莫谓书生空议论
廿载躬耕业绩丰
人才链，老中青
群英奋发万枝红
资政惠民勤奉献
鄂尔多斯再飞腾

潘洁，伊化集团原副总裁，鄂尔多斯学研究会专家委员会副主任。

致敬！鄂尔多斯学研究会

阎秉忠

2002年9月，鄂尔多斯学研究会横空出世，开启了以鄂尔多斯为对象进行学科研究的新纪元，其意义之重大、影响之深远，已经并将继续显现于世。研究会成立以来，秉持"立足学术，服务建设，创新机制，着眼发展"的宗旨，团结带领全体会员，奋发进取，努力创品牌地方学，做出了丰厚的成绩，有力地促进了鄂尔多斯的文化繁荣，经济建设和社会进步。今天，值此研究会20华诞来临之际，特向她表示衷心的节日祝贺！并致以诚挚的崇高敬意！

致敬！鄂尔多斯学研究会。20年来，她团结组织起了一支热爱鄂尔多斯、熟悉鄂尔多斯的会员队伍；出版了定义鄂尔多斯学的专著《鄂尔多斯学概论》；创办了学术季刊《鄂尔多斯学研究》；编著出版了研究鄂尔多斯的大型工具书《鄂尔多斯大辞典》；出版了鄂尔多斯学研究系列丛书，如《鄂尔多斯历代书目索引》、多卷本的《我与鄂尔多斯》，粗略估计，研究会成立以来出版的文献资料有3000万字左右，年均约150万字，相当可观；创办了鄂尔多斯文献馆；组织了100多次学术交流活动等，其学科建设日臻完善。

致敬！鄂尔多斯学研究会。20年来，她取得了一批重大研究成果，涌现出一批研究人才。就此，可以开列出一个很长的单子，限于篇幅，只列举几个专业给我印象特别深刻的学者。在学科研究方面，有陈育宁教授、奇·朝鲁先生和包海山先生；在文化研究特别是成吉思汗文化研究方面，有旺楚格先生和杨勇先生；在经济学研究方面，有姚鸿起先生；在鄂尔多斯精神研究方面，有潘洁先生；在植物生态研究方面，有吴剑雄先生；在民俗研究方面，有何知文先生；在鄂尔多斯语言特别是方言研究方面，有粟治国先生、苏怀亮先生和孙荣先生；在文物考古研究方面，有甄自明先生；在历史研究方面，有陈育宁先生和弓生淖尔布先生等，他们都有著作问世，都成了相关专业研究的学科带头人，为鄂尔多斯学研究做出了突出贡献，历史会永远记住他们。

致敬！鄂尔多斯学研究会。20年来，以其丰厚的业绩，得到了党政部门和社会各界的广泛赞誉，受到相关部门的表彰奖励。研究会多次获得本市和自治区人民政府，全国社科联，民政部的"先进学会""全国先进学会""全国先进社会组织"的表彰奖励。《鄂尔多斯学概论》《鄂尔多斯大辞典》获得本市和自治区人民政府哲学社会科学优秀成果奖。会长奇·朝鲁先生，获得过本市宣传部、自治区和中央组织部的离退休干部先进个人等荣誉称号。在此，有一点必须提及，鄂尔多斯学研究会是奇·朝鲁先生从副盟长的职位上退休以后，放弃了有些企业的高薪聘请，发起组织成立的。面对物欲横流的现实，面对金钱与学术的抉择，他理性地选择了后者，十分难能可贵，值得大加褒扬，值得离退休公务员们学习效法。奇·朝鲁先生从伊盟副盟长到鄂尔多斯学研究会会长，是其生命旅途中的一次极具价值的华丽转身，对其个人成长乃至社会贡献，作用更大，意义更著，影响更深。

致敬！鄂尔多斯学研究会。这个在内蒙古率先成立的地方学研究机构，为了加强与全国各个地方学研究机构的相互学习交流，通过联络协商，与温州学、泉州学、扬州学、潮学、徽学6个地方学研究机构达成了成立"中国地方学联席会"的共识，于2005年9月，在鄂尔多斯市举行了联席会成立会议，形成了全国地方学联手发展的新格局。会上，鄂尔多斯学研究会当选为首届联席会主席单位，会后创办了会刊《地方学研究信息》。目前，联席会将全国50多个地方学研究机构尽收麾下，并先后组织了十多次学术交流活动，形成了阵容可观的中国地方学研究队伍，极大地促进了中国地方学研究事业的发展。近年，联席会还走出国门，与有的国外地方学研究机构取得了联系，达成了一些合作意向，开创了与世界同道协同发展的新局面。

我还要特别致敬并感恩鄂尔多斯学研究会。加入研究会，曾是我心向往之的很荣幸的事。因为研究会的大多数会员是各行各业的专家学者，都是值得我学习的老师，我从他们那里学到很多东西。加入研究会，还能为退休后的我提供一个颐养精神与老有所为的好处所，使生活充实快乐而有意义。2002年7月退休后，我一扫离退休人员的所谓"失落感"，高高兴兴地申请加入了研究会，不久忝列专家委员会，为研究会的发展竭尽了绵薄之力。我参加了研究会前十多年的绝大多数活动（研究会搬家到康巴什后，由于我的家在东胜，就很少去参与活动了），撰写了十几篇论文，有的引起了领导重视，如在2004年9月中旬召开的"鄂尔多斯学学术研讨会"上，我发表了《鄂尔多斯学学科建设的思考》，提出了撰写《鄂尔多斯学概论》的建议，被研究会的领导采纳，后来组织专家撰写并出版了这部著作。我还参加过《鄂尔多斯大辞典》部分稿件的讨论，并参与了科技篇的具体编辑工作。我的这些微薄贡献，得到了研究会的肯定，在庆贺研究会成立十周年时，给予了我"热心事业"的会员奖励。总之，鄂尔多斯学研究会，是我加入的最满意的一个学术组织。研究会使我丰富了生活，得到了锻炼和提高，结识了一些朋友，收获良多，受益匪浅，在我的心里，留下了一段极为美好的记忆。

最后，祝愿鄂尔多斯学研究会在机制创新、学科建设、聚力研究、服务建设等方面，积极创造条件，努力开创新局面，为鄂尔多斯的发展做出新贡献。在机制创新上，要继续坚持"举社会之力，办大众之事"的办会理念和运作模式，积极动员组织吸纳社会力量，如大专院校师生、各行政企事业单位的领导和专业技术人员等，加入鄂尔多斯学研究的队伍中来，以壮大研究力量。其实，这些人，他们在其各自的岗位上，也在不同程度地研究着鄂尔多斯，研究着涉及他们各自行业或专业的课题，力量绝不可小觑。研究会将他们组织吸纳进来，解决自身力所不逮之处，何乐而不为？还要积极提倡并养成超前意识，笔者曾设想，如果各地建设部门的领导能在房地产热来临之际，及时为当地政府和社会提供预警报告，从而使政府严格控制开发商的土地供应，就可大大减轻房地产热造成的损失。再如，近年我市化学工业出现了大发展的可喜局面，一批煤制油、煤制甲醇及许多下游有机化学品生产企业相继投产，对促进我市经济发展做出了很大贡献。可化学工业是污染大户，令人担忧的是，这些企业目前对环境的污染，可以承受，但远期呢？继续发展这类企业呢？值得工业管理部门和环保部门进行研究，做出科学的评估，并采取相应的对策。类似的事很多，各单位各部门的领导和研究人员都要有一定的超前意识，切实当好政府的决策参谋。这一点，是我国现代治理中亟待弥补的短板。

继续加强学科建设。继续办好学术刊物《鄂尔多斯学研究》。学术刊物是研究机构的门面，是其研究能力与水平的标尺，不可小觑，一定要花大力气办好，办出水平。修订《鄂尔多斯大辞典》。条件成熟时，分专业分卷编著《鄂尔多斯百科全书》。鄂尔多斯文献馆，是鄂尔多斯文化建设上的又一项大工程，对现有文献资料要进行分类编目登记著录，提供借阅服务，提高利用率，发挥作用，这和提高资金周转率来提高经济效益的道理是一样的。

要凝心聚力，加强学术研究，积极服务地区建设。研究会应在"研究"二字上下功夫，在研究领域多出人才，多出成果。这方面，研究会曾做出过很大的成绩，但尚有欠缺，研究力量不足，与现实结合得不紧密，特别是服务建设、对各行业重大问题的研究还比较薄弱。如进入 21 世纪，我市没有发表过定量分析科技进步在经济发展中贡献份额的研究文章，没有全面研究我市工业化进程及发展阶段的文章，等等。今后，要选准项目，做出深度研究，积极服务于我市经济建设和改革开放事业。研究力量不足，如前所说，可以组织社会力量来弥补。还应该看到，正因为环节薄弱，后续成长发展的空间很大。

近代人张之洞说："古来世运之明晦，人才之盛衰，其表在政，其里在学。"学不立，国难立，学不兴，国难兴。大兴鄂尔多斯学研究，铸造鄂尔多斯新辉煌！

阎秉忠，伊化集团原高级工程师，鄂尔多斯学研究会专家委员会委员。

文化自觉走向文化自信的鄂尔多斯学研究会

高海胜

1997年我国著名社会学家费孝通先生在北京举办的第二届社会学、人类学高层研讨班上首次提出文化自觉这个概念。到2017年，党的十九大报告中首次提出"文化自信"理念的20年间，鄂尔多斯在建设文化大市到文化强市的期间，呈现出文化事业、文化产业和文化研究的大发展大繁荣的景象。一个国家和地区的文化自信发展繁荣建立在文化自觉基础上而达到理念升华。没有文化自觉的创意，就没有高度的文化自信的创新。对此，我认为，文化自觉是人们在认识文化、传承文化和创新文化中有目的、有计划、积极主动地活动和努力，称其为文化的主观能动性。文化自信一方面表现为在文化建设的基础上，能够透过文化现象，反映出文化功能的本质，获得对文化发展规律性的认识，即认识文化创意是引领社会实践活动的一种精神动力；另一方面表现为在文化建设活动中尊重客观的文化规律性，从实际条件出发，达到预期目的。

鄂尔多斯学研究会成立20年间，在坚持文化自信的过程中，奇·朝鲁（原会长）、陈育宁（原专家委员会主任）、奇海林教授（自2017年任会长兼专家委员会主任）、杨勇（常务副会长兼秘书长）几位领军人物先后带领研究会团队，调动专家委员会学者和学会会员的积极性，始终坚持从文化自觉走向文化自信的理念。从我市市情出发，以基础理论和应用对策研究为方向；以本土自然科学、人文历史、民族文化和社会科学为内容；以全方位、广角度、宽领域、多学科为边际效应；以吸纳集聚老中青学者专家为纽带；以调研、策划、研讨和承担自治区、市内有关重大课题为形式；以《鄂尔多斯日报》为载体每月发一期《鄂尔多斯学（专刊）》；研究会每季印发一期《鄂尔多斯学研究》内部交流刊物；出版专著和论文集百余部。这些成就具有基础性、学术性、科普性、系列性、资料性，为鄂尔多斯的历史文化研究和繁荣文化发展做出了巨大贡献，有些研究成果为自治区和鄂尔多斯市委、市政府提供了决策依据。

鄂尔多斯学研究会成立20年来，坚持文化自觉走向文化自信的理念，围绕"创新、开放、服务、共享"的定位，彰显了鄂尔多斯学的地域性、历史性、民族性和时代性的特色，以一张文化品牌形象，享誉区内外文化界和政界的关注与称赞。其社会价值在本土社会科学领域中具有无可替代的作用。对此，鄂尔多斯学研究会创始人奇·朝鲁先生被中组部、内蒙古自治区老干部局，鄂尔多斯市委老干部局评为"全国、全区、全市离退休干部先进个人"；鄂尔多斯学研究会先后荣获"全国先进社会组织""全国大中城市先进社科学会""内蒙古自治区先进民间组织""新型智库先进单位"称号。2022年1月市社科联公布的《鄂尔多斯市首届哲学社会科学人才奖表彰人员名单》中有研究会三位突出贡献的人物奖，分别被评为：名家奖（奖金20万元），杨勇，鄂尔多斯学研究会副会长兼秘书长；特别贡献奖（奖金5万元），陈育宁，原宁夏大学教授、研究会专家委员会主任，现为荣誉会长；青年才俊奖（奖金5万元），甄自明，现任鄂尔多斯市博物馆研究员，副院长、研究会专家、理事。这些荣誉和光环见证了研究会创始人奇·朝鲁、陈育宁、杨勇三位资深文化人，带领研究会团队坚持文化自觉走向文化自信的20年间，在基础理论研究和应用对策研究领域，取得了可喜可贺的显著成就。

我与奇海林教授交往30多年来，深感他德才兼备、思维超前、建树颇多，是理论功底扎实的社科理论家、智库策划家，党的民族理论和民族政策学者。他在鄂尔多斯市委党校任副校长到退休后任研究会会长、专委会主任期间，一方面，他深入全市各行各业的党员干部及各阶层群众中，进行过党的理论教育，形势教育（党的路线、方针、政策）科普宣传和有关专题讲座、深受全市广大党员干部群众的欢迎和赞扬，称之为鄂尔多斯理论家；另一方面，他撰写了诸多获奖论文、主编出版多部专著，承担过区内外有关重大课题，其研究成果曾获自治区和鄂尔多斯市社科成果评选奖项，在内蒙古自治区社科理论界被称为有影响的专家之一。

奇海林教授任鄂尔多斯学研究会会长、专家委员会主任以来，在坚持鄂尔多斯学研究会原有既定方针的同时，根据新时代本地发展战略与任务，适时调整鄂尔多斯学研究会的运营方式和未来发展方针，即"因时代而立，因作为而兴，因个性而美，因交流而跃，因文化而强"。奇海林会长带领社科研究团队，在基础理论研究的同时，加大应用对策研究，拓宽研究领域，承担区内外重大研究课题，充分发挥现任内蒙古学会副会长，盟市智库联盟执行方角色的能量，形成跨区横向学术交流，纵向协调整合资源，举办大型科普宣传（包括网络、视频）；出版了成套科普读本、旗区发展研究和有关基础理论研究和应用对策研究方面的专著。这些新时代的运营方式和研究成果，在区内外再现了研究会的整体形象和软实力。

一　创新性

创新是一个社团组织发展壮大的灵魂。鄂尔多斯学研究会成立20年来，在学术研究和社科普及方面发挥了有关部门无可替代的作用。我在研究会兼理事、专家委员会副主任的17年期间，见证了奇·朝鲁先生任会长十五年间，始终把研究会创新与坚持相统一，即坚持"立足学术、服务建设、创新机制、着眼未来"的办会宗旨；坚持"举社会之力，办大众之事"的办会理念；坚持"向心、奉献；低调、务实；节俭、高效"的会风；坚持"打造品牌地方学，构建和谐研究会"的目标；坚持"知识体系＋应用服务"的命题效应，对鄂尔多斯的经济、政治、文化、生态、社会建设等诸多方面的学术研究，取得了丰硕成果，积累了宝贵经验，用奇·朝鲁先生的回忆之言，鄂尔多斯学研究会成立十五年来，做了三件大事："一是创建了一个地方学品牌——鄂尔多斯学；二是创办了一个鄂尔多斯学研究的平台；三是创建了一支鄂尔多斯学研究会专家委员会研究团队。"

奇海林任会长、主任的五年间，创新性地提出"因时代而立，因作为而兴，因个性而美，因交流而跃，因文化而强"的发展理念，其内涵，笔者认为，"因时代而立于成果，因作为而兴于辉煌，因个性美而赢得赞誉，因交流而跃于区内外，因文化而强于地区形象"。这些与时俱进的创新思维模式，既传承了研究会老会长奇·朝鲁的原有创新的定位格局，又具有新时代新阶段的发展方向与内涵特征，既有超前性又有开放性，为研究会的今天和未来提出了新的研究方向和发展定位。

二 开放性

我认为，"开放"是个中性词。一方面是指一个地区或组织敢于接受外界新鲜事物，取其做法交流经验；另一方面对本地区的开放，通过多渠道传媒载体，搭建文化研究宣传平台，展现了对内对外软实力的地区形象。鄂尔多斯学研究会始终坚持开放性的理念。

一是鄂尔多斯学研究会在全国地方学研究发展中，首倡与温州学、泉州学、扬州学、潮学、徽学等地方学共同发起（2005年）创立了"中国地方学研究联席会"。在联席会上，鄂尔多斯学研究会被推选为首届执行主席方。研究会通过联席会方式，把分散在全国各地的地方学研究机构和有识之士联合起来，有组织地开展学术交流，互通信息，轮流编辑出版期刊《地方学杂志》，形成互补短板、共享研究成果效应。2008年11月，研究会虽将联席会执行主席方交给北京学研究会基地，但鄂尔多斯学研究会在联席会一直发挥着"老大哥"的作用。目前，据不完全统计，全国地方学研究组织已发展到了30余家，为地方树立了软实力文化品牌形象。

二是鄂尔多斯学研究会作为自治区社科联的团体会员，其学术研究成果在区内外影响力不断拓展与提升，特别是奇海林任会长、专家委员会主任期间，负责策划出版《2035 的鄂尔多斯发展预测与战略研究》（2020 年 6 月内蒙古大学出版社）一书，2021 年内蒙古学研究会特邀奇海林会长、杨勇副会长两位专家参与《内蒙古学概论》（2021 年 6 月内蒙古人民出版社出版）一书编审工作。奇海林任会长、主任期间，被内蒙古学研究会选为副会长、盟市智库联盟负责人以来，学术研究视角取向纵横发展空间，以重大课题引领应用对策研究，如《推动内蒙古沿黄地区城市一体化发展》（2020 年 10 月在《鄂尔多斯学研究专刊》发表）也是落实国家黄河流域生态保护和高质量发展战略的一项前瞻性重要任务，为进一步推动这一战略部署落地生根，以奇海林会长为首的课题组深入调研，完成课题，受到自治区领导的高度重视。

三是鄂尔多斯学研究会以开放性的运营，加大自我宣传力度。首先，搭建专家委员会平台，招揽吸纳区内外和市内有关专家学者，形成吐故纳新的学术研究团队，在基础理论研究和应用对策研究方面做出显著贡献。其次，研究会成立 20 年来，借助《鄂尔多斯日报》每月刊发一期《鄂尔多斯学（专刊）》和《鄂尔多斯学研究》内部刊物，扩大区内外文化研究领域的交流与合作，互动学术研究成果，达到开放性的自信宣传，也为鄂尔多斯的对外形象宣传，传递了一张有价值的名片。最后，研究会成立 20 年来，以政府命题、研究会策划组织协调、撰稿编辑，形成策划性书籍出版和媒体视频的宣传效应。例如，研究会成立之初，与市政府外事办、内蒙古电视台合拍的全国首部反映少数民族地区的大型外宣纪录片《走遍中国·鄂尔多斯》于 2003 年 2 月播出，引起海内外强烈反响。

三　科普性

20 年来，研究会开展的科普活动，已形成常规化、基地化。既有多元空间整合，又有与时俱进的科普内容服务。

一是社科普及活动。党的十八大之后，研究会围绕"鄂尔多斯学＝知识体系＋应用服务"的命题，以鄂尔多斯学"走进大学、走进基层、走进网络"

的运作，开展了科普讲座、研讨咨询、展览、送书、沙龙等活动，如鄂尔多斯学走进大学活动，以鄂尔多斯学的研究团队和研究成果等资源优势，开展了"爱我鄂尔多斯""地域文化进校园""鄂尔多斯民族民俗文化体验"等主题活动，丰富了科普阵地，为在校大学生增添了课外知识；鄂尔多斯学走进基层活动，得到许多旗区和社区的积极响应，以"发现、挖掘、研究、传承"方式促进地区文化繁荣发展；鄂尔多斯学走进网络活动，通过研究会网站、微信公众平台、草根网博客等载体，传递动态信息和研究成果，为专家学者搭建了学术交流平台。

奇海林会长在原有"三走进"活动的基础上，调整为"走进大学、走进网络、走进视频、走进新农村、新牧区"的定位，更深入广泛地开展了送理论到基层活动，如社科知识等宣传图片、图书、现场咨询、社科专题讲座、读书会、演讲比赛，出版社科普及丛书等一系列有特色的社科宣传活动和科普活动周。科普活动采取联动互动方式，带动旗区上下整合资源，形成鄂尔多斯文博宣讲、大学生社团工作展示、法律知识宣传、心理咨询、社科图书推荐，以及网络视频和电视专题片讲座，加大地域文化、红色文化和形势教育的宣传力度，如，2021年奇海林会长在鄂尔多斯电视台频道做了《红色鄂尔多斯》系列专题讲座；2022年5月，由市社科联主办，鄂尔多斯市委党校、鄂尔多斯职业学院、应用技术学院协办，鄂尔多斯学研究会承办开展了学习宣传贯彻习近平总书记参加内蒙古代表团审议时的重要讲话精神，特别推出"走好新路子，建设先行区"为主题的《社科普及·专家学者讲》的系列微课堂，使社科普及形式又一次推向新潮。

二是出版社科普及读物。鄂尔多斯学研究会成立20年来，出版了百余部学术专著、论文集和社科普及读本，为鄂尔多斯的精神文明做出了贡献。研究会为了向中华人民共和国60华诞献礼，于2009年由内蒙古人民出版社出版了《鄂尔多斯大辞典》；2012年出版了《鄂尔多斯学概论》，此书阐述了鄂尔多斯地方民族文化、独具特色的传统祭祀文化、生态环境演变的历史经验、经济振兴飞跃的发展轨迹，推动经济社会发展的文化软实力和敢为人先的鄂尔多斯精神等内容，初步形成鄂尔多斯的理论体系和人文资源的补充，为人们提供了一个有价值的读本；2017年研究会与伊金霍洛旗委共同策划出版了《大美伊金霍洛》和《伊金霍洛史迹拾遗》；为了庆祝建党100周年献礼，研究会会长奇海林与市委老干部局局长杨卫东共同组织策划了社科普及访谈实录丛书，分别是《幸福鄂尔多斯》（于妍，甘宜汴编著）、《发展鄂尔多斯》（敖明编著），《绿色鄂尔多斯》（苏利英编著）、《红色鄂尔多斯》（李晓燕编著）、《文化鄂尔多斯》（乌宁夫编著）。这套丛书于2021年9月由国家行政管理出版社出版发行。此外，研究会围绕旗区篇，陆续出版《鄂尔多斯风采》丛书，2021年以来已出版《强旗富民准格尔》《绿色乌审》《鄂托克文化风采》。

四 学术性

研究会开展的学术研究活动，以昨天、今天和明天为空间概念。以基础理论研究和应用对策研究为内容，其研究成果分为两个层面：

（一）基础理论研究

研究对象应是昨天的鄂尔多斯历史文化、民族民俗、成吉思汗文化和祭祀文化、经济、生态、社会变迁等内容，研究成果显著。

一是出版专著和论文集。笔者收藏出版专著和论文集有：奇·朝鲁主编的《鄂尔多斯文化研究》《鄂尔多斯民俗研究》《鄂尔多斯历史研究》《鄂尔多斯经济研究》《鄂尔多斯生态研究》《鄂尔多斯学研究》《成吉思汗文化与伊金霍洛》《论地方建设与发展》；奇·朝鲁、陈育宁主编《鄂尔多斯学概论》《鄂尔多斯大辞典》；夏日著《我眼中的鄂尔多斯现象》；潘照东著《鄂尔多斯模式研究与探索》；陈育宁著《鄂尔多斯史论集》《地域文化的资源与开发》；奇·朝鲁著《心路——鄂尔多斯学及其研究会10年历程》；奇·朝鲁、奇海林、杨勇主编《我与鄂尔多斯》人物回忆录丛书已出版到第五卷，今后不断续出；杨勇著《探索、收获、展望——鄂尔多斯学15周年纪念文集》；何知文著《我在鄂尔多斯》《鄂尔多斯风情》；弓生淖尔布著《双头马骑士——阿斯哈牧人的城市化感受》《郡王府记忆》；潘洁著《鄂尔多斯论丛》；旺楚格著《成吉思汗陵》；巴音、永荣编著《成吉思汗后裔——鄂尔多斯左翼后旗台吉家谱图（蒙古文、汉文）》《成吉思汗祭祀歌及鄂尔多斯歌来源（蒙古文）》；吴剑雄著《鄂尔多斯植物志（上、下册）》；梁冰著《鄂尔多斯通史稿（上、下册）》；肖亦农著20集电视连续剧本《我的鄂尔多斯》，此外，内蒙古人民出版社出版一套九本《鄂尔多斯改革开放40年研究丛书》，其中奇海林主编《经济飞路》、王进勇主编《旗区风景线》。鄂尔多斯学研究会专家委员会诸多专家参与了这套丛书的撰稿和把关工作，为正式出版付出了辛勤劳动，为庆祝中华人民共和国成立70周年做出了贡献。

二是在报纸杂志发表的基础理论研究文章。研究会的专家学者在《鄂尔多斯日报》每月刊发一期《鄂尔多斯学（专刊）》，以及研究会创办的《鄂尔多斯学研究》内部刊物上，就鄂尔多斯历史文化、成吉思汗文化、成吉思汗祭祀文化、经济、生态和社会发展变迁研究的文章有数百篇，我从《鄂尔多斯日报》刊发的《鄂尔多斯学（专刊）》上节选了（2017—2022年）基础理论研究的部分发表文章有：本土专家杨勇在《鄂尔多斯日报》第七版《鄂尔多斯学（专刊）》刊发《鄂尔多斯蒙古族年节》《萨拉乌素灯火下的〈蒙古源流〉》、罗卜桑丹津的《蒙古黄金史》《鄂托克草原上的"百眼井"之谜》《礼俗里的鄂尔多斯婚礼》《准格尔召随笔》《党项西夏文化与鄂尔多斯文旅发展定位》；奇海林会长、教授的《改革开放与鄂尔多斯学》《鄂尔多斯沐浴在党恩下的一片热土》；荣誉会长奇·朝鲁的《鄂尔多斯学研究的三点感悟》；本土考古专家甄自明的《党项、西夏在鄂尔多斯高原的简史与文物》《凤凰山汉代壁画艺术——鄂尔多斯高原汉代绘画艺术的巅峰之作》；荣誉主任、教授陈育宁的《宁夏黄河文化的生成及内涵特征》。从客观上看，研究会成立20年来，在基础理论研究方面的成果，大体构成学术性、梳理性和归类性的研究成果。

（二）应用对策研究

用奇·朝鲁先生的话讲，应用对策研究的对象是"今天和明天"；用奇海林会长的观点看，应用对策研究的对象是"用今天的现象与规律思维，来预测明天的未来与发展"，构成了研究会研究的核心内容和研究方向。确切地讲，研究会成立20年来，应用对策研究成果显著，起到了为全社会建言献策的智库作用，起到了为地方政府决策提供参照系数和参考依据的作用。

一是调查研究，没有调查就没有发言权。有了调查研究，才有应用对策的研究报告，才能起到为社会组织建言献策的智库作用，才能为地方政府提供决策依据和参照系数。

2017年以来，奇海林会长带领部分专家委员会成员和研究会驻会人员，深入我市旗区和有关企事业单位，开展了乡村振兴、高质量发展、民族地区振兴等内容的调研活动，撰写的调查报告分别在《鄂尔多斯日报》的《鄂尔多斯学（专刊）》和《鄂尔多斯学研究》刊物上发表。如《推进农牧产业融合，打造幸福宜居之乡——准格尔旗十二连城乡的乡村振兴》（乌宁夫、王春霞），《集体经济引领下的乡村振兴特色旅游新尝试》（乌宁夫），《扶贫40年的新篇章》（奇海林、王春霞、苑春雪），《鄂尔多斯扎实推进高质量发展》（奇海林），《坚持走好绿色高质量发展的路子》（王春霞、龚萨日娜），《巴拉尔草原布尔陶亥》（乌宁夫），《推动内蒙古沿黄地区城市一体化发展》（奇海林、韩云鹏、乌宁夫、敖明、钱格祥），《展望2035年的鄂尔多斯》（课题组负责人奇海林），《创新创智的可爱鄂托克》（课题组奇海林），《甘青两地调研考察感悟》（奇海林），《新路子与先行区》（奇海林），《乡村振兴的布尔陶亥特色》（课题组奇海林），《铸牢中华民族共同体意识》（王颖超），《民族地区文化产业大有作为》（乌宁夫、王春霞），《新时期推动民族工作创新与发展研究》（奇海林、敖明），《铸牢中华民族共同体意识的由来及其意义》（奇海林），《铸牢中华民族共同体意识的内涵与路径》（奇海林），《知行合一 淬炼信仰，党建引领砥砺担当——补连塔矿党建实践与启示》（唐雷、钱格祥），《鄂尔多斯沐浴在党恩下的一片热土》（奇海林、翟媛），《布尔陶亥文化旅游发展的认识与思考》（杨勇）。

二是学术研讨与座谈交流。研究会专家学者参加区内外学术研讨活动。2017年以来，研究会会长、主任奇海林教授带领奇·朝鲁、陈育宁、汤晓芳、杨勇、王春霞、包海山等专家学者，赴陕西、福建、北京、杭州等地区参加了"陕北地区长城历史文化""21世纪海上丝绸之路""民族地区县城文旅产业""首届亚洲地方学与地方文化国际""'一带一路'文献与历史""黄河文化与中原学"等学术研讨活动，并分别做了专题发言。奇海林会长作为我市唯一特邀代表在北京举行的《鄂尔多斯市十五规划纲要》专家咨询会上做了超前性发言。

自2021年以来，研究会在鄂尔多斯举办了许多高层论坛与研讨活动，来自全国各地30多位专家学者参加了"草原、城市、文化的康巴什"论坛，与会学者各抒己见，探索草原文化与城市文明和城市发展中的文化定位与未来发展；来自全国30多个地方学、地方研究机构的90多位专家学者参加了"中国地方学研究交流暨鄂尔多斯学学术座谈会"。他们认为，鄂尔多斯学已经成为鄂尔多斯人的精神动力和软实力，研究会走出了一条学术研究、智库策划和社科普及的新路子。研究会在自治区成立20周年和改革开放40年之际，还分别举办了"看发展、谈变化、论感想""改革开放40年，鄂尔多斯谱新篇"两次座谈会，体现了鄂尔多斯学研究会的高度政治站位，自觉承担了正确舆论导向和宣传责任，以发挥专家建言献策的作用，作为社团组织起到文化自觉的行动。

高海胜，鄂尔多斯市社科联原主席，鄂尔多斯学研究会专家委员会副主任。

写在鄂尔多斯学研究会成立20年之际

赵 谟 苏丽娅

今年是鄂尔多斯学研究会成立20周年。鄂尔多斯学研究会诞生于我市深化改革、扩大开放、经济跨越式发展、社会和谐进步的大背景下,是我市创造较早的群众性学术团体之一。20年来,鄂尔多斯学研究会立足于鄂尔多斯,以鄂尔多斯的历史、政治、经济、文化、宗教、生态、民族等多个方面作为研究对象和内容,为实现鄂尔多斯又好又快发展提供思想保证和智力支持。20年来,鄂尔多斯学研究会取得的成绩斐然,业绩辉煌,成为具有鲜明特点的地方学研究品牌。

今年是鄂尔多斯学研究会成立20周年,作为一名社会科学界的学会工作者,目睹了鄂尔多斯学研究会从成立至今走过的20年历程,心中荡起一股激流,总想说点什么,思来想去,还是写点感受吧,以此来表达我们对鄂尔多斯学研究会成立20周年所取得的成绩感到欣慰、赞赏之情。

一 鄂尔多斯学研究会的成立,诞生了专门研究地方学的一门新学问

2002年9月16日,鄂尔多斯学研究会在鄂尔多斯市建市一周年之际宣告正式成立了。鄂尔多斯学研究会的成立是我市哲学社会科学界的一件大事。在这之前的一年多时间里,原伊克昭盟行署副盟长,现任鄂尔多斯学研究会会长的奇·朝鲁同志,出于对家乡鄂尔多斯的热爱和对鄂尔多斯经济社会发展、进步的关心,萌发了将继续用自己的工作经验和影响力去做一些力所能及而且对经济发展、社会进步有益的事情的想法。他开始四处奔波,与一些曾在原伊克昭盟领导班子工作过的,即将退休或已经退休的老同志一起出主意,

想办法。大家认为，可以组织发动社会力量，进一步深入挖掘鄂尔多斯人文资源，全面总结和大力宣传鄂尔多斯改革开放以来经济发展、社会进步事业的成就和经验，让鄂尔多斯人自己认识自己，进而使国内外人士进一步了解鄂尔多斯，认识鄂尔多斯，为鄂尔多斯的发展出谋献策。在后来的探讨和切磋中，大家一致认为，要组织一支力量开展全方位、多学科地进行综合性的研究工作，这就需要建立一个专门的组织研究机构，长期不懈地开展对鄂尔多斯的政治、经济、历史、文化等方面的研究工作。成立鄂尔多斯学研究会就这样在发起人心中产生了。这期间，奇·朝鲁同志曾多次与时任内蒙古政协副主席的夏日先生，宁夏政协副主席、宁夏大学党委书记、校长陈育宁教授就成立鄂尔多斯学研究会交换了看法。又经过一段时间的酝酿，在征求各方面意见的基础上，2002年6月18日，在市委、市政府的高度重视和充分肯定的同时，组织召开了筹建鄂尔多斯学研究会的专题研讨会。经过与会者的充分讨论认为，成立鄂尔多斯学研究会对于弘扬鄂尔多斯文化，实施"文化塑市"方略，宣传和扩大鄂尔多斯知名度，为鄂尔多斯的经济发展会起到参谋和智囊的作用。在鄂尔多斯学研究会筹备期间，经过协商，研究会挂靠在市社科联，并成为市社科联的团体会员。2002年9月16日召开了鄂尔多斯学研究会召开大会。

　　鄂尔多斯学研究会的成立是对鄂尔多斯独具特色人文资源和现代鄂尔多斯经济文化现象再认识的需要而诞生的新事物。她的成立，是实践"三个代表"重要思想，弘扬鄂尔多斯先进文化，不断丰富鄂尔多斯人的精神力量，把鄂尔多斯各族人民的热情和力量引导、聚焦到建设中国特色社会主义伟大事业上来的需要。成立鄂尔多斯学研究会的意义还在于鄂尔多斯极其丰富、别具特色、极具传奇色彩的人文资源是中华民族文明史的重要组成部分，具有综合研究和借鉴的重要价值；还在于立体体现鄂尔多斯人不甘落寞、敢为人先、解放思想、与时俱进、开拓创新的思想与行动；还在于不断提升鄂尔多斯这一品牌的知名度、美誉度和科学度，并向世人展现鄂尔多斯的时代风采；

鄂尔多斯学研究会的成立将为建设经济昌盛、政治民主、文化繁荣的鄂尔多斯而努力奋斗。

20年来，鄂尔多斯学已经发展成为专门研究地方学的一门学问。2004年8月，鄂尔多斯学研究会向全国各地地方学研究机构发出关于成立"中国地方学研究联席会"的倡议，几经与十多个地区地方学研究部门的走访、座谈，于2005年9月16日，在鄂尔多斯市正式成立了"中国地方学联席会"。联席会成员共有全国省、地、市12家地方学研究机构。首届联席会议在鄂尔多斯举办，奇·朝鲁任第一、二届联席会主席，联席会每两年举办一次，各地轮流支持，联席会还创办了会刊《地方学研究信息》。中国地方学研究联席会的创办，为深入研究地方学搭建了一个好的平台。

2012年7月，经过几位专家数易其稿，《鄂尔多斯学概论》出版面世，《概论》认真总结了鄂尔多斯学研究会十多年来所取得的创新成果，详细论述了鄂尔多斯民族传统文化，独具特色的祭祀传统，生态演进的历史经验，经济社会的振兴飞跃，经济社会发展软实力，敢为人先的鄂尔多斯精神以及鄂尔多斯学的基本内涵。《概论》的出版成为研究地方学的一门学问。

关于地方学这门学问，陈育宁教授认为它不完全属于哪一个现成的、规范的学科，它涉及历史学、民族学、民俗学、经济学以及文化、军事等各个方面，综合起来就是对特定区域内特有的文化资源加以整合和研究的一门学问。

地方学的内容在结构上大体涉及三个方面，一是传统文化，即这个地区积淀下来的历史文化。形成时间比较早的地方学，大都是以历史文化为基础和主干，像晋学、徽学、楚学、湘学、泉州学都是以传统的历史文化为基础。这类文化的基础内容和国学有着紧密的联系，它不仅是中华传统文化的组成部分，也是广义国学的一部分。二是时代的新内容，包括地方经济、社会、文化在新的历史时期的发展以及在发展过程中遇到的问题。三是吸收外来的成分。特别是吸收其他地区民族文化、地域文化的成分而形成新的文化形态。

近年来，地方学研究在不断升温，各地的地方学研究硕果累累，为地的经济、社会进步、精神文明建设方面做出了巨大贡献，同时也极大地推动了文化事业，促进了哲学社会科学的繁荣与发展。

我们曾撰文指出："鄂尔多斯学研究会作为研究鄂尔多斯经济、社会、文化、生态互动发展内在规律的综合性地方学问，已被社会所接纳，并且正在经受鄂尔多斯改革开放、经济发展和社会进步伟大实践的进一步检验。鄂尔多斯学研究会在建设发展的过程中，本着'立足学术、服务建设、创新机制、着眼发展'和'举社会之力，办大众之事'的理念，对鄂尔多斯的历史、文化、民族、生态建设等多领域进行了综合研究，开展了大量的理论研讨活动、咨询服务活动、出版书籍、学习研究等一系列活动，二十多年来，鄂尔多斯学研究会出版了多部书籍，这些书籍涉及面广，包括历史研究、民族问题研究、草原文化研究、生态建设研究、地方经济发展研究、地方学研究等，内容丰富，思想性强，对地区政治、经济、文化、生态建设方面起到了促进作用，取得了世人称道的成就。"

今天，鄂尔多斯学研究会走过了二十个年头，鄂尔多斯学研究会已经成为全国的品牌地方学，我们坚信，在未来的发展中，鄂尔多斯学作为地方学一门新学问，立足鄂尔多斯，研究鄂尔多斯，更具民族特色、地域特色、文化特色、学术特色、时代特色。

二 鄂尔多斯学研究会第四届会员代表大会后继往开来的五年

2017年12月17日，鄂尔多斯学研究会第四届会员代表大会召开，大会聘请鄂尔多斯市委党校副校长奇海林教授担任专家委员会主任。2019年12月奇海林教授当选鄂尔多斯学研究会会长。

奇海林教授作为鄂尔多斯学研究会第二任会长，明知研究会已经走在鄂尔多斯发展过程中不可替代的智库平台的位置，深感责任重大，使命光荣，作为新中国培养的第二代知识分子，在肩负历史责任的当口，勇敢地承担起这份历史的重任。

当奇海林教授当选为专家委员会主任后,他对研究会未来五年的发展做出了规划。他说,鄂尔多斯学研究会未来五年将围绕鄂尔多斯改革开放40年进行研究,为鄂尔多斯40年的巨变做好经验总结,提供理论支撑,围绕鄂尔多斯70年从站起来、富起来到强起来的过程进行理论梳理,寻求与共和国其他地区的共同点与特殊性;围绕全面建成小康社会的实践展开调查研究,为鄂尔多斯加快建设社会主义现代化建设出谋划策,贡献良方;围绕中国共产党成立100周年,结合鄂尔多斯实际,就少数民族地区经济建设、政治建设、文化建设、社会建设、生态建设与民族团结的成就予以提炼升华,推出鄂尔多斯学的系统研究成果,与此同时,我们还要就鄂尔多斯学学科建设进行不断深化,在研究中提升,在历练中成长,在成长中成熟,把鄂尔多斯学研究事业推向新高地,让鄂尔多斯学及其研究会成为鄂尔多斯社科文化研究阵地的一面鲜艳旗帜。

鄂尔多斯学研究会自第四届会员代表大会以来,始终坚持"立足学术,服务建设,创新机制,着眼发展"的办会宗旨,坚持"举社会之力,办大众之事"的办会理念,坚持"向心、奉献;低调、务实;节俭、高效"的会风,坚持"打造品牌地方学,构建和谐研究会"的目标和坚持"知识体系+应用服务"的学科建设思路。20年来,鄂尔多斯学研究会有会员292人,学位会员37个。鄂尔多斯学研究会设有专家委员会,聘请委员177人。研究会以项目凝聚人才,以教育管理项目,以经费保障项目,用项目扩大影响,用优质研究成果为社会各界提供良好的智库智慧服务。

鄂尔多斯学研究会这五年是承上启下的五年。鄂尔多斯学研究会呈现五个亮点:鄂尔多斯学研究会因时代而成立,顺应时代,研究时代,服务时代,成为改革开放鄂尔多斯齐名的一张亮丽名片;鄂尔多斯学因作为而兴,如今,研究会各位专家成为市里各部门和一些地区的专家顾问,发挥着他们的聪明才智;鄂尔多斯学因交流而跃,通过地方学联席会议的方式,将地方学研究机构和学术团体及有识之士联合起来,联席会议已经扩大为地方学术联盟;鄂尔多斯学因个性而美，鄂尔多斯学立足鄂尔多斯，服务鄂尔多斯，从古至今，由天地到人，为存史育人，为贤者学名，为发展进言，可谓成功必须有我；鄂尔多斯学因文化而久，鄂尔多斯历史悠久，文化基因厚重，多民族文化在这里交流、交融，孵化出生机勃勃的鄂尔多斯学研究会。

鄂尔多斯学研究会这五年是继往开来、扬帆起航的五年。

鄂尔多斯学研究会自第四届会员代表大会以来，把过去侧重历史文化的研究转到现实问题上来，重点放在黄河"几字弯"经济社会发展问题的研究上来。黄河，是中华民族的母亲河，是中华民族的精神象征，是中华民族的根和魂。黄河内蒙古"几字弯"，是连接黄河上游和中游的交接区，在内蒙古自治区 843.5 公里，约占黄河总长度的六分之一。黄河"几字弯"流经内蒙古自治区乌海市、阿拉善盟、鄂尔多斯市、巴彦淖尔市、包头市、呼和浩特市，其中流经鄂尔多斯市长达 728 公里。黄河"几字弯"沿带流经六盟市的总面积为 46.9 万平方公里，占内蒙古自治区总面积 118.3 万平方公里的 40%，常住人口 1066.7 万，占全自治区总人口的 44.4%。2020 年，三盟市 GDP 为 10863.59 亿元，占全自治区 GDP 总量的 62.57%。

2019 年 9 月 18 日，习近平总书记在郑州召开的黄河流域生态保护和高质量发展座谈会上发表重要讲话，指出要推进黄河文化遗产的系列保护，守好老祖宗留给我们的宝贵遗产。要深入挖掘黄河文化蕴含的时代价值，讲好"黄河故事"，延续历史文脉，坚定文化自信，为实现中华民族伟大复兴的中国梦凝聚精神力量。习近平总书记豪情满怀地发出了"让黄河成为造福人民的幸福河"的号召，为新时代黄河流域生态保护和高质量发展描绘了宏伟蓝图。2021 年 10 月，党中央、国务院印发了《黄河流域生态保护和高质量发展规划纲要》，再次明确指出保护黄河是事关中华民族伟大复兴的千秋大业，推动黄河流域生态保护和高质量发展，具有深远的历史意义和重大战略意义。

鄂尔多斯学研究会不失时机，紧紧抓住这一契机，走进黄河"几字弯"，对黄河"几字弯"展开了全方位的研究。总结这五年对黄河"几字弯"的研究，成果主要有黄河"几字弯"城市一体化建设研究；黄河"几字弯"，内蒙古沿黄生态保护与高质量发展研究；黄河"几字弯"阳光农业走进全国，走向世界的研究；黄河"几字弯"铸牢中华民族共同体意识的研究；黄河"几字弯"宁夏黄河文化的生成及内涵特征研究；黄河"几字弯"黄河文化、草原文化、长城文化交往、交流、交融的研究；黄河"几字弯"非物质文化、民族民俗文化、蒙古族历史文化的研究；黄河"几字弯"鄂尔多斯地区经济社会进步，走新路子，建设先行区的研究；黄河"几字弯"鄂尔多斯地区乡村振兴建设研究；黄河"几字弯"鄂尔多斯地区红色百年历史的研究；黄河"几字弯"展望2035年的鄂尔多斯研究。

除上述取得的研究成果外，鄂尔多斯学研究会将重新修订《鄂尔多斯大辞典》的工作已提到议事日程；鄂尔多斯学研究会把地方学这一学问的研究推向了一个新的研究高度；鄂尔多斯学研究会专家委员会对鄂尔多斯经济社会发展发挥智库的支撑作用更加显著；鄂尔多斯学研究会走进了全国地方学研究的先进行列。

三 我们与鄂尔多斯学研究会的深深情愫

由于工作原因和对鄂尔多斯学研究会的热爱，苏丽娅和我先后加入了鄂尔多斯学研究会。2003年，苏丽娅加入鄂尔多斯学研究会，成为一名会员，并于同年被评为研究会优秀会员。2005年在鄂尔多斯学研究会一届二次会员代表大会上，她当选为理事，2010年9月，她被聘为鄂尔多斯学研究会专家委员会委员，2015年12月又被聘为鄂尔多斯学研究会专家委员会副主任委员。在2012年鄂尔多斯学研究会成立十周年时她被授予"热心事业奖"，得到鼓励。同年，我也加入了鄂尔多斯学研究会，并被聘为鄂尔多斯学研究会专家委员会委员，副主任委员。一路走来，我们目睹了鄂尔多斯学研究会的发展和取得的丰硕成果，在岁月中与鄂尔多斯学研究会共同成长，收获颇丰。

（一）参与鄂尔多斯学研究会成立的筹备工作

苏丽娅同志是鄂尔多斯社科联的一名工作者，分管学会工作，社科联所属学会、协会、研究会的成立都要通过社科联进行审核、把关、批准，才能去民政部门注册、登记。

鄂尔多斯学研究会的成立，苏丽娅亲力亲为，一直参与筹建工作。清楚地记得2002年8月10日鄂尔多斯学研究会筹备处召开第一次会议，参加会议的人员有筹备会各委员、市委办公厅、市政协办公厅有关负责人，市委宣传部的负责人参加了会议。这次会议的主要内容：一是汇报了会员登记和会员单位登记情况；二是启动"文化塑市"为主题研讨会散文征集情况；三是收集准备资料支持三十集电视剧《成陵大西迁》的拍摄工作；四是聘请内蒙古新闻出版局，争取批复期刊准印号等事宜，会议还具体研究了关于鄂尔多斯学研究会成立的事宜。2002年8月27日，筹委会召开了第二次会议，讨论通过了代表大会的工作报告、代表名单，确定会员代表大会召开的时间、地点，讨论了一届理事会建议名单。从鄂尔多斯学研究会筹备到成立，苏丽娅同志全程参与，对研究会的章程、领导班子成员、会员名单都进行了审核把关。因为鄂尔多斯学研究会是一个比较特殊的研究领域，在苏丽娅的协调下，研究会选择市社科联作为挂靠单位。一切工作就绪后，2002年9月16日召开了隆重的鄂尔多斯学研究会成立大会。标志着鄂尔多斯人文资源开发利用进入新阶段，在推进鄂尔多斯"两个文明"建设，实现"二次创业"宏伟目标进程中，鄂尔多斯学研究会任重道远，大有可为，大有作为。

（二）参与编纂《鄂尔多斯大辞典》工作

鄂尔多斯学研究会成立不久，就酝酿着要编一部大型的地方文献，起名为《鄂尔多斯大辞典》，苏丽娅和我有幸参与了编纂大辞典的工作。我们负责《社会科学》篇的工作。苏丽娅将多年从事社会科学领域工作方面所掌握的资料进行认真编写，将社会科学所属学会、协会、研究会从无到有、从小到大的历程进行了调查研究，整理出了一份社会科学领域发展的历程和所取得成就的文献资料。

2009年11月，《鄂尔多斯大辞典》终于完成了，同年11月2日举行了首发仪式，《鄂尔多斯大辞典》的问世，激励着鄂尔多斯学研究会的每一位参与者和广大关心支持鄂尔多斯学研究会的人们。《鄂尔多斯大辞典》是一部气势恢宏的巨著，它涵盖了鄂尔多斯的历史沿革、经济社会发展、各行各业所取得的成就，有鲜明的地区特色和民族特色，集思想性、历史性、适用性于一体，具有存史资政、教化育人的作用，是了解鄂尔多斯、宣传鄂尔多斯非常好的教材，同时也是了解鄂尔多斯的一部工具书和百科全书。

（三）参与鄂尔多斯学研究会举办的学术研讨活动

在鄂尔多斯学研究会成立5周年、10周年、15周年的时候，苏丽娅写出《辉煌的五年历程，取得丰硕成果》《感悟鄂尔多斯学研究会这十年》《地方学研究学方兴未艾，鄂尔多斯学继往开来》的纪念文章。在研究会成立20周年之际，我俩共同撰写纪念文章《写在鄂尔多斯学研究会成立二十周年之际》。

2004年苏丽娅撰写文章《重视研究地方学，拓展基础研究领域——赴温州、扬州考察地方学研究纪行》，2005年撰写论文《研究地方学，发展地方学》，2006年8月参加首届鄂尔多斯文化学术研讨会，撰写论文《开掘、保护、利用地方文献资料，弘扬鄂尔多斯民族文化》，2010年8月参加伊金霍洛2010成吉思汗文化论坛，撰写论文《弘扬蒙古族传统美德，促进社会和谐进步——品读成吉思汗箴言及蒙古民族传统美德教育》，2011年11月参加伊金霍洛2011成吉思汗文化论坛，撰写论文《传承成吉思汗文化，塑造伊金霍洛城市品牌形象》。

同年，这篇文章获鄂尔多斯市哲学社会科学优秀成果三等奖，2012年8月参加第二届中国·阿尔寨石窟文化高层论坛，宣读论文《打造精品鄂托克，创造和谐鄂托克》。

从2011年12月，我俩先后参加第二届、第三届、第四届、第五届成吉思汗祭祀文化研讨会，撰写论文《传承成吉思汗文化·弘扬达尔扈特精神内涵》

《成吉思汗哈日苏勒德祭祀的内涵和对古代蒙古民族崇力尚武的影响》等四篇论文。

2013年7月，我和苏丽娅参加中国沙草产业高层论坛，宣读论文《钱学森沙草产业创新理论库布齐沙漠的成功实践与启示》；2013年撰写《把深化鄂尔多斯学研究作为繁荣发展我市哲学社会科学的重要任务》的论文；2013年8月我俩参加中延会在天津召开的纪念毛泽东同志诞生120周年理论研讨会，在分组讨论会上宣读论文《毛泽东民族区域自治思想在内蒙古的实践和发展》；2015年8月，我俩参加中延会在山西太原市召开的"纪念抗日战争胜利暨世界反法西斯战争胜利70周年"理论研讨会，在分组讨论会上宣读论文《鄂尔多斯地区抗日战争和保护成吉思汗陵寝的伟大壮举》，2016年这篇论文获鄂尔多斯市哲学社会科学优秀成果政府二等奖；2016年在"一带一路"与鄂尔多斯发展学术讨论会上，宣读论文《试论草原丝绸之路的发展和对鄂尔多斯社会经济发展带来的机遇》，同年发表论文《鄂尔多斯绿色梦的实现对"一带一路"的作用》；2017年6月，我俩参加草原、城市、文化学术研讨会，宣读《康巴什区城市草原文化元素和功能定位探讨》《康巴什区域城市建设中的草原文化特色》两篇论文。

2018年是改革开放40周年，我俩参加中延会在广东省广州市召开的"庆祝改革开放40周年理论研讨会"，并在大会上宣读论文《改革开放40年鄂尔多斯经济社会繁荣发展，各族人民实现对美好生活的凤愿》。大会发言得到来自全国各地200多位领导、专家、学者、理论工作者的一致好评。《中华魂》杂志、《中华网》、广州市新闻媒体、澳门《法制日报》都给予了宣传报道，宣传了鄂尔多斯，让与会代表认识到了鄂尔多斯历史文化悠久，是人类的发祥地之一，是祖国北部边疆风景线上一颗璀璨的明珠，是一个生态自然美、人文特色美、经济活力美、社会和谐美、生活幸福美的好地方。

2021年是中国共产党建党100周年，为了把鄂尔多斯的红色基因挖掘好、保护好、传承好，进一步讲好中国共产党故事，讲好鄂尔多斯故事，讲好鄂尔多斯奋斗史，更好地发挥记史育人、以史资政作用，鄂尔多斯市委老干部局与鄂尔多斯学研究会共同启动建党百年，鄂尔多斯老干部访谈系列丛书编写工作，丛书分别为《红色鄂尔多斯》《绿色鄂尔多斯》《发展鄂尔多斯》《文化鄂尔多斯》《幸福鄂尔多斯》。我俩分别撰写《见证鄂尔多斯市改革开放四十年的伟大社会变革和辉煌成就的点滴思考》《鄂尔多斯学哲学社会科学事业发展》两篇文章，两万多字。

2022年9月16日，鄂尔多斯学研究会成立20周年，在深深感受到鄂尔多斯学研究会取得辉煌的研究成果，为鄂尔多斯经济社会发展服务方面做出了突出贡献的同时，我们心中也激荡着浓浓的情感，《写在鄂尔多斯学研究会成立二十周年之际》也算我俩对近20年来在鄂尔多斯学研究会工作的一个总结，表达我俩对鄂尔多斯学研究会的感激之情。

继往开来，扬帆远航，我们深信，鄂尔多斯学研究会的明天更加美好，鄂尔多斯学研究会将成为鄂尔多斯社科文化阵地的一面鲜艳旗帜，取得更加辉煌的研究成果，为鄂尔多斯经济社会发展进步做出巨大贡献。

赵谋，鄂尔多斯市科技局原副局长、专家委员会副主任；苏丽娅，鄂尔多斯市社科联原副主席，鄂尔多斯学研究会专家委员会副主任。

地方学研究

我心中的鄂尔多斯学研究会

弓生淖尔布

鄂尔多斯学研究会已经走过20年历程，其中的后十年我和研究会结缘，所以我是个半程搭车的人，却也留下不少难忘的记忆。

2002年12月25日下午，鄂尔多斯市民委召开少数民族古籍整理工作会议，那时我在市民委工作。奇·朝鲁会长应邀作报告。那时他是市政府的巡视员，那次他的讲话给我留下了印象，因为他讲了好多不同往常的话语，讲解什么是地方学，扬州学是怎么搞的，地方学在全国的滥觞和地位，鄂尔多斯学要研究什么，怎么做等问题，大不同于他往日当副盟长分管我们部门时候的讲话。他说鄂托克旗办了"阿尔寨石窟研讨会"等活动，引起了上层的关注；鄂尔多斯学研究会拟定编写《鄂尔多斯大辞典》。我做了笔记。这是鄂尔多斯学第一次敲击我的耳膜，给我留下一个比较特殊的印象。现在想来，老盟长那时刚刚开展研究会的工作，正在苦口婆心做全社会的说服工作，让人们明白为什么要做这个事情。估计他在周游各处，为鄂尔多斯学做推广，以期得到更多的理解和支持。那时候我读过一个文章，说王林祥背着羊绒衫周游全国大酒店推广介绍，开发市场，很是辛苦，奇·朝鲁先生也给我这样的印象。不过我那时因为大部分精力在工作上，他的话只不过听听而已，感动而未行动。

那以后的两三年吧，有一天办公室里突然来了一位老先生找我，自我介绍他是何知文，动员我去他那里参加文谈会，说经常有文友在他那儿聚集相谈，他听说我主编过《杭锦旗志》，有这个基础，可以和他们说说话。那是我和何知文先生第一次相见，我为他不耻下问的精神所感动，有了深刻的印象。

2011年，我写了一本书，记述老家百年的人和事，并得以出版。朋友王静有大为赞赏，热心宣传。翌年春天的一天，突然接到奇·朝鲁先生的电话，要我去他那儿一趟。其时我正在中央党校短期学习，回来就去他的办公室。他说，你这本书看了，何知文先生给他推荐的，有思想，比较实际。他希望我就这个视角继续跟踪，继续研究。得到老领导的肯定，我觉得鄂尔多斯学研究会认同我的做法，产生了共鸣。距退休不远，觉得退休后可以做一点喜欢的事情，鄂尔多斯学研究会似乎是个好去处。于是加入了鄂尔多斯学研究会。何知文先生也是鄂尔多斯学研究会的资深专家，又是奇·朝鲁先生的文友。何先生家是读书爱好者及其作品的一个聚集地和集散地，好多人是从他那儿得到咨询、信息等各方面的帮助。鄂尔多斯学研究会团结了这些专家学者，编织了庞大的民间知识者网络，把触角伸到了鄂尔多斯的内外空间。

2014年，鄂尔多斯学研究会开始对研究专题做项目管理，从众多的选题中选优扶持，资助出版。我报了对牧民进城研究的一个选题，竟然被选上了。知情者透露，是陈育宁教授力主选择的。于是，我对这个熟悉的名字、陌生的先生有了切身的一个印象：这个研究会是公对公，只看事情不看人的。在写作过程中，潘洁老师给了我很多具体帮助。他这个人有话就说，很直接，不绕来绕去，虽然尖锐，却有理有据，能说服人，很对我脾气。在定稿过程中，奇·朝鲁先生提出了很多意见，我记得原稿中有些称呼比较占地方，他提出，平时说话这样可以，但是落实到文字，那可是板上钉钉，需要再三斟酌，要考虑到方方面面，这些意见我都采纳了。他有丰富的政治经验，可以从历史和现实维度看问题，也从学术维度把握，很周全，有穿透力。后来我想，幸亏听了他的好多意见，免去了一些麻烦。当时，我感到这个研究会风气很正，不但有浓厚的学术氛围，更有成熟的政治智慧在把握舵盘。

2015年夏季的一个傍晚，奇·朝鲁先生和杨勇同志突然找我说事情，要我承担一个历史课题，就是有关郡王府和乌兰活佛的写作任务。我愉快地答应了。那个课题是伊金霍洛旗政协找鄂尔多斯学研究会的，对方提出要资料性突出，讲求历史的原貌等，有些不好把握。他们在呼市找了一些专家指导，得到了一些建议，和我的想法不完全一致。奇·朝鲁会长说，就按照自己的想法写，不要受外界干扰。但是到底是写成资料汇编还是编写成书？我没有把握。恰好陈育宁教授来了，在会上我提出自己的困惑。陈育宁教授一语解惑，还是编写成书，不是资料汇编。这是我和陈育宁教授第一次晤面。《郡王府记忆》得以在年底出书，按照要求完成了任务。鄂尔多斯学研究会的君子之交又一次惠及了我。

从此我规定自己精力集中于民族历史文化这个领域。奇·朝鲁会长和杨勇同志也完全同意，尊重了我的选择。鄂尔多斯学研究会为自己的会员量身定做，按照其个人特长和意愿培养使用。那时研究会有些负责人提出要培养自己的名牌队伍专家，这是很有见地的战略思维。试想，一个大医院如果没有自己的名牌医生，何其为大？大学者，非谓大楼也，是谓大学者也。我觉得鄂尔多斯学研究会的这个方向是很正确的。

2020年，我写的《蒙古王爷——沙克都尔扎布》出版了。这很费了我一番功夫。起初是杨勇同志给我布置的任务，当然我也愿意，有兴趣。经过数年的写作，终于出版。研究会为此也颇费了功夫。奇海林会长、杨勇副会长为起好书名等一系列问题颇费了一番心思。据说出版社为了稳妥起见，要求有一位著名学者签字同意方可出版。听说是杨勇同志向陈育宁教授求助而成的。陈育宁教授是我的贵人，也是鄂尔多斯学研究会的栋梁。

王春霞为出版我的几本书也付出了很多辛苦，修改、校对，认真细致，对我们永远笑脸对待。王春霞、龚萨日娜这些同志的责任心、辛苦、认真、耐心，使得学会的基础部分得以正常运转，有助于营造一个认真研究，崇尚学习，服务周到、尊重待人的整体氛围和机制。要知道老同志对尊重、礼貌是特别有要求的，一个笑脸、一句问候就可以温暖人。据我所知，有些学会虽是社会团体，却官气十足，等级森严，由此被人们敬而远之。鄂尔多斯学研究会不是这样。

鄂尔多斯学研究会给爱好读书的人贡献了一个平台，让他们生活在一个尊重知识、懂得学习、度过有价值的晚年生活的环境里。庞大的网络里有各种各样的人才，得以疑义相析。有次我的一个同学问我一个古代牌子上的文字，我解读不了，在学会的网站上发布难题，向大家求助，很快得到回应，是巴图青格勒教授询问一个研究满文的教授解读出来的。我很感谢。

正确的领头人，栋梁般的学术带头人，尊重知识、平等待人的良好学术氛围，这些是学会的灵魂和团队的黏合剂。我感到这十年中，我的人生选对了方向，跟对了人，做对了事情。

换届后的鄂尔多斯学研究会，生机勃勃，开拓了一些新领域，充满新气象。我们这些退休的知识爱好者还可以做一些有意义的事情。

弓生淖尔布，鄂尔多斯市粮食局原纪委书记，鄂尔多斯学研究会专家委员会副主任。

与鄂尔多斯学研究会的情缘

李申德

鄂尔多斯学及其研究会，于我而言不能说陌生。因为在前几年有好几次应邀参加他们组织的文化论坛活动，让我有机会集中时间和精力便捷而深入地走进鄂尔多斯这片热土，同时也走近了他们。于是，从那时起，鄂尔多斯学及其研究会，还有那领创人就在我心灵里占据了一席之地，每每听到他们的信息，就想起与他们的交际，也总想写写他们。

一

那是 2009 年春季的一天，我在内蒙古自治区最大的、也是唯一的省级党报《内蒙古日报》上赫然看到一则征文公告，说是在鄂尔多斯的伊金霍洛旗将举办首届成吉思汗文化论坛，面向全国征稿，落款者是该论坛组委会办公室。

当时我为之一惊。

我惊讶，一个名不见经传的县级地区搞文化论坛本来就不多见，还在那样的大报上发布公告，实属罕见。再看论坛主题，成吉思汗文化，更是大之又大，闻所未闻。我再次被这则公告震撼了。

一阵疑惑不解的激动之后，我平复了一下心态，将公告又细细地研读了一遍，越看越意识到自己的孤陋寡闻和少见多怪了。

诚然，作为近邻，我对鄂尔多斯快速的经济发展，显著的城乡变化，还有发达的交通基建，还是时有所闻，偶有所见。但没想到他们在文化这方面也是这样大步迈进，有如此建树。现在，他们又石破天惊地于一方小镇举办来头如此之大的文化论坛，这得多么大的勇气与魄力及人文支撑？

　　实际上，那时，鄂尔多斯敢为人先、拼搏创新的精神及其取得的成就早已是蜚声国内、名扬四海了，那句著名的"鄂尔多斯羊绒衫温暖全世界"已流传多年，不知赢得了多少人对它的青睐。一个日新月异的、堪称扬眉吐气的鄂尔多斯，正在经济高速路上快速奔跑，一个现象接一个现象地涌现；一个奇迹接一个奇迹地发生，更是被人们举荐为鄂尔多斯模式。既然如此，在一个小镇举办如此高大主题的论坛，又有什么值得大惊小怪呢？只能说明自己信息闭塞、庸见落伍。最终，我还是从惊诧的疑问中走了出来，反倒对他们的这种大手笔多了一份钦佩与敬意。一种相望于道的邻里情境和人文寻觅撩拨我蠢蠢欲动的文心，这难道不是我走近这片热土、接受人文熏陶的难得机遇吗？因为那时我涉足人文研学已近十年，十年磨一剑，不快也亮，正好跃跃欲试。

　　于是，我按照公告要求做起了准备。

　　首先，需要对成吉思汗文化有一番认真的了解。光凭在研习中华人文传统中接触到点儿元代人文历史及成吉思汗人文思想远远不足，还得旁收博采，广泛涉猎。其次，光有书本上得到的东西远远不够，需要接近历史遗存，直观感悟。好在过去参观过几次成吉思汗陵园，特别是第一次是在成陵还没有修葺，只是一周围墙之内三个醒目的穹顶，但印象很深；后来又一次次走近它，看到它不断修缮、日益恢宏的景象，还有不断丰富的壁画和文物展示之类，对我理解成吉思汗文化起了很大作用。我把这些有关成文立论的碎片拾捡起来，回味着、琢磨着：这里包含的是一种怎样的人文情愫与历史眷顾；又体现着怎样的现实观照与影响力？依着这些线索开始追根寻底，慢慢地走进它蕴藏的文化内涵。

　　探究的路越走越远，也越走越宽。一直走到几个明确的知识点。比如，成吉思汗的历史功绩究竟体现在哪里，怎样看待成吉思汗颂扬；达尔扈特人的英灵守护及成吉思汗祭祀传承意义何在；蒙古族的长生天信仰和英雄崇拜的关系，等等，都围绕着成吉思汗文化彰明较著地汇集在这里，需要人们去讨论、去挖掘。

　　这样的探究不仅让我一步一步走近成吉思汗文化，同时也对这一方小镇多了几分敬重。最后，我把论题确定为"成吉思汗文化的历史拓展与伊金霍洛文化的现实对接"。重点从发展文化旅游业的角度，探讨成吉思汗文化对其产生影响的现实价值，洋洋洒洒写了五六千言。看着也较符合论坛要求了，便按时交了过去。

　　既在意料之中，也在意料之外。一个多月后的一天，一封来自鄂尔多斯学研究会的信函送到我的案头，我忙拆开来看，是一份装帧十分精美而考究的偌大请柬，急忙打开，里面夹着一张邀请函，自然是邀请我参加论坛，说明我的论文已被认可，令我激动不已。我注意到，这封邀请函的落款依然是论坛组委会办公室，但上面盖着的是鄂尔多斯学研究会的大红印章。从封皮到印章，两次醒目的落款也告诉我，在鄂尔多斯，有一个叫"鄂尔多斯学研究会"的组织。

　　从这邀请函就可窥见，他们是做了精心策划和准备，这给我留下不错的第一印象。就这样，我第一次走进鄂尔多斯的文化论坛，走近成吉思汗文化，同时也把我领进鄂尔多斯广袤的沙海沃野和广阔的人文天地。也是在这次论坛上，我首次听到了鄂尔多斯学和地方学这两个名称。这次论坛，名义上是伊金霍洛旗所为，实际是鄂尔多斯学研究会组织的。

　　此后，我又应邀多次参加了该研究会组织的论坛活动，每次坐车过桥南下，都有一种沾沾自喜被认可的欢欣，感觉是那样踌躇满志，俨然专家一枚。

　　一次次地谈论不同的主题，一次次开阔地方学眼界，一次次感受鄂尔多斯大地的创新变化，也一次次领略鄂尔多斯的风土人情，不仅使我对鄂尔多斯有了全新的认识，更使我受到深切的感召和启迪，开启了我人文追寻的新境界。

　　虽然近几年由于各种原因再未谋面接触他们，但借助网络微信、报章刊物等同样能得到他们的好多信息，知道他们与时偕行、与时俱进；其间虽有人事更替，但他们初心不改，矢志不渝，紧跟时代，一如既往，为地方学摇旗呐喊，为自己的学说虔诚坚守，不断续写着鄂尔多斯学的精美华章。这就令我十分欣慰了。

二

鄂尔多斯学，地方学的后起之秀，大家公允，也名副其实。20世纪初中国诞生敦煌学、徽学和晋学三大地方学100年以来，地方学的种子就在中华大地上不断萌发。尽管它只属一地之见，自家之学，但也是各家自守町畦，精心打理；也不乏青灯黄卷、孜孜矻矻、前赴后继潜心钻研之士。当21世纪的曙光照耀中华大地、祖国一派政通人和，千帆竞发，龙腾虎跃之际，也迎来了地方学的新生。

当此时日，鄂尔多斯学诞生了。它诞生在鄂尔多斯快马加鞭的奋力拼搏中，诞生在鄂尔多斯各行各业的跨越超常中，也诞生在鄂尔多斯人文建树的迫切追寻中。它是鄂尔多斯人扬眉吐气的又一标榜和象征。我还注意到，在21世纪最初那两三年，全国地方学的春天似乎格外明媚，继2000年9月鄂尔多斯学建立后，次年9月，扬州文化研究会成立；9月，山西晋学研究中心成立；又过一年，是较早开花结果，也较早断养凋零的泉州学重新启动。地方学的春天真的来到了。鄂尔多斯学，在全国来看是后起之秀，江河后浪，因为之前毕竟有那么多家地方名学。但在内蒙古，无疑是顶立潮头，一马当先。因为在内蒙古，至今还没有第二个以地名直接冠以学名的。它像极了鄂尔多斯当地的经济，改革开放唤醒了这片蕴藏丰厚的大地，21世纪的创新驱动注入了强劲活力，抢抓西部大开发的机遇，如火如荼的跨越式发展不断造就着崭新的鄂尔多斯。蕴藏厚、起点高、大格局的鄂尔多斯学乘势而出，生逢其时。自此以后，在内蒙古谈地方学，必谈鄂尔多斯学；在全国谈地方学，也能想到鄂尔多斯学。那么，究竟什么是鄂尔多斯学呢？它的创始人之一、也是曾任鄂尔多斯学专家委员会主任的陈育宁先生说得很清楚："鄂尔多斯学就是以鄂尔多斯为研究对象，主要是以那些具有自身特色、自成体系、有自身发展规律的社会文化现象、经济现象为研究对象，把这些研究的问题加以概括提炼，成为一门有专门知识和理论方法的学问，构成'学'。"还说："它不是一门学科，而是一门地方性的综合学问。"

陈先生的定义开门见山，言简意赅，无须注释。

日新月异的鄂尔多斯需要强劲人文的支撑和伴随，这种最有力，也最有效支撑和伴随又恰恰来自其本身。它引导人们对自身处境起码有一种概念性认可的思考和理解，并将这种情境上升到学术学说性的高度以概括说明，以进行人文精神的培植。对此，鄂尔多斯之学恰到好处地担当了这一角色。

厚重的鄂尔多斯文化底蕴，经纬百端，通过鄂尔多斯学的爬梳钻勘，掘隐钩沉，收遗辑佚，以小见大，显微见著，汇聚成卷帙浩繁的文化果实奉献给家乡的人们，这又是一种多么深情人文的观照。鄂尔多斯学在这种求索追寻中日益丰满成熟起来，并在某种程度上引领了鄂尔多斯一代学风。此时此地，社会呼唤这种既要高瞻远瞩，又要脚踏实地的本土学问介入。鄂尔多斯学审时度势，开进校园、走进机关、涉足企业、下沉社区以至踱步网络，以讲好鄂尔多斯故事为己任，以循循善诱的方式，将脍炙人口和耐人寻味的故事讲述给家乡的人们，激起了人们心中的万般涟漪，以培育家乡人的自豪感、自信心。

鄂尔多斯学用满腔热情记录鄂尔多斯，宣传鄂尔多斯，展示鄂尔多斯，带领人们走进更广袤、更深远的鄂尔多斯人文天地，将鄂尔多斯美酒和鲜花洒满大地，送给人以清冽的甘甜，悠长的醇香，不仅没有曲高和寡，反而是日益衔接地气，也使这朵盛开在沙海沃野上的奇葩别有一番葳蕤气象。这不也是践行着"为天地立心，为生民立命，为往圣继绝学，为万世开太平"的社会担当。

鄂尔多斯学已经当之无愧成为鄂尔多斯的文化名片。

我特别欣赏鄂尔多斯人以慷慨激昂的神情表达"不仅要挖煤，也要挖文化"的坚定与自信。这种表达，一如扬眉吐气的鄂尔多斯人朴实无华，无不蕴含着物质变精神、精神变物质的朴素道理，也张扬着鄂尔多斯人满满的自信。他们要让自己眼界更开阔，思想更丰富，精神更充实。

以鄂尔多斯学这一崭新形象为鄂尔多斯立传，这是完成这座鄂尔多斯人文大厦的奠基，又何尝不是一种家园守望的指南，让经历的人找到了归宿，让求解的人找到了答案，让在外的游子找到了回家的路。艳丽绽放的鄂尔多斯学定位于与时代同发展、共命运的历史担当，它当之无愧成为润泽一方的人文圭臬，犹如大地吸纳恒星的阳刚和媚月之柔肠，萃取狂风暴雨之韬晦和闪电惊雷之烈扬，终于造就出这样一片沃野。

只要不忘初心，不断创新，路会越走越宽，这也是我由衷的祝福。

三

鄂尔多斯学研究会，同样振聋发聩，是地方学的一个虔诚的守望者，身强力壮，也是鄂尔多斯地方文化建设的一支生力军。

它与鄂尔多斯学同时诞生，把持着鄂尔多斯学一路前行，至今整整 20 年。它不仅让鄂尔多斯学从无到有，由小到大，也使鄂尔多斯学走出内蒙古，走向全国。

地方学因鄂尔多斯学研究会的加入而彰显生机。

鄂尔多斯学研究会创立第四个年头，也就是 2005 年，倡导成立了中国地方学联席会议。接下来，研究会更是以积极主动担当的姿态，多次承担轮值主席方角色，竭力为地方学摇旗呐喊，添砖加瓦，可谓不负众望。

"鄂尔多斯学研究会的成立，标志着对鄂尔多斯的研究，将从过去分散的、个体的研究提高到系统的全面的研究；从过去单纯的研究推进到文化产业的开发，对鄂尔多斯'文化塑市'产生积极的推动作用。"内蒙古社会科学院首席研究员潘照东先生如是说。

研究会实行会员和专家委员会委员制，会员立足当地，而专家委员放眼各地。这些人有在职的，更多的则是退下来的体制内人员，不乏远见卓识之士，又不甘寂寞平庸。鄂尔多斯学研究会为人们搭建了一个理想平台，一方用武之地。它把这帮志同道合的人集结在一起，立足现实，着眼未来，除了专门讨论地方学科学体系外，既探究热点、焦点问题，也探讨疑点、难点问题。当然，更多的是探讨鄂尔多斯自己的学问。

论坛是它的台柱子，好问则裕，自用则小。通过论坛，会八方才俊，集百家高见，一切域外和弦之音，统统拿来为我所用。论坛上下，大言炎炎，小言詹詹；清谈娓娓，私语絮絮；论域越来越广泛，论题越来越丰富，论说越来越深刻，眼界也越来越宽展。尽显这帮文人墨客的粗犷与文雅，豪放与婉约，庄严与诙谐，华丽与平淡。

全新的机制赋予研究会生机盎然，生动活泼的全新面貌。他们一手抓内，一手向外。走出去，请进来，开门治学，广结人脉，广交朋友，吸收各家之见，多方睿智，力戒坐井观天，闭门造车。一切可鉴可学的地方学经验和成果都成为鄂尔多斯学的盘中美羹。就连我这仅是参加了几次论坛的论文作者，也被及时纳入了它的专家委员会。有时我想，他们的这种广泛结交，内外引联的举措是否与鄂尔多斯历史上那种各方会盟的人文传承有关，估计也有这方面的影子。

再看研究会的高效运作，可以说超乎了我的想象，我想也超乎许多人的想象。工欲善其事，必先利其器。开张伊始，他们紧锣密鼓地展开了两项基础性工作。一是编纂了一部实用工具典籍——《鄂尔多斯大辞典》。二是编写出一部纲领性的著作——《鄂尔多斯学概论》。前者洋洋大观，170多万字，3800多个词条，300余幅图片，包罗万象，条分缕析，题解鄂尔多斯，头头是道；后者20多万字，提纲挈领，搭建架构，以引领鄂尔多斯学循着这一线索去挖掘，去丰腴自己，去履行学之担当。

有了这两个基本遵循，鄂尔多斯学的治学者们开始了旁收博采，广泛涉猎，去伪存真，去粗存精。再经过切中肯綮的条分缕析、归类疏解，不断揭开鄂尔多斯一个个厚重而古老的神秘面纱，如此的大部头，在不太长的时间内，由一个社会民间组织一气呵成，这大概也算是鄂尔多斯现象或说奇迹吧。

研究会组织的论坛活跃，论题广泛，既超然象外，又得其环中，仅我参加的就有成吉思汗文化、"一带一路"、廉政历史、古窟古井、文旅融合等。每一次，新颖的论题吸引着我，同时也领略了一个地方文化组织的风采。

短短20年，研究会内外联系之广，社会影响之大，举办论坛之频，收获成果之丰，在地方学领域都是出类拔萃、首屈一指的。他们编辑出版的专著、丛书就有上百册之多，字数更是达到了惊人的上千万字。每次参加论坛，说不定又是一套丛书什么的发给你，总让人高兴而来，满意而归。此外，由鄂尔多斯学研究会发起建立的"地方学研究之友"微信群发布的相关信息，络绎不绝，层出不穷，成为全国各地地方学研究者相互学习、拓展思维、紧密联系的重要平台。

积于点滴，融于交流，成于累积，盛于久远。这一定是研究会恪守的信念。走进研究会自设的文献室，映入眼帘的更是一派琳琅满目的自著自编与交流互赠的地方学精品力作，皇皇乎蔚然成阵，着实给人以一种众擎易举、集腋成裘的厚重和宏富感，令参观者啧啧称奇，抚掌叫绝。

这也不难理解，迟它20年建立的内蒙古学研究会为什么把成立大会选定在鄂尔多斯举行，他们要借鄂尔多斯学研究会的东风，让地方学在内蒙古蒸蒸日上，遍地开花。于此，研究会会长胡益华先生道出了心声，他盛赞鄂尔多斯学研究会"因时代而立，因作为而兴，因交流而跃，因个性而美，因文化而强"。这就是榜样的力量。正因如此，研究会也获得了全国先进社会组织、民间组织表彰，既名副其实，也实至名归。

四

在描述鄂尔多斯学及其研究会的时候，不能不提到两个人：陈育宁，专家委员会主任委员，上文曾有提及；奇·朝鲁，研究会会长。都是首任。

他们既是鄂尔多斯学及研究会的创立者和引领者，又是身体力行的研究者和著作者。

在此之前，陈育宁先生是宁夏回族自治区政协副主席，宁夏大学校长，在早还出任过银川市委书记等职；奇·朝鲁先生是鄂尔多斯副市长，巡视员，都可谓地位显赫。

我钦佩这两人，何止是志同道合，更是学识与见地的强强联合。两人都是科班出身。陈先生本来是宁夏人，听说当年是以银川市高考文科状元的成绩被北大历史系录取，毕业后被分配到鄂尔多斯的一个边远小镇，一待就是十年，把自己闪亮的青春献给了那里。恰好后来奇·朝鲁先生到那个小镇当了领导，听得陈先生的一些传闻逸事，留下极好印象，这为两人交往奠定了感情基础。

奇先生作为土生土长的鄂尔多斯人，家乡情结自不必说，而选择以这样的方式倾诉他的乡愁，发挥他的"余热"，似乎成竹在胸，很有把握。因为他认准了一个人，就是陈先生。在奇先生看来，让陈先生担纲鄂尔多斯学研究会专家委员会主任角色再合适不过了，因为他有著作《鄂尔多斯史论集》的文史功底，有社科院工作的经历，还有鄂尔多斯高原宽广包容的切身体验，更有新时代引领社会风尚潮流的实践与理论。他虽从政多年，但也不失学人修养，加上用力精勤、一丝不苟、严谨治学的精神，都凝结成他的个人能力与魅力。奇先生也是一样，既有理论，又有实践，还有过教师的经历。

一个是情有独钟，一个是一往情深。两个志同道合的人很自然地能想其所想，做其所做，在挖掘鄂尔多斯文化宝藏、弘扬鄂尔多斯人文精神的追求中一拍即合。

他们以自己的人格魅力及亲和力集合起这么一帮人，非要搞清楚脚下这片养育他们的大地的来龙去脉以及发生在大地上振聋发聩的奇迹。由此，两人的交往也达到了新境界。

两人可以说为鄂尔多斯学及其研究会呕心沥血，殚精竭虑。都说万事开头难，那他们就竭尽所能，知难而进。他们既有组织能力，又有搞学问的基本功,加上他俩那种锲而不舍的求索精神,不成也难。

还令我佩服的一点是他俩由官员到学者的华丽转身,这余热发挥得那么光鲜亮丽。他们看得清,认得准,一心向学,退而不休,硬是组织带领一班人马搞活了这里的历史文化,为自己,也为他人开辟出一片金光闪闪的人文天地,做了一件功于当下、利及后人的大事。正如陈育宁先生在鄂尔多斯学研究会成立大会上说:"奇·朝鲁同志虽然退居二线,但干了一件'一线'的大事,必然会取得'前线'的成果。"而奇·朝鲁先生也在研究会成立十周年纪念会上特别说道:"陈先生率领的专家学者们十年如一日地给我以诚挚实在的支持帮助,令我感恩始终。"

鄂尔多斯学及其研究会发展到今天,除了同人尽心尽力、尽职尽责、尽善尽美,陈先生和奇先生凝心聚力的个人魅力也起了相当大的作用,实在应该感谢这两位领创人。就在最近,奇·朝鲁先生还寄语鄂尔多斯学及其研究会:未来五年是凝心研究鄂尔多斯学、努力构建鄂尔多斯学学术体系、聚力服务鄂尔多斯人全面发展、为鄂尔多斯高质量现代化建设尽心尽力的关键期,也是鄂尔多斯学及其研究会高质量发展期的基本职能。这可以说又道出了鄂尔多斯学人的心声。

五

在我心目中,鄂尔多斯学一直是一个黄钟大吕的存在。而其背后,又是黄钟大吕的鄂尔多斯现象与模式的存在。是它们让我直观而强烈地感受鄂尔多斯的巨变和领悟自然造化的公平与均衡——看似漫漫黄沙,却是乌金涌动;看似满目荒芜,却是油气蕴藏。库布其和毛乌素沙漠不再是荒芜的代名词,而是覆盖着无尽宝藏、令人心旌摇曳的金色大地。在过去,这神奇大自然的眷顾是那么深藏不露,而今又是这样昭然若揭。

我忽然觉得,人文的厚重是基于自然的厚重,因为与自然相比,人类毕竟才是几十万年的进化,而自然,则是亿万年的造化。

这里既有沙的海洋，也是绿的田园；既有远古的传说，也是现代的写照。内蒙古最长的航线、最大的机场、最新的公路、铁路网就在这里。可直飞海外，可直抵海岸。在这里举办的国际性、国家级文体等活动屡见不鲜。当一些地方还在为一处处游览景点升级奔忙时，鄂尔多斯已经打造出全国第一个以全城景观命名的 4A 级旅游景区——康巴什新城；当别的地方还在热衷举办旅游文化节的时候，他们开始在打造沙漠公园、能源谷和天然气节了。从名不见经传的塞外小城一跃成为三线城市；创造了连续几年人均 GDP 排名全国第一的辉煌业绩；一个县域的财政收入可以与一个省媲美，着实振聋发聩。这也就不难理解，他们为什么那样彰明较著、大张旗鼓地发布论坛征文公告。

在 2016 年，一个长期在我心中酝酿、好多次想涉足探骊的所谓鄂尔多斯现象终于让我下决心光顾了。我引入技术经济学的背景现象原理来解释，其要义是背景与现象的反差越强烈，现象就越发凸显，留给人们的印象也越发深刻。就是说，鄂尔多斯的过去，是内蒙古最贫穷的地方，这种颠簸怆痛的记忆，是背景。经过二三十年的努力，成为最富裕的地方，闻名全国。这种巨大反差凸显着鄂尔多斯现象。感性与理性的融会贯通，激发我又洋洋洒洒写了 13000 多字，登在鄂尔多斯学研究会期刊《鄂尔多斯学研究》2017 年第 1 期上，总算让我一吐为快。

可以说，鄂尔多斯现象既是鄂尔多斯学的发轫，也是鄂尔多斯学研究的热点。在鄂尔多斯学里，有着浓厚的现象情结。鄂尔多斯学挖掘鄂尔多斯文化，更能系统地研究、说明乃至彰显鄂尔多斯现象。这种大气势、大手笔、大格局，在较短的时期就呈现出令人瞩目的大气象，其本身又怎么不是鄂尔多斯人文的一个飞跃，一个文化壮举，一个典型的文化现象。

与鄂尔多斯学的这种交集是我的幸事，也不枉为邻居一场。

李申德，包头市农牧业局退休干部。

回顾鄂尔多斯学创立20年

包海山

2022年9月16日，是鄂尔多斯学及其研究会创立20周年。近日收到《鄂尔多斯学20年》文集约稿函，主题是"鄂尔多斯学20年回顾与展望"。我有幸一直参与鄂尔多斯学研究，特别是驻会12年，可以说付出了十二分努力，对鄂尔多斯学的创建过程和未来发展有真切体会和不断思考，因此写下《回顾鄂尔多斯学创立20年》和《展望鄂尔多斯学未来发展》两篇文章。

回顾鄂尔多斯学创立20年，就个人的感受、体会和认知而言，可以从三个方面来谈。

一 奠定基础与恰逢机遇

鄂尔多斯学及其研究会创立于2002年9月16日。鄂尔多斯学研究会是经鄂尔多斯市委、市政府批准，市民政局注册登记的专门研究鄂尔多斯学的群众性学术团体。

我最早知道"鄂尔多斯学"，是奇·朝鲁先生于2002年5月30日在《鄂尔多斯日报》发表的《开掘鄂尔多斯人文资源 弘扬鄂尔多斯文明精华——关于开展鄂尔多斯学研究的思考》中的介绍："鄂尔多斯学，是一门以鄂尔多斯地区为主，专门研究包括历史学、民族学、经济学、民俗学、生态学、宗教学以及文学艺术在内的综合性、系统性学科。鄂尔多斯学研究的主要内容既涵盖历史，也包括现实。"他说："研究鄂尔多斯学，要用历史唯物主义和辩证唯物主义观点，把握科学性，去粗取精，去伪存真，由表及里，由浅入深，明确重点，突出特色，逐步形成完整系统的鄂尔多斯学学术体系。"

要用马克思主义辩证法，融合多学科研究，逐步构建新的学科即鄂尔多斯学学术体系，这在鄂尔多斯科学文化发展中是一个创举。对一个科学文化探索者来说，能够参与创建新的学科知识体系的理论研究和社会实践活动，可谓是千载难逢的机遇。

机会往往留给有准备的人。说来也巧，奇·朝鲁先生的文章发表之后过了一天，2002年6月1日《鄂尔多斯日报》刊发长篇通讯《包海山：通读马恩全集——〈我们最喜爱的马克思恩格斯名言〉选编纪实》。我是1980年毕业于内蒙古水利电力学校，分配到伊克昭盟勘探钻井队（后改称鄂尔多斯市水利工程局等），长期从事野外勘探、施工等工作。同时，在这期间到中国地质大学（武汉）、内蒙古大学进修，自学"语言文学自修大学讲座"，学过哲学、美学、逻辑学、地理学、地质学、语言文学、政治经济学等方面的知识，特别是读过几遍《马克思恩格斯全集》，选编出版《我们最喜爱的马克思恩格斯名言》《中国古代诗歌联艺欣赏》《以人为本，实现全面而自由发展》等书籍，为探索和构建鄂尔多斯学学科知识体系奠定了一定的基础。

二　探索经历与研究成果

在鄂尔多斯学及其研究会创立之初，时任内蒙古文联主席、鄂尔多斯学研究会荣誉会长阿云嘎先生在《鄂尔多斯学研究》2002年第1期发表了《试论鄂尔多斯学研究中对几个关系的把握》一文。他说："'关系'，是世间一切事物的一个普遍属性，任何事物都有它的外部关系即这个事物与其他事物之间的关系，同时又有它的内部关系即其内部各要素之间的关系。要办好任何事情，首先必须了解这些关系，并且在具体操作中时常把握和处理好这些关系。"他特别强调"一个问题"："我们究竟能不能寻找出一个角度、切入点或者方向，把所有这些研究组织成一个有机整体，而避免弄成'论文汇编'"；"任何一个科学研究或者课题研究都应该有一个核心问题或者'纲'，大家从各自的角度去深化它、推动它，最后又去突破它，这应该是任何一个研究工程的必然过程，以地区命名的学科研究也应该如此"。

近20年过去了，鄂尔多斯学就是把握好内部与外部的关系，寻找一个核心把所有相关研究组织成一个有机整体来开展的。2002年，创立鄂尔多斯学及其研究会，把握和处理好内部各要素的关系；2005年，鄂尔多斯学研究会倡议成立了中国地方学研究联席会，并担任第一任轮值主席方，把握和处理好与国内其他各地方学的关系；2008年，由北京学研究所担任中国地方学研究联席会执行主席单位，近年来与韩国和日本地方学研究团体合作，举办"中日韩地方学研究理论与实践学术研讨会""首届亚洲地方学与地方文化国际学术研讨会"等，正在将地方学研究工作逐步引向深入和走向世界，把握和处理好全球范围内各地方学之间的关系，而这一切都是围绕着探索和遵循在本质上是同一的人类社会发展的客观规律开展的。

就我个人的经历来说，在探索客观规律方面，主要开展了"老子道学、成吉思汗文化、马克思理论比较研究与集成创新"专项研究。由此意识到：人，人所创造的科学文化，科学文化所揭示的客观规律，这是三个不同层次上的概念。相对而言，人的生命是短暂的，科学文化能够穿越时空世代传承发展，客观规律是永恒的。自然法则是本体论层次上的客观存在，各种科学文化都是认识论层次上的表现形式。学习、研究和创造具有科学内涵的文化，是通过某种方式方法，形成某种个体或者群体表现形式，最终目的是认识和遵循客观存在的自然法则。

马克思说："真理是普遍的，它不属于我一个人，而为大家所有；真理占有我，而不是我占有真理。我只有构成我的精神个体性的形式"；"合乎真理的探讨就是扩展了的真理，这种真理的各个分散环节最终都相互结合在一起"。不管是否能够意识到，真理不仅占有马克思，也同样占有古今中外任何人。地方学研究，就是做合乎真理的探讨，以探索真理即自然法则为核心，把所有相关研究组织成一个有机整体。

近20年来的探索，我也取得了一些研究成果，在有关书刊和网络媒体刊发逾百万字的文章。鄂尔多斯学研究会出版了《包海山论文集》《鄂尔多斯传奇故事》《比较研究与集成创新——鄂尔多斯学学科建设探索》三部著作；北京学研究基地和鄂尔多斯学研究会在"首届亚洲地方学与地方文化国际学术研讨会"印制了10万字的学术研讨会交流材料《地方学的构建与应用——以中国内蒙古鄂尔多斯学为例》；完成内蒙古学专项重点课题《鄂尔多斯学研究的经验及对构建内蒙古学的启示》；在中国地方学研究成果系列《地方学研究》辑刊等书刊发表《亚洲地方学内在联系与融合发展》《大视野下的海峡两岸地方学研究》《地方学学科建设的最大知识增量及其价值体现》等数十篇文章；在美国中文网等网络媒体刊载百篇系列博文"构建与应用鄂尔多斯学"以及数百篇相关博文。

近20年来的探索和研究成果引起一定的关注，也得到一些学者的认同。例如，北京学研究基地学术委员会主任李建平研究员在《从北京学看地方学文化研究》中说："一些地方学组织或机构开始探寻地方学的学科体系、发展规律以及服务地方的经验和教训，力求进一步完善这门学问。例如，内蒙古鄂尔多斯学研究会是成立比较早的地方学机构，其学术代表人包海山认为，'地方学'是以'人法地'为切入点、以探索客观规律为根本任务、以道法自然为终极目标的系统性学科知识体系。他还将地方学与地理学、方志学做了比较，认为地方学是一门具有鲜明的地域特点，同时又吸收了方志学实事求是、尊重客观事实的优良学风，客观、如实记述某一地域社会、经济、文化特色的学问。"

三　对地方学的基本认知

鄂尔多斯学是地方学。一处村庄、一座城市、一个国家乃至整个地球都是一个地方。就像每个村庄、城市、国家都是地球自然村的一个组成部分一样，各地的地方学也是全球地方学的一个组成部分。世界各地都可以构建跨学科、融学科的地方学，这并不是要把哲学、社会学、人类学、民族学、生态学、政治经济学等学科分割为各地新的学科，而是各地的人们根据客观规律在当地得以实现的不同形式和特色，从不同角度全方位深层次探索和揭示普遍规律，共同促进人类科学文化的一体化融合发展。

对地方学的基本认知，主要包括两个方面：一是构建系统性学科知识体系，这是基础；二是应用学科知识体系来为社会发展服务，这是目的。

（一）系统性地方学学科知识体系

所谓系统性是相对而言的，总有一个系统包含了所有的系统。在"道生一，一生二，二生三，三生万物"的演化以及"人法地，地法天，天法道，道法自然"的回归中，人类作为自然界的产物，有相同的来时路以及一样的终归处。地方学，就是探索和遵循这种必然规律的系统性学科知识体系。

全球地方学是一个大网络，各地的地方学是其组成部分的小网格。"地方学"研究，既注重"地方"的个性特色，又注重"学"即科学的普遍原理，努力把各自的小网格与大网络连接起来。例如，澳门学作为一个"连接点"，探索与全球沟通融合的方法；温州学作为"地球一角"，探索变"区域人"为"世界人"的路径。近年来，在广泛的学习交流中，我对国内很多地方学的个性特色、协同创新、融合发展也有感触和认知，在有关书刊和网络媒体刊发《海纳百川的上海学》《串珠成链的泉州学》《广州学研究的地方特色与全球共性》《从澳门学看全球地方学发展趋势》《从温州学看地方学与整个世界的内在必然联系》《对武汉学以及地方学发展前景的展望》等文章。

在亚洲地方学研究领域，北京学研究所成为学术研究和学术联盟建设的"带头人"。2018年，在北京学研究所成立20周年纪念会上，日本富士学会理事长佐野充教授认为："在当今世界，地方学作为以一个区域所有领域为研究对象，在综合研究中寻找更好解决问题办法的一门学问被广泛认可。我们富士学会所探求的富士学，是以富士山及其周边地区为主要研究对象，从人类的视野与跨学科综合研究的角度，解释明白日本文化本来的模样，摸索日本未来图景的学问";"目前,我们正在以代表中国地方学研究最高水准的北京学研究所为带头人,和韩国首尔市立大学首尔学研究所一起,中、韩、日三方共同努力推进东亚地方学的研究。三方也应该更进一步地将地方学发展成为对全亚洲地区振兴和地方创生有所帮助的学科领域"。韩国首尔学特聘研究员李奎泰教授认为:北京学研究基地联合中国各地的地方学研究单位,形成了中国地方学研究全国化的趋势,促进交流合作,使中国地方学成为一个成功的学术领域。希望以此作为一个国际化的平台,构建中国的地方学研究界与韩国、日本地方学的合作网络,持续把中国的地方学研究的合作领域扩大为世界化。韩日地方学界各自国内学术联网,若由北京学研究所为中介与中国地方学研究界建立合作研究活动网络的话,我们大家期待的各个地方学的国际化的研究网络将会成功展现出来,一定会成为世界性的一流学科。

从人类的视野与金融学科综合研究的角度,解释清楚每个地方文化的本来模样,"促进全球化交流合作,构建世界性一流学科",这是每个地方学研究者共同的愿望和努力的方向。全球各地的人们能够促进科学文化融合发展,共同创建世界性一流学科,是因为具有科学内涵的文化所发现、认识和遵循的客观规律"在本质上是同一的",它不受地域局限、不以人的意志为转移,它"独立而不改,周行而不殆"。

恩格斯指出:"辩证法归结为关于外部世界和人类思维的运动的一般规律的科学,这两个系列的规律在本质上是同一的。"虽然外部世界和人类思维的运动规律是"两个系列",但是"人和自然都服从同样的规律"。无论是自然科学还是人文社会科学,都是人类思维的产物,而人类本身作为自然界的产物,其运动的自然规律"在本质上是同一的",这是人类科学文化一体化融合发展的根本原因。鄂尔多斯学在地方学研究领域走在前列,是因为鄂尔多斯学的创始人奇·朝鲁先生,在开展鄂尔多斯学研究的初步思考中就强调"要用辩证法",这顺应了科学文化融合发展的必然趋势。

（二）地方学构建与应用的系统工程

地方学是系统性学科知识体系，而应用它来为社会发展服务，就能够使地方学的构建与应用成为一个系统工程。

鄂尔多斯学研究会荣誉会长、专家委员会荣誉主任陈育宁教授在《对地方学的一点认识》中说："鄂尔多斯学＝知识体系＋应用服务，这是我们对地方学本质特征的认识"；提出建立一个"学"相对容易，但要坚持下去，让这个"学"保持生命活力，并非易事，地方学"最终是要用社会的认可和它所起的作用来检验"。

提出一个"学"相对容易，而长期坚持下去，不断探索和创新，构建起经得起实践检验的学科知识体系是非常艰难的社会事业。作为一个系统工程，如果说"知识体系与应用服务是地方学的两只轮子"，那么形成知识体系的轮子更艰难，因为这是基础，只有构建了经得起实践检验的学科知识体系，才能应用它来为社会发展服务。如果说地方学的构建与应用成为系统工程就可以靠两个轮子驱动发展，那么在探索和构建学科知识体系的发展阶段可谓是独轮艰难前行。

在初步探索和构建学科知识体系的发展阶段，每个人都会有各自不同的感受和体会。例如在鄂尔多斯学研究中，有人认为，"十几年来，研究会还在原来的路子上踏步不前，学术研究水平没有很大的进步"；也有人意识到，"成员人数不断增加，但原来的130名也好，如今的170名也好，挂名的多，真正活跃的只是少数"，"就是那一二十个熟悉的面孔，而每位专家的专业、研究方向是相对固定的，不可能是万能的，这就降低了论坛和研讨的丰富性和学术观点思辨与交锋的机会"。学术团体的研究能力薄弱是普遍现象，例如杭州学研究者马智慧研究员也认为："地方学基础研究的工作量之繁重，不是一个地方学会或者某个科研机构能够全部承担的。如果不能全面吸收社会各界的研究力量共同参与，就无法完成地方学研究工作的使命。"

那么，通过什么途径、在什么平台才能全面吸收社会各界的研究力量共同参与？在市场经济条件下，主要是通过市场的力量，通过满足市场需求来拓展产、学、研、用的融合发展通道。真正的融合发展，是促进文化、教育、科技、工业、农业、服务业等各行各业的融合发展，还有城市、乡村以及不同区域之间的融合发展。相对而言，地方学的探索与构建，主要靠学术团体的力量，而得到社会认可，使具有生命活力的地方学走进并融入各行各业，特别是走进并融入市场主体，那就能够打破学术团体与市场主体的界限，使地方学成为促进各学科、各行业、各区域融合发展的系统工程，从而在应用学科知识体系为社会发展服务中创造和体现经济和社会价值，使地方学系统工程具有内在的生命活力。

回望鄂尔多斯学创立 20 年，在探索和构建学科知识体系方面走在地方学研究领域前列；展望鄂尔多斯学未来发展，主要看怎样促进地方学的构建与应用成为一个系统工程，在应用学科知识体系为社会发展服务中创造和体现更多的经济和社会价值。

包海山，鄂尔多斯学研究会专家委员会委员。

勇立潮头　再攀高峰

——写给鄂尔多斯学研究会

张冷习

时间说慢真慢，一年划分了许多月，一月划分了许多日，从年头到年尾，掰着手指也得数一阵子；时间说快真快，有时候蓦然回首，亲身经历的画面匆匆早已经成为过去。鄂尔多斯学研究会创立于 2002 年 9 月 16 日，系经鄂尔多斯市委、市政府批准，鄂尔多斯市民政局注册登记的鄂尔多斯地区专门致力于鄂尔多斯学研究、进行学术文化交流、收集整理出版学术精品的群众性学术团体。是以鄂尔多斯为研究对象的民间社会组织，是内蒙古社科联直属团体会员单位，曾获评市级"先进学会"，自治区级"先进民间组织"，国家级"先进学会""先进社会组织"等荣誉。从鄂尔多斯学研究会成立到发展，从发展再到硕果累累，确实走过了一段不平凡的历程。人们常常说，泰山不拒细壤，故能成其高；江河不择细流，故能成其深；王者不却众庶，故能明其德。鄂尔多斯学研究会的高、深、德，就在于鄂尔多斯学研究会从起步那天起，就有了一个好的开端，所以才有了不断的发展，才取得了喜人的成果，这些成果的取得，确实可喜可贺。鄂尔多斯学研究会恰逢其时，诞生在鄂尔多斯这片土壤上，鄂尔多斯是一个好地方，也是一个充满活力、富有魅力、具有实力的地方，这里有交融的民族文化，丰富的资源，众多的名胜，美丽的风景，现在发展态势好，在今后也将繁荣昌盛。鄂尔多斯学研究会是一个学术团体，通过会员和专家委员会的形式，让本地的专家走出去开阔眼界，让外地的专家来为鄂尔多斯学研究出谋献策，为鄂尔多斯经济社会发展服务，让鄂尔多斯学研究会在几年间声名鹊起、迅猛发展，得到了世人的瞩目。

不知不觉间，鄂尔多斯学研究会已经走过了 20 年的光辉历程，回想起自己和鄂尔多斯学研究会的点点滴滴、枝枝叶叶，不由得感慨万千，情思涌动。鄂尔多斯学研究会一成立，我就从报纸上知道鄂尔多斯有了这么一个学术团体，由伊克昭盟原副盟长奇·朝鲁担任会长，开展地方学研究。当时的鄂尔多斯学研究会是内蒙古第一家地方学研究机构，可谓开风气之先。如果记忆无误，别人是先入研究会，后参加活动，我恰恰相反，是先参加活动，后加入研究会。我是较早加入研究会的会员之一。研究会虽然刚成立，但很有创意和活力，经常开展各类活动。2006年8月13日至18日举办首届鄂尔多斯学术文化研讨会，由鄂尔多斯市委、市政府主办，鄂尔多斯学研究会和东联集团承办，在成陵旅游区天骄大营召开。此次研讨会列为"一会两节"系列活动中学术研讨类活动之一，经过较长时间精心筹划，确定"经典·和谐·发展"为主题，以图汇聚国内学术资源对鄂尔多斯文化进行盘点、归纳和概括。会上来自市内外的50多位专家学者参加了学术交流，专家们各抒己见，从不同的学术角度对鄂尔多斯文化进行了研讨。我在报纸上看到征文启事，就写了一篇论文通过电子邮箱发去，我没有被邀请参加研讨会，但论文收在了论文集里。我比较懒散，看到某个议题有了触动往往会写一篇文章，但投寄稿件后就不管了，基本不向编辑打问稿件的去处，有的自然没了下文，有的突然通知开会或收入集子，才记起确实有这么一码事。研讨会召开期间，邀请了一些媒体记者报道，其中一位记者在文章中，对我的论文作了较长的引用，这成为我和鄂尔多斯学往来的缘分。以后熟悉了奇·朝鲁会长和其他一些研究会的同人，觉得朝鲁会长了不起，他思想开明、胸怀宽广、从善如流、知人善任……特别是处理事情上，有特别的智慧和胆略，所以能够带领研究会从地方走向自治区，又走向全国。同人们多热心开朗，坦诚大方，有的在学术研究上走在了前头。我后来进行了思索，为什么全国地方学机构那么多，而小地方的鄂尔多斯学研究会能够让许多大地方的地方学研究机构刮目相看，就在于鄂尔多斯学研究会团结了许多人，筹划了许多活动，推出了许多成果，具体我总结为三个"有"——有思路、有活力、有情怀。有思路指研究会成立之初，就有了明确的办会宗旨"立足学术、服务建设、创新机制、着眼发展"和"举社会之力，办大众之事"的办会理念，并一直坚持下来；有活力指研究会和地方政府、社会组织、企业、学校等开展了许多活动，特别是围绕地方学，先后举办了多次会议和论坛，诸如"鄂尔多斯学学术研讨会""地方学与鄂尔多斯发展研讨会暨鄂尔多斯学研究会成立八周年庆典""中国地方学建设与发展研讨会""地方学的应用与创新座谈会""中国地方学研究交流暨鄂尔多斯学学术座谈会"等，为研究会取得荣誉奠定了基础；有情怀指研究会利用《鄂尔多斯学研究》季刊以及鄂尔多斯日报每月一期的《鄂尔多斯学研究专刊》这两个平台，发表专家、会员的文章，驻会人员还经常和专家、会员联系，使研究会成为专家、会员开展学术研究、深入专业探讨、进行文化交流的一个家。我还给总结了三个"大"——大手笔，大格局，大作为。大手笔为一创立就从建立起一门学问入手，创造性地成立了专家委员会，利用这些专家为鄂尔多斯、为鄂尔多斯学研究会服务，搭建了学术研究的框架，进行了学术研究的细分；大格局是成立了中国地方学研究联席会，致力于繁荣发展中国的地方学，也愿与国（境）外地方学与地方文化研究机构加强合作与交流，共同探讨地方学研究的理论与实践问题，共同推动地方学的发展，提升了鄂尔多斯学研究会的内涵和外延，特别是北京学接手后，通过和日本、韩国、台湾等地方学机构合作，推进了地方学的外联内拓；大作为是指研究成立以来，陆续出版了一系列著作，如《鄂尔多斯大辞典》《鄂尔多斯学概论》《我与鄂尔多斯》《探索·收获·展望——鄂尔多斯学十五周年纪念文集》及《鄂尔多斯学研究丛书》多部，这些成果的取得，让大家对研究会刮目相看。在报纸上人们经常说大格局谋求大发展，大担当展现大作为，鄂尔多斯学研究会大概就是这样一种情境。以后我参加鄂尔多斯学研究会的活动比较多，如成吉思汗文化论坛、阿尔寨文化论坛、地方学研讨会、企业战略研讨会等，也提交了一些论文，还抽时间跟着进行了一些考察、调研，大概正源于此，在鄂尔多斯学研究会成立十周年庆典上，我受到了表彰。另外值得一提的是，我因为参加研究会的活动，认识了张宝秀、杨富学等许多专家、学者，在论文交流的过程中，对自己的学养提升有很大帮助；和其他一些地方学研究会进行了交流，知道了国外地方学的发展情况，了解了国内地方学的发展态势，甚至向一些地方学机构举办的活动投寄了论文，有的还被选中并参加了地方学的研讨活动。近年北京学的研讨活动参加过两次，澳门学的研讨活动参加过一次，泉州学的研讨活动邀请了因为时间关系没有参加，台湾方面的论文获了一次奖但因为诸多原因没有去领奖，还有一些地方学论文或被收入文集，或是获奖。这些都应该归功于鄂尔多斯学，因为没有鄂尔多斯学，我不可能介入地方学，也不可能买那么多地方学著作，读那么多地方学著作，并和许多地方学机构接触。而且接触地方学后，才发现国内地方学研究已经形成气候，除了早已经声名远播的三大学（敦煌学、藏学、徽学）外，现在还有北京学、台北学、南京学、上海学、潮州学、泉州学、洛阳学、开封学、安阳学、杭州学、广州学、兰州学、青岛学、成都学等。我曾经对上述地方学进行了分类，并进行了一些简单研究。地方学研究机构对于挖掘城市历史内涵、探讨城市发展、延伸地域文化、推动城市间交流、提升城市文化品位等，发挥了重要作用。而城市地方学的建立和发展，在全国学术科学舞台上立足，还要依赖于城市自身的发展、渊源与研究理论的突破。现在的地方学研究会，有的存在于大学，有的挂靠在社科系统，有的依傍于文化单位，虽然成果迭出，但也需要进一步自主与深化。为什么要研究地方学呢，这是我思索的第一个问题。我思索的第二个问题是地方学对地方文化建设的意义。第三个问题是地方学和地方志的关系。当时出于研究需要，还思索了鄂尔多斯学研究会的学术研究问题。由于这几个问题我以前在文章中进行了论述，在此不再详述。

鄂尔多斯学研究会已经成立20周年了，20年不长不短，衔接着前人后人。回顾过去，岁月峥嵘；展望未来，前程似锦。鄂尔多斯学过去的20年，是了不起的20年，也是值得我们骄傲的20年。以后鄂尔多斯学研究会还要一如既往走下去，走出更加广阔的天地，取得更加丰硕的成果。鄂尔多斯学定义是严谨的事，但定义了还要发展。鄂尔多斯学框架搭建起来不容易，但把框架做实做细不简单。鄂尔多斯学要成为一门学问，不仅需要认真地科学论证，还需要逐步完善和规范。不但要抓紧收集在鄂尔多斯地区及其他地区（包括国外）的各种文字资料、实物资料、口碑资料、音像资料等，还要多开展对内的深入梳理，对外的交流活动；不但要研究经济、政治、文化、社会、生态等，还要有规划、有措施、有思路，提出课题，列出项目，抓住重点，进行针对性研究，在原有成果上推出新成果。一个学术团体，还是要多出学术成果。而搞出学术成果，不但要视野宽、格局大，还需要团结广大学术研究者，鼓励他们出智慧、出热情、出成果，这样才能形成百花齐放的局面。还要多和国内外的地方学机构合作，开展课题研究，进行学术探讨，拓宽研究视野。

在此祝贺鄂尔多斯学研究会成立20周年，七千日风雨成劲旅，二十载汗水凝风华。也祝愿鄂尔多斯学研究会百尺竿头，更进一步，在新征程上取得新成果，在新发展中实现新超越！

张冷习，博源集团文化传媒中心副主任，鄂尔多斯学研究会理事。

用学术为城市代言

——写在鄂尔多斯学研究会成立20周年之际

杨鹏飞

2022年是鄂尔多斯学研究会成立20年。20年来，鄂尔多斯学研究会以"打造品牌地方学、构建和谐研究会"为目标，坚持"立足学术、服务建设、创新机制、着眼发展"的办会宗旨和"举社会之力、办大众之事"的办会理念，奉行"向心、奉献；低调、务实；节俭、高效"的会风，创新践履"因时代而立，因作为而兴，因交流而跃，因个性而美，因文化而强"兴会思路，在培养人才、传播思想、繁荣学术、服务人民、造福社会等方面取得优异成绩。20年来，鄂尔多斯学研究会勇立时代潮头，深耕学术沃土，用担当和作为丰富了一座城市的文化追求，塑造了一座城市的精神品质。回首鄂尔多斯学研究会20年走过的道路，总结其形成的宝贵经验，对今后鄂尔多斯哲学社会科学的繁荣发展具有重要意义。

一 20年守正创新、奋楫扬帆，鄂尔多斯学研究会为鄂尔多斯经济社会发展做出卓越贡献

鄂尔多斯学研究会成立20年来，坚守学术初心，践行为民使命，用实际行动回答了在新时代我们应该发展什么样的学术团体和怎样创新发展社会团体的现实问题。为民间社团组织的发展做出了榜样和示范，为鄂尔多斯经济社会的发展做出了积极贡献。

贡献一：在深化历史文化研究中传播文化、弘扬文化，增进人民群众的文化自信

习近平总书记在全国宣传思想工作会议上的讲话中指出，中华优秀传统

文化是中华民族的文化根脉，其蕴含的思想观念、人文精神、道德规范，不仅是我们中国人思想和精神的内核，对解决人类问题也有重要价值。要把优秀传统文化的精神标识提炼出来、展示出来，把优秀传统文化中具有当代价值、世界意义的文化精髓提炼出来、展示出来。传承优秀文化是哲学社会科学社团组织的职责使命，鄂尔多斯学成立以来，自觉承担起举旗帜、聚民心、育新人、兴文化、展形象的使命任务，坚持以传承优秀传统文化为己任，对鄂尔多斯优秀地域文化进行积极研究。20年间，鄂尔多斯学研究会组织专家学者系统梳理了鄂尔多斯的地理风貌、人文历史，并以文化典籍的形式留存了鄂尔多斯历史文化，为后来者研究鄂尔多斯留下了宝贵资料。包括编纂155万字的《鄂尔多斯大辞典》，编辑出版《鄂尔多斯学概论》《鄂尔多斯研究丛书》《成吉思汗文化丛书》《温暖世界骄子情怀》《郡王府记忆》《律动康巴什》等百余部论著。2019年，由鄂尔多斯市社科联牵头，鄂尔多斯学研究会、鄂尔多斯市委党校联手创建鄂尔多斯文献馆，对鄂尔多斯近代以来重要文献进行整理、保护，把鄂尔多斯文献馆打造成珍藏文化典籍、开展文化交流、进行文化研究的重要文化地标。

在中国共产党成立100周年之际，鄂尔多斯学研究会与市委老干部局共同编纂了《红色鄂尔多斯》《绿色鄂尔多斯》《发展鄂尔多斯》《文化鄂尔多斯》《幸福鄂尔多斯》（庆祝建党百年访谈老干部系列丛书）。《红色鄂尔多斯》《绿色鄂尔多斯》《发展鄂尔多斯》《文化鄂尔多斯》《幸福鄂尔多斯》（庆祝建党百年访谈老干部系列丛书），与鄂尔多斯广播电视台合作，推出系列电视专题片《红色鄂尔多斯》，讲述百年鄂尔多斯，红色奋斗历程，引导广大人民群众在党史中汲取养分，增强历史主动。为深入贯彻习近平总书记对内蒙古的重要讲话重要批示指示精神，研究会组织专家学者录制了系列《社科微讲堂》，从实现中华民族伟大复兴"五个必由之路""双碳"引领鄂尔多斯生态环境高水平保护、铸牢中华民族共同体意识、"走好新路子、建设先行区，书写新时代鄂尔多斯高质量发展新篇章"等进行宣传阐释。

习近平总书记指出："文化自信是更基本、更深沉、更持久的力量。"只有坚定文化自信，才能获得坚持和坚守的信心，才能鼓起奋发进取的勇气，才能克服前进路上的艰难险阻，才能激发发展创新的活力。20 年来，鄂尔多斯学研究会努力探寻鄂尔多斯文化记忆，传承与弘扬鄂尔多斯文化基因，深入挖掘鄂尔多斯地域文化的特色内涵，激活地域文化的精神内核，让人民群众在关注地域文化的过程中，接受文化滋养，激发人民群众的文化自信，用共同的文化基因凝聚起鄂尔多斯人民奋斗新征程的强大力量。

贡献二：在深入研究阐释新思想的实践中推动党的创新理论在鄂尔多斯落地生根

研究阐释新时代党的创新理论、深化对马克思主义中国化的规律性认识，是哲学社会科学工作者的使命与责任。作为党领导下的社会组织，鄂尔多斯学研究会承担着团结凝聚群众、建设先进文化的重要职责。党的十八大以来，鄂尔多斯学研究会持续推进习近平新时代中国特色社会主义思想的研究阐释工作，为推进马克思主义大众化、时代化贡献力量。中央民族工作会议召开以来，党中央对民族工作做出重大战略调整。研究会动员广大的专家学者积极撰文，阐明铸牢中华民族共同体意识的来源和重要性。形成了《铸牢中华民族共同体意识的由来》《铸牢中华民族共同体意识的意义》等一系列重要成果。党的十九届五中全会召开后，鄂尔多斯学研究会组织召开铸牢中华民族共同体意识座谈会、学习贯彻会议精神，充分发挥了社会科学工作者在推进民族团结进步工作中的思想引领作用。作为社会团体，鄂尔多斯学研究会还承担着一项重要职责——开展哲学社会科学普及工作。社会科学普及是意识形态工作的重要组成，发挥着统一思想、凝聚力量、成风化人、提升素质的重要作用。鄂尔多斯学研究会积极响应自治区、鄂尔多斯市两级社科联的号召，常态化开展社会科学普及进校园、进企业、进园区、进社区等活动，让马克思主义中国化的最新理论进入群众头脑、渗入群众情感、融入群众心理，达到润物细无声的效果，推动党的创新理论在鄂尔多斯落地生根。2017 年，鄂尔多斯学研究会被自治区党委宣传部、自治区社科联命名为内蒙古自治区第五批社会科学普及基地。2022年，鄂尔多斯学研究会在全区社会科学普及基地自查评估工作中达到优秀等次，为全区社会科学普及基地深入开展社会科学普及工作做出示范。

习近平总书记在看望参加全国政协十三届二次会议的文化艺术界、社会科学界委员时，对做好新形势下文化文艺工作、哲学社会科学工作提出了明确要求：坚持与时代同步伐，坚持以人民为中心，坚持以精品奉献人民，坚持用明德引领风尚。作为新时代的社会组织，鄂尔多斯学研究会始终牢记总书记的嘱托，切实担负起普及思想、培根铸魂、凝心聚力的职责使命，让党的创新理论"飞入寻常百姓家"，把学问写进群众心坎里。

贡献三：在努力建设新型智库中服务鄂尔多斯经济社会高质量发展

承担社会责任是基层民间组织的活力之源。鄂尔多斯学研究会自成立以来，始终坚持把社会责任放在首位，在服务社会中成就自我。党的十八届三中全会提出，要加强中国特色新型智库建设，建立健全决策咨询制度。顺应经济社会发展的需要，鄂尔多斯学研究会把智库建设作为服务经济社会发展的一项重要举措，积极开展政策研究和决策咨询，以承接课题、调研咨询、政策参谋等多种方式，主动服务、贴近服务，在党委政府科学民主依法决策中发挥着重要的思想库和智囊团作用。为更好地掌握全市及周边地区的发展情况，研究会组织专家学者开展广泛的调研咨询。20年来，从十二连城的长城古迹到被誉为"中国最早的高速公路"的秦直道，从阿尔寨石窟到黄河大峡谷，从宁夏到榆林，从田间地头到工厂矿区，到处留下了研究会专家学者们的足迹。他们践行习近平关于哲学社会科学工作者提升"四力"的要求，拓脚力、长眼力、增脑力、强笔力，把脚力的积极主动、眼力的敏锐独到和脑力的丰富深邃，转化成笔力的沉稳雄健，成功推出一系列高质量研究成果。比如《鄂尔多斯改革开放40年丛书》（与北辰智库合作完成）《伊金霍洛旗改革开放40年》等一系列重要成果。主持多项自治区重点课题，如2035的鄂尔多斯——

发展预测与战略研究、黄河"几"字弯民族交往交流交融的历史典故与现实意义研究等。其中《2035的鄂尔多斯——发展预测与战略研究》等成果专著正式出版发行，得到学界的广泛关注。瞄准自身定位，整合优势和特色资源，发挥人才和智力优势，展开前瞻性、针对性和储备性政策研究，鄂尔多斯学研究会积极献智献策，为市委市政府科学决策提供了精准服务，推动了国家、自治区重大战略在鄂尔多斯的实施。

贡献四：在深化学科建设和研究交流中推动鄂尔多斯学术文化繁荣发展

一座城市要做到实力雄厚，必须有自己的支柱产业。而一座城市要做到内涵丰富，必须有自己的学术文化。学术文化是文化底蕴的基座，是思想厚度的标尺，是文化星空的顶点。与其他类型的文化相比，学术文化更具有探索精神、创造精神和批判精神，这是城市发展最可贵的气质，最终会成就一个城市所能达到的高度。著名文化学者王京生曾说过：学术文化是否能够发展，关键一点是否有高度的文化自觉、学术自觉，能否把握住城市学术文化发展的关键期。如同江河形成有着发育、发展、成熟阶段一样，任何城市的文化发展都有关键期，能否抓住关键时期，决定城市的格局和气象，以及城市未来的文化在国家乃至世界上的地位。在推动鄂尔多斯学术文化的繁荣上，鄂尔多斯学研究会做出了积极有益的探索。其一是创建了鄂尔多斯学，丰富了中国地方学的组成。鄂尔多斯学是以鄂尔多斯地区为研究对象，以鄂尔多斯经济社会发展中，经济、政治、文化、社会、生态文明各方面呈现的现象为研究内容，从知识上系统归纳，从认识上加以升华，从规律上深入探讨，从理论上概括提高的地方性综合学问。鄂尔多斯学的产生是鄂尔多斯经济社会发展的产物。鄂尔多斯学的创建，对于全面梳理鄂尔多斯历史文化知识，厚植鄂尔多斯文化自信，促进鄂尔多斯学术繁荣，推动鄂尔多斯高质量发展具有重要意义。其二是深入开展学术交流，提升了鄂尔多斯学术的影响力。2005年，鄂尔多斯学研究会联合温州学、泉州学、潮州学、扬州学、徽学六家地方学研究机构共同发起创立了中国地方学研究联席会，并被推选为首任联席会主席方。

20年间，鄂尔多斯学研究会与北京学研究会、闽南文化研究会、察哈尔文化研究会、杭州城市学研究会、新疆塔城学研究会、福建泉州学研究会等几十家研究会建立友好关系，开展互动交流，讲述鄂尔多斯故事、传播鄂尔多斯声音。强化学术传播交流不仅是促进学术创新与繁荣的需要，也是推进学术繁荣、改善城市形象和提升城市软实力的需要。为满足广大社会科学工作者开展学术交流的需求，推动哲学社会科学创新发展，鄂尔多斯学研究会积极通过"走出去"与"请进来"相结合的方式积极搭建交流互动的平台。承办、主办了"第三届民族地区文化产业发展论坛""中国地方学研究交流暨鄂尔多斯学学术座谈会""草原、城市、文化学术研讨会""回顾与展望——鄂尔多斯改革开放四十年社会科学研究座谈会"等学术交流活动。组织"鄂尔多斯学研究会蒙宁陕长城内外融合文化考察活动""鄂尔多斯学研究会调研察哈尔文化活动""鄂尔多斯学研究会宁夏考察"等活动，为推动鄂尔多斯学术走出去，提升鄂尔多斯学术影响力做出积极贡献。

二 20年深情耕耘，芳华绽放，鄂尔多斯学研究会的发展壮大带给哲学社会科学工作诸多启示

20年耕耘学界，鄂尔多斯学研究会坚持把握时代脉搏、聆听时代声音，以精品奉献人民、用明德引领风尚，在理论创新、服务社会等方面取得丰硕成绩。2010年被民政部评为"全国先进社会组织"。2012年在全国大中城市社科联第二十三次工作会议上，被评为"先进社会科学团体"。2017年被内蒙古自治区社科联选为内蒙古自治区社会科学普及基地；2017年在全国社科联第十八次学会工作会议上评为全国社科联创建新型智库先进社会组织。鄂尔多斯学研究会为如何促进民间社会组织健康发展、推动新型智库建设等方面的工作做出有益的探索尝试，为社会组织的发展树立了榜样，其发展经历给我们诸多启示。

启示一："顶天""立地"。社会组织在政府调控社会、经济发展过程

中，起桥梁和纽带作用。社会组织的地位和职责，决定了它既要围绕党和国家工作大局搞好"公转"，又要聚焦服务群众搞好"自转"，做到"顶天立地"。"顶天"就是要吃透中央精神，与党中央保持一致，胸怀大局、把握大势、着眼大事，时刻把握时代脉搏，知晓国内外局势。"立地"就是坚持人民性，践行群众路线。要贴近实际，紧接地气，将党中央的重大决策与人民群众伟大实践结合起来，与党和人民同呼吸、与时代共进步。只有"顶天"，才能确保社会组织始终置于党的领导之下，始终坚持正确的政治方向，立足前沿，在发展、引领学科方面有创新、有突破。只有"立地"，才能确保社会组织始终坚持眼睛向下、面向基层，从社会实践问题出发，更好地发挥好桥梁和纽带作用。20年间，鄂尔多斯学研究会始终紧跟时代步伐，坚定不移向党中央看齐，以宣传、研究、阐释党的政策理论为己任，同时，坚持以人民为中心的理念，深入基层、深入群众，扎根群众的生产实践，把握群众思想脉搏，把论文写在鄂尔多斯的大地上，"把学问写进群众心坎里"，做大了既"顶天"，又"立地"，这是鄂尔多斯学研究会取得事业成功的一个重要法宝。

启示二：贵"精"贵"用"。"以精品奉献人民、用明德引领风尚"是习近平总书记对文艺界和社会科学家的嘱托和期待。积极打造适应新时代蓬勃发展要求的学术精品成果，在理论与实践相结合中成就"经国之大业，不朽之盛事"，是哲学社会科学工作者的重要使命。鄂尔多斯学研究会始终坚持把社会责任放在首位，严肃对待学术研究的社会效果，自觉践行社会主义核心价值观。研究会的专家学者们坚持"士以弘道"的价值追求，把做人、做事、做学问统一起来。以"板凳甘坐十年冷，文章不写一句空"的执着坚守，创作了大量精品。同时，作为地方新型智库，鄂尔多斯学研究会始终坚持"研以致用"的原则，突出应用性和实用性。成功之道，贵在"专精""实用"，涵养学术水平，提升研究能力，以精品力作服务党政决策、服务人民群众，在为祖国立德立言中成就自我实现价值，这是鄂尔多斯学研究会带给我们的又一个重要启示。

启示三：唯"真"唯"情"。学术当为天下真，求真方为真学术。求真是社会对学术的要求，学术的使命是为人类探求真知。习近平总书记在哲学社会科学工作座谈会上提出，哲学社会科学工作者要树立为人民做学问的理想，立志做真学问、做大学问。做真学问，要把问题作为起点，体现问题导向。真学问包含真问题，问题是时代的声音、时代的呼唤、时代的脉动，体现的是我国社会发展、人类社会发展的大逻辑、大趋势。立足鄂尔多斯实际，研究鄂尔多斯问题，服务鄂尔多斯人民这是鄂尔多斯学研究会始终坚持的原则。情是激情。饱含激情的工作是鄂尔多斯学研究会的一大特点。鄂尔多斯学研究会的专家学者有的是从领导岗位上退下来的老同志，有的是各行各业上的青年学者。无论是老同志还是青年学者，在学术探索的道路上他们都是充满激情的。近期，鄂尔多斯学研究会名誉会长奇·朝鲁同志倾情撰文，深情回忆家乡人和家乡事，深情回忆鄂尔多斯学研究会创业发展的点点滴滴。"人生的价值在事业，事业的意义在服务人民。"这是奇·朝鲁同志的人生格言，用充满激情的工作为鄂尔多斯学的发展贡献真情和智慧，将自己的人生价值写在鄂尔多斯大地上，这是鄂尔多斯学研究会众多专家学者共同的写照。以求真的态度和饱满的激情奋斗新时代，这是我们获得事业成功的又一法宝，也是鄂尔多斯学研究会带给我们的第三个重要启示。

三 新起点上，愿鄂尔多斯学研究会扬帆再起航、续写新篇章

中国特色社会主义进入新时代，社会组织日益成为人民广泛参与社会治理的重要渠道。党和政府高度重视社会组织在现代社会治理体系中的作用，在加强社会组织建设上，给予了发展的新思想和新理念，具有非常重要的政策性和指导性，社会组织建设已成为以习近平同志为核心的党中央治国理政新理念新思想新战略的重要组成部分。今天社会组织正迎来发展的春天，站在新的起点上，鄂尔多斯学研究会正是岸阔潮涌、风正帆顺。未来，对鄂尔多斯学研究发展满含期待，有两点建议与鄂尔多斯学研究会的专家学者们共勉。

建议一：志要更高。远大志向是远航的"指明灯"，是建功立业的"方向标"，是砥砺前行的强大精神动力。树立远大志向，才能把握正确的方向。"立志而圣则圣矣，立志而贤则贤矣"，这是王阳明在贵州龙场的时候对追随他的青年学生所做的教诲。习近平总书记在纪念"五四运动"100周年大会上的讲话中引用了这句话，勉励青年要有家国情怀和人类关怀，让青春在为祖国、为人民、为民族、为人类的奉献中焕发出更加绚丽的光彩。"志不立，天下无可成之事。"立大志才能成大事，个人如此，集体组织亦如此。在过去的20年里，鄂尔多斯学研究会以梦为马，以志为"缰"，谱写了社会团体服务党政、服务社会、服务人民的精彩华章。但放眼更加广阔的天地，与全国一流的社会组织相比，仍有很大差距。站在新的起点上，鄂尔多斯学研究会须树立更大的志向，要以归零之心态对待成绩，以起而行之的果敢姿态整装再出发，对标先进、追赶超越，坚定信心、奋力前行，努力在新征程上争取更大的荣光，追逐实现更大的梦想。

建议二：业要更精。"心心在一艺，其艺必工；心心在一职，其职必举。"成事之道，贵在专精。学术研究是久久为功的事业。作为新型智库，要真正成为到党委政府"用得上、信得过、离不开"的"思想库"和"智囊团"，需要在"专精"上狠下功夫，加强专业化、特色化、精细化建设，深入调研、深耕专业、精于致用，及时开展前瞻性、针对性、储备性政策研究，建设信息化平台和决策咨询大数据分析系统，增强研究能力。近期，自治区社科联主席高慧广同志在自治区社科联七届二次全会上的讲话中提出要加快学科建设，接力学术传承，创建学术流派的要求。在世界学术思想史上，曾经出现过浩如繁星的学派，像米利都学派、弗赖堡学派、法兰克福学派，国内的扬州学派、海派（上海学术流派），近年来新兴的深圳学派等。一座城市若能够形成自己的学术流派，必将对城市的发展产生重要影响，推动城市走向世界。希望在下一个20年里，以鄂尔多斯学研究会为代表的学术团体能够以自己的学术积累和学术影响，努力建立和发展具有鲜明特色的"鄂尔多斯学派"，构筑和夯实属于鄂尔多斯的城市文化高地,让鄂尔多斯成为一座学术文化繁盛的现代化、国际化的先进城市。

  新时代是一个哲学社会科学大发展的时代,也必定是哲学社会科学的人民团体大有作为的时代。衷心祝愿鄂尔多斯学研究会未来能够继续立时代之潮头、通古今之变化、发思想之先声,在为党和人民述学立论、建言献策中做出新的更大的贡献。

  杨鹏飞,鄂尔多斯市社会科学联合会,《鄂尔多斯社会科学》执行编辑。

砥砺前行　创新有为

——成绩卓著的 20 年

杨　莉

接到鄂尔多斯学研究会的通知，心中感慨万千，时光流逝，转眼就是 20 周年的庆典。20 年，在历史长河中，如击石火、似闪电光，转瞬即逝，可对于鄂尔多斯学研究会来说，却从朝鲁盟长、陈育宁教授的一个想法变成一个探索，终成今日的有容乃大。一个社会团体，成为政府的智囊；学术活动，成为一种文化代表……鄂尔多斯学研究会的 20 年，是砥砺前行、创新有为，成绩卓著的 20 年！如果把研究会的研究成果一一列出，那真是一个"长长"的 20 年呢！

和鄂尔多斯学研究会的相遇是个偶然，是 2009 年的"成吉思汗文化与伊金霍洛旗"的征文吸引了我。那时，教学之余还有精力，正不知如何充实。这个征文，给我以启发，让我明白，人生不只一个方向，可以多个方向努力。

我是巴盟人，2004 年秋天来到鄂尔多斯，蒙古民族的热情奔放、淳朴善良给了我深刻的印象，我一直想了解蒙古族的风俗习惯、历史文化，在这个征文的指引下，我开始阅读成吉思汗的相关书籍，开始了解蒙古民族的历史文化，开始了解伊金霍洛旗的经济文化……这一学习研究，我的天地豁然"开阔"了，我才发现，校园外面是一个更加精彩的世界。

记得 2009 年，在"成吉思汗与伊金霍洛旗文化论坛"上，第一次听陈育宁教授讲话，讲话的全局观和政治高度，所包含学术研究的深刻性，表达的严谨、逻辑的清晰……让我敬佩万分，是多少书卷的濡染才有了这儒雅，是多少年研究的底蕴才有这造诣，也许这就是老师的模样吧："学高为师，身正为范！"也许这就是鄂尔多斯学研究能够具有"思想体系、知识体系和话语体系"高度的原因吧！

更让我难忘的是，陈育宁教授对我这样初学者的态度，在论坛的讨论中，论文获奖者都要发言，我那时是无知者无畏，也是大谈自己的看法呢，现在想来，那是多么幼稚的想法啊！可当时，陈教授认真倾听，给我以鼓励，让我有了继续学习下去的信心！

没有被打击，跟着学会的老师们学习，更得到许多的指点，其中杨勇老师的指导更是让我受益匪浅。记得一次聊天，杨老师曾告诉我，研究不能浅尝辄止，应该选一个点，不断深入，最终成为自己的专长。他形象地比喻说，研究不能在冰上打滑，滑到哪里算哪里，而应该如锥子一样，深深地扎下去，这比喻的深刻哲理，让我明白，应该确定自己的研究方向。杨老师曾建议我梳理一下鄂尔多斯的教育发展史，可这宏大的课题我一直没有能力开始。不过我选择了自己能够努力的方向，那就是对传统文化的研究，这也算是没有辜负老师的指导和希望吧！

2009年加入了鄂尔多斯学研究会后，我就以研究会的老师为榜样，在繁忙的工作中争分夺秒，广泛阅读，杨老师指点后，我就开始重点研究中国传统文化。2013年开始，学校成立朴野读书会，开始阅读《论语》，2016年，我担任会长，继续研究经典，我们又学习研究了《老子》《庄子》《周易》《左传》，将近9年的时间，我们慢慢地学，不求多，只求深，一直坚持到现在，终于有所感悟、有所收获。

更重要的是，原本想给自己的生活多个努力的方向，没想到阅读一圈回来，最显著的提高还是我的教学。阅读量大了，思考深刻了，对教材的理解，对教学方法的把握，对学生心理、学习能力的掌控……都有所提高，教学更加游刃有余，这真是一个奇妙的结局。

看着学生优异的成绩，看着学生对我教学"满分"的认可，看着自己发表的让同行们难以企及的论文数量……突然明白，是学会给了我一个提高的平台，是学会开阔了我的视野，是研究会给了我研究的方向……"鄂尔多斯学研究会专家委员会委员",这是我最为自豪的身份!

正是有了这个身份,我参加了研究会组织的多项活动,成吉思汗陵、蒙古族历史博物馆、阿尔寨石窟、装备制造基地、国能神东煤炭补连塔煤矿……也正是这些学习参观,让我对鄂尔多斯有了一个更为全面深刻的了解。作为老师,这是难得的参观学习机会。

写这篇文章的时候,恰是高考前夕,快节奏的复习、考试、改卷……已是超负荷运转,可我还是在监考的时候,神游研究会的历次会议,回忆曾经的点滴,感悟每次会议给我的收获,正是学会老师们的人格魅力、学术造诣,让我跳出教育这一小片天空,让我见识了许多高级别的会议,成吉思汗文化论坛、阿尔寨文化论坛、鄂尔多斯转型发展会议、民族地区文化产业发展会议……

也正是因了鄂尔多斯学研究会这个平台,我才能参加内蒙古社科联组织的征文,写了《和兴内蒙古》,才能有幸与奇海林会长、包海山老师一起参加内蒙古社科联组织的内蒙古学论坛。

2009 年加入研究会,于今年已是 13 年,我不善言谈,但大家对我照顾有加,每次开会总有王春霞、龚萨日娜的热情招呼,总有学会老学者们的关心问候,让我觉得特别亲切,让我有一种归属感。

研究会的老学者们,就如同家人一般,以长者的智慧启迪着我,他们淡泊了曾经的职位,从容了今天的生活,快乐着自己的研究,幸福着自己的充实,学术是年月的注脚,经历是回忆的华章……

鄂尔多斯学研究会走过了 20 年,回首往事,历历在目,老一辈开创者大概都感慨万千吧。第一任会长奇·朝鲁见解独到、多方联系、探索努力……才使研究会"因时而立,奠定基础";多少年呕心沥血、创建学科,才使研究会"为地方经济社会文化发展做出了不可替代的贡献"。也使研究会成为全国知名的地方学研究社会组织,并且在 2005 年联合国内部分地方学研究机构,创建了"中国地方学研究联席会",并被推选为首任联席会主席方。

在第二任会长奇海林的带领下,学术研究更加走向纵深,目标更为高远——"因时代而立、因作为而兴、因交流而跃、因个性而美、因文化而强"！现在鄂尔多斯学研究会已经是内蒙古社科联"沿黄生态保护与高质量发展智库联盟"中的一员，跨越式的发展让人赞叹！

在研究会成立 20 周年之际，特别想写下我的真情实感，感谢学会这个平台，让我有幸结识全国这么多知名学者。感谢研究会成为我人生的导航，让我在教学之余有了更加喜欢的努力方向，也祝福研究会，在各位领导的带领下，"从高原走向高峰"！

杨莉，鄂尔多斯市二中高级教师，鄂尔多斯学研究会会员。

鄂尔多斯学研究是地方学研究的一面旗帜

徐进昌　殷继红

近年来，地域文化研究与地方学研究作为一个新的学科蓬勃兴起，成为学科体系的一朵花蕾。说到地方学研究，鄂尔多斯学研究会令社会和学术界印象深刻。鄂尔多斯学研究会在地方学研究领域多个方面起到了带头作用，在国内外产生了广泛的影响。

鄂尔多斯学研究会于2002年成立，创办《鄂尔多斯学研究》会刊，发起成立了中国地方学研究联席会。作轮值主席多年，创办联席会会刊《地方学研究信息》，举办多届地方文化研究与地方学研究的学术研讨会，树起了地方学和地域文化研究的一面旗帜。北京学研究所接任中国地方学研究联席会的轮值主席，再接再厉，从队伍规模到学术造就，不断发展，再创佳绩。

学界没有忘记，正是在鄂尔多斯学研究会的倡议下，北京学研究会、温州学研究会、扬州学研究会、晋学、徽学、齐鲁学、上海学研究会、元上都历史文化研究会、敕勒川文化研究会、西口文化研究会等近三十个地方学研究团体共襄中国地方学建设。中国地方学研究的一面旗帜冉冉升起在地平线。

元上都历史文化研究会是中国地方学研究联席会的首批会员单位，见证了中国地方学研究联席会和这门学科近20年走过的路程。见证了鄂尔多斯学研究会一直以来对中国地方学建设的重大建树。

鄂尔多斯学伴随经济社会发展的"鄂尔多斯现象"和成吉思汗与"成吉思汗文化"研究形成了强大的声势。鄂尔多斯人，代代相传，守护成吉思汗陵，沉淀了蕴涵深厚的成吉思汗文化。鄂尔多斯学研究会开创了成吉思汗文化的探寻，开启了鄂尔多斯地方学研究的新篇章。

鄂尔多斯学研究会开启了民间学术团体的体制，开创为政府提供文化研究产品的机制，实行了学术进校园，走进校园开课讲座。

鄂尔多斯学研究会，走出去，请进来，联合全国各地的地方学研究团体，推动了地方学研究的兴起。历经十几年，中国地方学方兴未艾，中国地方学联席会正成为地方学研究的一面旗帜。

鄂尔多斯学研究会的成就，与中国地方学与地域文化研究的起步和中国地方学的发展不可分割。地方学地域文化研究作为一个新的学科起步不过几十年。在国外，地方学被称为"地区学"。一般认为，它是20世纪60年代起兴起的一门新兴学科。代表作是美国学者马纳斯·查特杰1963年出版的《经济发展的管理与地区学》。地区学兴起以后，国外的一些大学设立了地区学专业和地区学研究所并招收研究生。韩国的首尔大学设立了首尔学研究所。

把地区作为特定的范畴进行综合研究，作为一个学术体系，探索地区特有的属性和演变的过程，预测和推动地区的良性发展。地方学框架下的地方历史文化、社会经济、社会发展、地理风情都应该从地域文化的视角切入，展示地区独特的属性和风采。国内外的地方学和地域文化研究，凸显了这门新兴学科的重大意义和巨大的发展潜力。

近年来，地域文化研究、地方学建设初露端倪。2003年前后是各地域文化研究纷纷建立机构和大力推进学术研讨发展期。各种民间的、半民间的和挂靠现有机构的地域文化研究学术团体和学术研究联席会、研讨会相继登台，有了令人瞩目的发展。纵观全局，中国地方学研究出现两大势头。一个是北京联合大学北京学研究所为代表的体系内的学术研究机构；一个是鄂尔多斯学研究会为代表的民间社团机构。一个是功底深厚，影响力强；一个是聚集社会力量，营造一个社会学科环境；两种力量互补，推动了地方文化研究与地方学建设的科学性、实用性、普及性。

鄂尔多斯学研究会应运而生，开创了鄂尔多斯学研究。联络全国各地的相关学术机构，开启了中国地域文化研究与地方学建设的新的一页。鄂尔多斯学研究会发起成立中国地方学研究联席会，开启了地域文化研究和地方学建设的新篇章。鄂尔多斯学研究会为鄂尔多斯学研究与中国地方学研究学的发展做出的贡献值得人们永远铭记。

徐进昌，元上都历史文化研究会理事长；殷继红，元上都历史文化研究会理事、副秘书长。

开展学术交流 共创研究成果的平台
——鄂尔多斯学研究会

龚萨日娜

20 年前，奇·朝鲁、陈育宁、夏日等多位德高望重的老领导老专家发起成立内蒙古自治区第一家地方学研究团体——鄂尔多斯学研究会，开启了"举社会之力，办大众之事"的先河，不断进行探索，在规范中创新、创新中规范，勇于创新，勤于服务。20 年来，鄂尔多斯学研究会理论联系实际，在学术研究、成果出版、培养人才和服务社会等方面都取得了令人瞩目的成绩，发挥着服务决策、凝聚人心的作用，从而为地方经济社会的持续发展发挥了重要的作用。

回顾这 20 年，鄂尔多斯学研究会坚持"立足学术、服务建设、创新机制、着眼发展"的宗旨，坚持"举社会之力，办大众之事"的理念，坚持"向心、奉献、低调、务实、节俭、高效"的会风，坚持"知识体系+应用服务"的学科建设，坚持"创品牌地方学、建和谐研究会"的目标，立足鄂尔多斯、研究鄂尔多斯、服务鄂尔多斯成绩斐然，硕果与丰收中伴随着每一位学者专家的智慧和汗水。鄂尔多斯学研究会一直以来致力于为鄂尔多斯学的研究者提供良好的服务平台和培养人才的舞台，专家学者们在这个平台上施展才华，展现作为，提升自我。

一 举社会之力，共创研究成果

20 年来，鄂尔多斯学研究会在市委、市政府以及各方面的关心和指导下，在自治区社科联和市社科联的鼎力支持下，取得了一批丰硕成果。同时获得社会各界的认可和高度评价。目前，鄂尔多斯学研究会与《鄂尔多斯日报》

合办《鄂尔多斯学研究专刊》（月刊）226期，编辑出版《鄂尔多斯学研究》（季刊）汉文80期和蒙古文版13期。鄂尔多斯学研究会网站自2005年创建以来，将最新动态、最新论文等研究成果及时发布在网站上，供社会和专家学者浏览和查阅。网站开通以来，在资料收集、宣传推广、组织联络等方面发挥着重要的宣传作用。

20年来，我们先后出版了《鄂尔多斯学概论》《鄂尔多斯大辞典》《大漠赤子 民族精英——吴占东纪念文集》《蒙古文化功臣——曹纳木》（蒙古文）《郡王府记忆》《见证——伊克昭盟老领导访谈录》《大美伊金霍洛》《伊金霍洛史迹拾遗》《双头马骑士——阿斯哈牧人的城市化感受》《成吉思汗箴言选辑》《成吉思汗廉政思想论文集》《鄂尔多斯学研究成果丛书》《鄂尔多斯学论丛》《鄂尔多斯学研究会2016年论文集》《鄂尔多斯学研究会2017年论文集》（汉文、蒙古文）《地方学研究·第1辑》《温暖世界 骄子情怀：鄂尔多斯民营经济40年》《伊金霍洛旗改革开放40年》（1978—2018）《经济腾飞路——由高速度增长转向高质量发展》《律动康巴什》《鄂尔多斯市学习贯彻党的十九届四中全会精神理论阐释作品集》《鄂尔多斯蒙古王爷沙克都尔扎布》《地方学研究·第4辑》《绿色乌审旗》《烽云印记 伊金霍洛》《强旗富民准格尔》《团结崛起的乌审》《鄂尔多斯市庆祝建党100周年访谈实录丛书》《2035的鄂尔多斯》《我与鄂尔多斯》（卷一——卷五）等126部专著。其中音像制作品3部，分别是《神奇的鄂尔多斯》《永远的眷恋》和《准格尔婚礼》。在市内外、区内外具有影响的专题研讨会、座谈会书评会举办94次。20年来，鄂尔多斯学研究会荣获各项荣誉25项，其中省部级和国家级荣誉有：2010年，鄂尔多斯学研究会被民政部评为"全国先进社会组织"。2010年，《鄂尔多斯大辞典》被评为内蒙古自治区第三届哲学社会科学优秀成果政府奖三等奖。2015年，《鄂尔多斯学概论》被评为内蒙古自治区政府第五届哲学社会科学优秀成果二等奖。2009年6月会长奇·朝鲁被评为内蒙古自治区"离退休干部先进个人"。2009年9月，会长奇·朝鲁被评为

"全国离退休干部先进个人"。2017年，在全国社科联第十八次学会工作会议上鄂尔多斯学研究会被评为全国社科联创建新型智库先进社会组织。2021年5月，被内蒙古自治区社科联授予"内蒙古自治区社会科学创新平台沿黄生态保护与高质量发展智库联盟"。这些沉甸甸的研究成果是20年来广大会员、专家用心血凝成的精品荟萃，更是奉献给广大读者认识鄂尔多斯、热爱鄂尔多斯、建设鄂尔多斯的精神食粮。

二 注重人才培养，充分发挥老中青传帮带作用

对于鄂尔多斯学研究会来讲，努力建设一支热爱鄂尔多斯、奉献鄂尔多斯、研究鄂尔多斯，热爱鄂尔多斯学研究事业的专家队伍至关重要。为此，鄂尔多斯学研究会从建会初期就创建了专家委员会。专家委员会是鄂尔多斯学研究的学术理论研究核心团队，主要负责学术研究规划的论证、课题立项的审议、研究成果的评价等；对研究会委托的研究项目、课题，协同所有成员主动承担，发挥各自专长，又快又好地出成果。对学术新人起到引导、培养的作用。鄂尔多斯学研究会充分发挥各位专家学者的优势，更好地凝聚社会力量，为城市文化和企业文化建设献计献策。具体体现在以下几方面：

（一）加强联络老专家学者，更好地发挥他们的余热

在首任会长奇·朝鲁的文章里经常看到这样一句话："一些志同道合者'人以群分'地聚集在鄂尔多斯学研究这个群体中，一起为创立鄂尔多斯学这个学术文化品牌奉献智慧，一起为创办好鄂尔多斯学研究会这个社会组织贡献精力，一起享受生活，施展才华，体现价值。"又如，潘洁老师在建会5周年时发表的"新剩余价值"观点，认为研究会专委会充分调动老专业工作者、科技工作者的积极性，将他们的"余热"汇聚起来，转化成学术成果，这一做法是一个很大的创举，十分明智，效验明显。

为了充分发挥老专家学者的作用，鄂尔多斯学研究会从成立以来就把一些曾在伊克昭盟、鄂尔多斯市担任过领导的老同志聘为顾问，将一些现任市

党政部门领导及企业负责人聘为荣誉会长。老领导虽然离休或退休了，但他们情系鄂尔多斯，在这个平台上发挥了自己的余热，贡献了自己的才华，组织、参加、撰写了大量的著作。

（二）促进中青年专家学者成长成才

鄂尔多斯学研究会用20年所获得的理论成果和实践意义证明，这个平台具有感召力、吸引力、感染力，它吸引着热爱鄂尔多斯、奉献鄂尔多斯的一批又一批有识之士，特别是近几年来吸收了不少中青年专家学者。还激励他们积极参与到研究会编写著作、课题研究等各项研究活动。

1.联手高校，共筑学术平台。鄂尔多斯学研究会与鄂尔多斯市委党校、鄂尔多斯职业学院、鄂尔多斯应用技术学院等院校共同推进鄂尔多斯学进校园，开展系列活动。组织召开了"学习中央民族工作会议精神座谈会""国际幸福日研讨会""民族地区文化产业发展论坛"等多项专题研讨活动，多位青年老师参与，他们有的承担研究课题和系列讲座等多项任务，很好地提升了自己的能力，同时成为鄂尔多斯学研究事业的中坚力量。

2.参与编写工作，取得研究成果。鄂尔多斯学研究会与市委老干部局共同组织编写《纪念建党100周年访谈老干部系列丛书》；与乌审旗委统战部合作编写《团结崛起的乌审》；为乌审旗编写《绿色乌审》；与准格尔旗党校合作编写《强旗富民准格尔》；与伊金霍洛旗政协合作编写《烽云印记 伊金霍洛》等多部专著，这些著作的作者大部分是来自鄂尔多斯市委党校、鄂尔多斯应用技术学院、鄂尔多斯职业学院、鄂尔多斯市博物院的多位青年专家学者。这是鄂尔多斯学研究会尝试的平台＋课题的探索服务，为青年学者提供学习成长的机会，也起到了老中青三代学者传帮带的作用，为鄂尔多斯学研究会夯实了理论成果。

3.调研深入基层，研究信心倍增。2020年以来，鄂尔多斯学研究会专家多次走进杭锦旗、鄂托克旗、伊金霍洛旗、康巴什、准格尔旗等地开展历史文化、非物质文化、经济社会、黄河文化等方面的调查研究，充实鄂尔多斯学研究的内容。调研过程中大家相互交流，并且能够兼收并蓄，不断补充完善自己的理论学说，专家学者们在这里可以结识与自己学科领域相关的专家学者，碰撞思想，突破局限，激发灵感，从而提升自己的创新能力。

4.系列微课堂，提升社科普及服务。2022年上半年，研究会与相关部门推出社科普及微课堂，围绕学习宣传贯彻习近平总书记在参加十三届全国人大五次会议内蒙古代表团审议时的重要讲话精神、铸牢中华民族共同体意识、学习宣传贯彻鄂尔多斯市第五次党代会精神这些主题教育引导全区各族干部群众像石榴籽一样紧紧抱在一起，共同团结奋斗、共同繁荣发展，包括《社科普及·专家学者讲》《民族政策宣传月·讲师团开讲》《康巴什区"民族团结进步教育微课堂"》《学习宣传贯彻鄂尔多斯市第五次党代会精神·讲师团开讲》《石榴花开》系列微课堂。这些微课堂大部分是由中共鄂尔多斯市委党校、鄂尔多斯应用技术学院、鄂尔多斯职业学院青年老师们承担完成的。老师们参与这些宣讲活动能够锻炼自己、展现自己，相互学习，形成了共赢的良好局面。

我有幸成为鄂尔多斯学研究会的一名成员，热心服务于每一位会员专家，对我而言也是一件很快乐的事情。我生长在辽阔的科尔沁，大学毕业后来到飞速发展的美丽的鄂尔多斯，入职于鄂尔多斯学研究会。在这里我看到，鄂尔多斯学研究会一部又一部著作的出版，一批又一批中青年学者成长成才。回想在研究会工作的这14年，可以自豪地说，我是和研究会共同成长起来的。鄂尔多斯学研究会这个平台是施展才华、展现作为的好平台。

期盼关心、热爱鄂尔多斯学研究会的同人继续凝聚在这里为鄂尔多斯学研究事业奉献力量和智慧。期盼鄂尔多斯学研究会在党的领导下，继续为地方党政服务、为地方经济社会发展服务。

龚萨日娜，鄂尔多斯学研究会副会长。

独家创立　贡献卓著的专家委员会

潘　洁

一　由来　扩展　地位　贡献

这里说的专家委员会，指的是鄂尔多斯学研究会专家委员会（以下简称"专委会"）。它与研究会同时于2002年9月16日建立。2002年春天，由时任鄂尔多斯市政府巡视员奇·朝鲁牵头，酝酿成立一个研究鄂尔多斯的学术团体。夏日、安源、杨·道尔吉、全秉荣等参加了筹备和设计。尤其是陈育宁教授当年3月22日发给奇·朝鲁的《关于建立鄂尔多斯学的初步建议》，对这个筹建中的学术团体的体制、机制、研究范畴、运营方式等均提供了很有价值的思路。他提出，可聘请国内外专家学者担任研究会名誉职务、兼职研究人员、会员。在此基础上，经过积极准备和创造条件，成立"鄂尔多斯学研究中心"。半年以后，这个"研究中心"被正式命名为专家委员会，成为研究会的"内设机构"。实际是一个专家团队，也是研究会的主体。第一批专家31名，其中"国内外"的暂缺，主体是"市内外"的。大部分是与建会当天举办的"文化塑市"研讨会提交论文的作者。还有一部分是研究会筹备小组所说的"近年来，一批热爱鄂尔多斯经济社会研究工作的人们开始深入地思考，辛勤地耕耘，引经据史，著书立说，创作了一批优秀作品"的各行各业的有识、有志之士。特聘时任宁夏回族自治区政协副主席，宁夏大学党委书记、校长、博士生导师、我国著名民族史学家陈育宁教授任主任委员。这大大提高了这个研究会的学术品位。副主任委员有潘照东、汤晓芳、郝诚之、安源、杨·道尔吉，都是声名显赫的精英，都对鄂尔多斯有着深厚的感情和精到的理解。其余20多位委员，散布于市内和自治区直属单位之中，多属于人文科学领域，都是已经退休或即将退休的经济、新闻、教育、文艺工作者。在一个民办的社会团体中设立专家委员会，在本市众多的社团组织中，在全国数十家地方学研究会所中，是独家首创、独一无二的。这与鄂尔多斯改革发展中的独辟蹊径、敢为人先相互呼应，颇有内在联系。

研究会成立时，承诺对鄂尔多斯进行全方位、宽领域、广角度、多学科、高水平的研究工作，可谓雄心勃勃，壮志满满；要兑现这些承诺，必须拥有功能齐全、专业配套的专家团队。单靠只有 31 个人的小小群体，显然是捉襟见肘的。必须扩展、壮大、不断充实、提高。可是起初似乎偏重宁缺毋滥、防止滥竽充数，规定吸纳专家委员会委员必须有教授级（正高级）职称，还要有专著或获奖论文。因而头几年队伍拓展缓慢，难以适应发展需要。之后随着学术领域的拓宽，研究项目的增加，把条件大幅放宽了：只要某一方面学有专长，具有一定的研究、写作能力和参加鄂尔多斯学研究事业积极性的，均可"纳新"。所以，多次常务理事会上，均有吸收新会员、聘任新专家的议题。建会 5 周年时，专家人数达到 93 名，再过 3 年的 2011 年，发展到 127 名。可谓人才济济，小有规模。分配项目、课题时也游刃有余了。

研究会与市直多个部门、本市多个旗区联合举办过课题攻关、专项论坛和专题研讨。还共同策划、编辑、出版了多部人物传记和论文汇编。其间，吸收了多位与研究会、专委会共事的基层史志、文艺专业人员为专委会委员。有时放宽条件，降格以求。这样，就为鄂尔多斯学研究事业向旗区、苏木乡镇扩展铺平了道路，实际效果良好。

建会 15 周年时，会长委托乔布英同志对专委会成员进行了一次全面细致的考核、鉴别进而吐故纳新工作。对极少参与研究会、专委会活动，从未承担研究任务的挂名委员予以除名，增加聘请了一些有资格、有意愿的人员。整顿下来，委员人数为 177 名。建会 15 周年后，循着奇·朝鲁会长"三个走进"思路，适应与高校联合办学的需要，在几所高校里吸纳了许多位专家。

从立会至今，研究会的所有学术活动、攻关研究，都是由专委会组织实施的；研究会的全部成果，都是专委会专家们心血智慧的结晶；研究会对本市改革发展资政惠民的贡献，在市内外取得的声誉和影响力，都是专委会努力奋斗的结果。

研究会实行会长负责制。会长本身也是专家。专委会作为会长和理事会领导下的学术机构，担负着攻关、出成果、著书立说以及研究会社会责任的核心部分。近20年的苦心孤诣，踔厉奋发，在鄂尔多斯千余个社会团体，百多个学术单位里，树起了一个标杆，蔚成了一代新风，引领了一股潮流。一句话，成为民办社团的佼佼者。刚建会时，连它的发起者、设计者都只能战战兢兢地将自己培育的研究事业称为"综合性学问"，而时至今日，正昂首挺胸，向着名正言顺的学科迈进。而且，底气十足地提出，要把鄂尔多斯学建成品牌地方学，把鄂尔多斯学研究会建成和谐研究会。人们坚信，这一宏伟目标必将在鄂尔多斯这片沃土上变成闪光的现实！

二 结构 机制 优势 活力

专委会初期的几十名成员，除了主任委员、副主任委员，既不完全是刻意选择的，也不完全是自然形成的。其中大都是长期工作、生活于鄂尔多斯的知识分子。土生土长的鄂尔多斯人，从外地分配而来的大中专毕业生约占一半。蒙古族专家学者占有一定比例。建会5周年后聘请专家，文化、籍贯、民族、年龄、宗教信仰、专业，以及学文的、学理的等，都不是限定因素，而更多地着眼于活动、研究的需要。他们都是这个地区黄河文化、草原文化、中原文化、边地文化、汉族文化、蒙古族文化以及文化交集、交流、交融的载体，各有其长，各有侧重。专家们的研究攻关活动，大部分是个体、分散进行的，少数是小组、合作完成的。专委会的职责是汇集、合成、优化、升华。最有代表性的是《鄂尔多斯大辞典》的出书过程。那是上百位专家劳作创造集大成的浩大工程。研究会聘任的市外专家，多数是自治区首府的学者、教授及研究人员中对鄂尔多斯某个方面有深入研究者。其他相关专家学者只在举办论坛、研讨时个别邀约，并未聘为本会专委会委员。偶然机缘吸纳的几位日本学者，只是挂了个名，留了个联络方式，没有任何实质性的作用。

专委会委员群体，起初称"专家队伍"，颇不恰当。因为不是打仗的，也没有"战斗性"。还有人称之为"团队"，也很勉强。因为叫"团队"就得有严密的组织，森严的等级，而我们的专委会没有。我们的专委会很松散，很少开会，也没有固定的物质待遇。只在论文入选、文章发表时才有论文奖励和稿酬。平日里各自为战，有任务召之即来。研究会、专委会都是"清水衙门"。是风清气正的学术净土。上级拨给的、企业赞助的、个人捐赠的有限财力，绝大部分用到了研究项目、学术活动、出版书刊、对外交流上。稿件选编，实行三审制，严格把关。评审论文，事先成立专家组，实行逐篇打分遴选淘汰制，展示了真正的"学术民主"，没有"后门"，没有"拉关系"，更容不得学术造假和学术腐败。这种机制，这种风气，是研究会的重大优势，也是研究会久盛不衰，专委会生机勃勃的根基所在。

对于研究会、专委会能以很少的投入，获取很多的成果，提供巨量的知识产品，有人不解，有人不屑，还有人很惊异；认真想来，这是个水到渠成的过程。一批批在这个地方工作、生活、奋斗，最后退休的知识分子，不管是自愿支边的，还是发配至此的，抑或学成之后返乡的，从前都为伊克昭盟的贫穷闭塞而苦闷过，委屈过；改革开放后，眼看着这个家乡，或是第二故乡一天天、一年年繁荣兴旺起来，他们的情感中充满了兴奋、热爱和期许；然而这时，不少人到了退休的年龄。一些人不舍、不甘；未了的情，未竟的业，未酬的志，未完全施展的才华都只好悄然埋在心里，带回家中。恰在此时，鄂尔多斯学研究事业的感召，研究会领导的热情邀约，令他们欲罢不能，如鱼入水。这就是专委会初期、中期的活力之源。

研究会还有一个与专委会平行的机制：会员制。分个人会员、团体会员。实践证明，会员制的作用甚微，只限于选举会员代表，参加代表大会，选举产生理事会、常务理事会；专委会委员都是会员，由会员推选出的会员代表，基本上都是专委会委员，所以不妨将二者合起来，即一身二任。因为不是专委会委员的会员，对会务、研究会活动的参与度很低，多数都不当回事了。至于章程中会员交纳会费的规定，更是形同虚设。

三　更新改造向未来

习近平新时代中国特色社会主义思想的内涵十分丰富。举其要者，不忘初心、牢记使命；以人民为中心；坚持"五位一体""两个维护""四个自信""四个意识"，这些都要求谨遵民命，心系民生，与党中央保持高度一致的民间社会学术组织不断发展壮大，规范活动方式，积极主动地为当地党政领导、专业部门、广大群众提供精准的、优质的理论与知识服务。研究会专委会这20年的工作、机制都是卓有成效、收效巨大的，然而时移势易，上级领导都换过不止一茬了；如今在岗的各类管理者、经营者的文化水平、知识结构提高了何止一个档次；产业、产品结构在迅速更新；居民素质、社风民俗都发生了令人目不暇接的变化……再回过头来看我们内部，原先聘任的专家们虽然有相当部分还在坚持参加活动，但不少人已豪情不再，垂垂老矣。自身的知识积累、研究能力都严重退化了。从建会算起，老专家、老顾问已有数十人离去了。故而，必须对专委会进行大力度的更新改造，甚至重聘重建亦无不可。以往成功的机制，运行方式，管理思路的精髓部分应当加以继承和发扬。除此而外，皆宜加以更新、改造、优化、提升。让更多知识新、能力强、感情深、效率高的中青年进来。在事业吸引人的同时，适当增加精神奖励与物质刺激，普遍联络，重点调动培养。应当建立专家档案，开展业绩考核，知人善任，科学合理地分担研究课题。研究会第四届领导班子成员不仅自身学术上饶有造诣，而且吸纳了前三届，特别是奇·朝鲁老会长、陈育宁老主任委员的治学妙招与会长经验，加上有挂靠单位的鼎力扶持，大家坚信，我们的研究会、我们的专委会定将越办越兴旺，越办越有活力。

只有提高理论水平，才能提高实践智慧。研究会的研究内容不可局限于鄂尔多斯，而要登高望远，但它的服务对象却基本上不超越鄂尔多斯，这是由它的名称以及立会宗旨决定的。所以，研究会、专委会应当从鄂尔多斯的现实生活中寻找研究课题，而不是好大喜功地去搞基础理论研究。

2005年由我会发起建立的全国地方学研究联席会，是一次很好的策划和尝试。后来虽然把轮值主席的头衔禅让给了北京学研究所，但我们从全国地方学聚会、研讨、交流的平台上获益匪浅，这是从其他渠道无法得到的。如今，本会在全国地方学领域仍然享有很高的威望，发挥着十分重要的作用。研究会及奇·朝鲁会长的初心本意不是要当头，而是要交流，这是必须永远牢记的。

同市外、区外直至国外的学术交流是十分必要的。这同我国倡导建立人类命运共同体的理念是相通的。团体的、专家个人的对外学术交往、知识交流，都应当得到鼓励和支持。只有如此，才能杜绝偏狭的、坐井观天的"盆地意识"，跟上时代与世界前进的步伐。

潘洁，鄂尔多斯学研究会专家委员会委员。

浅谈鄂尔多斯文献馆地方文献数字化建设

奇 慧

鄂尔多斯学研究会成立20年来，坚持文化自觉走向文化自信的研究，文化的研究离不开文献资料的查阅和积累。鄂尔多斯学研究会联合鄂尔多斯市委党校、鄂尔多斯市社科联适时创建鄂尔多斯文献馆，这是一个具有标志性的地方文献研究中心、信息中心、智库服务中心，具有鄂尔多斯存史、资政、惠民的社科文化平台，更是为鄂尔多斯学的高质量研究与发展提供了文献保障。

《中共中央关于制定国民经济和社会发展第十四个五年规划和二〇三五年远景目标的建议》明确提出到2035年建设文化强国，实施文化产业数字化战略，加快发展新的文化业态和文化消费模式。2022年7月23日，以"数字赋能 全民共享"为主题的"2022年内蒙古全民数字素养与技能提升月"正式启动，进一步激发全民推动数字经济发展和"数字内蒙古"建设的积极性、主动性和创造性。地方文献是文化建设的一个重要载体，随着数字网络技术的快速发展，顺应当前数字文化产业发展的新形势、新趋势，大力推进地方文献数字化建设，无疑是夯实文化强国坚实基础的一项重要任务。

文献数字化建设的概念就是将馆中原有的馆藏纸质资源输入计算机，使其成为数字资源，然后将文献馆的查阅终端连接到互联网上，有访问权的用户可以通过网络查询和检索相关内容，即不需要再到文献馆查询，而是可以通过远程操作完成文献信息资源查询。笔者在对鄂尔多斯文献馆开展地方文献数字化建设的重要意义及存在的主要问题进行分析研究的基础上，就如何利用新一代信息技术做好鄂尔多斯文献馆地方文献的收集、整理和开发运用进行了思考，提出了一些相应的措施。

一 鄂尔多斯文献馆数字化建设的重要意义

（一）利于保护馆藏文献资源

馆藏的地方文献都是独一无二的宝贵资源，是不可再生资源，一旦失传就无法挽回。地方文献数字化可以更有效地保存相关资料，极大地减少甚至杜绝珍贵的地方文献资料的破损、遗失；而且便于利用，提高文献的使用率。鄂尔多斯文献馆的一些古籍文献、文史档案、地方志以及鄂尔多斯市部分知名专家的手稿，如鄂尔多斯学研究会创始人、鄂尔多斯学研究会首任会长奇·朝鲁亲笔誊写的《蒙古勒图和道卜钦》（《蒙古秘史》）、《额日德尼道卜钦》（《蒙古源流》）、《阿勒腾道卜钦》（《蒙古黄金史》）等文献资料，十分珍贵，应妥善保护。通过将这些纸质文献转换成机读文献，避免读者阅读时使用原件，减少文献的丢失或损坏的概率，对这些珍贵的文献起到很好的保护作用，同时也可以扩大原始文献的使用范围。此外，馆藏文献的数字化还可以在一定程度上修复受损的原始文献。

（二）便于文献资源查找管理

通过建立数字化文献资源库，可以运用高效的计算机技术，依托网络技术进行快速而精准的文献资源检索查找，从而节省用户获取相关文献的时间，提高用户满意度。另外，建设文献资源数字化还能够十分便利地进行数字化图书文献资源的管理，通过鼠标的轻点便能实现海量图书的归档整理，极大地提高了鄂尔多斯文献馆管理工作的效率和质量，节省了大量的人力物力。

（三）利于开展社科研究

地方文献本身的重要性决定了其所具有的科研价值和社会价值，它承载着过去，为鄂尔多斯的专家与学者们研究鄂尔多斯学提供了丰富的文献资料。鄂尔多斯文献馆开展地方文献资源数字化有利于研究和利用地方文献资源的专家学者们更广泛深入地开展研究工作，提高他们治学或获取有价值文献资源信息的效率，为他们提供较为全面、系统、专业、方便快捷的数字文献资料，满足他们的文献信息需求。鄂尔多斯文献馆肩负着为鄂尔多斯学研究与鄂尔多斯市社会科学科研及地方党政决策提供文献资源保障的重任。大力开展文献馆地方文献数字化建设，是为了更好地满足社科研究的需要，拓展文献的利用价值，更有利于为鄂尔多斯学的高质量研究与发展提供强有力的文献保障。馆藏文献数字化后，还可以产生较原始文件更可靠而功能性更强的数字资料，有利于开展文献或科学研究，从而扩大科学研究范围，例如：对照片等影像资料的放大浏览等功能，同时也有利于进一步扩大鄂尔多斯学的影响力。

（四）便于文献资源的共享与更新

馆藏资源数字化大大加快信息的传播速度及范围，最终实现共享馆藏资源。馆藏资源数字化可以将现有的纸质文献的文字输入网络，并通过网络对其进行访问，读者不仅可以按照书名、作者、体裁、年代等进行查找，还可以根据书中的某一段话进行查找，这将为读者提供极大的方便，供更大范围、更广地域的读者共享馆藏资源，以实现文献价值最大化，还可以加快自身文献资源的更新速度，更好地完善文献资源内容。只有将特色文献资源数字化才可能实现真正意义上的资源共享。

（五）利于文献馆的科学管理

馆藏文献数字化可以提高鄂尔多斯文献馆的科学管理水平，更好地为专家和读者提供信息服务。首先，数字文献可以支持传统文献馆的各种需求，为发展特色服务创造条件；其次，数字文献不仅可以低成本、低风险地拷贝馆藏文献，而且可以有效地开展馆际互借等活动；最后，数字文献不仅可以节省文献馆的存储空间，而且有利于书刊的科学管理和维护。

二 鄂尔多斯文献馆地方文献数字化建设需要注意的问题及应对措施

（一）文献馆数字化建设要量力而行

地方文献资源数字化是一种必然趋势，但要有选择地进行文献资源数字化，要与本馆文献工作的现实情况相结合，并与其他的文献馆联系查看对方已有的地方文献资源数字化情况，避免重复建设，造成大量人力物力以及资源的浪费。从发展规模来看，鄂尔多斯文献馆属于小型文献馆，本身发展就受限于人力、财力、技术等诸多因素的影响，收集、整理和开发运用地方文献的工作量巨大，其涉及面极为广泛。鄂尔多斯文献馆应该选择具有自身馆藏特色、鄂尔多斯地域特色的文献资源，建立文献资源数字库。

（二）注重文献馆管理人才的培养

文献馆数字化建设的关键是人才，简单来说，就是要将图书馆内文献资源内容进行提取编辑，采用人工录入、拍摄上传或者图片扫描等的形式将相关文献内容传输到网络上，打造数字化文献馆的内涵，并采取一定的归档管理模式，方便文献资源的检索呈现。鄂尔多斯文献馆应该注重挖掘培养现有的管理人才，可选择工作热情高、有开拓精神，并具有一定相关知识储备的工作人员，通过加强与其他地方图书馆或专业研究机构等的横向联系，以专业培训、业务交流、继续教育等方式对文献馆的管理人员进行综合素质培养，提升管理人员的理论水平与业务技能以及驾驭网络信息环境的能力，增强其适应网络时代要求的能力，推动地方文献管理人才队伍建设，以适应时代发展的要求。

（三）需进一步提升文献馆数字化建设配套设备

在建设文献资源数据库的同时，需要进一步提升文献馆硬件设备，更新电子检索设备，提升网络检索服务能力。鄂尔多斯文献馆还应注重公众阅览设备更新，部署网络阅览区检索设备和管理系统，在服务方式上也要做相应的细节改进。通过使用电脑设备，可以极大地提升读者查资料的速度与准确度；每台服务机上都需要安装常用软件，方便读者使用。这些改进都将极大提升文献使用者网络检索体验，也可以提升管理工作的效率。

（四）需做好文献馆地方文献的收集、整理工作

鄂尔多斯文献馆属于小型文献馆，现阶段馆藏地方文献数量较少、资源有限，需进一步做好纸质地方文献的收集和整理工作，为地方文献数字化建设提供资源保障。收集地方文献是一项艰苦、耗时长、细致的工作，必须加强领导，制订一套行之有效的工作方案，要有专人负责，保证适当的人力、物力、财力才能收到良好的效果。

三　结语

综上所述，为了使鄂尔多斯文献馆更好地发挥实用效益和社会效益，文献资源数字化建设必然是我们未来努力的一个方向，我们要逐步打造出独具鄂尔多斯学研究会特色的数字化文献馆。鄂尔多斯文献馆在数字化资源建设完成后，应通过各种途径和方法加大宣传和推广力度，努力挖掘并吸引潜在用户，扩大使用者范围，提高其利用率。同时，地方文献资源数字化建设要规范管理，建立完善的信息反馈与质量评估体系，全程跟进，持续维护，这样才能保证建设出高质量高水平的数字化资源。

通过高质量高水平的文献馆数字化建设，可以充分展示鄂尔多斯经济建设、文化建设、生态建设与社会繁荣发展等各方面的重大成就，进一步研究、宣传鄂尔多斯，促进鄂尔多斯学品牌建设，提升鄂尔多斯知名度与影响力。

奇慧，鄂尔多斯学研究会副会长。

鄂尔多斯学杭锦旗研究会这五年

冯春生

　　值此鄂尔多斯学研究会成立20周年之际，鄂尔多斯学杭锦旗研究会也迎来了成立五周年可喜可贺的日子，五年来，我们在鄂尔多斯学研究会的领导及专家学者的关怀、帮助、支持、指导下做了一定的工作，取得了一定的成绩。

　　2017年7月11日下午，鄂尔多斯学杭锦旗研究会在锡尼镇隆重成立。鄂尔多斯学研究会荣誉会长奇·朝鲁、常务副会长兼秘书长杨勇、市人大常委会秘书长、鄂尔多斯学研究会专家乔明出席会议；出席会议的还有杭锦旗旗委副书记、政府旗长王羽强、旗政协主席刘俊杰、旗委常委、办公室主任任光飞、旗人民政府副旗长谢永峰、旗政协副主席冯玉宽，以及鄂尔多斯学研究会专家包海山、张荷亮、王玉琢、何知文、弓生淖尔布等。出席会议的还有市延安精神研究会、杭锦旗宣传部、文化局等相关部门及鄂尔多斯学杭锦旗研究会全体会员。

　　会上，奇·朝鲁会长作了重要讲话。他指出，鄂尔多斯学杭锦旗研究会，是我市率先创立的第一家旗区一级的地方学研究团体，它的面世，是杭锦旗社会科学与社会文化界的一件大事、新事。这标志着杭锦旗各界人士文化自信提升，也说明鄂尔多斯学及其研究会社会影响向基层延伸。他同时介绍说，鄂尔多斯学研究会成立十五年来主要工作成就有三个方面：一是搭建了一个平台：鄂尔多斯学研究会以鄂尔多斯为对象，对昨天今天明天进行综合性研究的一门学术，深入、全面交流回答鄂尔多斯现象，聚集了人才、领导、专家、企业家，依靠鄂尔多斯老领导、全区各地专家学者办季刊，鄂尔多斯日报专栏。二是打响了一个品牌：全国各地有许多地方学，北方地区是第一家，什么是鄂尔多斯学，陈育宁教授予以界定：鄂尔多斯学是以鄂尔多斯地区为对象，主要以鄂尔多斯从历史到现实的那些具有自身特色、自成体系、有自身发展规律的社会文化现象、经济现象为研究内容，从知识上系统归纳，从认识上加以升华，从规律上深入探讨，从理论上概括提高，使之成为鄂尔多斯最具价值的精神财富和一门有地方专门知识和理论的学问。"鄂尔多斯学"这一概念提出后，随着对其内涵研究的深入和扩展，得到了学者、领导和社会各界的逐步认同，这一品牌打响了。与此同时，鄂尔多斯学研究会也走在了前列，于 2005 年倡导成立中国地方学研究联席会，并成为首任执行主席方。三是整合了一支研究队伍，社会和自然学科专家，整合起来，综合研究，老中青梯队结合。奇·朝鲁会长最后对鄂尔多斯学杭锦旗研究会提出两点希望：（1）既然称为研究会，研究是我们的根本任务，应当从杭锦旗历史、现实和未来研究，理性地、深入地研究，探索文化研究的路径，这是一项非常艰苦的过程，踏踏实实做学问，研究问题。（2）服务于杭锦旗的五大建设，既服务于回顾昨天，又服务于建设今天，还科学地预测明天。希望建设一支研究队伍，研究地方学，为党政决策，为广大人民群众服务，希望旗党政更加注视，通过他们凝结人心、人气，开会、编书效益很大，改变人的观念，焕发人心。要有为，才能有位，而且要有所为，有所不为，向心，奉献；低调，务实；节俭，高效。

在会上，王羽强旗长代表旗委旗政府作了重要讲话，鄂尔多斯学杭锦旗研究会会长冯春生发言。鄂尔多斯学研究会等数家单位和个人向鄂尔多斯学杭锦旗研究会赠送了图书并致了贺电贺信。

鄂尔多斯学杭锦旗研究会全面贯彻习近平新时代中国特色社会主义思想，坚定文化自信，推动社会主义文化繁荣兴盛，大力推进杭锦文化建设工作，扎实工作，锐意进取，认真完成研究会工作任务。

一 著书立说搞调研

杭锦旗有着丰富多彩的历史文化，鄂尔多斯学杭锦旗研究会成立之后，我们着手开展了调研工作，深入农村牧区，走访大量群众，写大量的调研报告和文史稿件。2018年6月由鄂尔多斯学杭锦旗研究会组织调研乌兰夫在杭锦旗开展革命工作的史实，深入脑高岱、哈劳柴登、阿木龙贵等地调研，并形成调研文章《乌兰夫在杭锦旗的片断记忆》（在《鄂尔多斯学研究》会刊上发表），整理完成了七万多字的《红色秘密战线上的孤胆忠魂——汪振东》，交鄂尔多斯党史办刊用。还完成了《库布齐沙漠的治理和开发利用》（达木林）、《抗日烽火中诞生的杭锦旗工委》（卢凤岐）、《传承草原文化精髓，创建特色文明城市》（万颂青）、《在城镇化进程中不要忘记民俗文化活动的开展》（冯春生）等文章及文史稿件几十篇。

从鄂尔多斯学杭锦旗研究会成立时起，就在杭锦新闻报上开设"鄂尔多斯学杭锦旗研究会专版"，每月一期，刊发杭锦旗研究会会员撰写的调研报告、理论文章、文史稿件等。

目前已编辑出版了会长冯春生的《我和我的杭锦》、副会长万颂青的《草原雄鹰》及《一个旗委书记的足迹》三本书。副会长万颂青还参加了《律动康巴什》《库布齐沙漠里走出的藏传佛教大师》《鄂尔多斯"古如歌"口述史》《杭锦旗志》（蒙古文版）的撰写工作。

2018年4月，鄂尔多斯学杭锦旗研究会与杭锦旗园林环卫局联合举办"古如歌酒杯"歌颂园林环卫工人文学作品有奖征文，向社会征集稿件，征集到小说、散文、诗歌、故事、报告文学及杭锦旗公园、绿地亭阁楹联等300多篇（副），征集到的作品富有时代精神，积极向上，情真意切，楹联内容结合杭锦文化特点（大漠、草原、黄河、金王冠、古如歌等，为杭锦旗公园、绿地使用），并将入选作品及楹联结集出版《园林环卫工之歌》。

帮助退休教师刘昌义编辑策划出版诗歌集《新时代之歌》《新生活之歌》；

帮助退休教师杨有良编辑策划出版文集《秋实集》。

二 开展学术研讨

鄂尔多斯学杭锦旗研究会成立以来，举办过两次文化研讨会。

（一）库布其历史与文化研讨会

习近平总书记指出，"人与自然是生命共同体，人类必须尊重自然、顺应自然、保护自然""绿色发展，就其要义来讲，是要解决好人与自然和谐共生问题。"社会主义现代化是人与自然和谐共生的现代化，既要创造更多物质财富和精神财富以满足人民日益增长的美好生活需要，也要提供更多优质生态产品以满足人民日益增长的优美生态环境需要。库布其历史与文化研究是如何解决好人与自然和谐共生问题的积极探索，是我们当今的重要研究课题。杭锦旗委宣传部、鄂尔多斯学研究会于2018年9月19日举办"库布其历史与文化研讨会"。鄂尔多斯学杭锦旗研究会承办了此次研讨会。

与会的专家老师就库布其历史溯源及考古研究；库布其文化研究；库布其生态建设；库布其地域矿藏资源；杭锦古如歌；杭锦旅游资源等课题进行了探索研讨。

会上形成如下成果：第一，挖掘库布其历史与文化的新内涵。第二，聚焦建设、发展好新杭锦的新能量。第三，更加明确杭锦文化转型发展的方向。

（二）"黄河流域高质量发展"主题文化建设交流研讨会

黄河流经杭锦旗全长249公里，是全国黄河流域流经最长的旗县，地理位置重要，生态功能突出。黄河流域的生态治理保护和高质量发展，一直是习近平总书记看重、关注的问题。为深入贯彻习近平总书记在黄河流域生态保护和高质量发展座谈会上的重要讲话精神，大力推动杭锦旗黄河流域生态保护和高质量发展，推进黄河文化遗产的系统保护，深入挖掘黄河文化蕴含的时代价值及探索富有地域特色的黄河生态经济带高质量发展等方面取得的实践经验。鄂尔多斯市生态环境局杭锦旗分局、杭锦旗文联、杭锦旗水务局、鄂尔多斯学研究会、鄂尔多斯学杭锦旗研究会于2021年6月联合举办会期两天的"黄河流域高质量发展"主题文化建设交流研讨会。邀请鄂尔多斯市旗两级专家学者参加。

会期赴杭锦旗沿河四镇进行了采风调研，并就黄河流域历史溯源及考古研究、黄河文化研究、黄河生态建设、黄河流域矿藏资源等议题开展了研讨。专家老师的论述理论联系实际，既有理论研究探索，又有实践指导作用；具有思想性、前瞻性、创新性。会后编辑出版研讨会论文集《坚持生态优先，推进绿色发展》。

把研讨会作为一次契机，认真吸收借鉴各方智慧，付诸实践和行动，全力推动研讨会成果在杭锦旗落地生根。

三 举办展览

（一）中华地契展在杭锦美术馆开幕

2020年6月24日，在第三十个全国"土地日"来临之际，由杭锦旗自然资源局、杭锦旗文学艺术界联合会主办，鄂尔多斯学杭锦旗研究会承办的庆祝建党99周年暨第30个全国土地日中华地契展在杭锦美术馆开幕，市自然资源局党组成员、副局长席富忠，鄂尔多斯学研究会常务副会长杨勇，旗委副书记、政法委书记贾玉宝，旗委常委、政府副旗长任光飞，旗人大常委会副主任刘玉前，政府副旗长贾巴特尔，政协副主席冯玉宽，旗自然资源局党组书记、局长折晓光，旗文联主席王春梅，以及旗直各部门负责人等出席开幕式，全旗各界文物爱好者和社会各界人士前来观展。这次地契展览蕴含的内容十分丰富，历史跨度300多年，集中展出了从清康熙年间至新中国成立后的200多份（件）地契、文献资料及珍贵文物，真实反映了我国不同历史时期的土地所有权制度、土地权属变更及对土地的管理制度，以及这段历史时期的社会、经济、政治、文化的发展状况。这些地契是我旗本土收藏家冯春生老师个人收藏的1000多份（件）地契中具有代表性的一部分，是他花费半生心血收藏整理出来的。从时间跨度上看，这些地契涵盖康熙、雍正、乾隆、嘉庆、道光、咸丰、同治、光绪、宣统、民国，以及新中国成立前后的土地房产所有证。从地域上看，地契涵盖内蒙古、山东、河北、广东、甘肃、陕西、浙江、西藏、新疆等地区以及陕甘宁边区、晋鲁豫边区、内蒙古等地的红色地契（土地证），从文种使用上看，涵盖汉文、蒙古文、藏文、维吾尔文、满文、朝鲜文，其中涉及内蒙古及绥远等地的50多张。

地契文书用最真实的文字记录，见证了历史发展的弥足珍贵，反映了历史上民间生活的概貌，还体现出特有的语言习惯、方言特点，反映出乡村演变、地理名称的沿革。抚着这些见证了历代劳动人民艰辛生活的地契，使我们更加由衷地热爱我们的新中国、新时代、新生活，在不断弘扬中华民族优良传统和灿烂文化的同时，推进社会主义精神文明建设。

（二）婚书展在杭锦旗美术馆开展

为进一步弘扬中华民族优秀传统文化与传统美德，展现中国婚姻家庭立法的发展历程和脉络，讴歌伟大祖国繁荣昌盛，2021年5月20日，由旗人民法院、旗妇联和旗文联主办，鄂尔多斯学杭锦旗研究会协办的"共忆婚姻立法沿革，共筑幸福婚姻家庭"婚书展在杭锦旗美术馆开展。旗人民政府副旗长刘志军，旗人民法院党组成员、副院长乔宏刚，旗妇联主席王秀俊，旗文联主席王春梅及鄂尔多斯学杭锦旗研究会会长、收藏家冯春生等出席开幕式。旗直各部门女工负责人、婚俗文化爱好者和居民朋友前来观展。

杭锦旗人民政府副旗长刘志军为本次婚书展致开幕词。刘志军指出，婚姻家庭法是一个国家、一个民族对婚姻家庭生活内在逻辑的制度表达。回顾各个年代婚书变化和新中国成立以来我国婚姻家庭立法的历史沿革进程，能够探知博大精深的中华传统婚姻家庭文化，推动家庭家教家风建设，培育家庭文明新风尚。

婚书承载的是人们对幸福甜蜜与美好生活的向往，真实地反映了男女双方家庭情况、经济文化生活及所属时代的社会关系、价值取向等信息。它印证着人类繁衍、社会文明、法治进步。

本次展览共展出收藏家冯春生先生收藏的婚书 100 多件，时间跨越清道光年间到新中国成立后的各时期，题材囊括了订婚证、结婚证、复婚证、少数民族婚书等。这些婚书基本涵盖了民国前用料设计简单的手写契约式红纸墨书、民国期间图案精美的各类奖状式印制婚书及新中国成立后不断统一制式且方便携带的护照式结婚证三个阶段的不同婚书。

一件件婚姻文书，记载着岁月的沧桑变迁，隐藏着丰富的文化内涵，它见证了媒妁之言与自由婚恋观念的交汇变化，与时代息息相关，是时代的反映和体现，也展现了人民群众追求幸福婚姻、美满家庭的生动实践和历史画面。

四 积极开展和参与多种形式的文化活动

五年来，鄂尔多斯学杭锦旗研究会积极开展和参与了多种形式的文化活动，万颂青同志积极参与杭锦旗"非遗"工作普查工作，2021 年协助完成杭锦旗 86 项"非遗"普查工作；2022 年，参与杭锦旗 40 项"非遗"文档完善和录制申报工作。冯春生同志 2021 年参与了杭锦旗宣传部组织的杭锦旗红色资源普查工作，形成调研报告《杭锦旗红色资源保护利用调查报告》；2022 年为《鄂尔多斯书目》完成了杭锦旗作者编著图书书目的收集整理（汉文作者部分）。

在鄂尔多斯草原景区开办婚礼文化展厅、马文化展厅；在锡尼镇社区开设民俗文化展览馆、酒具文化展览馆；协助杭锦旗文联举办"庆祝新中国成立七十周年"书法、摄影展；组织会员参加了杭锦旗"鄂尔多斯是我家"第四届诗歌那达慕暨杭锦旗全民创城诗歌大赛系列活动；经常性开展文化讲座及联谊活动；为丰富杭锦文化活动，繁荣杭锦文化建设做出了应有的贡献。

冯春生，鄂尔多斯学杭锦旗研究会会长。

地方学研究

日本的地方学与"地方创生"实践经验

龚 卉

日本的地方学[1]又被称为"地域学",还有"地元学"等相近概念。它是以特定的地方为对象,对其历史、地理、经济和文化进行综合性、跨学科的研究。

20世纪90年代,随着地方自治和市町村合并事业的发展,越发强调地方个性化发展,地方学被引入地方的社区营造实践之中。从以上实践之中逐渐形成了"创生"概念,2014年安倍内阁设立"地方创生"大臣并颁布了《町、人、工作创生法》,正式将"地方创生"作为一项具有国家安全战略层面的综合性政策。日本地方学的发展和繁荣促进了日本地方的社区营造实践,而"地方创生"的提出和不断完善又对日本地方学的研究方向、方法和内容提出了新的要求,在"地方创生"的实践中积累了相当丰富的经验和教训,这对我们的地方学发展具有一定的借鉴和参考意义。

一 日本地方学与"地方创生"政策的提出

20世纪80年代后半期到90年代初期,随着日本泡沫经济达到顶峰,日本的地方城市和农村进入一个开发高潮,为了更好地实现地方开发,1988年由当时的日本首相提出了一项被称为"乡土创生一亿事业"的大型项目,试

---

[1] "地方学"一词出现较早,根据东北学院大学高野岳彦教授的研究,早在1949年田中薰在自己的论文《美国的日本研究所和地方学》就使用了该词。1949年之后,学校教育和社会教育中都加入了地方学的内容,但是这一时期的地方学与20世纪90年代之后蓬勃发展起来的地方学相比,其"地方"的内涵有极大的差异。前者指的是在世界范围内根据文明发展区分的区域和地方,如印度学、中国学、埃及学等,而后者是以日本国内的各个地区为对象,是一种乡土文化研究。本文所使用的地方学概念指的是后者。

图发挥地方主体性，但是在实施过程中出现种种操作和理念问题，只持续了一年时间就草草结束，留下大量与地方个性发展和地方文化传承实际关系不大的"面子工程"。在同一时期，地方研究进入一个高潮，出现了以"东北学""仙台学"等为代表的地方学研究。这些地方学最初多为生活在当地的居民或读大学等研究机构工作人员提出，以充分发掘地方潜在魅力、创造新的魅力和价值为目标，面对着日益破败和萎缩的地方，强调站在与中央或首都不同的"地方"角度去思考地方的发展。

20世纪的最后几年，日本的泡沫经济逐渐崩溃，人口老龄化加剧，大量适龄劳动人口向东京、濑户内海等少数几个特大型城市或工业区聚集，越来越多的地方城市、农村出现"空心化"问题。思考地方与大城市之间的关系，呼吁人类回到地方乡村成为地方学的重要话题。1999年开始日本政府合并、裁撤了诸多地方城市、村镇，以应对地方人口减少和人口老龄化带来的问题，但是这一次"平成大合并"并没有真正解决地方人口流失和产业萧条的问题，地方进一步萎缩。2000年日本推动实施"地方再生"政策，希望通过振兴地方来稳定日本社会经济的发展，并于2005年出台了《地域再生法》[2]。根据《地域再生法》形成了一套"地域再生制度"，主要是由各地方公共团体或与地方行政部门合作提出的"地方再生"项目，获得总理大臣通过后，由政府给予利息补助、交付金和赋税等支持，帮助地方整顿生活环境，充分发掘地方特性，提供更多的就业机会、良性人员流动和人口出生率的提升。2013年日本内阁成立日本经济再生本部，制定了国家战略特区制度，以推动必要的经济、制度改革。2014年以《町、人、工作创生法》的颁布为标志，日本政府统合地域再生制度、改革特区制度等一系列措施形成了"地方创生"政策，即"地方创生法"确定地方创生的总体方向和方针，《地域再生法》则是对具体地方的创生项目给予支持的依据。根据该法案，在内阁设置"町、人、工创

[2] 从2014年开始随着地方再生制度的实践，《地域再生法》修订了4次。2016年的法案修订中指出，通过了内阁大臣审定的地域再生项目将根据《町、人、工作创生法》支付"地方创生推进交付金"。

生本部"，由内阁总理大臣和地方创生大臣、官房长官组成领导组，"本部"之下设置"干事会"，听取相关团体组织的意见和建议，指导具体社会保障、雇佣劳动等事务。从 2014 年到 2016 年三次国家战略特区评定中，确定了包括东京圈、关西圈、新潟市、仙北市、仙台市、福冈市和冲绳县等在内的十大区域，其中既有东京、关西这样的大都城聚集区域，也有仙台、冲绳等相对边缘一些的地方区域；还评出了 408 个项目，涉及观光旅游、医疗、看护、保育、农林水产和新技术六大领域。政府对地方活化的投入有所提升，参与地方学研究的组织团体来源更加多样，由当地居民、大学、企业、NPO 和行政机构等共同组成，以推进当地观光旅游和产业活化为目标，出现了非常多新的组织和活动形式。

从日本地方学的发展来看，日本地方学的研究方向和内容是与各个地方所面临的具体社会问题紧密联系在一起的，东北学、京都学、仙台学、富山学等各种具体地方学都在努力挖掘各地的历史文化、自然环境等本土资源，推动地方发展。随着从"地域再生"概念发展到"地方创生"概念，日本地方学所关注的地方主体性和地方文化的挖掘传承利用得到越来越多的重视，地方学的社会意义在不断提升。21 世纪日本社会所面临的经济停滞不前、经济结构调整、不够稳定的政局、人口逆增长、人口老龄化等诸多问题，需要日本政治、经济、社会等进行适应性调整，对日本地方学也提出了新的要求。其中一部分地方学研究团体由于资金、组织等问题面临生存困难，而另一部分成功探索地方学的产业转化的地方学研究则蓬勃发展起来。总体来看，日本地方学与地方经济社会联系不断增强，具体地域的地方学与地方社会发展越密切，对地方创生政策的活用能力越高，其生命力越蓬勃。

二 地方学与地方振兴案例

2020 年日本内阁地方创生推进事务局公布的《地方活性化典型案例报告书》中，将地域创生分成"地方都市型""农山渔村过疏型""本地资源活用型""广域地方资源活用型"和"产业集聚型"五种类型。2014 年以来从 135 件提名案例中选出了 33 件，所选案例的分布密度以北海道和九州两地区相对更为集中，其次是关西和中部地区。值得注意的是最早提出日本学概念的东北地区的典型案例分布较少，其中率先提出东北学的赤坂宪雄所主办的东北学研究团体在 2018 年停止了活动。[3] 这一分布态势也从一定程度上反映出随着政府地方创生政策的提出和实施日本地方学发展的趋势的方向。以下将选取两个较有代表性的案例来讨论地方创生政策实施过程中地方学在地方振兴中发挥的作用。

（一）京都学与"日本茶 800 年漫游"

京都是日本古都，历史悠久，拥有丰富的历史文化资源。京都与奈良、大阪构成的区域在很长一段时间内是日本政治、文化的中心，是日本古代皇族和贵族长期统治、活动的区域。"京都学"也是日本地方学中非常有代表性的地方学研究之一。"京都学"的研究团体非常多样，根据其活动主体可分为居民、大学研究机构、公共团体、企业等不同类型，几大主体之间有机组合，共同促进。比如京都府内大学机构组成"京都学共同研究会"，通过市民讲座、研讨会或出版物等方式，面向社会大众普及京都历史文化。立命馆大学专门设置了"京都学"专业，近来又升级为"京都学"跨学科群组，专门为当地社会培养对口人才。大学与博物馆、档案馆等机构团体联合挖掘博物馆、档案馆的综合利用和多元化价值。政府部门和企业则成为生态旅游、文化旅游或其他产业活化的支持者和落实者。

"日本茶 800 年漫游"项目可以说是"京都学"与地方创生政策结合，拉动地方产业发展的典型案例之一。该项目以京都地区为中心，集合多个产茶地，以 2015 年"日本遗产"评定为契机推出的地方创生项目。该项目以"茶文化"为线索串联起了一系列的文化遗产，其间还积极讲好茶文化故事，建

---

[3] 一般认为日本的地方学是以赤坂宪雄开创的"东北学"为开端，2018 年赤坂主持的东北文化研究中心暂停活动。

立相应的文化品牌。

上述项目设立了"官民一体"的协议会，积极推进"茶都京都"的国际传播力和地方创生，协议会成员包括京都茶业协会、京都府山城广域振兴局、宇治市等市政机构等。高校、研究机构、社会团体推动的"京都学"挖掘了当地在历史文化、自然资源上的突出优势——茶叶生产和茶文化，提升旅游观光的文化内涵。京都府立大学在2012年完成了一项名为"跨学科、国际化视角下的京都学建构方法探究"的研究课题，该课题讨论了宇治茶等生活文化资源，从人文、社会和自然等不同领域讨论"京都学"，还邀请国外古都学研究者，讨论了以茶为中心的中日交流等话题。这些都转化为了生动的茶文化故事，起到良好的国内外传播效果。另外为了向当地普及茶文化知识，提升游客的地方感知，还以漫画的形式编辑小学高年级"日本遗产读本"，讲述宇治茶的传统和价值。另外在高校中还根据社会需求设置制茶相关专业，保证相关优势能够稳定传承发展。当地的巴士集团还开设了"茶文化"旅游专线、相关部门制作日本遗产AR观光手册，延长游客的滞留时间，充分带动当地产业发展。

（二）青森学与青森蓝产业

从地域所属来看，青森学本身也属于"东北学"的一部分，以日本东北地区为主要研究对象，此外还有仙台学、秋田学、山形学等也是以东北地区具体区域为对象。相较于京都学，青森学有不同的特点。从历史上来看，青森不同于京都等地，开发历史较短，一直处于日本历史和文化的"边缘地带"，这也是"东北学"等地方学的主要特点之一。此外，青森学、仙台学、秋田学、山形学的主导者多数是政府之下的终身学习部分及其管辖下的组织，而不仅仅是大学或研究机构的研究人员。

以青森蓝产业为主要动力的地方创生，核心特点是新技术的研发和使用，由于蓝产业发展对当地的大学研究机构和其他相关产业提出了新要求，并带动其发展，因此可以说蓝产业的发展反过来推动了青森地方学的发展。青森蓝产业地方创生项目是以"青森蓝产业协会"为主导进行的，该协会实际是企业法人，以公司经营的模式进行创生项目。青森有很长的栽培种植作物"蓝"的历史，该作物最初主要用于织物染色。在充分发挥地方特色和优势的指导方针之下，青森用现代科技打造种植、加工、销售"蓝"的产业链，对纯绿色栽培的蓝进行深加工，发展多领域产业化。为了实现这一需求，青色蓝产业协会与北海道地区的弘前大学、东北医科大学等高校研究机构进行深度合作，研究蓝的无公害栽培技术，挖掘蓝防治流感病毒、杀菌消毒等多种功效。在研究机构之外，产业协会获得青森银行、中小企业团体中央会和日本航空有限公司等团体支持，联合刺绣、装修、甜品等不同行业的生产者实现技术融合。以青森蓝产业为龙头，通过技术革新、扩大销路和多途径的产业化等手段，发展地方经济，带动就业和消费。目前青森的蓝产业已经覆盖了农业水产、医疗、食品加工和生活日化等四大领域。其中蓝染技术获得专利，海外时尚品牌达成了战略合作。

在青森蓝产业的大力推动之下，高校、研究机构对青森的环境资源的研究更加深入，同时当地农人也被纳入蓝产业的辐射范围，居民自发的青森研究和相关团体也发展起来，总体来看"青森学"的力量得到壮大。

（三）田边市建设"可持续的观光地"

田边市是位于日本近畿地区的和歌山县东南部的一座重要城市，拥有丰富的历史、自然、民俗等方面的资源，于 2004 年以"纪伊山地的灵场和参诣道"入选世界遗产，其中田边市的熊野是重要组成部分。以世界遗产的成功申报为契机，田边市推出了"田边市熊野旅游局"，建设"面向世界开放的观光地"的地方创生项目。

田边市地方创生的目标是实现资源保护和旅游开发的协调发展。"田边市熊野旅游局"是地方创生项目的直接负责团体，由原市町村的观光协会、管理部门和田边市观光振兴课组成，在各地的观光协会之下是众多旅游业的从业者，他们在旅游局的指导之下制定具体的旅游线路和活动。该项目为了吸引到更多欧美旅行者，并延长旅行者的滞留时间，采取了以下主要措施。第一，

"旅游局"雇佣外国员工；第二，在欧美世界开展系列 PR 活动，加强游客规范教育；第三，以游客需求为导向，打破语言壁障等。在项目推进过程中，对地方历史、文化的研究和普及具有极为重要的作用。熊野在日本的创世神话中具有重要地位，留下了丰富的历史文化遗产，同时由于其地形、位置使得自然景观也很有特色。如何让欧美不同文化的旅游者能够理解感受到熊野背后的文化和历史，成为地方学研究要解决的重点问题之一。"观光局"地方研究和相关政策制定的组织者，组织了大量的调研活动和历史文化的翻译工作。如 2006 年 10 月—2007 年 3 月、2007 年 4—9 月，2007 年 10 月—2008 年 3 月对田边市内的旅馆、观光咨询点等进行多次问卷调查，获得来自 20 多个国家的海外旅行者的回答。另外还组织了如何与海外游客交流的工作坊，逐渐形成了一整套对海外游客进行旅游规范和田边文化教育的工作模式。

田边市在推进旅游业的发展中，积极发展绿色旅游、生态旅游，将农户、自然、食文化等诸多元素联系起来，以地方现有的自然、文化和历史资源为基础，实现资源的活化利用。田边市熊野旅游局既是事务机构，也承担了地方研究的工作，积极推动田边市历史与自然资源的保护利用的协调发展。

三　经验与小结

20 世纪最后十年日本泡沫经济破灭，人口老龄化不断加剧，日本地方的萎缩愈加突出，表现为适龄劳动人口的流失、地方小企业停业倒闭，这一社会背景也推动了作为"自地域学"[4]的日本地方学的蓬勃发展。进入 21 世纪之后日本地方学根据组织者可以分为三大类：第一类是以大学研究者为主导，通过调查构建起来的地方学；第二类是政府、NPO、市民团体围绕地方历史、文化、风俗习惯等主题开设公开讲座，提升当地居民对地方的理解和认识；第三类是在第二类的基础上，居民与社团组织相互协作，筹划执行地方营

---

[4] 岩手大学米地文夫教授将"地域研究"分成"他域研究"和"自域研究"。其中 19 世纪之后以欧洲文明为基础将世界分成不同文明区域的"地域研究"称为"他地域学"，日本 20 世纪 80 年代之后兴起的关注日本本土不同地区的地方学被称为"自地域学"。

建。以上三类地方学的主要活动又可概括为地域研究、地方认知和实践活动。随着地方创生政策的制定和落实，上述第二类和第三类地方学研究力量在不断增强。通过地方学研究，对地方资源进行挖掘或再认识，积累并共享信息，凝聚居民的热爱形成合力，地方学研究对地方的经济、社会发展的直接影响力在不断增强。

日本的地方创生政策为日益衰败的乡村、老城区等区域提供了政策和资金等多方面的支持，积累了不少成功经验。概括来说至少有以下几方面：

（1）利用全球化和信息化等新技术的发展，实行"走出去"战略，以更加广阔的全球市场和潜在群体为对象提供相应的产品和服务。如田边市面向世界建设旅游目的地，以海外游客为主要对象采取系列措施。再如高知县北川村的香橙产业，与法国公司合作，获得国际时尚界的追捧，北川香橙起死回生，产量和产值逐年提升，实现了地方"再生"。

（2）打造文化遗产利用的综合体系，做好文化传承，讲好遗产故事。如日本茶800年漫游项目之中，以"日本遗产"评定为契机，京都的多个村镇进行联合，将当地的一系列自然遗产和文化遗产串联起来，政府相关部门制作了多媒体导游手册，向国内外的游客介绍本地文化。同时高校研究机构、社团组织积极进行文化的普及或仪式复原，加强对居民的传统文化教育，提升当地的旅游体验。

（3）地方政府、高校、研究机构和企业深度联合。深入挖掘地方特色或优势，不断凝聚并强化，实现产销结合。前文提到的青森蓝产业的发展是典型案例，以产业协会为核心联合当地高校、相关企业、社会组织等力量不断深入挖掘"蓝"作物的优化栽培、深度加工和市场销售，逐渐成为当下青森地区的文化符号之一。

（4）特别重视人才的培育和引进。无论是对地方传统文化的挖掘、利用，还是传承都需要有专门的人才。高校通过专业、课程设置，政府主导的生涯学习组织也通过公众讲座、传习活动等不断培养相关人才，实现人才的良性循环。

　　从已有的典型案例来看，地方学的研究为地方创生政策的实践和落实提供了文化、技术、情感、组织等多方面的资源。尤其是在地方特色和优势文化的挖掘方面，地方学研究具有无可替代的地位和价值。日本的历史文化与现代化进程与我们具有密切的关系，其地方创生中的成功经验也有较高的借鉴意义，尤其是在发展地方特色农业、中小企业等方面不仅可借鉴其经验，还有可能发展实际合作的关系。总体来看，日本地方学的发展历程、地方学研究方法途径，以及在带动地方社会发展过程中发挥的作用都值得进一步深入考察。

　　龚卉，北京联合大学北京学研究所。

关于中国地方学学科体系探索的思考

——以厦门学研究为例

陈 耕

中国地方学方兴未艾，还处于起步的阶段，其概念与范畴、标准与方法、学科体系框架等都还在探索当中。3年来，我们在完成文化部非物质文化遗产重点课题《厦门学导论》的过程中，企求努力以厦门学作为切入点，在建构中国特色的地方学有所探索。在探索中，我们对中国地方学学科体系的建构，有一些不成熟的思考。借此鄂尔多斯学研究会成立20周年的良辰吉日，遵北京学张宝秀所长之嘱，将很不成熟的思考，抛砖引玉，求教地方学联席会各位方家。供批评批判，指点迷津。

一 概念与范畴——关于城市地方学和区域地方学

张宝秀在《地方学学科新认识与北京学研究新进展》一文中提出："地方学的研究框架，无论是城市地方学还是区域地方学，都应该是时间纵向与空间横向相结合。城市地方学侧重挖掘城市的文化传统，传承城市的历史文脉，强化城市的文化认同，推动城市可持续发展。城市、区域、社会发展的终极动力是文化，人是文化的载体。地方学研究一定要有文化的视角，地域的视角。"[1]

她在这里提出了城市和区域两种不同的地方学。一般人们都会把它理解为例如厦门学和闽南学的不同。但是我们在研究中发现，在当前中国城市化率只有60%的情况下，如果扣除了北京、上海等直辖市和计划单列市，大多数城市无论空间还是人口，乡镇远大于城市。那么这些以城市命名的地方学，

---

[1] 见张宝秀等：《地方学研究》第2辑，北京：知识产权出版社，2018年，第61页。

归属于城市地方学？还是乡村地方学？抑或城乡综合的行政区域地方学？

以厦门为例，厦门前几年就宣布2000平方公里的空间，和400多万人口全部城市化了。但是40年前厦门的城区不过几十平方公里，人口只有三十几万。而郊区和农村的人口60多万，是城市人口的两倍。空间更是城区的数十倍。我们的地方文化研究是立足于城市还是立足于乡村呢？厦门比较好解决，工业化、市场化和城市化已经席卷了大多数的乡镇。是城市引领了农村，城市文化携带着经济和市场的力量改造着农民转变为市民。当然农民也把他们许多民俗和文化带入了城市。但是对于相当多的城市来讲，他们的农村可能永远也不能变成城区（事实上厦门相当大的山区空间，可能也永远不能成为城市的街区）。

正是这样的现实才有乡村振兴的提出。而乡村要振兴，就必须从乡村的文化研究开始。因此中国更为广阔的乡村空间的地方学，是否应该是乡村地方学呢？那些乡村远大于城区的城市的地方学，是否应该是兼顾着城市和乡村两种文化传统的综合性行政区域地方学？如果不把地方学研究的对象，研究的空间范畴、时间范畴、内涵范畴搞得清清楚楚，那么地方学就不可能是一个严谨的学科。

社会科学的历史，就是概念与范畴发展的历史。如果概念没有搞清楚，决定概念的范畴没有搞清楚，也没有取得共识，就漫无边际地去研讨，我们的讨论就会失去方向指引。没有规范的学科范畴，我们就会偏离学科研究的轨道，就可能出现"鸡同鸭讲"的现象。这种情况在过去的研究中也是很常见的。所以，讨论文化、讨论文化学科，首先要关注概念，关注范畴。

文化学科的概念由三个范畴所确定：空间范畴、时间范畴、内涵范畴。厘清这三个范畴，才能明晰概念。三个范畴从不同方位明确了研究对象的边界。人们就可以在彼此认同的范畴之内讨论问题，学术的研究才可能一步步深入。

二 站在巨人的肩膀——学术史研究是地方学研究的前提

任何一门学科，都不是一个人或几个人，甚至不是一代人能够完善起来的，它需要几代人的努力。从某种意义上讲，一个学科的发展，既是一个时代的学者对其前辈已有成果的全面继承，又是这一个时代的学者对其前辈已有成就的突破。

历代方志和古人志记为我们留下了大量宝贵的历史史料和早期的研究成果。其中既有"以观民风"的官方编撰，如明清两代各地大量的府志、县志等，也有地方官员、文人雅士、乡野耆老的奏章文书、志书、笔记、游记与文集，如宋代洪迈的《夷坚志》、赵汝适的《诸蕃志》，明代何乔远的《闽书》、张燮的《东西洋考》，清代施琅的《靖海纪事》、丁日昌的《抚闽奏稿》、陈盛韶的《问俗录》、苏廷玉的《温陵盛事》等。著述者既有热心乡土的当地人，也有外来的视野，其中以游宦闽南者居多。

首先，包含了不少相关厦门的资料和文章。如清代乾隆年间薛起凤主纂《鹭江志》，道光十九年周凯主纂的《鹭江志》，明代池显方的《晃岩集》、阮旻锡的《夕阳寮诗稿》、蔡献臣的《清白堂稿》、林希元的《林次崖先生文集》、卢若腾的《方舆互考》，清代吕世宜的《爱吾庐汇刻》、林树梅的《啸云诗文抄》、黄鸿翔撰《英人侵占厦门海后滩官地》的手抄本等。

其次，厦门的名胜古迹，有诸多碑刻、楹联、民间传说掌故，如戚继光、俞大猷、南居益等人的摩崖石刻。这些未见诸史料的资料也是厦门文化研究丰富的资源。

最后，中国台湾、东南亚，乃至欧、美、日等国家，也有大量闽南文化的资料。如荷兰的莱顿大学，就有大量台湾时期和东印度公司巴达维亚的有关郑芝龙、郑成功及闽南、厦门的资料。而最早的南音曲本则被收藏在日本和英国的博物馆中。

此外，在国家的档案馆中也有许多关于厦门、闽南、台湾、东南亚华侨的档案史料。

所有这些都是我们今日进行厦门学研究重要而宝贵的资源。

厦门文化的研究源于闽南文化的研究。而现代闽南文化的研究又始于20世纪20年代厦门大学的林语堂、张星烺、陈万里、顾颉刚教授等人；继之有林惠祥、郑德坤、谢云生、庄为玑、陈泗东、陈国强等前辈。中国台湾、新加坡、菲律宾亦有不少学者投入其中。他们的不懈努力为闽南文化和厦门学的建立打下了深厚基础。他们的研究成果不仅是我们今天开展研究的出发点，也是我们在建构厦门学学科体系过程中不可或缺的参照系。当然，毋庸讳言，时代的局限是任何个人无法超越的。在以往的研究中，也存在诸多不足和问题。这就需要我们站在今天社会人文学科已经达到的高度，客观、公正地评价各家各派的学说，继承其经得起考验的、有创见的成果，扬弃其偏见与疏漏。唯其如此，我们的闽南学、厦门学研究，才能既站在前人的肩膀上，又能不为前人的陈说、偏见所左右。

三 学科构建的起点——独具特色的概念研究

任何一门学科都有其特定的概念和术语，这些概念和术语有的是被系统地阐释过，有的则是长期以来相沿成习，约定俗成的，它们都具有稳定的内涵和明确的指代。从某种意义上说，一门学问能否发展成为一门独立的学科，它所涉及的一些基本概念是否稳定明确，是一个至关重要的因素。在对厦门城市、文化的研究中也涉及一些基本概念，如厦门、厦门人、厦门话、厦门文化等，这四个概念是构成厦门学研究对象最重要的基本概念。但在以往的研究中这些基本的概念尚缺乏系统的论述和界定，使其缺乏稳定的明确指代。尤其是厦门从同安的嘉禾里到永宁卫的中左所；从郑成功的大本营思明州到施琅水师提督府治所、两岸对渡正口和福建通洋正口；鸦片战争以后又成五口通商口岸之一，成为闽南民众下南洋的出发港和回唐山的归来地；民国后又从同安析改为思明县，然后成立局限于厦门岛西南几十平方公里的厦门市；新中国成立后一步步从海岛小城扩展为管辖六个区面积1900多平方公里的海湾型城市。每一次变动都造成厦门地理空间的变更，都有大量的外来人口成为新厦门人。如今厦门500多万人口，其中三分之二是在改革开放以后这几十年定居厦门的新厦门人。这就造成一些基本概念的含糊不清。例如厦门的公交车上，常有海沧人、同安人，问他上哪去，他会说去厦门。外地人听了会莫名其妙，这里不就是厦门吗？

所谓中心城市，其地理空间或大或小，但是它的经济、政治、文化的影响远远超越它的地理空间。从郑成功时期开始，闽南的漳州、泉州，甚至龙岩、莆田包括台湾，有相当一段时间都是以厦门为中心。

新中国成立以后的前30年，由于众所周知的原因，厦门失去了走向海洋的诸多条件。又由于始终处于对台斗争的最前线，失去了许多发展的机会。这一切都使厦门的海洋理念、海域意识大大淡化，也使得厦门地理空间的影响力大大减弱。直到改革开放，厦门才又拉开了走向海洋的大门。厦门地理空间转变为"地方"以后的文化影响力才慢慢重新焕发出超越空间的力量。但也远远没有达到历史曾经达到的高度。

厦门学要研究的正是厦门城市这一"空间"是如何慢慢扩展，又如何转变为充满文化力量的"地方"；这个"地方"又如何焕发出超越"空间"的力量。

厦门城市由小到大，由蒙昧到文明，由落后到先进，这些才是我们要关注和研究的。所以我们讲的厦门，是一个城市的概念，我们所要开展的是城市地方学的研究。

总之，厦门在郑成功之前只是厦门岛地理空间的概念，在郑成功之后则是一个具有超越厦门地理空间力量的"地方"、城市。其地理空间的范畴，是随着厦门历史进程屡有变迁的，是从厦门城变成为厦门市的行政辖区。

谁是厦门人？是专指祖居厦门三代以上的人吗？讲厦门话，只有思明区中山路老市区讲的话才是厦门话吗？同安话、集美话、海沧话不是厦门话吗？这些基本概念的模糊性和随意性必然使厦门学的研究缺乏最基本的科学性。

所以厘清和统一相关的基本概念，即所谓"正名"，是当务之急。对厦门学的构建来说，只有做好概念研究，才能够明确研究的对象，框定研究的边界，确立学术讨论的基本前提。

四　历史研究是一切社会科学的基础——从自然空间到文化地方的过程研究是地方学学科体系的基础

习近平总书记说："历史研究是一切社会科学的基础。"他还提出，必须有长时段、全局性、动态性的历史思维。

张宝秀老师认为："地方（place）不同于空间（space），空间被赋予文化意义的过程就是空间变为地方的过程。地方学就是……研究某一空间变为某一地方的历史进程，揭示其地域综合体的发展规律，科学分析地方的形成机制，对地方的未来作出判断。"这是一个精彩的论断。空间被赋予文化意义的过程就是空间变为地方的过程，这一历史过程的研究正是地方学研究的基础。地方学研究必须遵循长时段、全局性、动态性的历史思维来进行过程研究。

当然，文化的过程研究不等同于历史研究。刘登翰先生说："历史研究和文化研究，最大的区别在于，历史是实证的，文化是诠释的。历史通过实证，证明它的存在，而文化通过诠释完成一种建构；当然，文化的建构也必须有实证作为基础和背景。这只是就其研究方法的不同而言。不过西方新历史主义者认为，所谓'真实'的历史并不存在，所有历史都是历史研究者眼中的历史。从这个意义上说，历史也是一种建构。中国历史以帝王为中心，从三皇五帝开篇，秦汉晋唐，宋元明清，一路数下来。为什么是这样而不是别样？这个诠释系统就是建构。历史的建构，也是一种文化。"[2]

因此，过程研究是从文化的视野对文化生命过程的建构。研究着重的不

---

[2] 刘登翰：《闽南文化研究的几个问题》，见《闽南文化的当代性与世界性》，福州：海峡文艺出版社，2015年，第136页。

仅是这一文化生长变迁的历史现象，更是其背景和文脉。在浩如烟海的史料中选取的历史事实是为了要说明：在什么环境中，发生了什么变化，特别是创造创新什么，又因为什么有如此的创造。不能说明的资料都可以弃去，而相关的则必须保留。这就是建构。

五　站在中华文化的立场重新认识中国地方文化，才可能有中国的研究方法

方法研究是学科建设的关键。构建中国特色、中国风格、中国气派的中国学科体系需要站在中华文化的立场，从探索新的、建基于中华传统文化、中国系统思维的方法开始。

自从闽南民系及其文化引起海内外学术界的高度重视以来，一代又一代的研究者，在搜集闽南史料、发现和解决学术问题等方面，都积累了不少的经验，各个学科从它们各自的视野和学科任务出发对闽南问题的研究也提供了不少行之有效的方法，解决了一些悬而未决的问题。这些经验、方法和视角都是今天我们建设闽南学、厦门学研究方法体系应该加以重视和借鉴的。但是我们需要清醒地认识到，过去的这些方法都是在西方分科治学的理念上派生的方法；我们在新时代当然还要继续学习应用这些方法，但更需要建构闽南学、厦门学自己的研究方法体系。这一方法体系必须源于中国传统的综合系统思维体系，需要把闽南文化、厦门文化视为一个活生生的生命体，因为我们研究的闽南文化、厦门文化不是僵死的、过去的文化，而是今天依然活生生地脉动着、生长着、发展着的文化。

要充分、深刻地认识：文化即人，而且是活着的人。文化是和人一样每时每刻脉动着的生命体，有生命的发展规律。

其一，它是一个完整的活生生的生命，那种单独研究人体的一部分的方法，或者以解剖人体的认识来理解生命，不可能有正确的结论。

其二，凡有生命的东西，都会有新陈代谢，都会有生老病衰，也都会有

死亡和再生。这是不可抗逆的生命规律。生命是有周期的，生命个体的生命周期虽然各有不同，但总是有生有死，绝不会万寿无疆。生命的延续，靠的是繁衍后代，才能生生不灭。

文化也是如此。以中国戏曲为例，京剧诞生至今才200多年，越剧、歌仔戏更不过百年。然而中国戏曲自唐宋至今已有1000多年历史。从宋金院本、南戏到元杂剧，到明传奇，再到清以后的地方戏曲，中国戏曲传衍了好几代。元杂剧曾是多么辉煌，关汉卿被誉为与莎士比亚同样伟大的戏剧家。然而，今天谁还看元杂剧？除了案头的剧本，当时的唱腔无人听过。从剧种来讲，元杂剧已经消亡，但是，它的生命基因还留存在后来的诸多剧种如京剧、越剧、歌仔戏等戏曲中。

闽南戏曲的传衍也是如此。800年前闽南人创造了"乞冬戏"，500年前创造了"泉潮雅调""潮泉腔"，200年前创造了高甲戏，100年前创造了歌仔戏。虽说一代又一代的戏曲剧种不同，但其文化基因却因在代代创新的剧种中传留下来而得以永生。

文化与人一样，没有万寿无疆，只有生生不灭，也因为生生不灭，才有文化的永恒。任何文化都必须不断地接受、吸收其他文化，创新、创造才能生生不息。这正是中国文化的立场。

当我们深刻认识文化的生命规律。我们就应当将厦门文化视为一个系统、开放、动态发展的有机生命体。在这样的认识前提下，厦门学研究方法的建立，可以尝试将这一生命体的研究归结为六个基本问题：在哪里，哪里来，有什么，是什么，怎么样，哪里去。

在吸收和借鉴西方分科治学方法的基础上，在厦门学的建构中探索综合系统治学和思维的研究方法，探索建构中国特色、中国风格、中国气派的中国地方学学科，这是历史赋予中国地方学研究者的历史使命。

陈耕，厦门市闽南文化研究会会长。

地方学研究的特点

谢耀亭

20世纪80年代伊始，中国地方学研究出现各地涌动的迹象。2000年以来，更有满天星斗之势。这对于中国地方学的研究、发展而言，无疑是好的现象，至少，"地方学"被人们越来越多地提及，不仅在学术界引起关注，更突破了学术界，走向了地方，走向了社会。随着地方学研究在全国的开展，以城市、区域、省域命名的地方学也随之不断地提出，更有"中国地方学研究联席会"应时成立，为中国地方学的研究、发展提供了良好的平台。

在各地开展地方学研究的同时，对地方学的内涵、外延、定位、特点、学科体系、学科建设、应用等问题的探讨，一直未曾中断。此种情形，一方面表现出地方学研究受到越来越多人们的关注，有走向繁荣之势。同时也昭示着，作为学科的"地方学"，在中国乃是新兴学科，仍处于初始探索阶段，仍有许多地方值得探讨、完善，对一些基本理论问题，学界还没有取得共识。

地方学何以成"学"的问题，学界讨论不断，每当某一新地方学提出之时，论证其成立的合法性，便成为第一紧要之事。其实，是否可以冠以"学"的讨论，由来已久。敦煌文献发现后，随之有"敦煌学"的提出，但在彼时的学界，曾引起讨论，有不同的声音。当然在今天，"敦煌学"已被全球学术界认可。但当我们回溯敦煌学走过的历程，可以清楚地感受到：敦煌学之"学"，其提出之时，内涵更多的是指向学术研究内部的分类，与金石学、甲骨学、简帛学等相类，而与"地方学"内涵并不等同。在国外，地方学被称为地区学（regional science），美国学者马纳斯·查特杰在1963年出版的《经济发展的管理与地区学》一书中,定义地区学为:"研究人与物质环境的相互作用的过程和形态以及人适应物质环境的方式和能力的学科。它探讨的核心问题是空间或地区,即从政治、社会和经济的角度来研究地区的结构、职能和活动,并从中找出变化的规律,以不断推动一个地区社会和经济的发展。"[1]显而易见,学术研究内部分类之"学",与地方学之"学",虽同为"学",但内涵不同。学术研究内部分类之"学"强调学术性,尤其是人文学科范围内的众多之"学",更是以重现历史场景,求真、求善、求美为原则;地方学之"学",其目的是推动地区社会的发展,即着眼于当今与未来。地方学对历史的研究,是为了寻求此地变化的规律,从而更好地服务于当地社会,并可持续发展于未来。地方学研究的使命与目的,也让新时期的地方学研究表现出以下几个特点。

第一,地方学研究表现出强烈的地方性。

地方学,顾名思义,即研究一地、服务一地的学问,因此"地方性"是其最强烈的表现。也正是因其基于地方性,才促使地方学的出现。

谈及地方性,近些年学界表现为对"地方性知识"(local knowledge)的解读与研究,尤其是在社会学、文化人类学中,对于地方性的关注与个案研究,已相当深入。"人文科学要从个案出发,观察和研究具体的个人和群体,捕捉临场的思维活动变化,立足本土社会探寻现象背后的'活态'逻辑,弄明白当地人如何理解、如何想象、如何解释。数学公式和普遍真理不能帮助我们达到这样的目的。"[2]"地方性知识"不仅是文化现象的描述,更涉及对知识生成过程的审视,"而且'地方性'(local)或者说'局域性'也不仅是在特定的地域意义上说的,它还涉及在知识的生成与辩护中所形成的特定的情境(context),包括由特定的历史条件所形成的文化与亚文化群体的价值观,

---

[1] 张广照、吴其同主编:《当代西方新兴学科词典》,长春:吉林人民出版社,2000年,第57-58页。
[2] 纳日碧力戈:《格尔茨文化解释的解释(代译序)》,[美]克利福德·格尔茨著,杨德睿译:《地方知识——阐释人类学论文集》,北京:商务印书馆,2016年,第IV-V页。

由特定的利益关系所决定的立场和视域等。"[3]对地方性的深入探讨，是了解区域文化的可靠途径。

区域，成为地方学研究的既定空间，但在既定空间产生的特定文化，又突破了区域的空间限制，形成了文化群体与文化圈。在历史的长河中，在既定的区域内，如何形成此种文化？形成此种文化的因素有哪些？此种文化又是如何体现在古今此区域的群体中？简言之，关注地方学的"地方性"，并非对文化现象的简单罗列与汇总，而是探求形成此种文化的各种因素，以及此种文化形成过程的历史实在，并寻求其文化特质为何。地方文化的特质，是在一地的时空中，个人与群体、人类与环境、人类与社会共同作用而形成的超稳定属性。其形成于此地的时空环境中，又影响着此地人类活动、价值取向、文化心理、文化认同。地方文化的特质，是地方学核心内涵所在；地方文化的传播与影响，乃地方学外延所及。关注"地方性"，深挖地方文化特质，研究区域的文脉所在，这是地方学研究的基本任务，也是地方学深入开展的前提条件。

第二，地方学研究体现出明显的综合性。

地方学要探讨个人与群体、人类与环境、人类与社会等问题，且其使命是服务于当下社会，持续发展于未来社会。这也即意味着地方学除了回溯一地的历史文化之外，还需探讨人的关系、社会问题等，体现在学科上，便是多学科的综合运用、通力合作。

地方学不等同于地方文化，但地方文化是地方学研究的前提和基础。只有深入研究地方的历史文化，才有助于把握地方的文脉，才有利于探求地方的文化特质。因此，历史学的研究必不可少。

地方学的研究，限于特定的区域，而区域地理环境对区域人群的影响是多方面的，诸如生活方式、行为习惯、区域交流等皆与地理环境相关，且区域历史的发展与地理环境也密切相关。因此，地理学的相关研究，在地方学

---

[3] 盛晓明：《地方性知识的构造》，载《哲学研究》2000年第12期。

研究中也时有所见。

地方的历史发展，是地方人群参与的历史，且地方人群的行为习惯、风俗禁忌，潜移默化，相沿成习。如何剥开层层迷雾，探求风俗形成背后的因素，深究其中的人与群体、人与社会、人与环境的互动，就需要民族学、民俗学、社会学、文化人类学等相关学科的深入研究。

地方学的使命，是服务当地社会，让当地变得更加适宜生存，当地社会更加繁荣。地方学要为当地社会发展提供智力支持、方案、规划、建议等，其优势在于能将地方文化特质、文化特色融合在智力支持中，使当地社会能在传承中走向创新，文化前后相继、一脉相承，开创出的新局面，更适宜当地文化圈内人群生存和发展。因此，政治学、经济学，乃至一些现代信息技术都有涉及。

地方学以特定区域为研究对象，不仅要清楚其历史的来龙去脉，更要厘清其在长时段的时空中，地方文化特质为何。在此基础上，要以服务当地社会为目标，为当地社会的可持续发展建言献策。要言之，在服务当地社会的过程中，需要何种学科合作，便应积极协同合作。地方学的研究途径及其使命，注定了地方学的研究是多学科综合运用、协同研究，单一的学科，无法满足地方学全方位的需求。多学科的综合运用，是地方学研究的显著特点之一。

第三，地方学研究具备应用性。

地方学研究的使命是服务当地社会，因此应用性便非常凸显。地方学不是单纯的学术研究，虽然学术研究是其必不可少的内容。学术研究，让我们清楚地方文化何时出现，如何形成，特质为何，是在回溯历史中求真，是解决了"是什么"的问题。而要服务当地社会，除了知道"是什么"之外，还要解决"如何做"的问题。"如何做"，即应用问题。研究成果如何才能走向实践，理论如何走向现实，这是地方学研究的使命要求。地方学研究要积极开拓各种应用途径，解决"如何做"的问题，积极服务于当地社会。

在地方文化发展方向上，地方学应建言献策。梳理出当地的历史文化发展脉络，探求地方文化特质，结合历史、地理、环境等因素，提供可行性报告、方案、规划，让当地的文化在传承中走向创新，在创新中保持其文化的特质。

在城市发展规划上，地方学可提供城市历史文化相关研究成果，使城市的发展更能体现出当地文化的特质。城市中的文物古迹，更加凸显城市的文化品位。城市在保护中前进，让城市更繁荣、更宜居。

大力推进地方文化的宣讲，让更多的当地人了解当地历史文化，从而培育对家乡的热爱感和自豪感，提升文化自信。地方院校开设地方特色课程，讲授地方历史文化。地方学研究机构选派研究人员在图书馆、博物馆等文化机构开展系列讲座，宣讲地方文化。地方文化的宣讲，不仅将地方学研究成果分享给当地民众，更会有力提升民众的文化素养，也会凝聚民众对当地社会的理解、包容，让民众在当地社会的发展中更有责任、更有担当，更具主人翁的意识。

地方学的应用，要以智库的形式，多方位服务于当地社会，不仅仅是在文化领域发挥优势，更要凭借全学科综合运用的便利，在应用领域大有作为，为当地社会的发展做出贡献。

第四，地方学研究应具有人文性。

地方学研究应具有人文性，要体现人文关怀。地方学研究的使命是服务于当地社会，进一步说，是服务于当地生活着的人们。因此，地方学研究，尤其是地方学的应用，要体现出人文关怀。

地方学研究、应用过程中，要有意识地运用人文性理念。"运用人文性的价值理念去认识社会，就是从人的内在本性要求出发，运用人类所特有的思维力去认识和评价各种社会现象、历史事件，去建构未来的理想社会。"[4]地方学研究的使命是服务当地社会，而社会的良好发展，首先是实现人的发展，满足人发展的需求，要从"人"的角度去长时段思考问题，而不是注重

---

[4] 欧阳康：《合理性与当代人文社会科学》，载《中国社会科学》2001年第4期。

短期效应。

在社会发展过程中，有的会出现急功近利、杀鸡取卵、竭泽而渔的方式，以谋求短时期的经济效益。也会有为了经济的加速发展，无视文化遗产的破坏等情形。诸如此类情况显然与长期可持续发展，关注、满足"人"的发展相违背。在地方学研究过程中，尤其是地方学应用实践中，要更加强调人文性，从而形成适宜于当今，可持续发展于未来的局面。

随着地方学研究的不断深入，地方学研究的使命、地方学的目的、地方学发展方向等问题不断取得学界共识。新时期的地方学研究，表现出强烈地方性、综合性、应用性、人文性等特点。地方性是地方学的立身之本和研究基础，综合性体现出地方学内涵、外延之丰富，应用性昭示着地方学的使命和目的，人文性规约着地方学的发展方向。地方学的上述特点，既是地方学研究过程中体现出来的特点，也是今后地方学研究应特别留意之处。对地方学研究特点的把握，有助于我们持续深入地研究地方学，推动地方学的进一步发展。

谢耀亭，山西师范大学历史与旅游文化学院教授，三晋文化研究所所长，山西省晋学研究中心研究员。

地方学研究如何谋求"突围"

——以"内蒙古学"的构建为例

胡益华

地方学研究历史悠久，改革开放以来进入快速发展期，专门研究地方学的徽学、晋学、桂学、藏学等各级各类学会、研究会如雨后春笋般发展起来。特别是进入 21 世纪以后，地方学研究更是到处开花、繁荣兴盛、遍结硕果，全国各地相继建立了直接以地域名称命名的北京学、上海学、澳门学、杭州学、广州学、武汉学、洛阳学、鄂尔多斯学、扬州学、温州学、泉州学、塔城学等地方学研究机构，开展了地方学论坛等系列学术研讨活动，编辑出版了《地方学研究》（分别由北京学研究所张宝秀教授和鄂尔多斯学研究会奇海林、杨勇主编）、《北京学研究》（北京学研究所张宝秀主编）、《重庆学》（重庆师范大学孟东方教授等著）、《中原学》（河南省社科联主席李庚香著）、《武汉学研究》（武汉学研究院涂文学教授主编）、《鄂尔多斯学概论》（鄂尔多斯学研究会奇·朝鲁、陈育宁主编）等各具特色的地方学书籍，组建了全国地方学研究的学术联盟——中国地方学研究联席会，在国内外产生了日益广泛、越来越大的社会影响。"内蒙古学"也是在这样的社会背景下创意提出并走上智库发展之路的。

但是，我们也发现一个带有共性的突出问题，那就是地方学虽多，但很多处于单打独斗、各自为政、鲜为人知的状态；活动虽办，但时断时续、艰难运作、影响不大；成果虽多，但选题杂乱、偏离现实、未受重视。习近平总书记在哲学社会科学工作座谈会、文艺工作座谈会上指出的"有数量缺质量""有专家缺大师""有高原缺高峰"等状况，在地方学研究方面表现得也非常明显，地方学研究的作用还没有充分发挥出来。特别是面对各级各类社科类学会、协会、研究会及民办社科研究机构的蚕食，地方学研究如果不能突出重围，做到聚焦、聚力、聚光，就很难作为一门包容性很强的综合性交叉学科脱颖而出。如何谋求地方学研究的"突围"，这是摆在我们面前的一项紧迫而又繁重的任务。

谋求地方学研究的"突围"，我觉得需要从以下三个方面下功夫。

一 在"顶天立地"上下功夫，谋求地方学研究走出"小圈子"，成为"智囊团"

2015年以来，从中央到地方均出台了关于加强中国特色新型智库建设的意见，其中提到"社会智库是中国特色新型智库的组成部分"，要"探索社会智库参与决策咨询服务的有效途径，营造有利于社会智库发展的良好环境"。而把地方学研究机构建设成为各地党委、政府想得起、用得上、靠得住的新型特色社会组织智库，就是我们地方学研究同人应当共同努力的目标。实现这一目标，要求我们在"顶天立地"上下功夫，谋求地方学研究走出"小圈子"，成为"智囊团"。

一是谋求"顶天"。所谓"顶天"，就是地方学研究要关注国家发展大势，聚焦当地发展重大问题，做到围绕中心、服务大局、发扬特色，积极为地方经济文化发展建言献策，推出对咨政决策有参考价值的政策建议，这样才能得到党委政府的重视与支持。如内蒙古自治区社科联借鉴各地做法和经验，提出构建内蒙古学的倡议，并积极争取自治区党委、政府领导的支持，终于将内蒙古学论坛纳入"中国草原文化节"系列活动之中，于2018年举办了首届内蒙古学论坛，时任内蒙古自治区党委常委、宣传部部长白玉刚同志亲自出席论坛并讲话，鼓励我们聚焦自治区内外专家学者开展研究。由于得到领导的重视和支持，内蒙古学研究基地获批内蒙古自治区第三批哲学社会科学重点研究基地，并被列入专项扶持计划，给予经费上的支持，还曾在内蒙古自治区哲学社会科学基金项目中设立"内蒙古学专项课题"，吸引了自治区内外一些专家学者参与到内蒙古学的研究中来。

二是着眼"立地"。所谓"立地",就是地方学研究一定要立足当地、服务当地、扎根当地、影响当地,从当地的经济、政治、文化、社会、生态发展中去寻找选题、设立课题、研究问题、形成议题、进入主题。如鄂尔多斯学研究会按照"鄂尔多斯学＝知识体系＋应用服务"的思路,在注重历史文化、基本理论等研究的同时,积极推动成果转化,应用于现实需求,服务鄂尔多斯发展,将研究视角拓展到鄂尔多斯建设发展、内蒙古建设发展以及"一带一路"与区域发展等领域,而且在荒漠化等环境研究领域也有很多建树。我们内蒙古学研究会也立足地方实际开展了学术活动。如2021年7月26日由内蒙古社科联立项资助、内蒙古师范大学主办扶持,内蒙古师范大学政府管理学院、内蒙古学研究会、内蒙古学研究基地承办的"基层治理体系和治理能力现代化建设研讨会"在宾悦大酒店举办,来自区内外100多位专家参加,有关方面领导出席研讨会并致辞,多家新闻媒体作了宣传报道。

二 在"融会贯通"上下功夫,谋求地方学研究拓宽"新视野",体现"综合性"

地方学研究跨越地域、跨越学科、跨越历史,可以说是一门公认的"综合性"学问。既然是"综合性"的学问,就需要从以往"地方学＝地方文化学"的狭隘视野中走出来,在"融会贯通"上下功夫,谋求地方学研究拓宽"新视野",体现"综合性"。

一是拓展研究领域。目前,地方学研究多从历史文化研究入手,这是必要的,也取得许多研究成果。但地方学研究绝对不能等同或局限于地域文化研究,还要研究体现本地域特色的经济、政治、社会等问题,这些领域都可以置于地方学的研究视野之中。2019年我参加"武汉学论坛"时欣喜地发现,武汉学研究紧紧将地方学研究与国内外城市发展结合起来,给我们以很多启发。论坛上一些专家学者围绕现代城市化与城市现代化背景下的武汉学研究这个中心议题，从各个视角提出的"武汉学"服务当下武汉"三化"建设研究、"武汉作为长江中游城市群首位城市研究""武汉与国内外城市比较研究"等成果，我觉得就很有现实价值。2020年举办的第三届内蒙古学论坛上，我们特意推出"内蒙古学视阈下的模范自治区建设""内蒙古学研究的历史线索""内蒙古社会建设的独特贡献""面向新时代内蒙古学的研究方向"等研究选题，也是我们在内蒙古学研究上着力拓宽研究视野的具体体现。

二是引导综合研究。基于地方学研究的特点，地方学研究要善于开展综合性研究，既研究过去，也研究现在，还要研究未来，不断推出体现综合性的研究成果。如内蒙古近年来在对外宣传中提出引发人们思考的问题"爱上内蒙古的N个理由"，回答好这个问题就离不开对内蒙古的综合研究概括；内蒙古自治区党委、政府贯彻落实习近平总书记指示精神，提出要打造新时代的"模范自治区"，也需要我们从多个方面进行深入思考、研究、总结、提炼。在2019年举办的第二届内蒙古学论坛上，我们就曾邀请专家围绕"2035年的内蒙古""2035年的鄂尔多斯"进行综合性研究，既显示出内蒙古学研究的前瞻性，也体现出综合性。我们在策划编撰《内蒙古学概论》过程中，吸收一些专家的意见，着力从综合性研究入手进行策划、编撰。此外，地方学研究中的综合研究还要着力厘清与确立地方学的学科定位、内容体系、学理逻辑、理论范式等，使地方学真正作为一门新型学科能够立起来、站得住、被人信、能服众。

三是善于学习借鉴。习近平总书记在2014年1月到内蒙古考察时提出了"守望相助理念"，强调内蒙古的发展一定要"跳出当地、跳出内蒙古、跳出自然条件的限制"，因此地方学研究特别是内蒙古学研究也需要学会"跳出"，学会换位思考、善于学习借鉴、着力推陈出新，在学习借鉴各地经验中谋求促进地方学的发展。如北京学研究所根据学生需求推出"走读北京"系列活动，河南省社科联着力构建具有中原特色的"中原学"大学科群，鄂尔多斯学研究会适应社会发展需要实施的"三个走进"工程（注：走进校园、走进基层、走进网络），就是地方学走出"象牙塔"的积极探索。可喜的是，由北京学研究所、鄂尔多斯学研究会等倡议成立的"中国地方学研究联席会"，共同编辑出版《地方学研究》，创办了"地方学之友"，在促进地方学研究合作攻关、"融会贯通"上搭建了重要平台，成为穿越时空、凝聚更多智慧的地方学研究"空间站"。各地地方学研究一定要互相学习，以"中国地方学研究联席会"为依托，加大交流互鉴，促进共同繁荣发展。

三 在"借势发力"上下功夫，谋求地方学研究形成"聚力场"，产生"大影响"

一是把握发展机遇。当前，地方学研究面临难得发展机遇。推进国家治理体系和治理能力现代化对发挥社会组织作用提出了新的要求，建设新型特色智库为地方学研究组织提供了重要机遇，推动地区经济社会高质量发展更为地方学的研究与合作提供了有利契机。我们地方学研究一定要把握机遇，乘势而上，使地方学研究成为聚集社会智力、共同发力的"聚力场"。

二是做好"聚力"文章。地方学研究涉及面广，且又是跨学科的一门学问，只有凝心聚力才能形成工作合力。这个"聚力场"，既要有社科研究方面的专家学者，也要吸引相关部门有兴趣、爱好、能力的实践工作者参与；既要发挥现有人员的作用，也要挖掘退下来的老领导、老专家的潜力；既要积极发挥地方学研究机构自身作用，也要主动寻求有关部门的指导支持。如内蒙古学构建中就在"聚力"上做了积极探索：组建内蒙古学研究会时，吸收的会员兼顾了各个盟市和学科领域中有代表性的专家；编写《内蒙古学概论》时，应邀参与撰稿、审稿任务的 20 多位专家来自党群机关、党校、高校，他们多数是内蒙古相关领域的学术带头人。为推进"内蒙古学"研究，确保内蒙古学研究会可持续、高质量发展，内蒙古自治区社科联与内蒙古师范大学于 2020 年签署协议，决定合作共建内蒙古学研究会、内蒙古学研究基地。内蒙古师范大学不仅为内蒙古学研究会提供了办公场所，而且将"内蒙古学"纳入 MPA 培训课程，实现了优势互补。

三是扩大社会影响。地方学发展必须走出"小圈子"，扩大影响力。提出"内蒙古学"创意以来，我们五年迈出"四大步"：搞内蒙古学论坛、建内蒙古学基地、办内蒙古学研究会、出《内蒙古学概论》（内蒙古自治区社科联杭栓柱、胡益华、朱晓俊主编），每一步都着力寻求社会各界支持，都有效扩大了内蒙古学的社会影响。特别是内蒙古研究会成立以来，我们从会员、秘书长到会长，均积极参与社会服务，进而扩大内蒙古研究会社会影响。有的受聘担任内蒙古自治区新时代文明实践专家库首批专家兼宣讲师，有的入选自治区重大理论政策宣讲团成员，有的参与媒体宣传解读，有的参与有关部门决策咨询服务，从而使内蒙古学、内蒙古学研究会、内蒙古学研究基地、《内蒙古学概论》、内蒙古学论坛这些具有内蒙古地方学标志的名称概念渐渐被人知晓、了解。在此基础上，内蒙古学研究日益受到重视，一些专家主动提出加入内蒙古学研究会。

众人拾柴火焰高。地方学研究要想谋求"突围"，还需要我们进一步加强工作联系、深化学术交流、共同努力。习近平总书记在党的二十大报告中突出强调"团结奋斗"的重要性，我想"团结奋斗"也应当是我们地方学研究机构未来繁荣发展的必由之路。

胡益华，内蒙古社科联原副主席，内蒙古学研究会会长。

学科学：地方学研究的方法论

刘开美

在长期研究地域文化与地方学的实践中，尤其是在完成北京学研究基地连续立项"地域文化与地方学研究""地域文化研究历程与相关问题研究"课题中，与学科学邂逅，在促进研究任务顺利完成的同时，深化了自己对地方学研究方法论的认识和探讨。《学科学：地方学研究的方法论》的成篇，就是自己在这方面思考的心得。

在自然界、人类社会和思维领域里，万事万物皆学问。学问就是理论化、系统化的客观世界。在客观世界中，各门学问之间尽管研究对象有所不同，反映规律各不一样，表现内容相互区别，体系架构彼此各异，然而其间在界定对象、研究思路、构建路径、支撑要领诸方面，却不失有某些规律可循。这种反映诸多学科之间研究构建规律的学问便是"学科学"。了解和把握学科学的理论，无疑对指导地方学等诸多学科的研究构建具有方法论的启迪作用。笔者写作本文，试图结合"地域文化与地方学研究"课题的研究实践，就学科学及其对地方学研究的作用，谈谈自己的认识和感受，以对地方学研究与体系构建有所裨益。

一 地方学研究与学科学思考间的邂逅

至今学科学尚未成为学界共识，更未成为成型学问。笔者接触到学科学，是以往研究哲学的经历与时下研究地方学的课题所碰撞的结果。在思考"地域文化与地方学研究"课题时，笔者开始从学科学的视野观察地方学的研究构建。正是地方学研究与学科学思考间的邂逅，不仅使自己的地方学研究受益匪浅，也使自己对学科学的认识有了更为深刻的提升。

起初在笔者看来，作为以学科研究构建为研究对象的一门学科，学科学对着手研究构建新学科的启示，应该表现在对新学科研究路径上的引领与构建体系思维方式上的启迪。首先，就研究路径来说，着手一门新的学科研究，需要认识该学科研究对象的内涵和外延，明确该学科研究对象与相关层次间的属种关系，了解该学科研究的发展状况，观察该学科的发展态势，把握该学科的发展前景，构建该学科的体系架构。明确了一个学科研究的路径，才能引领学科研究的方向。其次，就体系构建思维方式来说，着手一门新的学科研究，体系架构是其核心所在。要明确学科体系架构的设想，关键在于把握体系构建的思维方式。把握了体系构建的思维方式，也就明确了引领体系架构构建的路径，从而把握学科体系构建的设想。

正是基于对学科学基本原理的这些认识和理解，笔者便按照这一视野，观察"地域文化与地方学研究"课题，明确了研究这一课题，就是要认识地域文化在中华文化中的地位，把握地域文化研究的基本任务和发展趋势，发挥北京学研究在中国地方学研究中的作用，加强地方学理论对地域文化研究的指导，为我国地域文化研究的发展做出应有的贡献，从而把握了这一课题研究的总体架构与构建地方学体系的基本思路。于是，将这一课题研究的总体架构确定了六个方面：（1）中华文化中地域文化多样性的基本特征；（2）当代地域文化研究的兴起；（3）地域文化学科建设的提出与构建；（4）地域文化研究的发展趋势；（5）地域文化研究的发展对策；（6）北京学在中国地方学研究中的地位与作用。课题的第一、二部分是从文化价值与社会价值的层面，说明地域文化研究的重要性与必然性；第三部分是从理论构建的层面，说明地域文化研究学科即"地方学"的基本内涵、研究外延和构建思路；第四、五部分是从前瞻的角度，说明地域文化研究发展的趋势与对策；第六部分是从北京学与中国地方学关系的层面，说明地域文化研究的平台与机制。[1]

---

[1] 刘开美：《地域文化与地方学研究》，北京：学苑出版社，2015年，第1-2页（自序）。

这一课题研究关于构建地方学体系的基本思路，包括地方学构建的思维方式与地方学研究对象的具体界定两个方面。前者阐明了地方学体系架构的引领路径，后者则阐明了地方学体系架构的构建设想。[2]按照这一指导思想，沿着这一课题研究的总体架构与体系构建的基本思路，笔者顺利完成了"地域文化与地方学研究"课题的研究任务，撰写出课题研究报告。

二 地方学研究中深化对学科学的理解

"地域文化与地方学研究"课题研究完成后，在审视课题研究报告时，发现有尚待深入研究的问题。这些问题大致表现在三个方面：一是课题研究的文化理论依据。"地域文化与地方学研究"属于文化研究课题，研究中不可避免地会涉及文化方面相关的理论问题，诸如，对文化基本内涵的理解。笔者在研究中将"文化"界定为"人类社会实践活动及其成果的总称"。显然这与一般关于文化的定义是有区别的。但是未能在研究中具体展开说明。因为这涉及对文化理论的认识和理解问题。因此，在深入研究中有必要阐述研究者的文化观。二是课题研究的文化背景。"地域文化与地方学研究"课题不可能是孤立的文化研究，有必要在深入研究中从文化背景的层面，对世界上的四大文明古国和亘古连绵的中华文化进行脉络式的梳理。三是课题中相关问题的研究。"地域文化与地方学研究"课题在论述当代地域文化研究特征时，概括了我国历史上各个时期地域文化发展和研究的情况。但对于这些情况的依据和具体表现，却未能展开阐述。因为这本身就涉及对以往各个历史时期地域文化发展与研究历程的梳理问题，需要进一步深入研究。

对于这些问题的出现，笔者从学科学的角度进行了反思，发现研究方法层面所存在的问题，就是在领会学科学关于学科研究路径引领方法上还不够全面，缺乏系统性。作为指导学科研究与构建的学问，学科学在研究路径引领方面，除上面所言之外，还应该包括学科研究对象的科学定位、学理基础、

---

[2]刘开美：《地域文化与地方学研究》，北京：学苑出版社，2015年，第316-325页。

相关背景和发展过程诸多要素。正因为对这些要素缺乏应有的考虑，所以在构思布局课题研究结构时便出现了空当，以致所形成的研究报告会出现缺憾。要解决这个问题，就要把握学科学关于学科研究路径引领的系统性，针对"地域文化与地方学研究"课题研究中存在的问题进行延伸研究。

于是，笔者又选择"地域文化发展历程与相关问题研究"课题进行研究。在"地域文化发展历程与相关问题研究"课题中，总体研究架构确定了四个方面：（1）文化的基本内涵；（2）世界上的文明古国；（3）亘古连绵的中华文化；（4）中华文化中地域文化发展的历史过程。课题第一部分从文化本质的层面，说明地域文化研究的理论依据；第二、三部分从文化环境的层面，说明地域文化研究的文化背景；第四部分从文化史的层面，说明地域文化发展的历史过程。在"地域文化发展历程与相关问题研究"课题研究过程中，又增加了地域文化定位和地域文化与地方学研究发展前景方面的内容。[3]这样，"地域文化发展历程与相关问题研究"课题的研究，不仅深化了对学科学理论的认识和理解，同时也使"地域文化与地方学研究"课题的研究较前更为完善。

三　运用学科学的理论推动地方学研究

正是地方学研究与学科学思考间的邂逅，使笔者比较顺利地完成了北京哲学社会科学北京学研究基地先后两次为自己所立项的地方学研究课题，并在北京联合大学北京学研究所、应用文理学院资助下，出版了《地域文化与地方学研究》一书。同时也使自己对学科学理论的认识得到进一步深化。从这个意义上说，《地域文化与地方学研究》一书，既是作者在学科学理论指导下完成的研究成果，也是认识和理解学科学理论的一个案例。研究"地域文化与地方学研究"课题、出版《地域文化与地方学研究》一书的实践，使笔者明白了一个道理：学科学理论是地方学研究的方法论。

---

[3] 刘开美：《地域文化与地方学研究》，北京：学苑出版社，2015年，第3-4页（自序）。

其实笔者对学科学理论的认识和理解，远未达到理论化、系统化的程度。如前所述，笔者所以自觉以学科学理论为指导来研究地方学，主要出于以往研究哲学的经历，加之这种思考与学理逻辑也不相悖。在笔者看来，每门学科的研究与构建，其中定会有某种规律可循。而学科学则是以学科研究与构建为研究对象、以探求学科研究与构建规律为研究主旨的学科。从这个意义上说，学科学是学科研究与构建的哲学，它是解开学科研究与构建规律的钥匙。尽管笔者对其学科规律、基本观点、体系架构的认识肤浅，未能系统阐明，但对其指导学科研究的路径引领与学科体系架构的思维方式却颇有所悟。因此，笔者深信用学科学理论指导地方学研究是可以有所作为的。同时，以学科学理论指导地方学研究的过程，也是深化对学科学理论自身认识和理解的过程。随着地方学研究与学科学思考间的不断邂逅，地方学研究水平将不断得以提高，学科学理论自身的认识也将不断得以升华。

学科学理论对地方学研究与构建的指导作用，概括起来表现在四个方面：一是明确学科研究对象的界定原则。学科学理论之所以能够明确地方学研究对象的界定原则，是由其从终极目的上考察学科研究对象的功能决定的。在学科学理论看来，整个学科研究对象应该遵循明确的价值取向和准确的种差界定的原则来确定。因此，只要深刻理解学科研究对象内涵的科学性，就能把握地方学主要研究对象的界定原则。《地域文化与地方学研究》一书的研究对象就是按照这一界定原则确定的。[4] 二是启迪学科研究布局的基本思路。学科学理论之所以能够启迪地方学研究布局的基本思路，是由其从联系与发展上考察学科研究范围的功能决定的。在学科学理论看来，整个学科研究布局应该遵循学科研究的科学定位、学理基础、相关背景、相关联系、发展过程，以及学科内涵、学科外延、研究状况、发展态势、学科前景和体系架构等诸多要素来构思。因此，只要善于把握学科研究布局的系统性，就能明确地方学研究布局的科学构思和总体结构。《地域文化与地方学研究》一书的结构布

---

[4] 刘开美：《地域文化与地方学研究》，北京：学苑出版社，2015年，第312-314页。

局就是按照这一基本思路构思的。[5]三是引领学科体系架构的构建路径。学科学理论之所以能够引领地方学体系架构的构建路径,是由其从思维方式上考察学科体系构建的功能决定的。在学科学理论看来,整个学科体系架构应该遵循构建思维定式与构建基本设想的路径来引领。因此,只要深刻理解学科体系构建路径的逻辑性,就能沿着地方学体系架构的路径引领构建。《地域文化与地方学研究》一书的体系架构就是按照这一路径引领构建的。[6]四是揭示学科核心内容的支撑要领。学科学理论之所以能够揭示地方学核心内容的支撑要领,是由其从理论化、系统化概括客观规律上考察学科核心内容的功能决定的。在学科学理论看来,整个学科核心内容应该遵循注重学科价值、强化学术创新的要领来提炼。因此,只要充分发挥学科核心内容学术价值的创造性,就能按照地方学核心内容的支撑要领来提炼。《地域文化与地方学研究》一书的核心内容就是按照这一支撑要领提炼的。[7]总之,将学科学理论融入地方学研究之中,就能收到研究对象准、布局思路清、构建路径明、核心要领精的效果。从而使地方学研究的理论与实践向新的高度提升,并结出更为丰硕的成果。

刘开美,原湖北省社科院宜昌分院副院长、研究员。研究方向为地域文化与地方学。

---

[5] 刘开美:《地域文化与地方学研究》,北京:学苑出版社,2015年,第1-6(目录)页。
[6] 刘开美:《地域文化与地方学研究》,北京:学苑出版社,2015年,第316-327页。
[7] 刘开美:《关于地方学构建中的几个理论问题》,林清明主编《第二届东江文化全国学术研讨会论文集》,广州:中山大学出版社,2014年,第1-6页。

量化、网络化研究与地方学发展前景

钟昌斌

任何一门学说都有它形成与发展的时代背景。地方学作为一门相对年轻的学科，如何将它研究的区域范围进行量化，量化的地方学对这一学科的发展前景会产生什么样的影响，这一直都是地方学研究需要首先解决的重要问题。本文围绕地方学研究区域范围的最小单元量化以及量化对地方学发展前景产生的影响问题作一个初步探讨，供从事地方学研究的同人参考。

一 相对独立的活动范围，为地方学研究划定了可以数量明确的研究区域

学科研究的量化问题，是一个直接影响到该学科对象产生的特定时代文化背景的问题，并划定了自身的研究区域。地方学作为一门学科，同样如此。

（一）地方学是一门产生相当久远的学科，它伴随着人类社会的出现而诞生

虽然地方学成为一门独立学科时间并不算长，但从产生来看，它可谓是一门产生相当久远的科学。

有了人类，就会有相对独立的生存生活区域（受条件所限制），有了人类，就必须在相对独立的生存生活区域内获取生产生活资料。因此，在人类产生之日起，人们为了自身发展，首先必须研究自身生产生活区域的自然、经济、社会等情况。我们说，地方学"是对特定地域空间内的生态环境、经济方式、社会构成、文化传统与文化现象等诸方面进行综合研究的学问。"[1]

---

[1] 张妙弟、张宝秀等：《地方学与地方文化——理论建设与人才培养学术研讨会文集2012》，北京：知识出版社，2012年，第41页。

依据这一论述，人类早期这种对自身生产生活区域的许多研究内容，其实就是最早的地方学研究。可见，地方学研究也起源于人类的早期生产生活活动，它们都伴随着人类的产生而产生，伴随着人类的发展而发展，只是那个时候还没有形成理论系统，没有地方学这样一个学科罢了。

每一门学科都有相对独立的研究对象。地方学作为一门学科还很年轻，但它早在原始社会就已经产生，并为部落更好地生产生活、繁衍生息做出了不可磨灭的贡献。这是因为，原始部落不得不对相对独立的生产生活区域如何进行果实采摘，怎样开展狩猎驯兽，以及其他的经济社会活动开展研究，这种自觉不自觉地对自身生产生活区域的自然地理、社会环境等方方面面的问题研究活动，已经成为推动自身发展的重要支撑，长此以往，这种研究逐步累积成经验理论，世代传承，不仅成为最为原始的地方学思想，也是我们当今地方学研究的重要方面。

（二）地方学作为一门学科，它有自身可以量化的研究范围和研究区域

早期的地方学探讨，其目的是确保原始部落氏族群体在这个区域能够生存繁衍。在当时的生产力条件下，原始部落每天能在多大的范围从事生产活动，是这个原始部落首先需要思考的问题。虽然现在我们难以准确地描述原始社会人们生产生活的方式，但根据那个时代的自然条件、经济状况及人们的身体情况，我们还是能够对原始部落人群的生产生活区域空间做一个基本的判断。那个时候，人们为了生活，最大限度地采摘采集更多的果实，更大范围地狩猎到更多的猎物，并能够搬回原始部落居住之地，是那个时候极为重要的更多地获取生产成果的生产活动。为了解决这个大问题，广泛深入地对自身生产生活区域开展探索研究，是当时的人们不得不面对的课题。

一般情况下，原始部落族群的人们能够采摘采集的果实和狩猎猎物，就是他们一天能够行进的区域，部落族群有效活动半径与活动时间形成的活动区域，构成了他们特有的文化区域。美国人文主义地理学家段义孚(Yi — Fu T.)认为，空间被赋予文化意义的过程就是空间变为地方的过程。加拿大人文

主义地理学家雷尔夫（E. Relph）认为，地方充满了意义，它是个人和公众认同的来源于人们对地方有深刻的情感和心理的情结。[2] 按照当时人们只能依靠步行从事生产生活活动的生产力水平，我们能够对他们的生产生活文化圈进行一个初步测算，如果按照人们每小时步行5公里，每天最多行进10小时计算，原始族群的人们每天最多能步行至50公里外。这样推算，一个原始部落的人们最大影响范围，或者说是一个原始部落的文化，是一个以原始部落居住地为圆心，50公里为半径的最大区域活动范围，从而形成自己的一个文化圈。

"地方学，因地名学，是研究地方的学问。"[3] 如何做到研究地方？在原始社会，人们在一定区域内，当天能够把采集采摘的果实和狩猎猎物搬回部落居住地，确保这些劳动果实不出现变质，其有效时间和活动半径为1天之内能够将他们的劳动成果搬运回家的一半路程。只有这样，他们才能有循环往复的生产生活总结，才能有效地对这个地方的自然地理、人文历史等方方面面有比较深入的了解，从而基本寻找到了确保原始部落生存发展的规律。久而久之，他们再将获得的这些知识进一步系统化，逐步形成一定的经验理论，从而构成原始的地方学。在徒步方式从事生产活动、传递文化信息的时代，原始部落的人们，只能将1天时间的一半从事最远距离的生产活动，一半时间从事搬运返回生产活动，这样，他们经常生产生活的半径就成为其研究最全面、最系统的区域，这个区域才算原始部落研究的地方学。从以上得出，一个以本部落居住地为中心，以1天徒步行进最远距离的一半，即25公里为半径的独立活动范围成为最早、最原始的"研究地方"，形成原始人自己的"地方学"单元。

由此可见，地方学研究是一个以1962.5平方公里为最小单元的研究区域范围，换句话说，不是在任何一个区域范围都能够构建地方学。

---

[2]《地方学研究信息》2015年3月，第4页。
[3]《地方学研究信息》2015年3月，第2页。

（三）众多的遗址遗存，为构建地方学创造了条件

随着考古学的不断推进，一处又一处的文化遗址遗存被我们发现。受到原始社会自然环境和生产生活条件限制，部落与部落之间的交流相对较少，不同的原始氏族部落，就显示出更多的不尽一致的生产生活差异。例如，关中平原的半坡原始居民和长江下游的河姆渡原始居民，在生产和生活中，虽然普遍使用磨制石器，生产活动都产生了原始的农耕以及原始的手工业（制陶、麻纺织、建造房屋等）；也处于氏族公社时期，但在河姆渡原始居民，种植作物以水稻为主，可以制造简单的玉器和乐器，建筑采用干栏式建筑；半坡原始居民，种植作物为粟（世界最早），半坡人能够制造出色彩艳丽的彩陶，并装饰上美丽的花纹，建筑为半地穴式建筑。在我国，继北京周口店猿人居住遗址发现之后，又先后在我国华北、东北、黄河流域、长江流域、华南与西藏等地发现了不少旧石器时代遗址和地点。"这些发现对于研究我国旧石器时代早、中、晚各期人类社会的发展，提供了相当丰富的实物资料。"[4] 这一论述，虽然只是从考古学的视角阐释了我国先民的生产生活发展分布情况，但是，它们对自身区域产生的影响足以说明，早在原始社会早期，地方伴随着社会的发展不自然地开始了本区域的研究，为当今以这些遗址和地点构建地方学提供了可能。

所有这些都说明，产生于不同区域的地方学，自产生开始，就显示出独立的特征。

二 网络状的结构式样，使地方学研究呈现前景广阔的探索路径

能够成为一门学科，是因为它有自身独立的研究范围。依据地方学的量化理论，我们已经明白构建地方学的最小区域范围，在当今世界，一门地方学常常是由一单元地方学到更多个单元地方学构成。由于地缘相接，文化相依，地方学与地方学之间也彼此相连，使得相互影响、相互作用、相互衔接的各

---

[4] 安金槐：《中国考古》，上海：上海古籍出版社，1992 年，第 26 页。

个地方学单元串连成一个巨大的地方学网络，从而让地方学研究显现出十分广阔的研究前景。

（一）互为关联的地方学单元，为地方学编织起一个庞大的研究系统

依据地方学产生的基本理论我们已经知道，地方学最小单元是以一个人们生存生活居住点为圆心，以每天人们徒步向外行进最远距离的一半（按照每天最大行进距离 50 公里的一半 25 公里）为半径，即 1962.5 平方公里的范围构成一门最原始的地方学单元。地球表面积约 5.101934 亿平方公里，陆地面积约 1.47956 亿平方公里。在以徒步行进从事生产生活活动的原始社会，整个地球最多可以构建相对独立的约 2599711.59 门地方学单元。如果将一个圆点视为一门地方学单元，那么这个世界在水域上构建的地方学和陆地上构建的地方学就形成了一个地域广泛的地方学网络集合。这个集合，凭借看不见的文化力学相互串连，在世界上编织出一个十分庞大的宛如繁星的地方学网络系统。

世界地方学网络理论告诉我们，我们现在所从事的地方学研究，还只是沧海一粟，其更为广阔的地域空间还有待我们去研究。因此，更加广泛深入地开展地方学研究，像是新近发现的一座巨型富矿，需要我们全面去勘测，努力去发掘，有效去开采，积极去利用。特别是在新时代背景下，它们展现出和没有被发现的新功用，正是我们当今地方学研究一直呈现方兴未艾态势的内在缘由。

（二）蓬勃发展的地方学研究现状，充分说明它还有许许多多研究处女地没有开垦

当前，地方学如雨后春笋般成长，这种现象的出现，与全面推行改革开放，全面推进文化建设等时代背景紧密相连，但更重要的是，地方学研究还有许多方面的问题有待解决。

在我国，继敦煌学、藏学、徽学等地方学创立之后，以行政区划为界限，先后创建了相当数量的地方学，诸如北京学、上海学、江西学、重庆学、内蒙

古学、武汉学、南京学、杭州学、西安学、广州学、成都学、兰州学、青岛学、开封学、温州学、扬州学、泉州学、洛阳学、安阳学、鄂尔多斯学、邯郸学、潮汕学、青岛学、长安学,以及香港学、澳门学等。虽然这些地方学的构建,已经将中国地方学串连成一个庞大的地方学网络,但不少地方拟在构建和正在构建新的地方学。一方面,是因为地方学研究为推进地方发展产生了重要影响。当前在实践中,中国各地创建的地方学,在推进地方发展中发挥了重要作用。例如,温州学是以具有全球意识和世界眼光开展学科研究,对温州人筑码头、闯天下,开拓海内外市场,对温州人的开放意识、开放观念,进一步增强温州人的全球意识,变"区域人"为"世界人"的研究[5]。泉州学是一门"地域性的综合性的学科,即以泉州地域文化为研究对象的综合性学科","是以今闽南地域和台湾地域为研究对象"[6]。北京学研究以"立足北京、研究北京、服务北京"为学科建设宗旨,以"地域性、综合性、应用性、开放性"为学科特色,以北京历史文化名城的时空演进、保护与发展为主线,时、空、人相结合,过去、现在、未来相结合,坚持研究北京、挖掘文化、传承文脉、服务发展,重点开展北京城市及周边区域文化遗产挖掘、保护、传承与利用的综合研究、应用研究和人才培养,致力于为首都北京强化全国政治中心、文化中心、国际交往中心、科技创新中心的城市战略定位,深入实施人文北京、科技北京、绿色北京和京津冀协同发展战略,着力为建设国际一流的和谐宜居之都和世界级文化城市提供智力支持[7]。鄂尔多斯学坚持"立足学术、服务建设、创新机制、着眼发展"的宗旨,坚持"举社会之力、办大众之事"的理念,坚持"向心、奉献、低调、务实、节俭、高效"的学风,坚守"知识体系+应用服务"的学科建设思想,秉持"创品牌地方学、建和谐研究会"

---

[5] 张宝秀:《地方学研究》第5辑,北京:知识出版社,2021年,第2页。
[6] 陈桂炳:《泉州学概论》,长春:吉林大学出版社,2015年,第53页。
[7] 《北京学研究基地简介》,https://bjstudy.buu.edu.cn/art/2020/4/15/art_29600_598492.html 2020-04-15。

的目标，立足鄂尔多斯、研究鄂尔多斯、服务鄂尔多斯[8]，构建起了具有鲜明地方特色的鄂尔多斯学系统，等等。它们在促进地方文明进步和社会发展所发挥的作用已经得到广泛认同。另一方面，是因为地方学研究还有很多方面有待进一步探讨。其中，更为广阔的区域还没有从地方学的角度进行系统研究。随着地方学研究在促进社会进步中所显现出的巨大作用，地方学研究蓬勃发展，不仅仅是潮流，更是一种势不可挡的研究方向。

当前，由于地方学研究还处在各自区域范围的研究层面，开展地方学与地方学之间的关系与发展的比较研究，逐渐成为我们探讨解决的新课题。

三 辐射式的研究方法，把层层延伸的未来地方学带进一个多姿多彩的时空

学科研究发展到一定阶段之后，都希望学科建设有新的突破。当前，地方学研究呈现出以既有地方学为起点，呈辐射状不断拓展区域范围构建新的地方学的趋向，这种层层延伸的辐射方式推进地方学研究，已经成为一种研究地方学的新趋势，从而把地方学研究推向一个新水平。

（一）利用文化力的辐射作用，能让地方学研究区域范围逐步有所拓展

辐射是一个物理学概念，它指的是由场源发出的电磁能量中一部分脱离场源向远处扩散传播的现象，当辐射拥有足够高能量的时候，它可以将所辐射区域的原子电离，形成一个辐射场区。地方文化也是一种具有能量的辐射，它能够向远处扩散传播，当这种文化能量达到一定高度的时候，就形成一个新辐射场区，这就是原地方学通过辐射，其拓展区域形成的新的地方学。当前，这种以文化辐射原理拓展固有的地方学研究范围构建新的地方学，已经成为推进地方学研究走向深入的一个新趋势。

地方学的核心文化区域呈辐射状向外扩展，既是一种文化传播的固有现象，同时也为推进地方学研究指明了新路径。这些年来，在县市行政区划为研

---

[8]《鄂尔多斯学研究》专刊2022年，http://www.ordosxue.cn/mil/3848.html2022-07-20。

究范围构建起来的地方学一步步走向深入的同时，以省级行政区划和地理区域命名的地方学研究不断涌现，使地方学研究区域范围一层层地扩展，形成了新的更宽阔区域范围层级的地方学说。诸如岭南学、中原学、东北学、河西学、关东学、巴蜀学、三峡学、南海学、西南学、西域学及泰山学、庐山学、秦岭学，进而开启了中国学、东亚学、东方学、全球学等地方学的研究。

从以上地方学发展的轨迹不难发现，这些地方学研究有一个基本的发展轨迹：县级行政区划地方学——地市级行政区划地方学——省级行政区划地方学——跨省级区域地方学——国家级地方学——世界分区域地方学——全球学。

地方学研究为什么会以现有地方学为出发点，不断扩展研究区域范围从而构建区域范围更为广阔地方学说？这是因为，刚刚兴起的地方学研究，要长期保持蓬勃发展的势头，依据地方文化具有辐射影响的原理，层层拓展研究区域范围，那将是有效推进地方学体系建设阔步前进最为有效的方法。当前，正是有了这样的突破口，地方学研究才一直保持蓬勃发展的态势，这也深刻反映出地方学研究急切地寻求新空间，实现新跨越，步入新阶段的内在渴求和热切期盼。

我们知道，由于不同区域，其历史文化积淀不同，它对周围产生的辐射力不同，文化影响程度不同。因此，地方学与地方学之间因各自的辐射作用而相互渗透，影响范围随着辐射力大的一方而互为转化。随着地方学各自的聚合力的变化，地方学的研究区域范围也随之变化，这样，地方学就紧随地方文化辐射力大的一方，一层一层向前发展，不断推进，让世界上的地方学形成一个互为消长的状态。

（二）地方学功能具有的提升空间，成为激励地方学研究奋勇向前的强大动力

自20世纪80年代开始，我们的地方学研究一直呈现强势发展的态势。这是因为地方学不仅是国学研究的补充，更重要的是，一门优秀的地方学，将

有可能升华为治理国家的国学思想，这在中国历史上有不少实例能够说明。

从某种意义上说，地方学是国学产生的起始地，是一个国家治理思想的源头。在中国，产生于春秋时期鲁国的儒学思想，一直是中国国家治理的重要理论，可谓是国学，而儒学正是地方学鲁学的核心内容。鲁学成为中华民族的国学思想核心，其关键是华夏民族以自给自足的农耕文明形态相关联。数千年以来，以孔孟儒学为核心的鲁学思想，历久弥坚，经久不衰，被历朝历代奉为治国经典，鲁学在中国地方学中的重要地位可见一斑。诸如道学、理学、晋学、湘学等，这些重要的地方学思想，常常都被奉为国学，说明每一门地方学，它的地位并非绝对一成不变，它有可能转化成治理国家、推动发展的强大思想武器。

当前我国众多的地方学里，在首都北京创建的北京学，由于独特的区位优势、强大的研究团队、突出的研究成果，使它展现出强大的辐射动能，在全国地方学界显示出十分重要的带动作用。

其实，强力的推动也能让地方学产生强大的辐射力量。鄂尔多斯学在地方学界取得的成功，重要原因就在于鄂尔多斯学组建和培育了一批数量庞大并坚定不移致力于鄂尔多斯学发展的地方学者。

（三）积极探索地方学研究方式，是有效推动地方学研究走上新征程的重要经验

当今地方学研究虽然新成果不断，但在当今条件下，继续寻找新方法，不断开辟新路径，仍然是当今地方学研究必须思考的问题。

我们看到，有不少人认为地方学研究没有一个指标数量化问题。以地理区域为研究对象的地方学，给研究者划定不确定性的研究对象和不清晰的研究范围，虽然难以量化的研究被人所诟病，但这种研究往往会给学者们创造广阔的空间。

当前，关于地方学量化研究，已经有学者做了相关探讨。在 2019 年 4 月，由党双忍著，陕西师范大学出版社出版的《秦岭简史》提出"秦岭学"的概念，其开创性地使用数字技术，给"秦岭学"划定了最为精确的研究界限。但在研究中又认为"大秦岭是中华父亲山,'秦岭学'一定'最中国',一定是'最中国'的学问。"[9]这里的"大秦岭是中华父亲山"表述,表明"秦岭学"也是一个模糊的研究区域。

以地域文化为核心内容的地方学,其研究本身虽然有区域范围,但由于其文化的强渗透性,决定了地方学研究区域范围的模糊性。刻意给某一地方学划定研究的区域范围,哪怕是使用最前沿、最尖端的技术手段,人为地将某一地方学孤立起来,既不现实,更不科学。

其实,以可感知的范围和实际模糊的区域来研究地方,在中国考古学界解决了地域文化考古头绪不清的问题。著名考古学家苏秉琦先生在考古过程中提出,"在头绪众多的新发现中,善于找出当时的学科生长点和概括大量的分散材料"[10]将我国考古学文化分为六大区域,即"1.以燕山南北长城地带为中心的北方;2.以山东为中心的东方;3.以关中(陕西)、晋南、豫西为中心的中原;4.以环太湖为中心的东南部;5.以环洞庭湖与四川盆地为中心的西南部;6.以鄱阳湖—珠江三角洲一线为中轴的南方。"[11]在以关中(陕西)、晋南、豫西为中心的中原地区,在介绍仰韶文化时,又把这一区域划分为"第一,陕西、甘肃两省间隔着六盘山和龙山这样一条不清晰(模糊)的界限(文化的)。""第二,豫东(郑州以东)、鲁西(大运河以西)间也存在一条不清晰(模糊)的界限(文化的)。""第三,宝鸡—郑州间是仰韶文化的中心地带,连成一片,并保持同步发展。""第四,在上述范围内又可划分出两个区系,其一,暂称西支,约在宝鸡—陕县间(前称中心区和西支);其二,可暂称东支,约在洛阳—郑州间。""第五,位于上述东、西两支(区系)之间的洛阳—陕县一段(大致与老函谷关—新函谷关相当),也就是以仰韶村遗址为代表的文化类型。"[12]这是依据先民生产生活地点形成的文化

---

[9]党双忍:《秦岭简史》,西安:陕西师范大学出版社,2019年,序言。
[10]苏秉琦:《中国为名起源新探》,北京:生活·读书·新知 三联书店,第2页。
[11]苏秉琦:《中国为名起源新探》,北京:生活·读书·新知 三联书店,第35-36页。
[12]苏秉琦:《中国为名起源新探》,北京:生活·读书·新知 三联书店,第62-63页。

区域，以及它们不断辐射周边所影响到的区域来研究中国考古学，这为构建区域地方学提供了可借鉴的思路。实际上，如果把苏秉琦先生这种考古区域划分，与当前我们所构建的东北学、中原学、巴蜀学、岭南学等地方学研究区域做一对比，不难看出，这些地方学研究区域与苏秉琦先生划定的考古学区域有相当多的区域重叠。其实，任何一门学科的发展到一定时候都会出现与其他学科交叉重叠，地方学研究的发展也不例外。

在世界历史上，两河流域、尼罗河流域、印度河流域、黄河流域这四个大型人类文明地区，诞生了古代埃及、古代巴比伦、古代印度、中国四大文明古国，形成了世界四大地方文明发源地，四大文明所形成的文化系统对所在地区乃至全世界产生的巨大影响毋庸置疑。

钟昌斌，巴山文化研究会会长。

新时代新疆地方学发展思考

——以新疆塔城学为例

仇安鲁

2022年9月16日是鄂尔多斯学研究会成立20周年纪念日，也是2005年鄂尔多斯研究会倡议，与泉州学、扬州学、温州学等研究团体共同发起成立中国地方学研究联席会成立17周年。为推动中国地方学研究持续深入开展，中国地方学研究联席会与鄂尔多斯学研究会联合召开"新时期地方学理论构建与实践探索"全国地方学与地方文化学术研讨会暨鄂尔多斯学研究会成立20周年纪念会。作为中国地方学研究联席会成员之一的新疆塔城学研究室，认真学习和总结近几年参加中国地方学研究联席会相关学术会议，探索新时代地方学，特别是学习借鉴鄂尔多斯学、北京学、北庭学、敦煌学、吐鲁番学、龟兹学、伊犁学、泉州学等办好地方学经验，总结新疆塔城学研究室，个人自主办好地方学的经验和做法，推动新疆地方学研究更好发展，很有现实意义。

一 新疆塔城学

（一）塔城学

新疆塔城学研究室2016年6月成立，塔城学是以研究塔城历史文化、民族文化、社会发展变迁文化为重点的地方学。它的宗旨是：研究塔城，研究新疆，服务当代，面向世界。它是个人自主、自筹经费、自办的地方学研究室。它以课题研究和出版塔城学研究丛书为抓手。2016年10月出版42万字的《新疆塔城草原丝绸之路贸易史》，江苏凤凰传媒集团出版。2017年4月到北京联合大学北京学研究所，与北京学研究基地建立联系。2017年10月参加中国地方学研究联席会议，成为其中一员。

新疆塔城学研究室近几年发表的论文有：2018 年北京知识产权出版社出版《地方学研究第 2 辑》，发表《新疆塔城与塔城学研究》《新疆塔城开埠与口岸》。2019 年北京知识产权出版社出版《地方学研究第 3 辑》，发表《新疆塔城巴克图口岸的"拉街安户"》。2019 年北京中国社会科学出版社出版《北京学研究 2018》，发表《北京学与新疆塔城学》。2019 年北京中国文史出版社出版《北庭学研究第 2 辑》，发表《北庭历史文化与草原丝绸之路》。2022 年北京中国社会科学出版社出版《北京学研究报告 2020》，发表《新疆各地区地方学发展调研报告》。编研完成《塔城考古》《塔城简史》《塔城历史》《塔城历史大事》《塔城历史人物》《共产党人在塔城》《塔城的民族团结》《回忆塔城》。正在编研《新疆塔城地区的对外开放》《塔城历史文化与当代发展》《当代新疆发展研究》《新疆草原丝绸之路贸易史》《新疆历史文化》。

参加一些学术讲座、学术会议和学术考察调研。2016 年 12 月参加中国社会科学院在北京举办的第二届当代新疆治理学术研讨会，向会议提交了《新疆稳定与发展研究——以新疆塔城地区为例》的论文。2017 年 4 月到四川成都金沙考古遗址、四川德阳广汉市三星堆考古遗址学习考察。5 月到北京联合大学、清华大学听西北大学王维坤教授讲中日古代文化比较研究课。并与北京联合大学北京学研究所，就北京学研究与塔城学研究，开展学术研究和交流交换意见，并相互赠书。2017 年 12 月参加北京大学人文学院举办的"回顾与展望——中国西北科学考察团 90 周年"纪念论坛。2018 年 4 月到河北省张家口市阳原县泥河湾东方人类故乡实地调研考察。到山西大同云冈石窟，河南洛阳龙门石窟，河南开封、洛阳、安阳、郑州等中原古遗址学习调研。还到江苏无锡市前州镇冯其庸学术馆，听北京大学荣新江教授讲"丝绸之路上的探险故事与丝路文化研究"课，并考察该馆，相互交流赠书。5 月到上海尔冬强丝绸之路视觉文献中心学习，并相互交流赠书。经常到新疆师范大学、新疆

大学、新疆图书馆听学术讲座，听了王炳华、水涛、荣新江、朱玉麒、吴玉贵、包佳明、李建新、陈建新、林梅村、魏坚等专家，就西域考古、新疆考古、丝绸之路、海外民族志研究、社会学、民族学、人类学研究等专题的研究课。2018年9月从北京出发，实地到内蒙古包头、额济纳旗沿着1927年中瑞西北科学考察团考察路线，实地体验90多年前中国、瑞典两国科学家的科考精神。2019年9月到北京房山区周口店北京人遗址考察。10月到内蒙古的鄂尔多斯学研究会、额济纳旗、甘肃敦煌学习调研。在鄂尔多斯学研究会详细观看了鄂尔多斯学研究成果展。11月到宁夏博物馆、宁夏西夏陵区遗址学习考察。12月到新疆社会科学联合会，收集新疆社会科学年鉴，了解研究新疆各地区各地方学研究情况。2020年5月到敦煌听敦煌研究院主办的敦煌文化驿站公益讲座，由上海历史文化人尔冬强讲《从陆地到海洋——尔冬强丝绸之路田野调查》，听敦煌研究院院长赵声良讲敦煌石窟艺术专题课，听敦煌研究院研究员杨富学讲敦煌民族历史文化与语言文化专题课。到玉门关、阳关和西千佛洞实地学习调研。还与敦煌市史志办相互交流赠书。6月到河南偃师市二里头夏都遗址博物馆学习考察，到三门峡渑池县仰韶文化博物馆学习考察。2021年5月到上海青浦区陈云同志纪念馆参观学习，到浙江省博物馆、杭州市良渚国家考古遗址公园、良渚考古博物院学习考察。到温州市博物馆学习参观。到福建省博物馆、厦门市博物馆学习考察。6月到青海、西藏实地学习考察青藏高原历史文化。每年到北京联合大学参加北京学学术年会，并提交论文。每年多次到西安学习考察研究长安学。每年多次到甘肃敦煌学习考察敦煌石窟与历史文化及敦煌学。2022年与新疆塔城地区卫健委老年大学合作，开展学习宣传党的二十大精神，研究宣讲党的二十大报告，宣讲新疆历史民族文化、新疆当代经济社会发展，宣讲新疆塔城历史文化，塔城当代经济社会发展。

重视地方经济社会发展政策研究。自2016年塔城学研究室成立以来，每年向塔城地委、行署提出塔城地区经济社会发展对策研究报告。2016年提出塔城地区社会稳定和长治久安六点对策。2017年提出文化立区发展对策四点建议。2018年提出加强公共服务政策三点建议。2019年提出扩大塔城地区对外开放四点建议。通过加强地方经济社会发展变迁文化研究，扩大塔城地方学研究的影响力。

2015年塔城学研究室与塔城广视角文化公司党彤合作，举办庆祝新疆维吾尔自治区成立60周年塔城历史照片展。聘请地区经贸委退休干部康凤琴主编《新疆塔城草原丝绸之路贸易史》，支持塔城历史文化研究者蔺茂奎编写《塔城俄罗斯族》《塔城掌故》。支持尼古拉·于希河（俄罗斯族）编写塔城历史文化（10集）影视剧本、《中国俄罗斯族》《塔城古城复原规划》《塔城历史大事编年记事·现代部分》。联系塔城本地文史爱好者阿迪力（维吾尔族）、朱马拜（哈萨克族）、郭向群、白玲（达斡尔族）、叶尔达（蒙古族）、苏仁加甫（蒙古族）、班达拉（蒙古族）、努努尔·玉苏甫（哈萨克族）、马克沙提·扎曼别克（哈萨克族）等，开展塔城历史文化、民族文化研究。

我们还聘请马大正（中国社会科学院）、周伟洲（陕西师范大学）、王欣（陕西师范大学）、钱伯泉（新疆社会科学院）、齐清顺（新疆社会科学院）、吐娜（女，蒙古族，新疆社会科学院）、刘学堂（新疆师范大学）、武金锋（伊犁师范大学）、尼古拉·于希河（俄罗斯族、青海省文联）、康凤琴（塔城地区经贸委退休干部）、蔺茂奎（塔城地区史志办退休干部）为塔城学研究室学术指导。近两年还与陕西师范大学博士生王佩、北京大学博士生李书齐、浙江大学博士生唐元超，合作开展新疆历史文化、民族文化和塔城当代发展研究。

塔城学研究室与新疆塔城大漠风艺术馆贺振平合作出版《塔城记忆》历史画册。塔城学研究室与塔城大漠风艺术馆合作开展塔城历史文化和塔城学研究。向塔城大漠风艺术馆赠送4000余本图书和杂志。新疆塔城大漠风艺术馆馆长贺振平，1969年生于陕西省咸阳市三原县，后于新疆塔城兵团第九师一六四团中学任美术老师，之后从事新疆历史民族民俗文化研究。2005年创办新疆塔城地区大漠风艺术馆，现为新疆维吾尔自治区民间文艺家协会副主席、中国民俗摄影协会博学会士。从2000年开始，贺振平开始从事新疆塔城地区民俗文化研究，先后出版了《天山猎鹰》《塔城记忆》《游牧记忆》《家园》《荒野传奇——塔城野生动物》《生命炫色——塔城野生植物》。他用15年时间对哈萨克族游牧文化进行了长期跟踪拍摄，研究出版《转场》《游牧记忆》《猎鹰》等反映游牧文化的系列书籍。他出版的游牧专场文化系列书，填补了国家非遗研究方面空白。2015年至2016年贺振平在新疆塔城市投资1000多万元，设计建造了具有浓郁中式风格的园林式综合性展馆——塔城地区大漠风艺术馆。该馆占地面积5亩，馆藏及附属设施建筑面积1100平方米，分"翰风美术馆""鸣泉书苑""塔城艺术民俗文化工作室"三个区域，是一座建筑和园林交融式的庭院综合体。塔城大漠风艺术馆已成为塔城地、市特色博物馆。2019年至2020年贺振平又在陕西咸阳市三原县他的家乡投资2000万元建成了具有浓郁关中民居特色的"青麓书院"，该书院占地7亩，建筑面积4000平方米，建有书院、展厅、图书馆、研究工作室。

加强与北京学及全国各地方学学习。近几年，每年自筹20000余元，参加北京联合大学北京学研究基地的学术活动，学习借鉴内蒙古鄂尔多斯学研究会、内蒙古上都历史文化研究会、额济纳旗历史文化研究会、福建泉州学研究会、中国三峡文化研究会、安徽徽州学文化研究会。学习新疆伊犁师范大学开展伊犁学研究经验，学习吐鲁番学研究院、龟兹学研究会、龟兹研究院、北庭学研究院、北京学研究所、鄂尔多斯学研究会，开展吐鲁番学、龟兹学、北庭学、北京学研究经验，从兄弟地区地方学研究汲取经验。

加强图书资料购置与建设。加强地方文献资料收集。每年自筹1万余元，收集过期学术期刊200余本。收集新疆地方志、地方学图书资料1000余册，收集塔城地方历史照片1000余张，收集民间地方历史文化写本等相关资料。

探索地方学研究走专业化、学术化与社会化、产业化相结合的新路子，做好、做活地方学研究。塔城学研究室每年都承接地方党委、政府和相关部门所需要研究的塔城历史文化和当代发展文化研究项目。还承接一些民众个人的历史、家庭（家谱）记述和照片整理。还承接一些外地文化企业、专家研究塔城的文化项目。2022 年塔城学研究室收集整理了安绳武、张福来、张玉芳、王福林、戴振庭、孙瑞灵、马克沙提·扎曼别克反映塔城历史、个人及家庭的珍贵照片。

塔城学研究室坚持用学术研究的思想，指导塔城学研究。重视地方学、历史学、考古学、民族学、档案学、边疆学、方志学、地域文化学和社会发展学的学习研究。近几年来，我们每年都投入 1 万余元，订阅《中国考古报》《中国社会科学报》《中国社会科学》《北京联合大学学报》《考古学报》《考古》《文物》《历史研究》《中国史研究》《中国边疆史的研究》《历史档案》《民国档案》《民族研究》《地域文化研究》《西域研究》《敦煌研究》《吐鲁番学研究》等 30 余种全国知名报纸、杂志，并认真学习研究。每年自费 20000 余元购买历史学、考古学、民族学、地方学、边疆学、档案学等专业书籍，重点学习研究历史学、地方学、考古学。我们一直重视塔城地方志的学习，将已出版的塔城地区及各县市第一轮志书作为学习研究的基础。同时认真学习考察研究外地在地方史、地方志、地方学研究的成果，使塔城学的研究有地方史、地方志、地域文化的支持。

（二）塔城历史文化

塔城地区位于新疆西北部，西北与哈萨克斯坦接壤，边境线长 540 千米，东北与阿勒泰地区、东南与昌吉回族自治州、西南与博尔塔拉蒙古自治州、伊犁哈萨克自治州州直县市接壤。2021 年末，全地区面积 105000 平方千米，下辖 3 市 4 县，即塔城市、乌苏市、沙湾市、额敏县、托里县、裕民县、和布克赛尔蒙古自治县。常住人口 111 万人，居住生活着 42 个民族，全年实现地区生产总值（GDP）825 亿元，三次产业结构为 42：20：38。全年外贸进出口总额 13.35 亿美元，同比增长 190%，财政收入 41 亿元，支出 172 亿元。

城镇居民人均收入32260元，农村居民收入21000元。

塔城，旧称塔尔巴哈台。塔城地名来自塔城北部的塔尔巴哈台山和塔城"绥靖城"（1766年建）的简称，清代咸丰年间开始有此简称。塔尔巴哈台是蒙古语，意思是旱獭，此地因多旱獭而得名。"塔尔哈巴台"民族语意为塔城地区。塔城市，清朝称"楚呼楚"，又译为"楚固恰克"，蒙古语意为木碗，维吾尔语意为"缺切克"，哈萨克语意为"桥协克"。元朝至元十九年（1282）置塔尔八合你驿，是为官方最早使用塔尔巴哈台这个地名。宋绍兴二年（1132），辽宗室第八代孙耶律大石自东北西迁也米里（今塔城地区额敏县境）登基称帝，号菊尔汗，意为"大汗"，尊号"天佑皇帝"，建元"延庆"，史称西辽王朝。西辽王朝（1124—1218）是在世界和中亚历史上有重要影响的一个朝代，存在了近百年。它东至哈密、敦煌，南至阿姆河、兴都库什山、昆仑山，西至咸海，北越巴尔喀什湖，面积达400万平方千米，其声势远扬里海以外，以至今日俄罗斯和中亚各族、希腊、中古英语词汇中仍把中国人称作"克塔依"或"黑达依"，意为中国的、汉人的。"克塔依"为契丹之转音，因辽朝为中国北方契丹族所建。

清代中期，1764年塔尔哈巴台地方面积218437平方千米。西部到巴尔喀什湖，北部到额尔齐斯河，西南部与伊犁接壤，南部与库尔喀喇乌苏相连，东南部与乌鲁木齐、古城（今奇台县境）接壤。1840年后，俄国趁清朝腐败之机，强迫清政府签订多个不平等条约，将塔城所属的117000平方千米土地划出，致使中外著名的巴尔喀什湖、斋桑湖、阿拉湖及爱古斯河、雅尔河、勒布什河等塔城境内山河湖泊尽被沙俄侵占。1905年塔城、阿勒泰分治，设阿勒泰办事大臣，原属塔尔巴哈台参赞大臣管辖的吉木乃、布尔津、福海、清河等地划归阿勒泰办事大臣管辖。1949年新中国成立后，为支援国家和兵团建设，又从塔城地区划出，新建了克拉玛依市、奎屯市、石河子市、胡杨河市，截至2021年末，这4个城市共计面积1万平方千米，总人口有187万，居住生活着48个民族。

考古挖掘和历史研究表明，塔城地区是新疆较早有古人类居住活动的地区。2004 年，由中国、美国和俄罗斯考古学家组成的考察队，在塔城地区的和布克赛尔蒙古自治县东南的和什托洛盖镇以北 10 千米处，当地人称骆驼石的高台两侧，采集到一批具有显著特点的石器用具。这些石器有砍砸器、刮削器，也有薄刃斧和手镐。经考古学者研究，它属于旧石器时代晚期，距今 4 万年，是新疆迄今发现的一处最古老的人类活动地点。[1] 2016 年至 2019 年，新疆文物考古研究所与北京大学考古文博学院联合在新疆阿勒泰地区吉木乃县赛尔山以北的通天洞遗址进行考古挖掘。发现了距今 4 万年至 5000 年的旧石器时代中期向晚期，到新石器时代早期过渡的文化层堆积，出土了石器、陶器、铜器、铁器等，还发现炭化小麦、石磨盘等。通天洞遗址对了解新疆地区 4 万多年以来古人类演化发展过程，确立区域文化发展有重要意义。[2] 通天洞遗址距骆驼石遗址仅 90 千米。"在塔城地区塔尔巴哈台山南麓与和布克赛尔蒙古族自治县和什托洛盖镇以北骆驼石发现的砍砸器和手镐等旧石器表明，在距今三四万年前的旧石器时代晚期，新疆北部就已有人群在从事狩猎采集活动"。[3]

塔城地区历史上是多民族居住之地，历史上先后有塞人、月氏人、乌孙人、匈奴人、呼揭人、汉人、康居人、粟特人、突厥人、回鹘人、契丹人、蒙古人居住、生产生活，他们从事畜养业或游牧业，或农业，或手工业，或商业。元代以来，又有蒙古族、汉族、回族、维吾尔族、柯尔克孜族、乌孜别克族、哈萨克族、俄罗斯族、塔塔尔族、满族、锡伯族、达斡尔族、鄂温克族、藏族、撒拉族、东乡族在塔城地区居住、游牧和生产生活。由于塔城地处亚欧草原丝绸之路要冲，是东来文明与西来文明的交汇地，继古塞人以后，塔城先后还受到月氏文化、乌孙文化、匈奴文化、汉文化、呼揭文化、康居

---

[1] 中国考古学会编：《中国考古年鉴 2005》，北京：文物出版社，2005 年，第 376 页。田卫疆：《史前时期的新疆》，乌鲁木齐：新疆美术摄影出版社，2009 年，第 16 页。

[2] 国家文物局编：《2017 年中国考古重要发现》，北京：文物出版社，2018 年，第 8-10 页。

[3] 《史前时期的新疆》，第 1 页。

文化、粟特文化、突厥文化、回鹘文化、契丹文化、蒙古文化的影响。清代以来，又有满文化、达斡尔文化、鄂温克文化、汉文化、锡伯文化、维吾尔文化、哈萨克文化、回族文化、俄罗斯文化、柯尔克孜文化、乌孜别克文化、塔塔尔文化，这些各民族文化对塔城地区产生了重大影响，使塔城地区今天具有"各民族的历史文化、民俗文化博物馆"的美称。

塔城也是草原丝绸之路的重要通道。距今3000多年前，塔城就成为草原丝绸之路的重要通道和东西方人员、货物、文化、文明交流、交汇和交融的地方。塔城有经商、重商、亲商的良好商贸文化氛围，商贸文化成为塔城地方文化的重要内容。法国历史学家勒内·格鲁塞在20世纪30年代出版的《草原帝国》一书中，专门研究和记述了这条亚欧文明大通道的战略意义。他写道："在这条狭窄的文明小径以北，草原为游牧民提供一条完全不同的路：一条由无数条道组成的无边无际的路，即蛮族之路。在鄂尔浑河或克鲁伦河畔与巴尔喀什湖之间的地区内，浩浩荡荡的蛮族大军畅通无阻，因为尽管阿尔泰山和天山北部山嘴在朝着巴尔喀什湖方向似乎已经合拢，然而实际上两山之间在楚固恰克（新疆塔城市）方向，在塔尔巴哈台（新疆塔城地区）的额敏河处，空隙仍十分宽阔，裕勒都斯河、伊犁河和伊塞克湖之间朝着西北方向的空隙也很宽，来自蒙古利亚的牧马人在这里看到了远方一望无际的吉尔吉斯（哈萨克）草原和俄罗斯草原。塔尔巴哈台、阿拉套和木扎尔特通道上不断有从东方草原向西方草原迁徙的游牧民通过。现在已知最早的欧亚之路是北方的草原之路。这条草原之路东起大兴安岭，向西穿过蒙古草原，经乌里雅苏台、科布多、阿尔泰，到达塔尔巴哈台，往西南，经巴尔鲁克山、阿拉套山（博尔塔拉、伊犁），再往西就是中亚乃至欧洲了。"[4]

（三）塔城发展新机遇

2020年12月7日，国务院发布国函〔2020〕166号文，批复同意建立新疆塔城重点开发开放试验区（以下简称试验区）。国务院批复文件，对塔城

---

[4]［法］勒内·格鲁塞著：《草原帝国》，蓝琪译，北京：商务印书馆，1998年，第11页。

试验区建设的重大意义、建设原则等提出了明确要求。12月下旬国家发改委印发《新疆塔城重点开发开放试验区建设实施方案》。2012年，国务院全面启动重点开发开放试验区建设，先后在广西东兴、云南瑞丽、内蒙古满洲里和二连浩特、云南勐腊、黑龙江绥芬河—东宁、广西凭祥和百色设立试验区。塔城试验区获批后，全国试验区数量达到9个。塔城试验区是全国第9个、西北唯一的沿边重点开发开放试验区。

2020年12月19日新疆塔城地委传达学习国务院批复文件精神，并全面启动试验区规划工作，总规划面积16000平方千米，兵团第九师片区面积2178平方千米，范围包括塔城市全境及额敏县、乌苏市、沙湾市和布赛尔蒙古自治县、托里县、裕民县部分区域（城区、工业园区所在乡镇和农牧业、旅游业发展重点乡镇），兵团第九师部分团场，空间布局为"一核"，塔城市全境，"两廊"，塔城地区北部和塔城地区南部两大经济走廊，"三区"现代农牧业发展示范区，制造业创新发展示范区和生态旅游示范区。塔城重点开发开放试验区2021年全面启动，地区提出试验区建设要求：当年启动，三年初显，五年成型，十年建成，为全国试验区建设提供新疆智慧。塔城试验区自2020年12月开始规划建设，至2022年10月签约建设项目267个，总投资1304亿元，开工项目188个。2021年国家级试验区基础建设项目投资30亿元，2022年投资50亿元。塔城巴克图口岸合作区综合产业园区项目于2020年6月正式开工建设，标志着塔城巴克图口岸正加快从"过境口岸"转型为"产业口岸"，重点发展进出口农产品加工业、先进装备制造业、建筑新材料及装配式建筑、生物医药等产业。

二 西域新疆学

新疆在2016年前就有许多地方学开展研究地方历史民族文化。1983年成立了敦煌吐鲁番学，这是由国家出面成立的学会。1988年成立了中国吐鲁番学会，由新疆维吾尔自治区党委、区人民政府出面，由吐鲁番地委、行署具体筹办。2005年吐鲁番地委行署又专门成立新疆吐鲁番学研究院,并公开出版《吐鲁番学研究》杂志。1985年由新疆文化厅,文物局直属成立新疆龟兹研究院。2004年成立新疆龟兹学会,是新疆社会科学联合会下属的学术会员单位。1993年由新疆自治区党委宣传部牵头,由中国中亚研究会、北京大学、新疆社会科学院、新疆大学、新疆师范大学参与,成立"新疆国际阿勒泰学研究会"。2003年7月由新疆社科联合会牵头,在库尔勒市成立新疆楼兰学会。2007年6月由伊犁师范学院牵头负责成立"伊犁学研究中心"。2008年在喀什市委市人民政府支持下成立了"喀什噶尔学研究会"。2016年经过长期酝酿筹备,新疆吉木萨尔县委、县人民政府决定在吉木萨尔县举行"世界文化遗产北庭故城保护传承与展示利用研讨会暨北庭学研究院揭牌仪式"。北庭学研究院挂牌成立。北庭学研究院成立以来,每年都召开"北庭学"学术研讨会,并出版《北庭学研究》专辑。

新疆多数地方学研究会都是由党委政府或社会科学联合会或大学出面组织成立的。这些地方学研究院和地方学学会的成立,为新疆地方学的研究和发展创造了条件。

我们在对新疆各地区地方学进行研究后,还对西域学、新疆学和西域新疆学进行整体研究和梳理。2021年末新疆面积166万平方千米。2020年11月新疆第七次人口普查全区常住人口25852345人,居住生活着56个民族,汉族人口10920098人,占42.24%,少数民族14932247人,占57.76%,其中维吾尔族人口11624257人,占总人口的44.96%,占少数民族人口的77.85%。1949年新疆和平解放时,人口433万人,有13个民族。2021年末新疆常住人口2589万人,其中城镇常住人口1485万人,城镇化率为57.26%。2021年末新疆超过100万人口的有维吾尔族、汉族、哈萨克族和回族4个民族,超过10万人口的有柯尔克孜族、蒙古族2个民族。2021年新疆全年实现地区生产总值(GDP)15984亿元,比上年增长7%,财政收入1619亿元,支出5402亿元。

历史上新疆是一个各种文明、文化、种族、部族、民族交流交往交融的荟萃之地。古代世界的两河流域文明、埃及文明、印度文明、中华文明、古罗马文明、希腊文明都曾在西域留下各种珍贵的物质和精神文化遗迹和遗产。考古挖掘和历史研究表明，新疆早在五万年前就有古人类居住生活，新疆自古以来就是多民族聚居地区。最早开发新疆地区是在先秦至秦汉时期，来自天山南北有塞人、月氏人、乌孙人、羌人、龟兹人、焉耆人、于阗人、疏勒人、莎车人、楼兰人、车师人、匈奴人、呼揭人、汉人等。魏晋南北朝时期有鲜卑、柔然、高车、厌哒、吐谷浑，隋唐时期有突厥、吐蕃、回纥，宋辽时期有契丹，元明清时期有蒙古族、女真族、党项族、哈萨克族、柯尔克孜族、满族、锡伯族、达斡尔族、回族、乌孜别克族、塔塔尔族等，每个历史时期都有包括汉族在内的不同民族的大量人口进出新疆地区。各民族民众带来了不同的生产技术、文化观念、风俗习惯，在交流融合中促进了新疆经济社会发展，他们是新疆地区的共同开发者。至19世纪末，已有维吾尔族、汉族、哈萨克族、蒙古族、回族、柯尔克孜族、满族、锡伯族、塔吉克族、达斡尔族、乌孜别克族、塔塔尔族、俄罗斯族等13个民族定居新疆，形成维吾尔族人口居多、多民族聚居分布的格局。1949年10月中华人民共和国成立后，特别是1978年改革开放后，全国56个民族都有在新疆居住和生活，是中国民族成分最全的省级行政区之一。考古发掘和历史研究表明，古代西域是多种语言文字交汇之地。古代西域有20余种语言文字。时至今日，汉藏语系、阿尔泰语系、印欧语系诸语言仍在新疆存在。古代西域还是多种宗教并存地区。先后有原始宗教、萨满教、祆教、佛教、道教、摩尼教、景教、伊斯兰教、基督教、天主教。

考古发现和历史研究表明，古代西域也是草原丝绸之路、绿洲沙漠丝绸之路和高原丝绸之路的重要通道和枢纽地带。正是古代丝绸之路，沟通了西域与中原、东北亚、东南亚、南亚、西亚、中亚、欧洲和非洲的商贸和文化交流。到当下，新疆向东是14亿人的国内大市场，向西是14亿人的亚欧大市场，建设内陆开放和延边开放的高地，新疆迎来史无前例的发展机遇。特别是国家"一带一路"和向西开放发展倡议的提出，中欧班列开通，乌鲁木齐国际陆港区建成，喀什经济开发区建设全面加快建设，塔城开发开放区试验区建设获批，同已有的阿拉山口口岸区建设（2012年12月国务院批准设立阿拉山口市），伊犁霍尔果斯口岸区开发区建设（2014年6月国务院批准设立霍尔果斯市），以及众多的新疆其他口岸加快建设，一个向西开发的大通道开放格局，为新疆的对外向西开放发展，创造了良好的条件。

西域学是对历史上西域的历史文化、民族文化和社会发展变迁文化进行研究的学问。新疆古称西域。广义的西域是指玉门关、阳关以西乃至中亚、西亚的一部分。狭义的西域则指玉门关、阳关以西，天山南北、帕米尔高原以东地区。古代西域曾经是世界草原丝绸之路、绿洲沙漠丝绸和高原丝绸之路的重要通道和枢纽之地。东西方文明，南北向文化都在这里交汇交流交融。西域学研究涉及西域的历史地理、经济贸易、政治军事、哲学宗教、语言文学、文学艺术等诸多领域。西域学是以西域及相关区域文明遗存为主要研究对象的一门国际性、综合性的学科。对西域学开展系统研究的有新疆社会科学院、新疆大学、新疆师范大学、新疆塔里木大学、中国人民大学、北京大学、陕西师范大学、西北大学、西北师范大学、兰州大学。新疆社会科学院于1991年创刊《西域研究》杂志，该杂志为公开的季刊杂志，截至2022年底已出版到总第128期。该杂志是全国唯一系统研究西域和西域学的平台，目前已发行3000多本，其中国外发行量有300多本，在全国名列前茅。新疆塔里木大学位于新疆南部的阿拉尔市，具有得天独厚的研究西域学的地缘优势。该校于2002年成立西域文化研究所，2012年升格为"西域文化研究院"。该校还筹建了丝路西域文献库、文化西域研究大系、西域文化博览园、数字西域实验库、文献信息库、环塔里木非物质文化昆仑国际高峰论坛。其"数字西域"研究项目积累成"丝路西域信息库、环塔里木历史文物信息库、西域新疆信息库、中西南亚国别信息库"等五个数据库，是新疆生产建设兵团人文社科重点研究基地。

新疆学是以研究1884年新疆建省以来至新疆当代的历史与现实。新疆学主要研究近现代和当代新疆的历史文化、民族发展变迁文化和社会发展变迁文化，系统研究新疆政治、经济、文化、社会、民族、宗教等诸多方面。新疆学是在西域学研究的基础上，对近现代新疆和当代新疆，以历史唯物主义为指导，以现代社会科学、自然科学为手段进行研究。新疆学也将成为现代地方学的一种新型国际显学。新疆学的创立者是新疆东西部经济研究院院长唐立久，还有副院长崔保新。新疆东西部经济研究院创立于1996年。作为一家拥有200余名著名经济学家、历史文化学者、区域产业、投资、投业、企管及培训等专家阵容强大的综合管理咨询机构，一直强调新疆本土化和实用性，坚持为党委、政府和企业提供各种研究服务。特别是开展系统的新疆学研究，即对新疆的历史文化、民族文化和当代发展文化研究提供服务。唐立久，1962年生于乌鲁木齐，1980年获西南财经大学经济学硕士学位。现任新商联盟秘书长，现代新疆研究中心主任。从1982年开始研究新疆，40年间数次遍访新疆87个县市，从生态、经济、文化和管理视角研究新疆发展进程。著有《不发达地区经济实证研究》《发现新疆》《解构德隆》《广信广汇》《乌鲁木齐国际化城市研究》等作品。崔保新，1957年生于乌鲁木齐，1978年考取新疆财经学院，西域文化研究专家，广东省政协文史专员，现代新疆研究中心副主任，著有《发现新疆》（合著）、《新疆1912》、《新疆1945》、《藏区三记》、《沉默的胡杨：邓赞先成边纪事》、《寒松——袁国祥自述照片文本》。

西域新疆学是将西域与新疆整体进行历史的、文化的、社会的系统研究的一门学问。它以其厚重的历史性、特殊的民族性和地域性成为一门国际性显学。西域新疆学也是近些年专家学者对西域和西域学、新疆和新疆学系统研究基础上提出的一种新型地方学。西域新疆学也为我们研究中国西部边疆、世界欧亚中心区域的历史、民族、文化、宗教、社会等诸多方面提供系统方法和借鉴。

三　新时代新疆地方学发展思考

一是要以习近平新时代中国特色社会主义思想为指导，研究和探索新时代新疆地方学的研究内容和发展规律。要认真学习研究和坚持传承中华优秀传统文化，认真学习研究世界各国各地方的地方学研究方法和经验成果，认真学习研究新疆地方历史文化，民族文化和社会发展变迁文化，为新疆地方学研究提供基础研究资料。要把当代新疆社会发展变迁作为新疆地方学研究的重点，以党的二十大精神和习近平新时代中国特色社会主义思想为指导，深入研究当代新疆经济社会发展规律，为新疆的长治久安和繁荣发展提供地方学研究支撑。

二是要确立现代地方学的使命。这个使命是：研究地方、挖掘文化、传承文脉、服务发展。要重视地方学对地方当代经济社会发展文化的研究。近几十年，特别是改革开放以来，各地的经济社会文化都有长足的发展，地方学要重视本地地方经济社会文化发展，用社会文化发展理论，指导地方学研究当代社会发展，使地方学研究紧扣地方经济社会发展，以期引起当地党委政府重视，使地方学研究成为地方党委政府关注的学科。

三是地方学研究要以"学"字为统领，把地方学作为一门学问来研究、来对待、来发展。"地方"需要"学"，"学"为"地方"而生，合之谓"地方学"。那种认为地方只有史，只有志，而没有学的认识，是肤浅的，是没有理论和学术思考的，也是不可持续的。这里需要对"史""志""学"有新的认识。"史"是记述它的过去，"志"是分载记述它的自然和社会的诸方面和现象，"学"是它们的理论升华，学高于史，高于志。一个地方研究，需要史的记述，志的记载，更需学的概括和深化研究。只有这样，地方的研究才能系统化、科学化。在今天经济社会发展全球化、信息化、科技化、智能化和社会化的新时代，一个地方的研究，只有用学来升华统领，才能适应新发展的需要。地方学一般有两种，一种是以鲜明的专门学为主，例如敦煌学、吐鲁番学、藏学、徽学等；另一种是以地域（这种地域有大有小）为边界，研究区域内的自然地理、政治经济、历史文化、民族文化和社会发展文化等，如鄂尔多斯学、泉州学、金门学、北京学、上海学、西域学、新疆学、伊犁学、塔城学等，我们今天所研究的，多为后一种地方学，即以研究一定区域的地方学为主。在做好新疆各地区地方学研究的同时，还要开展新疆的西域学、新疆学和西域新疆学的综合研究，使新疆地方学研究既有各地区地方学的个别研究，也有新疆全区的地方学综合研究。

四是加强地方历史、文化、方志、民族文化的研究。地方学是建立在对地方历史文化、方志文化、民族文化的深入研究基础上，对地方各方面研究升华后的一门学问。为此在研究各地地方学时，首先要对本地的历史、地方志、地方民族进行深入系统学习研究。在当下，还要对本地考古发掘予以重视。因为考古，特别是新的考古发掘和研究，对本地历史发展文化的再认识，有重要意义。

五是地方学研究要有世界眼光、国际视野。地方学虽然研究地方，但任何一个地方都与国家和世界密切相连。地方学研究者要研究世界、研究国际，具备世界知识、国际视野。

六是要重视民营经济和民营文化企业的发展研究。改革开放以来民营经济得到较快发展，一些民营企业家也开始投资文化事业和文化产业。他们建文化企业，文化书院，文化博物馆，民俗、民族历史博物馆。建历史文化研究院，开展历史文化研究。有些民营企业家还开展地方经济社会发展研究、当代地方社会发展研究，这些都为开展地方学研究提供了丰富的研究资料。他们研究一般接地气，有新意，民众易接受。我们新疆塔城学研究室近几年，就是充分利用这些民营经济和民营文化企业的研究成果，开展新疆塔城学和新疆地方学研究。

七是重视信息网络化建设，用新的信息网络化手段和方法，提高地方学研究和传播能力。建立各地地方学网址、网站，扩大地方学社会影响和交往交流手段。

八是地方学要面向社会、面向大众、面向市场开展研究。要积极探索地方学研究走出一条服务社会、服务大众、服务市场的新路子，使地方学不只少数人研究知道的领域，而成为一项社会和民众都认可、认知的大众学问。

九是积极建设各地地方学文化书院，探索利用文化书院开展地方学的研究和传承。书院作为传统文化教育机构，对文化和教育的发展起到了巨大的推动作用。书院起源于汉代，历经唐宋元明清而不衰，补官学之不足，兴私学之鼎盛，是中国传统文化和教育的重要载体。据统计，书院从唐代的 59 所、五代的 13 所、宋代的 515 所，发展到明代的 1962 所、清代的 5863 所，除去跨越两朝以上重复统计的 1277 所，历代新创建书院合计 7525 所。到晚清改制时，有 1606 所书院被改为大学堂、高等学堂、中学堂、小学堂、师范学堂、校士馆、存古学堂、女子学堂、实业学堂、蒙学堂等各级各类学堂。书院文化教育所表现出来的哲学思想、人文精神、教化功能、道德理念，集中体现中国传统文化对个人修养、人格培养和塑造的积极作用。2019 年在阿塞拜疆首都巴库举行的第 43 届联合国教科文组织世界遗产委员会会议上，韩国 9 所保存了朝鲜王朝时代儒学私塾原貌的书院，以"韩国新儒学书院"之名成功入世界文化遗产。在日本也有许多书院成为文化教育和地方学研究发展的重要场所。

在新时代我们要充分利用传统书院文化的这种好形式，积极开展各种文化书院的建设和利用。通过建设各种书院，弘扬传统历史文化，推进各国、各地区地方学研究学习交流和发展。

十是重视和支持民间社会团体、文化机构和个人开展地方学和地方文化研究。随着经济文化和社会多样化发展，目前社会上和地方上，有许多自愿研究本地地方学的专家学者和单位团体。党和国家及地方党委和政府要在政策上给予更多的支持和引导，鼓励个人或社会团体、文化研究机构从事地方学和地方历史文化研究，扩大地方学研究的社会基础和社会影响力。

仇安鲁，新疆塔城学研究室主任。

创建张家口学的可行性研究

李殿光

目前，张家口正处在京津冀协同发展、后奥运经济崛起、建设国家可再生能源示范区的历史机遇期，也处在社会经济转型发展的关键时期。一方面面临着各种新问题、新矛盾需要破解，另一方面需要文化的引领和支撑，并制定出切实可行的方案去实施。借鉴北京、广州、杭州、泉州、鄂尔多斯等发达地区或城市的经验，处在社会经济转型期和快速发展的张家口，急需一门学科的引领和支撑，为张家口发展搭建智库型的文化平台；为破解张家口发展的难题提出新思路、新方案、新举措。从张家口文化发展史上考察，目前有记述张家口的纪实性文章、专著等为载体的"史"，有记载张家口自然、政治、经济、文化、社会历史与现状的资料性文献的"志"，却没有把张家口的历史、地理、文化，乃至经济社会的发展等方面的内容作为一门学问来系统研究的"学"，即张家口学。什么是张家口学？张家口学既不是"史"，也不是"志"，更不是专门的应用性学科研究，而是涉及人文科学、社会科学、自然科学领域诸多学科的综合性学科，是研究张家口的产生、发展、演变规律及时下现状与未来发展的科学。按照目前国内外地方学学者的通行说法来说，张家口学应该是地方学的重要组成部分。"从20世纪末到21世纪初，地方学异军突起，大有抢滩占地之势，仅在国内就有上海学、广州学、扬州学、泉州学、鄂尔多斯学等。还有以某个文化现象为研究对象的，例如'红学''敦煌学'等。这些区域或专题的研究在国家学科建设中均没有列入，但是研究已经成为地方的品牌，而且深入人心，成为专门的学问。这些以某个区域或城市为载体的研究机构或团体，尽管在国家学科建设中没有标注，但是研究内容丰富，研究态势红红火火，不仅有理论研究，而且接地气。理论研究结合地方实际，不仅系统记述、梳理了地方文化，而且在研究历史和当代问题时，由于理论联系实际，鲜明地提出为地方党委和政府的决策提供理论服务和智力支持，直接服务于地区社会经济发展，更加凸显其存在价值。"[1]地方学作为一门新兴学科，就目前而言，尚未形成独立的学科体系，但国内外以某一区域或某一城市作为研究对象进行地方学方面的探索性研究，已有成功的范例。诸如国外有首尔学、伦敦学、巴黎学等，国内有上海学、北京学、扬州学、鄂尔多斯学等，这些地方的文化学者，以浓郁的家乡情结和全新的视野、深厚的学养、缜密的思考，集思广益，认真考证，对所居城市进行全方位、高起点、广角度、宽领域、多层次的深入研究，取得了一批振兴地方文化、引领经济社会发展的丰硕成果。在区域性地方学研究方兴未艾的当下，本文借鉴鄂尔多斯学、北京学等地方学的成功案例，探讨创建张家口学的可行性。

一　张家口学的提出

明宣德初年"张家口"是一个小村戍堡的符号，作为聚落之名，随着经济社会的发展，人流与物流的集聚，到1939年初，正式置市，演变成一个城市之名。1993年7月，随着行政区划的调整，张家口地、市合并，成为河北省下辖地级市，由此演变成为一个地域名称，沿袭至今。通常来说，张家口在广义上指张家口城乡地域（包括张北、桥西等19个县区），狭义上仅指张家口主城区。

"张家口学"是"因地名学"，顾名思义是研究张家口地域社会、政治、经济、历史、文化、宗教和地理、生态等领域发展变化的学问。地域上以张家口主城区为中心，同时辐射广义的张家口地域；从社会层面讲，研究的内容可以说是张家口的人文社会环境、自然环境的内部规律；从纵向上讲既研究传承历史，也关注现实，还预测未来。研究的主要对象是张家口的历史与文化，

---

[1]李建平：《试说北京学及北京学研究内容》，载张宝秀、李建平主编：《专家学者谈北京学》，北京：学苑出版社，2018年，第233页。

自然地理与生态演变，现代经济社会发展的重大理论与现实问题，以及未来的发展思路、措施和战略目标等。实际运作中聚焦经济社会中的重大问题和现实问题，策划研究项目，设计科研课题，制定实施方案，应用多种学科对张家口经济社会、历史文化、生态建设等领域重大理论与现实问题进行深入研究，提出解决问题的对策和建议。为各级党委、政府决策和企业发展提供咨询服务，从而实现张家口的可持续发展。

二 创建张家口学具有良好的基础，并使其作为一门独立的学科成为可能

张家口市地处京、冀、晋、蒙四省区市交界处。全市总面积36873平方公里，历史上是兵家必争之地，"背枕长垣（长城）、面临洋水（洋河），左挹居庸（居庸关）之险，右拥云中（大同）之固"；向来是塞外重镇，居咽喉要道，扼西北诸省，京师之锁钥。其特殊的地理位置在国家政治、经济、国防上，占有十分重要的地位。

（一）张家口有悠久的历史

200万年前，桑干河中游的泥河湾盆地，曾经是东亚地区古人类文化的摇篮，历经沧海桑田巨变成为古人类发祥地之一。蔚县、赤城、尚义、康保等县境内还发现了不少新石器文化遗址，分别属于仰韶、龙山、红山等文化类型。这些考古物证说明，新石器时期人类祖先就生息在这片古老的土地上。4700年前，黄帝、炎帝和蚩尤先后来到涿鹿一带，共同生息、战斗，创造了"千古文明开涿鹿"的辉煌业绩，形成了以部族融合、文化融合为特征的"合符文化"。历史上有文字记载以来，这里又先后是匈奴、柔然、鲜卑、突厥、契丹、女真、蒙古等少数民族与汉民族繁衍生息融合之地，随着王朝的更迭、疆域的易主、民族的迁徙，留下了各民族奋斗的光辉历史。

中国近现代史上，张家口占有十分重要的位置。从抗日救亡的塞外烽火，到解放战争的最后决战，张家口大地上发生过著名战争、重大战役和连续不

断的战斗，记载着众多爱国将领、志士仁人得解放、求生存，英勇杀敌的丰功伟绩，也铭刻着中国人民不能忘却的历史教训。这里有共产党人点燃的星星之火，成为华北地区重要的革命策源地之一；这里是晋察冀边区的首府，享有"文化之城"的美誉。这些光辉历史在张家口留下了许多可歌可泣的英雄事迹和丰富的革命历史文物遗址、遗迹，成为可供瞻仰、观光的全民国防教育生动教材和红色文化旅游基地。

（二）张家口有丰富的文化资源

自然环境和历史变迁是地域文化生成、发展的物质基础。张家口自古以来是南北两大政治、经济、文化单元碰撞、交流、并存和融合的地区，沉淀了中华民族大家庭共同的智慧和文明。早在春秋战国时期，燕赵文化、游牧文化、边塞文化、长城文化等就积淀出异彩纷呈的文化资源。这里历经明、清、中华民国、中华人民共和国近600年跨越，有农耕文化和游牧文化的撞击与融合；有古堡文化、邮驿文化、民俗文化等在这里交融汇聚；有儒家文化、道家文化、佛家文化、伊斯兰文化在这里的传播；有世界闻名的"北方丝绸之路"张库商道培育出的商贸文化；有"文化之城"美誉的革命传统文化；又有与京、冀、晋、蒙等地多种地域文化的共存交融。如此种种，共同构成张家口绚丽而极具生命张力的优秀传统文化体系。同时，国家级非物质文化遗产蔚县剪纸、东路二人台等，都在这里留下了深刻的时代印记。历史上的张家口从军事要塞、中原屏障、陆路商埠，到雄踞塞外的重镇，使生活在这里的人们及其文化具有旺盛的生命力，成为一座积淀深厚、特色鲜明的文化资源富矿。

（三）张家口有良好的经济基础

新中国成立70多年来，张家口人民在中国共产党的领导下，艰苦奋斗，励精图治，开拓进取，经济发展成就斐然，综合实力显著增强。1949年新中国成立之初，全市地区生产总值（GDP）仅为1.2亿元……有记载的1957年财政收入仅为0.63亿元。……到2018年突破300亿元，达到304.1亿元。随着财政收入的强力增长，财政支出规模持续扩大。1957年财政支出仅为0.27

亿元，到 2018 年突破 500 亿元，达到 561.5 亿元。不断增强的经济财力，为促进全市经济发展提供了有力的资金保障。[2] 70 年来人民生活实现了历史性改观，"城镇居民人均可支配收入由有记载的 1962 年的 156 元提高到 2018 年的 31193 元，增长了近 200 倍，年均增长 9.9%；农村居民人均可支配收入由 1962 年的 41 元增加到 2018 年的 11531 元，增长了 280 倍，年均增长 10.6%。城乡居民储蓄存款由 1952 年末的 0.03 亿元增加到 2018 年末的 2378.5 亿元，年均增幅达了 18.6%。"[3] 所有这些，为张家口学的创建，并有财力支撑专家学者专门从事地方学研究奠定了坚实的经济基础。

（四）张家口有一大批地情资料与理论成果，为创建张家口学提供了条件

张家口最早的方志当属明朝正德年间（1506—1520），王崇献纂修的《宣府镇志》（明朝正德刻本），以后相继出版的各种方志《两镇三关通志》（明朝嘉靖年间刻本）、《万全县志》（乾隆七年版）、《口北三厅志》（清乾隆二十三年刻本）、《察哈尔省通志》（民国二十三年刊行）等均对张家口某一时期的地情进行了记载。清末及民国时期，到张家口考察的人员所写的游记、笔记，记述了张家口的地情资料。如匡熙民《张家口游记》（载《新游记汇刊续编》第 5 册，上海中华书局印行）、范长江《塞上行》（1937 年出版，宁夏人民出版社，2000 年重版）等。另外，国外一些探险家、学者也相继来张家口旅行考察，所写的游记、笔记，有很高的史料价值。如俄国阿·马·波兹得涅耶夫《蒙古及蒙古人》（刘汉明等译，内蒙古人民出版社，1983 年），就有关于张家口地方情况的实录。20 世纪 80 年代，张家口市、县两级政府相继启动了新中国第一次修地方志、地名志的序幕，编纂出版了《张家口市志》等一大批地方志书、行业志及地名志书。这一时期，市、县政协文史委（科），组织文史工作者们相继编纂出版了《张家口文史资料》《张家口文史》系列

---

[2]《辉煌七十年 奋进新时代——新中国成立 70 周年张家口发展成就巡礼》，张家口新闻网，2019 年 10 月 16 日。

[3]《辉煌七十年 奋进新时代——新中国成立 70 周年张家口发展成就巡礼》，张家口新闻网，2019 年 10 月 16 日。

丛书，极大地丰富了张家口的地情资料。

多年来，张家口各所高校、各学术团体以及分布在各行各业的专家学者、一线工作人员为张家口的建设服务提供了不少有水平的科研成果，有的已成为各级党委、政府决策的理论依据。如《张家口历史文化研究》《张家口社会科学研究》等刊载了一大批有关张家口历史、文化、经济、宗教等方面理论文章。张家口历史文化研究会成立以来，先后组织编写或参与编写出版了《张家口历史文化丛书》（12本）、《张家口事典》等23部著作，较全面地对张家口市历史文化进行了挖掘和梳理。特别是近些年张家口市社会科学研究所编纂的《张家口市发展蓝皮书》作为张家口经济社会发展研究、展望、对策建议类丛书，有很强的资政作用。

（五）有一支理论素养高、实践经验丰富和著述能力较强的研究队伍

2003年12月24日，以张家口泥河湾历史文化研究会（2008年11月，改称张家口历史文化研究会）成立为标志，拉开了张家口历史文化研究的序幕。市级层面相继成立了张家口晋察冀边区文化研究院、张家口察哈尔文化研究会等各类社会团体。这些团队旗下集聚了一大批长期在张家口工作、生活的知识分子，其中有为张家口做出贡献的老领导干部，有较高学术水平的地方历史文化爱好者，有省、市高校的中青年教师，也有一些学有专长、事业有成的青年才俊。同时，张家口各科研院所和党政部门有年富力强的中年研究人员，又有接受了较多新观念、新思维方法的青年科研工作者。这些人员多年从事张家口历史、文化、经济、宗教等方面研究，有一定的学术造诣，是开展"张家口学"学术研究的中坚力量。

三 创建张家口学是地方文化发展的必然

地方文化是一个地域赖以存在和发展的基础，是一个地方现代化进程中的灵魂和魅力，也是快速发展的经济社会中的核心竞争力。中国特色社会主义现代化建设的根本任务是满足人民日益增长的物质和文化生活的需求。当人们生活温饱了，文化建设自然提上日程。如今从地方各级党委、政府到工商企业，从领导干部到平民百姓，从专家学者到地方历史文化爱好者，大家都在关心文化、谈论文化，并掀起全社会的"文化热"。助力地方文化的繁荣发展，有助于提升一个地域的文化软实力和居民幸福指数。一些发达地区的地方文化发展到一定程度，应运而生了"因地而名"的地方学。借鉴发达地区的经验创建张家口学，主要基于以下四个方面。

（一）随着经济的全球化，地方文化也将面临着重大挑战

"伴随着经济的全球化，文化也出现了全球化趋势，这是人类文明发展不可逆转的趋势，是一把'双刃剑'，既为地方文化发展提供机遇，也使地方文化面临外来文化的挑战与威胁。"[4]所以，在全球化的快速发展过程中，一方面地方文化如不挖掘出特色或丰富其内涵，打造出品牌，就将面临着被销蚀湮灭的危机；另一方面文化多样性是当今世界文化发展的潮流，地域文化只有跻身于先进文化的序列，才能受到有识之士的关注，并勇立潮头。张家口是多元文化并存的聚集地，有特色的地域文化，还没有显现出应有的魅力或发挥应有的作用。张家口文化如何跻身于国内先进地区的文化发展序列，继而走向世界，成为当前文化发展的瓶颈。通过创建张家口学开展研究活动，挖掘整理张家口优秀传统文化，取其精华，去其糟粕，是实现文化创新发展的基本路径。

（二）地方文化只有在构建学科体系下进行研究，才能收到事半功倍的效果

"随着地域文化研究的深入发展，学科建设提到议事日程。于是，地方学研究在全国应运而生，并成为当今地域文化研究进入新阶段的根本标志和新发展的主流趋势"[5]现阶段张家口地域文化的研究，大多集中在个案的研究或探讨中，有的往往局限在描述性的"文化解释"中，部分领域学术性研究还停留在表面化、概念化状态；而纵向地、贯通地审视研究张家口地域文化发展

---

[4] 张宝秀、成志芬、张妙弟：《地方学的地方性与世界性》，载张宝秀主编：《北京学研究》，北京：中国社会科学出版社，2015年，第9、10页。

[5] 刘开美：《地域文化与地方学研究》，北京：学苑出版社，2015年，第287页。

状况的著述凤毛麟角，还谈不上真正学科意义上的研究。不必讳言，这些成果与国内外地域文化研究的总体水平以及经济社会发展所期望的目标，还相差甚远。学术研究本身就是系统工程，离不开多学科的联合攻关和综合性研究。"地方学，是在地方文化研究基础上构建新的系统性学科知识体系。"[6]在学科体系下，坚持科学研究的方法，实事求是的研究态度，充分发挥学者、乡土专家的作用，力争以宏阔的视野、深厚的学养、缜密的思考，从社会学、地理学、民族学、人类学、考古学等学科，高站位、广角度、多层次、宽领域对张家口地域文化总体脉络进行梳理和系统研究，廓清思路，揭示出内在的规律，较为系统全面地展现张家口地域文化的特色；深入挖掘张家口地域文化的内涵，努力打造一批具有较高学术水平和较大影响力的研究成果。为张家口改革发展探路前行，提供理论支持和文化支撑，顺应时代发展的大趋势。同时，在学科体系下研究张家口地域文化，做到有"章"可循，也避免研究过程中的随意化、庸俗化现象，步入健康的、规范的轨道，研究成果也能经得起学界和实践的检验。

（三）创建张家口学是提升张家口文化软实力的有效途径

"文化的功能主要表现在凝聚人心，唤起民众，以文教人，以文育人，以文娱人。"[7] 21世纪，文化建设已成为中华民族伟大复兴的重要课题，随着改革开放和社会主义现代化建设的持续健康发展，文化软实力已成为经济社会的重要支柱。目前，张家口正在推进京津冀协同发展，聚力建成"首都两区"、打造"河北一翼"，加快建设京张体育文化旅游带，加快发展六大产业的关键时期。上述目标任务的实现离不开科学的世界观、方法论的引领和支持，更需要在张家口学的框架下，挖掘张家口文化的深层价值，提炼属于张家口唯一性、独特性的优秀文化，原汁原味体悟其中的思想内涵、精神实质，打

---

[6] 包海山：《地方学的构建与应用——以中国内蒙古鄂尔多斯学为例》，首届亚洲地方学与地方文化研讨会交流材料，北京联合大学北京学研究基地、鄂尔多斯学研究会印制，2019年10月，第17页。

[7] 伏来旺：《研究地域文化的意义与路径》，载奇·朝鲁主编：《地方学研究》第1辑，北京：学苑出版社，2018年，第286页。

造自己的文化品牌还有大量的工作去做。从张家口学的视野下，既要挖掘有地域特色的优秀传统文化，又要弘扬积极上进的先进文化，才能卓有成效地提升张家口文化的软实力。

（四）创建张家口学是"文化自信"的需要

习近平总书记在中国共产党第十九次全国代表大会上的报告中指出："没有高度的文化自信，没有文化的繁荣兴盛，就没有中华民族伟大复兴。"文化自信不仅是理论自信、制度自信、道路自信的基础，也是人们最根本的文化自觉和内生动力。张家口从一个军堡经过近600年的发展，成为一座雄踞北方的城市，文化的因素起了核心作用。张家口具有博大精深的传统文化底蕴，蕴含着无限的创意和深邃的内涵，无论是对于推动经济发展方式转变，还是提升经济社会的运行质量，都具有重要作用。对张家口地域文化挖掘、整理、辨析、传承和弘扬，是张家口人确立"文化自信"的必然路径。另外，文化自信不能仅仅停留在文化的呈现形式层面，只有通过宣传、推动、熏陶等潜移默化的外力渗透到人们的价值理念、思维方式和行为方式中，才能实现真正意义上的文化自觉。所以，通过创建张家口学，在学科体系下，挖掘优秀传统文化的时代价值，使之百花齐放，繁荣兴盛，撑起地域文化的桂冠，对于坚定人们的文化自信，有着无可替代的功能或积极的推动作用。

四 创建张家口学是时代发展的要求和社会经济转型的需要

当今世界随着文化多样性理念的推广，地方学正成为世界性的显学，日益发展壮大。就张家口目前而言，在成功举办冬奥会、冬残奥会后，实现后奥经济的崛起，并聚力"建设首都水源涵养功能区和生态环境支撑区"，打造"河北一翼"，努力走出一条绿色发展、生态强市的新路。特别是在国内外新冠疫情防控的复杂形势下，统筹抓好疫情防控和经济社会发展。这给张家口提出了前所未有的新课题。如何更好地建设张家口、发展张家口、繁荣张家口，既需要全市干部群众齐心协力、真抓实干，更需要理论的引领和文化的支撑。理论的形成，文化的支撑，就需要创建一门学科来完成。为了解决实际问题，往往超越学科界限，跨学科地研究一个地域的历史、现实、未来发展的学问，张家口学也应运而生。

从历史发展趋势来看，创建张家口学是时代的呼唤，也是历史的必然。2021年11月17日，国务院学位委员会关于印发《交叉学科设置与管理办法（试行）》的通知（学位〔2021〕21号）明确了交叉学科是多个学科相互渗透、融合形成的新学科，具有不同于现有一级学科范畴的概念、理论和方法体系，已成为学科、知识发展的新领域。地方学作为跨自然科学和人文社会科学的交叉学科，其学科属性、研究对象、研究内容、研究意义在新时期被赋予了新的内涵。张家口学是研究张家口历史发展规律，弘扬文化意义，剖析解决现实社会问题，探索引领张家口未来发展的一门学科。它担负着为张家口钩沉史实、挖掘亮点，立足现实、服务社会，谋划未来、引领发展的学术重任，也对经济社会发展有着不可或缺的支撑作用和资政育民的指导作用。迄今，使张家口由传统走向现代、区域融入全球，就需要汇聚起加快发展的正能量，以正能量推动张家口经济社会高质量发展。做好这些前所未有的工作，适时创建张家口学，走学科化之路，为张家口的发展提供经世致用的理论体系、知识体系、话语体系，也为张家口市各级党委、政府决策提供服务、智力支持。

社会经济转型，主要是指产业结构、增长方式、经济格局的转变，是市场经济运行中的必然趋势。经济增长的因素是资本、劳动力、技术和地理优势，但最终起决定因素的是文化。特别是文化产业的发展，依托厚重的历史文化底蕴，才能创新发展路径。实践告诉人们，在社会经济转型的背后，是理论的引领、认识的突破、思想的变革、文化的支撑。如何让人们的思想认识适应社会经济转型，理论的引领和文化的支撑作用不可或缺。理论研究也就呼之欲出，张家口学历史地承担起这个任务。张家口大力发展冰雪经济、新型能源、数字经济、高端制造、文化旅游、健康养生、特色农牧七大主导产业，加快建设体育之城、活力之城、康养之城、文明之城、富强之城，是前无古人的事业。许多新矛盾、新问题都可能出现，需要在发展中化解和解决。"服务是地方学研究不断发展的动力，也是地方学研究的生命。地方学研究要保持不断发展的势头，就要坚持以服务地方发展为宗旨，使地方学研究与服务地方经济社会发展有机地结合起来，这样，地方学研究就会引起政府的重视，赢得社会各界的支持。"[8]创建张家口学，一方面需要挖掘和弘扬张家口传统文化的价值和意义，打造张家口的文化名片，是实践和时代的需要，也是我们这一代人的责任担当。另一方面搭建服务社会平台，以学科知识体系的研究报告、决策咨询、产业预测等形式，为经济社会发展提供理论和智力支持，才能引起政府的重视，赢得社会各界的支持，学界也有用武之地。

综上所述，创建"张家口学"，从学科建设上说是张家口社科界理论建设上的里程碑，对于全市物质文明、精神文明、生态文明建设，能够起到积极的推动作用。可以说，"张家口学"让我们从一个崭新的视角，全方位、多侧面、深层次地来研究张家口，提升张家口历史文化、社会发展、改革开放等方面研究水平，对于推进张家口的发展具有重要的现实意义。具体而言，在张家口学构建过程中，一方面需要整合张家口各行各业各学科的研究人员和智力资源，共同探索构建跨学科的综合性、系统性的"张家口学"学科体系。另一方面，需要对"张家口学"的学科内涵、研究对象、研究内容、研究方法路径以及与其他学科的关系等，展开全面、深入的系统研究。实际工作中以习近平新时代中国特色社会主义思想为指导，坚持理论和实践相结合，坚持历史、现实和未来相统一，并借鉴北京学研究会、鄂尔多斯学研究会办会理念，以引领区域经济社会发展为追求，创建具有张家口特色的"张家口学"。

李殿光，张家口历史文化研究会副会长、秘书长，《张家口历史文化研究》主编，张家口市非物质文化遗产保护项目论证会专家。

---

[8]张有智、谢耀亭：《新时期地方学研究的几点思考——以晋学研究为例》，载张宝秀主编：《北京学研究》，北京：中国社会科学出版社，2015年，第18页。

地方学研究

北京学和澳门学的比较分析

张冷习

地方学是近些年兴起的一门关于地方学问的新学科，这门学科是随着经济的发展、社会的进步、文化的繁荣而随之兴起的。关于地方学的定义较多，虽然都是围绕地方两个字命名的，但这些定义还是有一些区别的。特把一些文章里的地方学定义引用在此，供研究者参考。其一为：地方学是一门以本地区的历史文化、人文活动、生态环境等为研究对象的综合学问，既是彰显本地区历史文化丰厚内涵的一门地方性学科，也是弘扬地方文化的主要学术平台，更是打造地区文化品牌的重要手段。其一为：地方学是一项研究特定地域总体属性的综合学问，既通观这一地方的历史与文化根脉，也关注当今经济社会发展的独具特性和总体趋势。其一为：地方学，综合起来就是对特定区域内特有的文化资源加以整合和研究的一门学问。其一为：地方学是以特定地域里的人类形成发展过程中的活动，以及所创造的物质性与非物质性成果作为研究对象的文化学科。其一为：地方学是一门研究某一区域自然和人文环境共同组成的区域综合体的形成、演变、发展规律的应用理论学科，也是一门新兴学科。其一为：地方学是一门以特定区域为特征的、以历史文化研究为主线的、应用的、诸多学科交叉的文化学科。还有一些定义，这里就不再引用了。一般认为，地方学是20世纪60年代兴起的一门新兴学科，其奠基之作是美国学者马纳斯·查特杰于1963年出版的《经济发展的管理与地方学》一书。他们认为地方学是从城市研究开始的，城市为了可持续发展、提高城市竞争力、扩大城市影响力，对一个城市进行综合性的研究，属于城市地方学的范畴。城市地方学建立和发展的基础是城市的个性。一般来说，城市都有共性，但共性存在于个性之中。在地理科学中,城市属于聚落地理学的范畴。[1]地方学国内外皆有。据上海社会科学院副院长、历史研究所所长熊月之的研究,国外伦敦学、巴黎学、罗马学都早已存在。在日本,不但早就有了东京学、大阪学、横滨学,而且《东京学》《大阪学》的著作早已问世。在我国,台北有"台北学"之说,香港的学者已经出版了《香港学》专书,日本香港文学研究会也将有关香港的研究,概括为"香港学"。国内早在20世纪80年代就有建立"上海学"的刍议。2004年一部反映海外上海学的研究概况的《海外上海学》问世。上海大学还专门设置了《上海学》课程。1998年北京市设立了北京学研究所。2004年西安政协委员也倡导建立"西安学",关于"武汉学"的研究也成为近年来学者们探讨的一个论题。[2]在国外的地方学还有雅典学、富士学、首尔学、仁川学、济州学、釜山学等,在国内的地方学则随着经济发展、社会进步、文化繁荣,各级各类地方学研究团体不断增加,现在已经有了几十家。地方学研究机构对地方社会经济的发展、人文资源的挖掘、地域个性的研究、地方文化传统的传承等诸多方面做了大量的工作,社会影响力和知名度也在不断地扩大。本文重点对北京学和澳门学作一些比较分析,期望能对北京学和澳门学的研究起到一些推动作用。

一 北京学与澳门学研究方向等的对比分析

(一)北京学与澳门学研究方向等的对比

1. 发展历程:北京学——1998年1月,经北京市政府批准,北京联合大学北京学研究所成立。2004年9月,北京市哲学社会科学规划办公室与北京市教委联合批准设立北京学研究基地,是首批北京市哲学社会科学研究基地之一。2008年11月,北京联合大学北京学研究所被推举担任中国地方学研究

---

[1] 叶骁军:《关于建立城市地方学若干问题的探讨》,《西北史地》,1999年第3期。
[2] 戴宾、陈光、刘从政、陈伯君:《关于建立"成都学"若干问题的思考》,《成都日报》,2007年2月12日。

联席会执行主席单位，工作至今。[3] 1999年12月25日第一次召开北京学学术研讨会，以后每年召开一次北京学学术年会，现在已经召开了20次北京学学术年会。

澳门学——20世纪80年代中期，一批澳门学者提出了构建澳门学的设想，澳门基金会、澳门大学等机构先后于2010年4月15日在澳门大学、2011年10月19—20日在里斯本科技大学、2012年11月14—16日在北京、2015年6月24—25日在澳门大学、2017年11月25日在暨南大学组织召开了五届澳门学国际学术研讨会。

2. 方向：北京学——重点研究方向，一是北京历史文化遗产保护与文脉传承研究（以时间为主线）；二是北京城乡地域综合体空间格局、发展过程与动力特点研究（以空间为主线）；三是首都北京文化特征与城市形象研究（时空相结合）。以宏观到微观层次的调查研究为重点，积极开展北京城市及区域发展的综合研究和应用研究，努力为推进首都北京的文化建设、社会进步和经济发展提供决策咨询，为北京城乡可持续发展服务，为首都发挥全国文化中心示范作用作贡献。[4]

澳门学——集中在两个方向，一个是确定学术规范的具体内容和技术操作，这涉及学术本体与认识论的确定方向；另一个是探索"澳门模式"的宏观特征和微观内容，这是研究课题的取舍问题。[5] 要把"澳门学"列为社会科学领域的重要学科加以建设和发展，并制定了相应的研究规划，争取在三至五年内有一批高质量的成果问世。

3. 研究成果：北京学——在北京历史文化遗产保护与传承、北京文化史、北京宗教史与宗教文化、北京民俗文化、北京城市空间结构等研究领域取得了一批代表性研究成果。出版年度《北京学研究》、年度《北京学研究报告》、

---

[3] 北京学研究基地网站。
[4] 北京学研究基地网站。
[5] 吴志良：《学术规范：澳门学学科建设的基础》，《全球视野下的澳门学》，北京：社会科学文献出版社，2014年，第4页。

年度蓝皮书《中国城乡一体化发展报告·北京卷》"北京文化史丛书""北京宗教史丛书""北京学丛书"等系列文集、报告集、专著近100部,发表论文数百篇,撰写调研报告数十份。这些研究成果产生了良好的社会反响,其中多篇作品获奖。研究基地自成立以来,共承担各级各类科研项目400多项。其中,国家级项目20多项,研究基地自设项目265项,省部级、局委办级和企事业单位委托项目100多项。[6]

澳门学——澳门学的蓬勃发展趋势引起了学界的广泛关注,为此成立了专门的澳门学网站来为各位研究者和爱好者提供交流平台。该网站系民间自发组织组建,非营利性组织,内有"澳门学定义与概念""档案古籍""期刊杂志""澳门老照片""澳门掌故"等板块,提供了大量的第一手史料和最新的学界研究动态,实为目前澳门学爱好者的最佳交流平台。[7]每届澳门学国际学术研讨会都得到国际学术界的热烈反响,有多个国家和地区的学者汇聚澳门,就"澳门学"的学术范式、学科建设、学科发展等问题进行讨论和交流,并展示"澳门学"研究的最新成果,出版了《澳门学引论》《澳门学:探赜与汇知》《澳门学研究著作书目》《全球视野下的澳门学》等文集,产生了较大的社会影响。

4.学术队伍:北京学——北京学研究基地学术队伍由北京学研究所,校内与北京学研究关系十分密切的科研机构、校内其他相关科研机构、学科、院系等,以及校外聘请特邀研究员"四个圈层"构成,专兼职相结合、校内外相结合、国内外相结合。[8]

澳门学——主要依托澳门大学等学术机构的学术队伍,同时凭借召开澳门学国际学术研讨会,借智推动澳门学的发展。

5.交流合作:北京学——北京学研究基地是一个开放性的学术研究和信息交流平台,已经与韩国首尔市立大学首尔学研究所、韩国瑞永大学地域发

---

[6] 北京学研究基地网站。
[7] 澳门学论坛网站。
[8] 北京学研究基地网站。

展研究所、北京地理学会、北京史研究会、内蒙古鄂尔多斯学研究会、泉州学研究所、珠江文化研究会等多家国内外地方学和地方文化研究机构建立了长期稳定的合作关系。[9]

澳门学——借助澳门大学澳门研究中心与澳门学国际学术研讨会及研讨会学术论文集，使澳门学成为对学术界产生深远影响的学科，并进一步使澳门在世界文化交流中发挥示范作用。

（二）北京学与澳门学研究方向等的分析

从以上对比中我们可以看出，两者开展地方学的研究起始时间差不多，都取得了丰硕的成果，但有三点区别：一是在研究方向上，北京学是重点围绕北京历史文化遗产保护与文脉传承研究，北京城乡地域综合体空间格局、发展过程与动力特点研究，首都北京文化特征与城市形象研究等展开的，而澳门学是围绕确定学术规范的具体内容和技术操作及探索"澳门模式"的宏观特征和微观内容等展开的，从这上面可以看出，北京学是以内容来丰富学科，澳门学是以学科来充实内容。二是在研究队伍上，北京学是内外结合、四个圈层，澳门学是广泛合作、广纳博收。三是在对外交流合作上，北京学利用中国地方学研究联席会，和国内的地方学研究团体、机构进行了广泛的联系与合作，推动了中国地方学的深入研究。同时北京学也注重与国外地方学研究机构的交流合作，和韩国首尔市立大学首尔学研究所、日本富士学会进行了多次学术交流，在2019年将举办首届亚洲地方学与地方文化学术研讨会，加强地方学的交流合作。澳门学从一开始，就注重全球视野和国际交流，将澳门学放在一个更大的范围，来深入探索澳门学的学科体系，这是澳门的历史和现实决定的，也是学术研究和学术探索所不可忽略的。

---

[9] 北京学研究基地网站。

二 北京学与澳门学定义等的对比分析

（一）北京学与澳门学定义等的对比

定义：北京学是研究北京的学问，是以北京城乡地域综合体为研究对象的现代地方学。[10]澳门学是一门以文献档案、文化遗产为基础，以历史文化和社会生活为研究对象，探寻澳门模式与澳门精神的国际性、综合性学科。

范畴：北京学是城市学与地方学相复合的综合学科，属于城市地方学。[11]从澳门文化的丰富内涵来看，"澳门学"并不是一般意义上的"地区性"学问。

核心：北京学为北京联合大学北京学研究所。澳门学为澳门大学澳门研究中心等。

宗旨：北京学以"立足北京、研究北京、服务北京"为宗旨。[12]澳门学以"致力打造'澳门学'为澳门的'文化名片'"为宗旨。[13]

特色及任务：北京学以地域性、综合性、应用性、开放性为特色。[14]澳门学以全球视野及学科理论，发掘澳门文化的内涵，探索不同文明在澳门"互动相生"的形态、特质和效应，是"澳门学"的主要任务。[15]

主体学科及研究对象：北京学以历史学、地理学和民俗学为主体学科。[16]澳门学以文献档案、文化遗产为基础、以历史文化和社会生活为研究对象。[17]

（二）北京学与澳门学定义等的分析

从以上对比中我们可以发现，由于两者定义、宗旨等不一样，所以在学术

---

[10]《专家学者谈北京学》编委会：《前言》，《专家学者谈北京学》，北京：学苑出版社，2018年，第1页。

[11]张宝秀：《中国地方学学科新认识与北京学研究新进展》，《地方学研究第2辑》，北京：知识产权出版社，2018年，第68页。

[12]《专家学者谈北京学》编委会：《前言》，《专家学者谈北京学》，北京：学苑出版社，2018年，第1页。

[13]澳门特别行政区政府新闻局网站。

[14]《专家学者谈北京学》编委会：《前言》，《专家学者谈北京学》，北京：学苑出版社，2018年，第1页。

[15]澳门特别行政区政府新闻局网站。

[16]《专家学者谈北京学》编委会：《前言》，《专家学者谈北京学》，北京：学苑出版社，2018年，第1页。

[17]王广：《第四届澳门学国际学术研讨会召开》，《中国社会科学报》，2015年6月29日。

研究路径上也有一些不同。一是在研究路径上，北京学以"立足北京、研究北京、服务北京"为宗旨，这是北京的历朝古都、文化名城，以及全国政治、经济、文化中心的地位决定的，所以北京学立足北京就可以大有文章可做。北京学不但可以利用北京地区的许多资源，还可以做许多应用性的课题，并以此为平台影响和辐射全国的地方学。澳门学要研究宣传和推广澳门，但因为澳门地方不大，因此许多专家、学者指出，研究澳门学，在以澳门历史文化及其传承为研究对象的同时，要"跳出澳门看澳门"，用更广阔的视野，更博大的胸襟，更纵深的学问来研究澳门学，让人们认识澳门及澳门模式。二是在特色及任务上，北京学强调了地域性、综合性、应用性、开放性，这是北京学的地位及学术底蕴决定的，澳门则强调了全球视野及学科理论，因为澳门从16世纪开始，就成为中西文化交流的桥梁，中国放眼看世界的窗口，所以要强调全球性、综合性和纵深性。三是在主体研究上，北京学以历史学、地理学和民俗学为主体学科，因为北京学的一些学者认为，地方学和地方文化研究可以借鉴人文地理学"地方"和"地方性"概念，而且北京的城市历史长，民俗学知识丰富，文脉深厚，有许多值得研究的对象。澳门学以文献档案、文化遗产为基础，以历史文化和社会生活为研究对象。澳门历史说起来也不短，新石器时代就有人类文明的足迹，但澳门在中西文化的交流中，已经有了澳门的特点。这样的格局，自是400多年历史演变的结果；而若追源溯流，史实更有复杂于这种表面现象者。澳门文化的底层，是与福建移民有关的福佬文化，然后覆盖了与广东移民有关的广府文化层、以葡萄牙为代表的西方文化层，至于中国其他地域的文化以及世界其他国家的文化，并未构成澳门历史的文化层，而只是一些特别的文化元素。理解这样的文化层与文化元素，又是我们理解澳门之语言、文字、民俗、饮食、宗教、信仰、建筑等的前提与基础。[18]

---

[18] 胡阿祥：《澳门学：我们应该做些什么》，《全球视野下的澳门学》，北京：社会科学文献出版社，2014年，第18页。

在这 400 年形成的文献档案、文化遗产，是我们理解澳门学、研究澳门学、形成澳门学的重要支撑。

三 北京学与澳门学开展学术研究部分可利用资源分析

从上面的对比中我们可以发现，虽然都是地方学研究，但北京学和澳门学在学术研究基础、文明成果传承、文化资源利用、理论框架搭建、对外交流合作、研究成果推广等方面，还是有一些区别的。这里面有历史的原因，也有地缘的原因。我们通过对比发现，北京学和澳门学可利用的历史资源、社会资源和文化资源有很大的不同。从历史资源上看，北京地区人类活动的历史悠久，早在六七十万年前就有了"北京人"遗存，还有北京山顶洞遗址。而且北京作为都城的历史悠久，一般认为有 3000 年建城史，先后有 12 个朝代在北京建都，有 850 年的建都史。北京作为中华民族的文化古都和世界上著名的历史文化名城，在历史资源上确实有许许多多可以挖掘的东西。而且北京可挖掘利用的文物古迹很多，这些优势是许多地方没法比的。我们再看看澳门的历史资源，澳门过去是一个孤悬海表的小渔村，古称濠镜澳，在历史上先后隶属于广东番禺县、南海县、东莞市和香山县，特别是与香山县的历史关系极其密切。葡萄牙的对外扩张，可以从 1415 年夺占北非休达算起，后来逐渐把在非洲寻找黄金和沿大西洋的航海探险结合起来，并且决意从非洲沿海出发去寻找印度洋。[19] 葡萄牙人再航印度洋后，慢慢开始在亚洲海域活动，并逼近了中国沿海，做买卖和进行宗教传播，当时中国人称葡萄牙为"佛郎机"。葡萄牙人于 1557 年占据了澳门，中国沿海第一次出现了一块外国人的殖民地。葡萄牙占据澳门九年之后，耶稣会就在此设立了第一个教区。此后，意大利传教士利玛窦于 1582 年来华，先到澳门，第二年去端州。1594 年另一位意大利耶稣会传教士郭居静，字仰凤，也是经由澳门

---

[19] 陈乐民：《来自伊比利亚半岛的不速之客》，《中西之交》，北京：北京出版社，2017 年，第 98 页。

到韶州协助利玛窦的。[20] 16 世纪中叶，因应中外贸易的新形势，明朝政府划出澳门半岛西南部一片地段，供以葡萄牙人为主的外国商人居住及进行贸易，澳门由此发展成 19 世纪前中国主要的对外港口，也是亚洲地区重要的国际港口。贸易活动的兴盛吸引了世界各地的人前来，一个融合欧、亚、非、美四洲人民的"华洋杂居"的国际城市由是诞生。葡萄牙人将这个用城墙围起的城市命名为"天主圣名之城"，今天的澳门历史城区就是它的核心部分。后来不同地方的人，带着不同的文化思想，不同的职业技艺，不同的风俗习惯来到这里生活。在这种机遇下，澳门得风气之先，成为中国境内接触近代西方器物与文化最早、最多、最重要的地方，是当时中国接触西方文化的桥头堡。所以北京学的历史资源要向深度挖掘，澳门学的历史资源要从广度开展。从社会资源上看，北京作为首都，汇聚了许多国家机关和研究机构，其社会资源是其他地区没法比的。北京不但是全国政治、经济、文化中心和交通枢纽，也是许多重要会议召开的地方，还有许多研究机构、高等院校、媒体、出版社、博物馆和外国使馆，是一个世界都关注的城市。北京在全国的影响很大，是国人向往的地方。北京学研究基地根据学术研究需要，可以把这些资源转化为具体服务内涵的客体，为其所用；可以借助北京的地缘优势、社会资源，在许多方面开展研究工作。澳门位于中国大陆东南沿海，地处珠江三角洲的西岸，北邻广东省珠海市，西与珠海市的湾仔和横琴对望，东与香港相望，相距 60 公里，南临中国南海，由澳门半岛和两个小岛组成，面积 32.8 平方公里，总人口 65.6 万。澳门共有院校 12 所、5 个医院，有电子传媒和纸媒，也有外港、内港、临时客运码头和海运码头及国际机场，金融业、旅游业、电讯业及博彩业发达。澳门当下在多元旅游、会展经济乃至文创产业等方面，呈现良好发展态势，商机无限。[21] 这些社会资源

---

[20] 陈乐民：《来自伊比利亚半岛的不速之客》，《中西之交》，北京：北京出版社，2017 年，第 129 页。

[21] 梁耀宗：《凝聚社团力量，开创澳门未来》，《莲花绽放，濠江巨变——澳门回归十五周年亲历记》，北京：人民出版社，2014 年，第 350 页。

为澳门的可持续发展提供了支撑。所以澳门学要树立于世界学术之林，成为有影响、系统化、综合性的学问，需要借助国内及国际的社会资源开展研究。从文化资源上看，北京作为政治、文化的中心的城市功能与特点就是都市文化的显著特征。在都市文化方面，北京比任何一座城市都有资格。作为都市，北京最大的特点是包容，因为是都市，各种文化就要向这里集聚。由此，都市文化还是文化交流荟萃的平台。[22]地因人而活，人因地而聚。李泽厚先生说，"人是文化的沉淀"，许多人因为各种原因来到北京，无形中进行了文化的融合与交流，使北京文化成为一种多元的、融合的、内涵丰富的文化。北京学对北京文化的梳理和研究，包括"一城三带"的研究，都大有可为。澳门400多年来，华洋共处，多元文化，多种语言，不同价值观念，各类宗教信仰、风俗和生活习惯在这片土地上相互影响、融合共存，逐渐发展成为澳门本身的独特文化。所谓澳门文化，其实是传统中华文化和以拉丁文化为特质的西方文化共存的并行文化，是以中华文化内涵为主、兼容拉丁文化的具有多元色彩的共融文化。[23]至2014年底，澳门共有10个非物质文化遗产项目，其中8个项目列入《国家级非物质文化遗产代表性项目名录》，1个项目列入联合国教科文组织《人类非物质文化遗产代表作名录》。[24]中西文化或中西文明的会面，及由此引起的摩擦、冲突部分的和有条件的交融，就要曲折地开始了。[25]东西方文明的对话、交流与互动，孕育了新的文明形态，形成了多元、包容、和谐的"澳门文化"。澳门学的研究要从文化的互动互生、和谐包容、多元丰富中寻找价值和论据，推动澳门学的深入研究。要拓展和深化澳门学研究的内容，让澳门学这门年轻的学问产生重要的社会影响。

总之，在全球化的进程中，在社会进步与经济发展中，在学人们的努力

---

[22] 李建平：《北京文化的特点——兼论北京文化与北京学》，《专家学者谈北京学》，北京：学苑出版社，2018年，第144页。

[23] 2017澳门年鉴——文化体育，澳门特别行政区政府新闻局网站。

[24] 2017澳门年鉴——文化体育，澳门特别行政区政府新闻局网站。

[25] 陈乐民：《来自伊比利亚半岛的不速之客》，《中西之交》，北京：北京出版社，2017年，第130页。

下，推动了各地地方学的兴起和发展。地方学作为一门新兴的学问，与诸多学科间存在着必然的联系。地方学不但具有地域性这一特点，也具有社会性、综合性、系统性、整体性、应用性、科学性、深入性、人文性等特点，所以我们要立足地方、稳步推进、广泛交流、博采众长，持续地推动地方学的深入研究。北京学和澳门学虽然有许多不同的地方，但都依据自身的优势，通过基础规范的建设与学术活动的开展，取得了很大的成绩，相信随着双方交流的深入，学科体系的建立，地方内涵和价值的挖掘，必将进一步推动北京学与澳门学的建设和发展。

张冷习，内蒙古博源控股集团有限公司主任编辑、政工师，鄂尔多斯学研究会理事。

内蒙古研究的新立意新格局新气象

——评新书《内蒙古学概论》

王利俊

如果说 2020 年 8 月内蒙古学研究会的正式成立，标志着内蒙古地方学研究从分散研究提高到系统而全面的研究，标志着"内蒙古学"这门独具意义的综合性新兴学问及其命名开始得到越来越多的人的认同，那么 2021 年 6 月《内蒙古学概论》的编写出版，无疑是我们内蒙古在中国地方学研究领域的一项突破性成果，无疑是我们内蒙古社会科学北疆研究文库的先河扛鼎之作，无疑是我们内蒙古自治区社科联、内蒙古学研究会、内蒙古学研究基地的抛砖引玉之作。

内蒙古研究的新立意、新格局、新气象就此呈现，内蒙古学研究的新起点、新视角、新境界就此开启，并持续向纵深推进。何以见得？

《内蒙古学概论》一书由内蒙古人民出版社出版发行，编委会可谓阵容强大，主任、副主任、编委都是内蒙古社科界大咖。杭栓柱、胡益华、朱晓俊再次携手，联袂策划主编；来自内蒙古自治区党政机关、高等院校、社科研究单位的 20 余位专家学者，参与编撰、编校和编审工作；内蒙古自治区社科联党组书记、主席高慧广作序，衷心希望以该书的编写出版为契机，开好头、起好步，围绕中心、服务大局、发扬特色，不断推出新的更多的研究成果。

打开 40 万字的《内蒙古学概论》一书，主题突出、结构合理、体例规范、语言朴实，是我们首先会作出的评价。全书分"内蒙古学基础论""内蒙古学主体论""内蒙古学未来论"等上中下三编，主要围绕三条主轴线展开：一是时间轴，重点研究内蒙古在时间上的历史演变；二是空间轴，重点研究内蒙古在空间上的地域特点；三是结构轴，重点研究内蒙古在经济建设、政治建设、文化建设、社会建设、生态文明建设和党的建设等方面的主要特点、独特贡献，同时对内蒙古的未来发展做出分析预判，力求对内蒙古学的研究对象、研究范围做出全景式的透视和描述。

"内蒙古学基础论"共分两章六节。第一章"时代呼唤内蒙古学"，重点阐释了创建内蒙古学的重要性、必要性和可能性，其重要性主要体现在它具有的理论意义、实践意义、政治意义和历史意义；其必要性主要体现在它是对内蒙古进行深刻认识的需要、系统总结的需要、综合研究的需要、长远规划的需要；其可能性主要体现在全国地方学的启迪、相关学科的支撑、研究队伍的集聚、研究成果的积累、社会各界的支持。第二章"内蒙古学是一门综合性学问"，重点阐释了内蒙古学的概念与特征、研究对象与视角和研究任务、思路与方法，我们不妨重点学习领会该书对内蒙古学概念的界定："内蒙古学主要以现代行政区划的内蒙古、兼顾历史地域意义上的内蒙古为主要研究空间，以现实问题研究为主，以内蒙古历史、经济、政治、文化、社会、生态文明等领域内蒙古现象和特点为研究对象，揭示内蒙古各领域的个性特征，分析其规律以及原理，以解释、解决内蒙古面临的现实问题及未来发展为着眼点的一门学问。"

正如杭栓柱主编在《内蒙古学概论》之"前言"中所指出的："由于内蒙古学的研究领域具有无限的广阔性，所以必须借助其他学科的特点、知识体系、理论架构来为内蒙古学研究提供必要的理论涵养，它既是高于其他学科的学问，又具有很强的综合性，是在其他学科协同作战的基础上得出的学问，与其他学科相互交融、相互交叉、相互渗透。"这里说的"其他学科"，我本人理解至少应该包括经济学、社会学、历史学、文化学、民族学、生态学等。至于其研究方法，不外乎文献分析法、历史比较法、调查分析法、数据分析法、多学科综合研究法和系统分析法等。

"内蒙古学主体论"占了全书绝大部分篇幅（第三章至第十章），共分八章三十二节，依次为"内蒙古的历史演进""内蒙古的经济建设""内蒙古的政治建设""内蒙古的文化建设""内蒙古的社会建设""内蒙古的生态文明建设""内蒙古自治区党的建设""内蒙古的精神特质",其中的"六大建设"都遵循了"发展历程、主要特点、独特贡献、经验启示"等逻辑架构,让人一目了然,时空感极强。我本人尤其对"内蒙古的精神特质"情有独钟,便想着重点与大家分享一下其核心要义。

谈及内蒙古精神特质的形成过程,我们自然不会忘记,正是各民族交融的历史奠定了内蒙古精神特质的底蕴,红色革命孕育了内蒙古精神特质的品格,"模范自治区"建设培育了内蒙古精神特质的内核,新时代的伟大实践塑造了内蒙古精神特质的灵魂。而守望相助理念、蒙古马精神、乌兰牧骑精神,无可辩驳地构成内蒙古精神特质的丰富内涵。大力弘扬内蒙古精神特质,既有利于增强全区各族人民的中华民族共同体意识,又有利于推进新时代"模范自治区"建设,既有利于走实走好"生态优先、绿色发展"为导向的高质量发展新路子,又有利于形成推动内蒙古未来发展的强大力量。鉴于此,我们就要在宣传教育中强化认同、在融入贯穿中强化培育、在奋斗实践中强化践行,进而确保内蒙古精神特质的传承与弘扬。

"内蒙古学未来论"共分两章六节,包括第十一章"内蒙古未来发展面临的机遇与挑战"、第十二章"内蒙古未来发展的目标:建设新时代模范自治区"。该编能够客观分析和梳理内蒙古未来发展的现实基础、重大机遇,直面和直击内蒙古未来发展的现实挑战、短板弱项,进而明确提出"建设新时代模范自治区"这个内蒙古未来发展的目标任务。其时代内涵、时代意义显而易见,其时间表、路线图明白无误,全区上下首先要牢记总目标、明确总方向、把握总要求、谋划总路径、夯实总载体,积极投身"建设亮丽内蒙古 共圆伟大中国梦"热潮,踔厉奋发"书写新时代内蒙古发展的新篇章"。

毋庸讳言,任何一门新兴学问在其诞生之初,无不是先小众化再大众化普及化,"内蒙古学"乃至《内蒙古学概论》也如是,加之全国类似可供参考的地方学著作较少,书中难免有诸多不尽如人意之处。但瑕不掩瑜,承载着无数社科工作者厚望和责任的《内蒙古学概论》，对当下乃至今后研究内蒙古、阐释内蒙古、宣传内蒙古具有独特价值和重要作用，它注定是弥足珍贵的。

　　王利俊，内蒙古建筑职业技术学院党委委员、宣传部部长、副研究员，兼任内蒙古学研究会特邀研究员、内蒙古高校思政教育研究会副秘书长。

地方学研究的鄂尔多斯学研究会实践与启示

奇海林

鄂尔多斯学研究会走过 20 年历程，对我国地方学发展可谓贡献了鄂尔多斯人的智慧和力量。

一　过去五年的工作总结

从第四届理事会以来，鄂尔多斯学研究会始终坚持习近平新时代中国特色社会主义思想为指导，高举中国特色社会主义旗帜，关注人类命运共同体建设布局，紧跟中国特色社会主义现代化建设步伐，牢牢把握习近平总书记为内蒙古自治区现代化建设擘画的"两个屏障""两个基地""一个桥头堡"的战略定位，坚定不移地立足鄂尔多斯、研究鄂尔多斯、服务鄂尔多斯，在鄂尔多斯市为建设我国西部共同富裕的排头兵、黄河"几"字弯新旧动能转换的先行区、自治区生态优先绿色高质量发展的新路子方面，做了大量研究工作，取得了可喜可贺的成就，得到各级党政机关的充分认可和高度赞赏。

具体工作如下：

（一）社科普及开创新局

一是研究会重视社科普及工作。2017 年 1 月，鄂尔多斯学研究会就被批准为内蒙古自治区第五批社会科学普及基地。

二是活动形式多样、内容丰富。从 2017 年提出"三走进"（走进大学、走进网络、走进基层）开展社科普及工作以来，2018 年在高等院校组织开展系列讲座，全面实施"知识体系＋应用服务"工程；在基层边宣讲边调研，如 1 月 30 日，研究会专家组走进神东公司补连塔煤矿，听矿长、书记介绍，与队长、支书交流。3月19日，鄂尔多斯学研究会专家赴准格尔旗十二连城乡就如何实施乡村振兴战略进行调研。4月19日，鄂尔多斯学研究会专家赴鄂尔多斯市蓝海林顿酒店管理公司考察现代服务业的转型发展典型，并与酒店管理人员进行了座谈。6月12日，作为自治区第十二届社科普及第二季度活动周活动之一，由自治区社科联和鄂尔多斯市社科联、鄂尔多斯市委党校主办，鄂尔多斯学研究会、准格尔旗十二连城乡党委政府承办开展的以社科普及活动助推乡村振兴战略为主题的社科普及"七进"活动，走进准格尔旗十二连城乡开展了系列社会科学普及活动，自治区社科联党组成员、副主席胡益华和社科普及部部长朱浪，鄂尔多斯市社科联、鄂尔多斯市委党校、鄂尔多斯学研究会、鄂尔多斯应用技术学院等单位领导以及准格尔旗委宣传部副部长苏永江、十二连城乡党委书记杨峰、乡长刘舟等干部群众150余人共同开展了活动。在自治区第十二届社科普及活动周走进十二连城乡社科知识普及活动启动仪式上，内蒙古自治区社科联、鄂尔多斯市社科联、鄂尔多斯市委党校、鄂尔多斯学研究会、鄂尔多斯应用技术学院分别向乡干部、村两委和群众代表赠送了《鄂尔多斯学研究成果丛书》《鄂尔多斯学研究》等10余种100余册社科类书籍，开展了政策理论宣讲、展板展示等丰富多彩的活动，乌兰夫纪念馆外联部主任孟巍作了红色教育进基层专题授课。活动期间，参观了十二连城乡智慧党建展馆，详细了解了十二连城乡党建带动新农村发展建设情况，与十二连城乡党委政府领导、村级两委班子召开乡村振兴战略社科知识普及座谈会。6月19日，鄂尔多斯学研究会专家赴伊金霍洛旗伊金霍洛镇布拉格嘎查，调研集体经济引领下的乡村振兴特色旅游新尝试的实施情况。2019年3月29—30日，鄂尔多斯学研究会专家赴乌审旗调研全国民族团结示范典型。8月31日，伊泰集团事业部党总支组织开展"不忘初心、牢记使命"主题教育专题党课学习。邀请鄂尔多斯学研究会荣誉会长、原伊克昭盟副盟长奇·朝鲁，鄂尔多斯市委党校副校长、专家委员会主任奇海林、常务副会长兼秘书长杨勇分别作题为《伊泰的"四个不变"办企原则》《"不忘初心 牢记使命"》

《如何讲好成吉思汗、蒙古族与鄂尔多斯历史故事》的专题讲座。社科普及经过一个阶段的实践，鄂尔多斯学研究会将"三进"扩展为"七进"。2019年3月23日，由内蒙古社会科学院、内蒙古社科联、中国蒙古学学会主办，鄂尔多斯市社科联、鄂尔多斯市社科院、鄂尔多斯学研究会、鄂尔多斯应用技术学院、鄂尔多斯职业学院、鄂尔多斯市委党校承办，主题为"幸福中国"的庆祝2019年"国际幸福日"研讨会在鄂尔多斯市举行。2020年3月23日，内蒙古自治区第十四届社科普及第一季度活动周启动。鄂尔多斯学研究会积极贯彻落实活动安排，精心策划活动内容，制作了线上科普新媒体产品，掀起了社科普及助力社会的活动热潮。2021年鄂尔多斯学研究会与鄂尔多斯广播电视台组织课题组，对鄂尔多斯红色百年历程进行梳理、研究，综合现有资料在鄂尔多斯电视台设《红色·鄂尔多斯》专栏，从7月1日开始在鄂尔多斯学研究会公众平台陆续推出，《红色·鄂尔多斯》50期，节目的推出进一步丰富和完善了红色资源理论展示成果，作为科普知识，让红色资源转化为生动教材，为各族干群提供丰富的爱国主义教育资源。并且生动地讲述革命先辈的家国情怀，对党忠诚、追求信仰、不畏牺牲、艰苦奋斗的精神。让广大党员干部在学、思、悟、践中筑牢红色信仰、践行红色精神、走好红色路子，持续扩大民族团结的"同心圆"。

三是受众人数多且效果好。既有校园里的师生、机关里的干部，也有农村牧区的农牧民、工矿企业的产业工人，还有社区的普通百姓、营房里的官兵干警，更有无数网民。

（二）研究工作走上新路

一是学术活动。2017年6月25日—26日，主题为"草原 城市 文化"的康巴什论坛在康巴什区召开，此次论坛是由内蒙古社科联、康巴什区委、区政府、鄂尔多斯学研究会主办，康巴什区委宣传部、鄂尔多斯学研究会专家委员会承办的学术研讨会。9月25日，由中国地方学研究联席会、鄂尔多斯市社科联、鄂尔多斯市社会主义学院、鄂尔多斯学研究会共同举办"中国地方学研究交流暨鄂尔多斯学学术座谈会"在鄂尔多斯市委党校召开。来自北京学、广州学、鄂尔多斯学等30多个地方学、地方文化研究机构专家学者、鄂尔多斯学研究会部分理事90多人参加座谈会。学术座谈会共收到论文70篇。2018年8月19日，由自治区党委宣传部、自治区社会科学界联合会主办、鄂尔多斯学研究会等协办的首届"内蒙古学"论坛在呼和浩特市举行。自治区党委常委、宣传部部长白玉刚出席论坛并讲话。本次论坛是第十五届中国·内蒙古草原文化节草原文化论坛的分论坛之一。论坛上，中国社会科学院学部委员、研究员郝时远，宁夏政协原副主席、宁夏大学原校长、党委书记，鄂尔多斯学研究会荣誉会长、专家委员会荣誉主任陈育宁等来自区内外的专家学者围绕"讲好内蒙古故事"这一主题，就"内蒙古学"的创建、丰富与发展进行了主题发言和深入探讨。鄂尔多斯学研究会常务副会长兼秘书长杨勇、专家委员会主任奇海林和研究会部分理事、专家参加论坛。研究会荣誉会长、专家委员会荣誉主任陈育宁教授作题为"对地方学的一点认识"的主题发言，鄂尔多斯学研究会副会长包海山作题为"鄂尔多斯学研究的经验及对内蒙古学的启示"的汇报发言。9月19日，由杭锦旗委宣传部、鄂尔多斯学研究会主办，鄂尔多斯学研究会专家委员会、鄂尔多斯学杭锦旗研究会承办的库布其历史与文化研讨会在锡尼镇召开。12月14日，"回顾与展望——鄂尔多斯改革开放四十年社会科学研究座谈会"在市委党校召开。会议由鄂尔多斯市社科联、中共鄂尔多斯市委党校、鄂尔多斯学研究会主办。邀请到了天津市委党校副校长赵晓呼教授，内蒙古社科联副主席胡益华，内蒙古党校副校长安静赜教授，市委宣传部副部长陈曦，鄂尔多斯应用技术学院副院长何鹏教授等80多位领导和专家莅临。2019年7月16日—18日，由中国社会科学院民族学与人类学研究所、内蒙古社会科学院、中国人类学民族学学会丝绸之路文化产业专业委员会、鄂尔多斯学研究会共同主办，中共鄂尔多斯市委党校、鄂尔多斯市社科联、鄂尔多斯应用技术学院、鄂尔多斯职业学院、内蒙古鄂尔多斯学研究会共同承办的第三届民族地区文化产业发展论坛在鄂尔多斯市委党校举行。内蒙古政协原副主席、鄂尔多斯学研究会荣誉会长夏日，宁夏回族自治区政协原副主席、宁夏大学原党委书记、校长、教授、博士生导师、鄂尔多斯学研究会荣誉会长陈育宁，内蒙古政协副主席伏来旺，中国社会科学院民族与人类学研究所党委书记、教授方勇、鄂尔多斯市委常委、副市长倪嘉宇，以及来自北京、云南、江苏、湖北、广东、甘肃、内蒙古、辽宁、宁夏、广西、河北等各地院校和研究机构的专家学者、鄂尔多斯学研究会部分专家、理事、文化产业代表共120余人参加此次论坛。9月15日—16日，由宁夏大学西夏学研究院、鄂尔多斯学研究会、乌审旗委、旗政府主办的"鄂尔多斯党项西夏文化与区域文化旅游融合发展研讨会"在乌审旗召开。9月28日，由全球精品律所联盟（EGLA）、内蒙古自治区律师协会、内蒙古大学法学院、鄂尔多斯市工商业联合会、鄂尔多斯学研究会主办的"鄂尔多斯经济现象与创新法律服务高峰论坛"在鄂尔多斯市成功召开。鄂尔多斯学研究会专家委员会主任奇海林在会上作题为《鄂尔多斯经济发展现象研究》的主题演讲。高占胜等在会上致辞。2020年7月4日上午，由内蒙古民族理论学会和鄂尔多斯学研究会共同举办的"内蒙古践行铸牢中华民族共同体意识"专题研讨会在鄂尔多斯市少数民族文化交流中心召开。7月7日，由鄂尔多斯学研究会、鄂托克旗努图克文化研究会主办的鄂托克旗非遗口述史调查研究座谈会召开。2021年5月28日，杭锦旗"黄河流域高质量发展"主题文化建设交流研讨会在锡尼镇召开。鄂尔多斯学研究会和内蒙古自治区社会科学平台——沿黄生态保护与高质量发展智库联盟作为学术支持单位参加本次研讨会。7月11日，鄂尔多斯学研究会在鄂托克旗乌兰镇召开"鄂托克旗黄河'几'字弯高质量发展文化与智库建设专题"调研座谈会。9月16日，鄂尔多斯学研究会和内蒙古自治区社会科学平台——沿黄生态保护与高质量发展智库联盟共同召开"黄河'几'字弯绿色高质量发展"学术研讨会。

二是调研活动。2017年1月17日，由鄂尔多斯学研究会、杭锦旗委、旗政协共同主办的老红军乔桂章同志文史资料征集座谈会在东胜召开。2018年

8月11日，鄂尔多斯旅游景区发展调研座谈会在苏泊罕旅游景区召开。会议由鄂尔多斯市旅发委、市工商联、东联控股集团、鄂尔多斯学研究会主办。2018年以来鄂尔多斯学研究会组织专家开展成吉思汗祭祀文化口述史调查研究，现已采访100多位达尔扈特人员，收集资料大约2000分钟视频、音频。该项目列入2018年内蒙古文史馆重点研究课题。2019年7月18日—26日，鄂尔多斯学研究会组织学会领导、专家学者赴陕西省榆林市、准格尔旗、鄂托克旗、宁夏回族自治区固原市先后对陕北地区历史考古与地方文化、准格尔旗民间民俗文化、西鄂尔多斯蒙古历史文化、宁夏六盘山红色历史文化及生态进行考察。2020年7月7日，由鄂尔多斯学研究会、鄂托克旗努图克文化研究会主办的鄂托克旗非遗口述史调查研究座谈会召开。2021年7月9日—11日，鄂尔多斯学研究会组成专家调研组，赴鄂托克旗开展了以红色文化桃力民、历史文化百眼井、民俗民间乃日文化为主题的"鄂托克旗黄河'几'字弯高质量发展文化与智库建设专题调研"活动。

三是著作工程。2017年《鄂尔多斯学研究2017年论文集》蒙古文著作出版，2018年《温暖世界 骄子情怀——鄂尔多斯经济40年》一书出版发行，《伊金霍洛旗改革开放40年》出版发行，《律动康巴什》出版发行，《鄂尔多斯蒙古王爷——沙克都尔扎布》出版发行。2019年《鄂尔多斯学研究2017年论文集》《库布齐历史文化研究》出版。2020年《经济腾飞路——由高速度增长转向高质量发展》《2035的鄂尔多斯》出版发行。2021年《团结崛起的乌审》和《绿色乌审》《强旗富民准格尔》《烽云印记 伊金霍洛》《奋斗足迹》《红色鄂尔多斯》《绿色鄂尔多斯》《发展鄂尔多斯》《文化鄂尔多斯》《幸福鄂尔多斯》《鄂托克旗史迹拾遗》《鄂托克旗非物质文化遗产口述史》《鄂托克文化风采》《我与鄂尔多斯（第五卷）》，2022年《回望履痕》出版发行。

（三）队伍培养充满朝气

基本形成了老中青、市内外，围绕项目、课题，动态组合，灵活运用的专家学者队伍。市内以市委党校、博物院、应用技术学院、职业学院、生态环境职业学院、民幼师等为主，以部分退休干部和专家为辅。

二 未来五年的工作安排

（一）指导思想

以习近平新时代中国特色社会主义思想为指导，以习近平总书记擘画的内蒙古发展战略定位为底色，以鄂尔多斯市现代化建设为根本，继往开来，凝心研究，聚力服务，团结带领老中青、市内外专家学者始终不渝地坚持立足鄂尔多斯、研究鄂尔多斯、服务鄂尔多斯的新时代要求，为建设实力鄂尔多斯、活力鄂尔多斯、绿色鄂尔多斯、宜居鄂尔多斯、幸福鄂尔多斯发挥更好的智库作用。

（二）发展目标

将研究会建设成为内蒙古自治区一流的地方学研究团体，为中国地方学发展贡献鄂尔多斯实践经验与理论智慧。1.研究会自身建设更加扎实。2.学术活动市里楷模、自治区前列、在国内有一定影响。3.社科普及市里典范、自治区先进、在国内有相当影响。

（三）发展举措

1.用机制保障研究会常务理事会坚强有力。2.用项目、课题带动研究人员创造出更多更好的学术成果。3.用激励机制吸引更多更加优秀的中青年专家学者参与研究会研究项目和课题。4.用好"智库联盟"这个自治区级平台。5.力争打造出至少两个自治区研究机构或高等院校级合作研究平台。6.创新与全国地方学研究平台的协同合作机制。7.高质量完成《鄂尔多斯大辞典》的修订编撰工作。

奇海林，鄂尔多斯学研究会会长，专家委员会主任。

凝心研究、聚力服务的鄂尔多斯学研究会

王春霞

鄂尔多斯学研究会创立于2002年9月16日，经鄂尔多斯市委、市政府批准，鄂尔多斯市民政局注册登记的鄂尔多斯地区专门致力于鄂尔多斯学研究、进行学术文化交流的学术性团体。鄂尔多斯学研究会从成立以来就坚持以"打造品牌地方学，构建和谐研究会"为战略目标，以"立足学术、服务建设、创新机制、着眼发展"为办会宗旨，以"举社会之力，办大众之事"的办会理念，明确了"向心、奉献、低调、务实、节俭、高效"的会风建设标准。创新履践"因时代而立、因作为而兴、因特色而美、因交流而跃、因文化而久"的立会兴会理念，迈出新步伐，创造新业绩，取得新成果。

一 鄂尔多斯学研究会的创立和概况

2002年3月12日，奇·朝鲁副盟长写给陈育宁教授一封信，信中写道："近期鄂尔多斯的一些老同志议论着要创立一个'鄂尔多斯学研究会'，将社会上对鄂尔多斯有研究、有造诣的人士组织联络起来，对鄂尔多斯进行全方位、广角度、宽领域、多学科、高水平的研究活动，将其创立为一门学说。……今写此信，意在请你指点。……请你不吝赐教，谈谈你的看法，如创立鄂尔多斯学的必要性、可行性、应设置的研究课题，研究方向定位，研究会的组织机构等方面。"

10天之后，即3月22日，陈育宁教授在给奇·朝鲁的回信《关于建立鄂尔多斯学的初步建议》中说："闻之十分兴奋，似乎将心中久久蕴藏的模糊想法一下子挑明了"。陈育宁教授对鄂尔多斯学的意义、鄂尔多斯学的内涵提出

了设想；建议组建机构，建立资料中心、创办刊物、出版丛书、举办研讨会、宣传鄂尔多斯，编纂《鄂尔多斯大辞典》。从此，共同创建鄂尔多斯学的事业，又把奇·朝鲁和陈育宁紧紧地结合在一起。陈育宁在 2002 年 9 月鄂尔多斯学研究会成立大会上说，奇·朝鲁同志虽然退居二线，却干了一件"一线"的大事，必然会取得"前线"的成果。

回顾总结鄂尔多斯学研究会 20 年的辉煌奋斗历程，重点做了"三件大事"。

一是创建了一个地方学品牌——鄂尔多斯学。陈育宁教授是鄂尔多斯学的奠基人，他对鄂尔多斯学概念作出了基本框架性科学定义。后来，进一步明确了对鄂尔多斯社会、经济、文化、生态现象进行知识上系统归纳、升华、概括，使之成为鄂尔多斯最具价值的精神财富和精神家园。陈育宁教授又率先提出了"鄂尔多斯学＝知识体系＋应用服务"的命题，引导鄂尔多斯学研究向建构地方学学科的新高地迈进。鄂尔多斯学，已成为鄂尔多斯的一张文化名片，成为鄂尔多斯社科研究领域能够拿出去的一个品牌，其影响力早已经突破了市界、区界，甚至国界！

二是创办了一个探究活动的平台——鄂尔多斯学研究会。这是为专门研究探索鄂尔多斯学提供组织保障的公益性社会组织，是内蒙古自治区第一家在中国西部较早成立的地方学研究团体，一成立就成为自治区社科联的团体会员单位。这为曾在鄂尔多斯工作过的老领导们提供相聚相会、忆往昔谈现在、老有所乐的场所；为社会名人学仕和企业经营管理者提供"充电"学习、理性思考、纵论世事、探究规律、指点迷津的场合；更为专家学者提供了探究鄂尔多斯文化宝库，创建鄂尔多斯学体系、服务于鄂尔多斯经济社会科学发展，实现抱负、施展才华的舞台。大家在这里共同享受工作、享受尊严、享受生活。

三是创组了一支研究团队——鄂尔多斯学研究会专家委员会。在鄂尔多斯学研究会成立的同时，组建起了以陈育宁教授为主任、后来以奇海林教授为主任的几十人组成的专家委员会，这在当年是鄂尔多斯学研究会的一大发明创举，现已发展壮大成为一支老中青三结合的研究梯队，形成稳定保有100多位专家学者的攻关研究团队。专家委员会有工作规章制度，有年度计划和长远研究规划，各位专家根据爱好自主参与，发挥各自专长。专家委员会成为名副其实的鄂尔多斯学研究事业的主力军。

二 开展多种形式、内容丰富的学术活动

鄂尔多斯学研究会自成立以来，积极筹划、组织、协调，采用调查、考察、访问、座谈、联谊、茶话、团拜、研讨、沙龙等多种方式、多个层次的形式组织各种活动，活动内容异彩纷呈、富有特色，活动成果丰富全面、专业深入，从而服务了政府、企业、社会。共举办了90多次各种类型的学术研讨会，每年参加地方各级党委政府与各种社会活动百余次。

鄂尔多斯学研究会组织、筹办的主要活动有：挖掘鄂尔多斯历史宝库，弘扬历史文化的核心价值，提出成吉思汗文化概念并列为研究课题的重点，与政府和企业合作，举办各种专题论坛。传承鄂尔多斯文化底蕴，先后对鄂尔多斯文化、成吉思汗文化、阿尔寨文化、秦汉边塞文化、漫瀚调文化举办专题研讨会。研判鄂尔多斯经济现象，鄂尔多斯学研究会就事关全市科学发展的全局性、战略性、前瞻性问题，就人民群众普遍关心的热点、重点、难点问题深入开展调研，充分发挥了为经济发展、社会和谐、人民幸福服务的作用。市委领导给予研究会的评价是"开展活动有特色，学术研究有成果，服务大局有作为"。鄂尔多斯学及其研究会已成为"鄂尔多斯模式"的构成元素之一。

（一）召开学术研讨会、座谈会，夯实鄂尔多斯学研究会的基础

鄂尔多斯学研究会从成立之日起立足鄂尔多斯，研究鄂尔多斯，召开系列学术研讨会、座谈会40次。围绕历史、文化、经济、生态、成吉思汗文化、黄河"几"字弯高质量发展等方面开展研究，对于鄂尔多斯市的发展起到了积极的推动作用，提升了鄂尔多斯的知名度、美誉度。鄂尔多斯学研究会不

断深化鄂尔多斯学研究内容和形式，促进地方学的发展建设，使鄂尔多斯学研究会真正成为鄂尔多斯先进思想的倡导者、学术研究的开拓者、党政决策的建议者、社会风尚的引领者、富民兴市的支持者。为此，召开年会、会员代表大会，加强自身建设，规范管理，把鄂尔多斯学研究会真正建成品牌地方学。为此召开各类年会10余次。在呼市召开面向全自治区的鄂尔多斯学研究座谈会，广泛征求各方面意见建议。为办好鄂尔多斯学研究会打下了良好的基础。

（二）创立和引领地方学

在全国范围内，鄂尔多斯学研究会最值得骄傲和自豪的是，创立了全国地方学研究联席会。2005年9月，鄂尔多斯学研究会成立三周年之际，由鄂尔多斯学研究会等6家地方学研究机构共同发起，在鄂尔多斯召开了"中国地方学研究联席会"成立大会，鄂尔多斯学研究会被推选为首任轮值主席单位。2008年底，北京学研究基地接替鄂尔多斯学研究会成为"中国地方学研究联席会"轮值主席。多年来，地方学、地域文化、城市文化研究领域呈现一派生机勃勃景象。鄂尔多斯学研究会仍是联席会的核心成员，还继续发挥着联络、交流、互鉴的作用，被许多兄弟研究单位称为"老大哥"，鄂尔多斯学研究会20多年来，举办过多场有兄弟研究团体参加的论坛、研讨会；有许多地方学社团应邀出席鄂尔多斯学研究会举办的研讨活动。多次派专家赴北京学、杭州学、广州学、泉州学、温州学、晋学等进行交流、考察、研讨。"中国地方学研究联席会"成为全国地方学研究团体之间互相学习、相互了解、增进友谊的桥梁和纽带。

三 丰硕的鄂尔多斯学研究成果

鄂尔多斯学研究会，凝心研究初创期所收获的基础性成果，有《鄂尔多斯学概论》《鄂尔多斯学研究成果丛书》《鄂尔多斯学研讨论文集》《鄂尔多斯学研究》等数百万字的留存文字记载。聚力服务探索性实践所取得的效果，有主办、承办、合办、协办的百余次（届）各级各类论坛、研讨会数百万字的论文集，有自治区各盟市首家编纂出版的大型工具书《鄂尔多斯大辞典》，有全国唯一在地市级机关报开办的《鄂尔多斯日报·鄂尔多斯学研究》月刊，以及《鄂尔多斯学研究会网站》等，有资助编审出版发行专家学者和社会各界人士创作的二十多部各类图书，有在国家主流媒体播出的超大容量、全景式、立体式展示鄂尔多斯的《走遍中国·鄂尔多斯》——《神奇的鄂尔多斯》大型电视专题片和影视作品等，留存时代记忆。这些成为历史记载的数千万文字，会告诉人们鄂尔多斯学研究专家学者们守正主线、凝心研究鄂尔多斯学知识体系，聚力服务鄂尔多斯建设发展实践，辛勤耕耘鄂尔多斯社科文化田园的真实故事；会让人们看到鄂尔多斯历届党政领导、相关部门负责人和社会大众给予鄂尔多斯学及其研究会的信任、依赖、信心的生动写照。

（一）党报支持，开设专版，宣传鄂尔多斯学

《鄂尔多斯日报·鄂尔多斯学研究专刊》的前身是《鄂尔多斯学研究会会员通讯》，在鄂尔多斯学研究会成立创办9期后于2003年7月18日起由鄂尔多斯学研究会和鄂尔多斯日报合办、研究会组稿编辑，《鄂尔多斯日报》每月出一期"鄂尔多斯学研究专刊"，于2020年12月改版为《学会研究》，现在已经出版238期。会刊《鄂尔多斯学研究》从2002年研究会成立以来开始创办，每年汉文4期，蒙古文1期，现在已经出刊84期，蒙古文10期。会刊、会报的出刊，对报道和宣传鄂尔多斯学研究会的工作，报道和宣传鄂尔多斯学这一学科的定位、内容以及会员、专家学者的研究成果，在提升鄂尔多斯学的学科建设方面，都起到了一定的作用，深受各界人士的称赞。

（二）编撰、出版《鄂尔多斯大辞典》和《鄂尔多斯学概论》

鄂尔多斯学研究会出版了100多本专著、书籍，《鄂尔多斯大辞典》和《鄂尔多斯学概论》无疑是其中的点睛之笔和经典著作。鄂尔多斯学研究会广泛征求意见和建议，于2005年6月成立了由市委、市政府主要领导挂帅的《鄂尔多斯大辞典》编纂委员会。2009年，《鄂尔多斯大辞典》编著完成，共

135万字3800个词条，分自然资源、历史、政法军事、经济、科学技术、文化、教育体育、医疗卫生、民族民俗卫生、成吉思汗陵祭祀、社会、当代人物等12个篇章，是一部汇集有关鄂尔多斯各方面知识的百科全书式的大型综合性辞书，用词条形式客观、准确、简明、扼要地全面介绍了鄂尔多斯的各类资源。本书是一部具有存史、资政、育人、宣传功能的综合性、地域性、知识性、实用性的大型工具书。荣获内蒙古自治区优秀社科成果政府奖三等奖。无疑是鄂尔多斯承前启后的扛鼎之作。

从2007年开始，鄂尔多斯学研究会奇·朝鲁会长、陈育宁教授便开始筹划、起草、讨论《鄂尔多斯学概论》。2012年，由奇·朝鲁、陈育宁主编的《鄂尔多斯学概论》出版，共20万字，导论之后有6个章节，都是鄂尔多斯独有的、有自身特色、自成体系、有自我发展脉络的文化瑰宝。本书阐释了对鄂尔多斯学内涵的基本认识，进一步明确了鄂尔多斯学的研究对象、基本内涵以及研究方向和方法，推动了鄂尔多斯学理论建设的发展和深化。

（三）鄂尔多斯学研究会编辑出版完成的系列丛书和学术成果

鄂尔多斯学研究会从建会之日起就开始出版"鄂尔多斯学研究丛书""鄂尔多斯学研究成果丛书""我与鄂尔多斯系列""鄂尔多斯学研究文库""鄂尔多斯市庆祝建党100周年访谈实录丛书""鄂托克旗文化丛书"《经济腾飞路》《2035的鄂尔多斯》等132部，这些图书的出版对新接触鄂尔多斯者而言，可谓古今大全，对常年工作在鄂尔多斯者来说，也是手头必备之工具书。策划制作影视作品5部。完成影响的课题10项。召开研讨会、座谈会、书评会109次。在新型工业化和信息化交互促进的新时代，鄂尔多斯利用能源资源优势，在党的西部大开发战略的推动下，焕发出特有的发展进步活力，而作为鄂尔多斯市改革开放发展繁荣的重要知识支撑和思想来源，鄂尔多斯学为这种发展进步提供了独特而直接的文化营养和历史推动力，做到了梳理史脉、多元一体、古为今用。

20年来，鄂尔多斯学研究会始终坚持"凝心研究、聚力服务"的根本目的，顺利实现了新老交替，由探索发展阶段迈入高质量发展阶段。在未来五年，鄂尔多斯学研究会用项目、课题带动研究人员创造出更多更好的学术成果。用激励机制吸引更多更好优秀中青年专家学者参与研究会项目和课题。用好用活"智库联盟"这个自治区级研究平台。培养出一批研究鄂尔多斯有影响力的中青年专家。未来，鄂尔多斯学研究会将牢记嘱托，不辱使命，踔厉奋发，砥砺前行，在习近平新时代中国特色社会主义思想的指导下，沿着中国特色社会主义现代化建设道路，以项目、课题为中心，以高等院校、党校、博物院、融媒体和社会各界关注鄂尔多斯社科问题的专家学者为基本队伍，以全国各地关注鄂尔多斯的学者为专家，开放办会，灵活运作，机制用人，充分调动一切社会力量，在实力鄂尔多斯、活力鄂尔多斯、绿色鄂尔多斯、宜居鄂尔多斯、幸福鄂尔多斯建设过程中，书写更多更好符合鄂尔多斯发展，带有鄂尔多斯泥土芬芳的有用文章。

王春霞，鄂尔多斯学研究会常务副会长，专家委员会秘书长。

铸牢中华民族共同体
意识研究

铸牢中华民族共同体意识的札萨克实践

王春霞　牧　兰

札萨克镇地处伊金霍洛旗西南部，东与伊金霍洛镇相邻，南与陕西省榆林市神木市接壤，西与乌审旗毗邻，北接红庆河镇。札萨克，为蒙古语，汉语意为执政官，札萨克镇原为札萨克旗王爷府驻地，因此得名。全镇区域面积1105平方千米，下辖27个行政村（127个农牧业合作社）、1个社区，总人口10436户25013人。

2023年2月23日，伊金霍洛旗札萨克镇铸牢中华民族共同体意识实践教育所在查干柴达木村"伊盟事变"纪念馆正式挂牌成立，这是鄂尔多斯市首家铸牢中华民族共同体意识实践教育场所。

随着人们对札萨克镇的关注度不断提升，我们调研组也深入这里，进行了一整天的走访调研，厚重的历史、英雄的故事、典型的事例、交往交流交融的佳话，真可谓"三天六夜九后晌七十二个半前晌也怕拉不完"。

一　这里曾经历史厚重

清乾隆元年（1736），清廷为了奖赏乌审旗协理台吉定咱热西的卓越战功，从乌审旗分出东哈然12个苏木新建立鄂尔多斯右翼前末旗，清廷赠予定咱热西并封札萨克印。因定咱热西为头等台吉爵位获封蒙旗札萨克印在当时清廷封赏札萨克历史中实属罕见，所以称札萨克台吉之旗。札萨克旗由此得名。

1900年，八国联军入侵北京，殖民主义对中华民族的压榨愈益水深火热。对内蒙古地区而言，清朝政府把"开放蒙荒"、搜刮"押荒银"作为筹饷的第一要务。这样，清朝政府、蒙古族王公同蒙汉人民之间的斗争就激化起来，展开了一场夺地与反夺地、开垦牧场与保护牧场的激烈斗争。鄂尔多斯蒙古族人民群众的"独贵龙"运动便由此发展起来。

清朝政府在札萨克旗强行放垦时，该旗喇嘛庙活佛旺丹尼玛（1872—1926）领导发动了"独贵龙"运动，多次击退护垦队和地主武装的进攻，成为著名的"独贵龙"运动领袖。1912 年，联合杭锦旗的厂汉卜罗领导后套地区"独贵龙"武装。1913 年，被宁夏总兵马福祥诱捕，押解至山西太原，在煤矿服役。后由北京政府释放，并委以陆军司令部高级参议头衔，予以软禁。20 世纪 20 年代初，旺丹尼玛与一批蒙古族革命者酝酿民族解放问题。1925 年 10 月，在张家口参加内蒙古人民革命党成立大会，当选为中央执行委员。1926 年秋，任内蒙古人民革命军总司令。年底遇害，终年 54 岁。

1931 年"九一八事变"后，日本帝国主义对内蒙古西部逐渐加快侵略步伐，在蒙古王公上层中大肆进行诱降活动，积极策划建立傀儡政权。"七七事变"后，归绥、包头相继失陷，日本陈兵黄河北岸，国民党溃军涌入伊克昭盟，局势紧张，社会动荡。1939 年 3 月，国民政府根据沙王（"沙王"全名"沙克都尔扎布"，1876—1945）"迁陵签请书"，决定将成吉思汗陵迁移青海。同年 6 月 11 日，用骡马轿车将灵柩请起南运。当时，国民党一位记者写道："成吉思汗灵柩是在伊克昭盟蒙古族人民的泪海中，离开伊金霍洛圣地。"护灵人员由鄂尔多斯部伊克昭盟七旗护灵代表贡布扎布及几名各旗来的随行工作人员和巴音扎布、巴雅尔达赉等 36 名守护灵柩并负责祭祀的达尔扈特人组成。护送部队为邓宝珊军长的部下，由 200 多名全副武装的卫兵宪兵组成。"成陵"西迁彻底粉碎了日本帝国主义的一场"黄粱美梦"，为中华民族团结抗日的伟大斗争凝聚起了无法替代的历史作用。

1943 年 2 月 21 日，不堪忍受国民党反动统治的伊克昭盟札萨克旗保安队官兵，杀死了追随警备总司令陈长捷的"党务特派员"白音仓（蒙古族）。得知此事后，陈长捷不顾多方劝阻，向札萨克旗王府派兵进行镇压。见敌人已经动手，保安队司令鄂其尔巴图决定提前起义，这便是历史上著名的"伊盟事变"。1945年，在党的七大政治报告中，毛泽东主席明确指出，国民党反人民集团否认中国有多民族存在，而把汉族以外的各少数民族称为"宗族"。他们对于各少数民族，完全继承清朝政府和北洋军阀政府的反动政策，压迫剥削，无所不至。1943年对于伊克昭盟蒙古族人民的屠杀事件，就是明证。

1949年7月7日，中国共产党伊克昭盟委员会在札萨克镇宣告正式成立；7月17日，中国人民解放军伊克昭军区司令部在札萨克镇宣告正式成立；11月26日，伊克昭盟首届各族人民代表大会在札萨克镇胜利召开，伊克昭盟人民自治政务委员会宣告成立，统治伊克昭盟各族人民的封建王公制度被宣告彻底废除。

综上可见，札萨克旗，札萨克镇，虽然地方不大，却有着厚重的历史，发生过伊克昭盟近代历史上具有里程碑意义的重大事件。

二　这里也有英雄故事

札萨克镇地处毛乌素沙漠北缘。中华人民共和国成立后，伊克昭盟推行"禁止开荒、保护牧场"的建设方针；20世纪60年代，伊克昭盟实行"种草种树基本田"政策，60年代中期至70年代中期，在"左"倾错误思想指导下，这里也出现过过度开垦种地现象，导致部分地区沙化情况严重。"植树造林、治理沙漠"，伊金霍洛旗各族人民群众走在全盟各旗前面，新街（今札萨克）各族人民群众更是一马当先，当仁不让，尤为突出的是时任新街人民公社社长的王玉珊同志接到组织调令，担任新街治沙站党支部书记兼治沙站站长。

为了改变"小风黄沙起，大风沙满天"的现状，王玉珊下定决心要和风沙做一场殊死的斗争。他带领技术员走遍了每个作业区的沙沙梁梁，大胆提出"零打碎敲不行，要干就要大干，进行大面积的封沙育林，把现有的点连成片，把片连成洲"。同时制定出"治沙站啃大骨头做示范，科学技术加土办法，动员群众走自己植树治沙的路子"的治沙方案。

王玉珊和全站职工一干就是20年，黄陶勒盖作业区、新街作业区、阿鲁图作业区……一个个变绿了，一座座沙丘固定了。大片的黄变成了大片的绿。从建站到1989年，他们造林达到20.7万亩，保存面积达到14.4万余亩，18万亩流沙被控制住了，植被覆盖率从15%增加到60%，沙进人退的被动局面扭转了。

人们永远不会忘记，20年间，他和职工们与沙漠抗争的情景，每天带上干粮，饿了烧堆火烤干粮吃；渴了喝不上水，嘴唇总是干裂着；风暴袭来，人能被黄沙埋半截。

人们永远不会忘记，在每个农牧民家中，在每个作业区那个满脸皱纹的"黑脸老汉"动员群众、指挥造林的身影，还有他对农牧民常说的那句话，"你们不要走，把沙治住，将来这里准是个好地方。"

20年间，王玉珊站长领上技术员，用拖拉机拉上树苗，到村里、到农牧户家中，手把手地教技术。与三个公社的村社制定了"一带、二帮、三支援"的挂钩计划。治沙站职工与沙化严重的11个村联合治沙造林，培养农牧民技术员267人，造林面积达到20万亩，控制流沙30多万亩。

在治沙过程中，王玉珊还积极参与科学研究，扩大治沙造林的成果。1978年初，他主动提出在新街地区搞飞播试验项目。首次飞播试验，飞播优良牧草1万多亩，当年成活率达45%以上。10年，共完成飞播治沙73630多亩。1982年，中国林学会沙漠考察团组织的飞播鉴定会在新街治沙站召开，鉴定委员会认为："播区5年之后，植物保存率为63.2%，播区植被覆盖度由原来的5%—15%，增加到35%。"由于成效显著，新街治沙站荣获了内蒙古自治区飞播种树种草科研成果二等奖。

1978年，王玉珊站长代表伊克昭盟新街治沙站出席了全国科技大会和全国科学治沙会议，治沙站获得国家"毛乌素沙区治沙造林技术科研奖""科研成果奖"。国家林业局授予新街治沙站"全国治沙造林先进集体"。王玉珊同志获得内蒙古自治区林业系统先进工作者、内蒙古自治区劳动模范光荣称号。

时间见证了一切。王玉珊用心血和汗水使风沙肆虐的不毛之地焕发出盎然生机，让茫茫荒漠变成了一片绿洲。然而，当王玉珊耗尽心血栽种的大片大片树木抽出新条的时候，1989年3月29日，他却永远闭上了眼睛，终年59岁。

如今，王玉珊站长已经长眠于这片染绿的土地。他用大写的人生在茫茫风沙线上，为后人树起了一座不朽的丰碑。他的拼搏精神，深深地镶嵌进后人的灵魂。

1989年8月，时任国务委员的陈俊生同志在伊克昭盟视察工作期间，为王玉珊同志题词。同年10月5日，中共伊克昭盟委员会、伊克昭盟行政公署作出了《关于向王玉珊同志学习的决定》，号召全盟各行各业的干部职工学习王玉珊，推进伊盟的经济开发建设，为伊克昭盟植被建设贡献力量。

1992年，王玉珊同志纪念碑所在地被伊金霍洛旗旗委、旗政府命名为"伊金霍洛旗爱国主义教育基地"。镌刻着"功在社会，利在子孙，造福人类"碑文的纪念碑在层层叠叠的绿树中矗立着，记载着原新街治沙站党支部书记、站长王玉珊率领各族人民群众治沙造林的英雄业绩。

三 这里不缺致富模范

在札萨克镇有这样一个人，他带领嘎查农牧民，将荒漠变成了绿洲，"原始部落"变成了先进集体，贫困牧区变成了富裕嘎查，他用优异成绩谱写出一首动人的基层共产党员奉献之歌。他就是伊金霍洛旗札萨克镇门克庆嘎查阿文色林。

阿文色林，出生于1955年，1986年加入中国共产党。2003—2006年连续四年获得"全旗优秀共产党员"称号，2010年被评为自治区劳动模范，2011年获得"全旗十佳优秀共产党员"称号，2011年7月获得"全市优秀共产党员"称号，2013年7月获得鄂尔多斯市基层党组织示范带头人称号。现为札萨克镇门克庆嘎查党支部书记，中央、自治区、市、旗、镇党员代表。

1986 年，阿文色林开始了嘎查村干部的工作之路，一干就是 27 年，从社长到嘎查主任，再到嘎查党支部书记，他的每一步都是饱含艰辛，但每一步都深得群众支持和拥护。

"泥巴房、贫困户，见个汽车当怪物，明沙梁里等救助。"这是门克庆嘎查农牧民们自编的描述过去生活的顺口溜，面对漫漫黄沙，面对贫穷落后，身为村干部的阿文色林再也坐不住了，他下定决心要带领嘎查农牧民走出黄沙，走出贫穷。他四处奔走，争取国家专项资金、争取国家政策支持，先从改变生态环境入手，带领着嘎查的农牧民植树种草，先后 7 次在嘎查进行大面积飞播造林，终于使 19 万亩荒漠变成了连片成块的绿洲！

生态环境好了，阿文色林就又开始琢磨着带领大家过上好日子的事儿了。"要致富，先修路"，从 2001 年开始，他领着两委成员积极争取资金，在上级党委、政府的帮助和支持下，先后投入 200 多万元为嘎查通电、修路。公路通、百业兴，外界的文明气息吹进了门克庆，这里原来的封闭被彻底打破。与此同时，当年的植树造林也得到了经济回报，现在来自林沙产业的收入年人均达 700 余元。

潮平两岸阔，风正一帆悬。近年来，在门克庆境内发现了储量极为丰富的天然气、石油和煤炭资源，如今已有中石油、中石化等多家大型的煤炭、天然气企业进驻门克庆嘎查。如此诱人的发展前景，吸引着更多、更好的投资者、建设者来到这里投资、开发，这就为门克庆嘎查再次注入了一股又一股的增收致富的源头活水。

2008 年 3 月，在阿文色林和嘎查支部一班人的组织引领下，门克庆嘎查以"支部 + 公司 + 农户"的模式注册成立了门克庆嘎查工贸有限责任公司，嘎查委员会牵头入股 19 万元，吸收 200 户村民入股，每户入股 3000 元，股本金累计 79 万元。公司成立当年就承揽了中石化 5 公里三级油路、中石化储气站的建设工程，获得纯利润 48 万元，农牧民户均增收 1995 元，集体经济增收 11 万元。五年多来，公司股本金已累计达 580 万元，到 2012 年农牧民户均分红 4600 元，2013 年完成 1300 万元工程量，实现纯利润 420 万元，农牧民户均分红 8000 元。全嘎查各族群众都住进了新建的砖混结构新房，不少人家买回了小轿车。分享着喜悦生活的老百姓们，无不感恩致富领路人的艰辛，无不感谢党的好政策，无不赞叹新时代民族团结和睦相亲。

阿文色林总是说："我为门克庆嘎查的父老乡亲办的事太少了，让全嘎查人都过上幸福文明富裕美好的生活，才是我最大的心愿。"他是这样说的，也是这样做的，现在的阿文色林依然继续在平凡的岗位上书写着他不平凡的人生。

四 这里更是团结家园

距离札萨克镇政府所在地四五公里的一片草原，名字叫"查干柴达木"，查干柴达木汉语意为"白色的枳芨滩"，因村内的湿地草原有连片的芨芨草而得名。村庄位于札萨克镇北部，东北与伊金霍洛镇毗邻，西与给勒登庙嘎查相邻，距镇区 4 公里，距成吉思汗陵和伊泰红庆河煤矿各 5 公里。全村总面积 18 平方公里，下辖 3 个生产合作社，人口 347 户 859 人。

村庄始建于清朝末年，由陕西农民到内蒙古跑"青牛犋"开垦开荒搬迁至此。这里也曾是原札萨克旗王爷府和国民党绥靖蒙政会驻地，三连护卫队驻扎在该村，负责守护王爷府、国民党绥境蒙政会及其住所安全，因此该村当时被称为"三连"寨子。"独贵龙"运动的领导者旺丹尼玛活佛和爱国人士沙克都尔扎布王爷曾在这里留下活动的足迹。

这个普普通通的小村庄里，有个令人难忘的"村史馆"。村史馆是村史历史沿革、村史文化、民族风情的重要载体，对于传承乡村记忆、村民德育教育有着重要作用。一部村史，几多乡愁，反映着村庄历史特征，凝聚着事件人物方面等内容。乡村历史展览馆的建设不仅仅反映了辗转岁月沧桑的变化，也反映了在党的领导下近些年村民的改革步伐，也体现了札萨克镇人民政府对于丰富人民群众文化生活的高度重视。村史馆内目前共收藏涉及宗教信仰、衣食住行、生活起居、生产农具等共 540 件藏品。这些琳琅满目的"老物件"浓缩了查干柴达木村过去的生产生活记忆。寻找曾经的旧物，探寻过去的故事，追寻文化之本、民族之根，村史馆的行程，总是让人感想不断，回味无穷。

这五百多件农牧民生产、生活的老物件，从春耕夏除到秋储冬藏用具，从农业生产到牧业生产，从农耕生活到游牧生活，可谓应有尽有。老物件中流淌着数不尽的春夏秋冬，老物件向参观的人们述说着昔日的三长两短，使用老物件的主人们早已不知去向，但老物件却依旧留给人们遐想无限。从老物件中，让我们看到了"茶马互市""绢马互市"的旧场景，昔日的新街，曾经是农耕经济与游牧经济交往的"大通道"，中原文化与北方文化交流的"大舞台"，更是汉民族与北方民族交融的"大熔炉"，各民族共同开拓了我们辽阔的疆域，共同书写了我们悠久的历史，共同创造了我们灿烂的文化，共同培育了我们伟大的精神。

当下，札萨克镇，工矿业的发展给人们带来了快速富裕的希望，城镇化生活让人们更加向往农村牧区的儿时乡愁，本地人、外地人、更多人交往交流交融在一起，大家不知不觉中在共同创造着新时代的美好生活。

王春霞，鄂尔多斯学研究会常务副会长；牧兰，鄂尔多斯市委党校副教授，鄂尔多斯学研究会常务理事。

铸牢中华民族共同体意识的准格尔旗实践

奇海林　唐达来　杨福林　侯　旭

准格尔旗是一个蒙汉等多民族共同居住的煤炭资源型地区。这里拥有极其悠久和闪耀的历史，璀璨和独特的融合文化，游牧文化、农耕文化、草原文化、工矿文化和现代文化等是准格尔旗历史变迁的真实写照。以"五大文化"，即红色文化、产业文化、民俗文化、民歌文化和饮食文化为根基；以"五大体系"，即理念信念、共同富裕、团结互助、传承保护和交流融合为支撑。走进新时代以来，准格尔旗循古人足迹，听岁月积淀，始终坚持民族团结，积极推动各民族之间的交流与融合，不断巩固中华民族共同体意识的思想基础，努力在铸牢中华民族共同体意识方面"挑大梁"、先行先试走在前。

一　红色文化支撑理想信念

1938年冬，绥蒙工委和伊盟工委派郝文卿到准格尔旗头道柳一带做建党和建立根据地的准备工作。次年3月，王光先和郝文卿、郝文广在头道柳秘密开会，成立中共准格尔旗工作团，王光先为负责人，同年9月，伊盟工委将准格尔旗工作团改为准格尔旗工委，负责人为王光先，工委成员增加了李怀勤。准旗工委当时的主要任务有五个方面：一是继续发展和建立党的地下组织；二是宣传党的抗日政策，宣传国共合作，促成广泛的抗日统一战线，不断扩大党的影响；三是发动群众，组织群众，反对贪污官吏、恶霸地主；四是把头道柳建成准格尔旗抗日根据地，建成通往大青山的交通据点；五是积极创造条件，扩大武装。1940年春夏，伊盟工委派曹布诚、李占胜、温玉山、景从德、许光录等以骑兵排为名到准旗驻防。准格尔旗工委从1939年3月建立至1941年底，存在了将近两年的时间，工作中有过以抗税反贪污为主要内容的"闹牌楼"运动和骑兵派在头道柳的"招兵"事件等，工作成绩是显著的，教训也是深刻的。准旗工委的建立，使准格尔旗成为中国共产党开辟革命工作较早的少数民族地区之一，准格尔旗的蒙汉民众在准旗工委领导下点燃了革命烽火，在鄂尔多斯各族人民革命史上写下了光辉的一页。

党的十八大以来，准格尔旗上上下下"不忘初心、牢记使命"，弘扬伟大建党精神，精心推出的百年红色旅游线路成了游客和广大党员干部浸润红色精神、重温红色历史、缅怀革命先烈的"打卡地"，这股红色热潮，为准格尔旗经济社会发展"挑大梁"走在前，各族人民群众共同团结奋斗、共同繁荣富裕增添了新的气象。

二 产业文化助推共同富裕

准格尔旗坚持以产业发展为根本，以新型农村集体经济为抓手，精心谋划、高位推动，形成由"旗级领导挂帅、苏木乡镇牵头、民营企业参与"的帮扶体系，构建常态化帮扶助力机制，引导企业找准切入口和结合点，以"项目帮扶""一企帮多村""多企帮一村""一企帮一村"等灵活多样的形式开展产业帮扶，推动乡村振兴不断取得新进展。

在准格尔召镇准格尔召村，满世集团以农业休闲、文化体验、度假养生为切入点，整村推进综合性旅游示范项目，为实现乡村"五大振兴"积聚能量。据不完全统计，旅游区的开发带动当地产业间接收入1500余万元，实现了村企共建共享、有益补充、互利互赢，以特色旅游业发展助推乡村振兴。

在准格尔召镇四道柳村，"万牛"养殖项目采取"村集体经济公司＋养殖企业＋矿山企业＋农户"链接模式，通过高标准养殖场，将镇村、农户、企业养殖的肉牛集中进行培育。并与19家驻地煤矿企业合作，签订"肉煤置换"协议，探索出了一条企地合力引领农业、农村高质量发展，村民深度参与、稳定利益联结的新路径，四道柳村村集体经济纯收入达1000万元以上。

在沙圪堵镇，内蒙古高原杏仁露有限公司与农户签订杏核、杏干定购协议，把原料基地建设与产业开发、农民增收致富、区域经济发展结合起来，实现了发展一个产业，绿化一片大地，富裕一方百姓，创造一个品牌。福路村还利用当地丰富的杏树资源，发展杏福茶项目，建立小作坊加工厂，在提高村集体经济收入的同时，解决了农民就业。

薛家湾镇大塔村实施"驻地企业＋村集体＋村民"三方利益联结共同体和"土地复垦＋林果种植＋劳务服务"三大产业融合发展的"3+3"结对帮扶新模式，实现企业盈利、村集体增收、村民致富，为全市"万企兴万村"行动贡献了"大塔样板"。此外，大塔村与伊泰集团京粤酸刺沟矿业合作，承接煤矿的土地复垦项目，实现村集体年创收400万元，人均增收3000元。

大路镇小滩子村推出"稻渔空间"，通过流转土地1260亩，实现年收入52万元，惠及258户646人。暖水乡依托"暖水山地"苹果这一品牌优势，年销售收入达到了1000万元以上，成为内蒙古第一个以"村集体经济"和"农民专业合作社"作为运营管理主体的区域公用品牌。

在推进生态优先绿色高质量发展、建设社会主义现代化国家进程中，准格尔旗将始终坚持"以己为桥、以企为主、以民为本"的思路，从自身发展定位出发，以企业实际需求为导向，探索出一条可借鉴、可复制的企地企民携手共建现代化新农村的新路子，描绘出一幅中国式现代化准格尔旗的美好画卷。

三 民俗文化唱红团结互助

黄河之水天上来，万里长城入我怀，千年古窑传佳话，绿水青山伴我归。让人耳目一新的秧歌，让人百看不厌的骡驮轿娶亲，让人魂牵梦萦的窑洞，让人心荡神往的节庆活动。源远流长的历史，特殊的地理环境，形成了独具特色的准格尔旗民俗民风。通过两千多年的传承和发展，由准格尔旗各族人民群众共同创造的地区民俗文化伴随着政治经济社会的全面发展也呈现出繁荣发展的景象。

骡驮轿娶亲的习俗，这种古老唯美的娶亲方式，驮着的是一代代农牧人的希望和期盼，承载的是黄河流域的历史和文化。一般农村人典礼办喜事时，提前几个月就得择好办喜事的日子，然后开始订鼓匠班子，定骡驮轿，每个娶嫁日办喜事的人家都不少，鼓匠和骡驮轿都得提前预订。骡驮轿的制作与装饰工艺，成为当地民间传承久远的工艺绝活。花轿为长方形，轿顶呈拱形，除留一扇门便于上下外，轿子整体封闭。骡驮轿轿身一般长 2 米，高 1.5 米，上部宽 90 厘米，两根长杆和驮架、驮鞍、皮带、铁轴巧妙组合，无论是上坡下坡、拐弯直行，都灵活自如、平稳和谐。花轿的四根立柱雕满龙凤，刻着花纹，木花棱上雕有"龙凤呈祥""鸳鸯戏水""五子登科"等吉祥图案。驮轿的两头骡子也扎着红缨，脖系铜铃，整个娶亲队伍披红挂彩，鼓乐班唢呐声声，锣鼓吹吹打打，场面十分热闹。

准格尔旗人记忆里的"灯游会"是一个十分热闹且亮眼的节日，冬的寒意退散，阳气上升，一元复始，大地回春，"灯游会"对于准旗人来说是"春"的最后一个节日，也是将"年"的氛围推向高潮的最后一个难忘之夜，定是要团簇街头、挤挤擦擦"大闹"一场的。传统的九曲黄河阵用木桩布阵，彩绸彩灯装饰，场中央栽一老杆，巨龙盘延，气势非凡。暮色降临，会场灯火辉煌，炮声隆隆，人们左右拥簇手持香火和花灯，循灯场路线转引，至老杆处行祭，乐曲吹奏，祈福一年安乐。而伴随着转灯游会的唢呐声、长号声就是进军号角，锣鼓声、铙钹声就是时代的鼓点，一切的一切都是昂扬向上，催人奋进。

准格尔旗深入挖掘黄河文化、长城文化、草原民族文化和特色民俗文化蕴含的时代价值，持续深化民族团结进步创建。近年来，准格尔旗那达慕大会、农民丰收节、乡村旅游节是全旗各族群众喜闻乐见的大型活动，通过文艺节目演出、传统赛马竞技、风味美食品尝、农副产品展销等多种形式，突出"乡土、乡俗、乡情"特色。各类主题旅游节庆活动，既能展示准格尔旗农村牧区优美的自然景观和独特的民俗文化，还能带动农牧业增效、农牧民增收、农村牧区繁荣，更能提升旅游业发展水平、弘扬非物质文化遗产、推动黄河流域生态保护和高质量发展，全方位展示了准格尔旗各民族以铸牢中华民族共同体意识为主线，有形有感有效地交往交流交融，坚持平等团结互助和谐的时代新风貌。

四　民歌文化固守传承保护

准格尔旗位于蒙晋陕三省（区）交界，清朝初期，清政府实行"借地养民"政策，经历了三个世纪的漫长岁月，晋陕移民背井离乡不畏艰辛从事农耕以及商贸实践活动，进一步促成各族人民在生活、习俗、文化等方面的相互影响和交融。至此，饱含蒙汉两个民族文化特色的准格尔旗漫瀚调便应时而生。漫瀚调高亢质朴，抒发着准格尔人对山对水对人对情的胸怀，如饮草原烈酒般如醉如痴，如食黄米油糕一样又软又香。1996年，准格尔旗被文化部命名为中国民间艺术"漫瀚调之乡"。2008年6月7日，漫瀚调经国务院批准列入第二批国家级非物质文化遗产名录。2019年和2022年，由准格尔旗乌兰牧骑倾力打造的漫瀚调音乐剧《牵魂线》和漫瀚调现代戏《山那边》获内蒙古自治区精神文明建设"五个一工程"奖。2022年11月21日，文化和旅游部公共服务司发布"中国民间文化艺术之乡"建设典型案例名单公示公告，准格尔旗案例《坚持传承创新发展 打好漫瀚调这张牌》入围公示名单。

漫瀚调在准格尔旗植根深厚，在漫长的岁月里，漫瀚调陶冶了一辈又一辈的建设者和接班人。作为民间文学和音乐文化交流融合的结晶，漫瀚调历来被视作民族团结的象征和纽带，每一首漫瀚调的背后都有一个动人的故事，着力表现普通民众初到准格尔旗谋生的艰辛与坚韧，细腻刻画普通民众的婚姻与生活，极致展现广大民众对美好生活的渴盼。为更好地推进漫瀚调创作和研究的持续性发展，准格尔旗还专门设立漫瀚调艺术研究所，通过举办漫瀚调艺术节、召开漫瀚调艺术研讨会以及其他关于漫瀚调的活动，运用新媒体、新技术，创新打造现代表现方式，将准格尔旗漫瀚调赋予新的时代内涵，并塑造新时代的中华文化符号和形象，多举措助推漫瀚调文化持续发展，充分发挥其在精神文明建设和民族交融中的积极作用，以构筑中华民族共有精神家园为出发点和落脚点，使准格尔旗各民族人心归聚、精神相依，形成人心凝聚、团结奋进的强大精神纽带。而今的准格尔山川，时时处处可以听得到男女老少、蒙汉群众讴歌"四个共同""五个认同""四个与共"等准格尔漫瀚调。

五　饮食文化筑牢交流融合

准格尔旗民间有句口俗语："懒人哄地皮，地皮哄肚皮。"准格尔人深深懂得只要勤劳付出，大地总会让你有意想不到的收获。先辈们怀着对美好生活的憧憬，开枝散叶，繁衍生息，坚守着面迎黄土背朝天得出来的天地人道，让曾经贫瘠的土地变得如此丰富多彩。在过去粮食困乏的年代，准格尔地靠天吃饭的自然农耕条件下，春天播种的主粮如遇上天灾歉收的年景，生长期较短，对土壤条件要求低的荞麦就是农家的救荒作物。农民会不失时机地抢种荞麦，从而渡过饥荒的窘境。而如今的荞麦面，及以其为原料的诸多美食，随着准格尔旗日渐月异的发展，也已成为准格尔小杂粮名品之一，走出准格尔旗。

准格尔旗在几千年的文化中沉淀出一种味道，能养育一个地方生存的味道。准格尔旗饮食习惯与周边地区交融，吃食种类多元化，有特色小吃米凉粉、碗托等，还有颇具地方特色的杀猪烩菜、炖羊肉以及"六六八八"宴席。

准格尔旗沟壑纵横、梁峁相连，草种丰杂、益羊宜牛，准格尔羯羊肉质鲜嫩可口，自带"草香"。如今，准格尔羯羊有商标，有知识产权，已获得国家地理标志证明商标，无论哪种吃法，都备受青睐。其中，炖羊肉是准格尔旗响当当的招牌菜。一说吃炖羊肉，就会勾起人的馋虫，因此，它不但是家家户户的家常菜，更是逢年过节、家有喜事、大型活动等不同场合的绝美佳肴。

准格尔油炸糕用准格尔胡油烹炸，覆火出锅，便会膨胀开花。火味若泼辣又不失温柔，色泽便金黄，食之柔韧、绵密、细腻；足火且紧，则又是一番极致,退火有稷香,略焦黄,沁透、霸气、张扬,食之劲黏、爽口、有层次感。火候诞香,内藏尾韵,这就是准格尔油炸糕的秘诀。油炸糕做好后色泽金黄、外脆里绵、米香浓厚、口感筋道。油糕和粉汤、豆面及荞面搭配,是准格尔独具特色的风味美食。

准格尔旗的特色"席面",当属传统的"六六八八",其烹制技艺多元融合、荤素搭配,分别为6个炒盘、6个蒸碗或8个炒盘、8个蒸碗的菜品搭配,集全了扒、焖、酱、烧、炖、炒、蒸、熘等烹饪手法,统称为"六六八八",蕴含六六大顺、八方来财、事事如意、福气满满、年年有余等寓意。菜品有红烧鱼、焖肉、豆腐丸子、红条肉(也称"碗面子",是席面的主角)、炖羊肉、八宝粥等,是准格尔旗人逢年过节的必备佳肴。这一桌丰盛的宴席,饱含着浓郁的乡愁、凝聚着火热的民心,展示了传统的特色菜肴,让食者吃出了家乡味,也吃出了浓浓的年味儿。

新春前后,在准格尔旗,大街小巷璀璨街灯美如画,商场集市红红火火年味浓,家家户户烹饪美食庆新春。一盆香气四溢的炖羊肉,一盘回味无穷的杀猪烩菜,一碟香甜软糯的炸糕圈,一笼热气腾腾的花馍馍,一桌丰盛的"六六八八"宴席……人们紧锣密鼓地"备年货""做年味",不知不觉中,年的味道渐浓,家家户户厨房里香飘四溢,新年美食就从年味的烟火气中溢了出来。

饮食文化的融合与流变,蕴藏着更具穿透性的生活魅力,强化了各民族交往交流交融的历史记忆。长城南北、黄河两岸,一日三餐,饭菜趋同,口味接近,无异乡之感,偶有特色菜肴入桌,令味蕾牵魂,念念不忘。

六 "144610"工作体系扎实推进

今年,鄂尔多斯市委、市政府为全方位建设新时代"模范自治区",进一步铸牢中华民族共同体意识,创新提出"把牢一条主线,搭建四大平台,成立四级组织,实施六大工程,做到十个纳入"的"144610"工作体系。准格尔旗旗委、旗政府紧扣铸牢中华民族共同体意识这条主线，深化民族团结进步教育，抓好工作部署，强化教育培训，层层压实责任，紧盯职责分工，切实将各项任务向纵深推进。

一是强化载体抓手。强化全旗铸牢中华民族共同体意识实践教育基地、站、所建设，各级党政机关、企事业单位共建设活动阵地232个。确定准格尔旗博物馆为铸牢中华民族共同体意识宣传教育基地，打造铸牢中华民族共同体意识主题教育展厅，面向全旗各企事业单位、各中小学、社会各群体开放。通过"三千孤儿入内蒙""最好牧场为航天""乌兰牧骑美名扬""蒙汉同唱连心曲"等历史佳话和鲜活例证，着重展示宣传教育铸牢中华民族共同体意识是什么、为什么、怎么做，引导大家更加深刻地认识铸牢中华民族共同体意识的重要性、紧迫性和重大意义，不断增强铸牢中华民族共同体意识的使命感、责任感，汇聚形成做好民族工作的强大合力。发挥好旗、乡、村三级铸牢中华民族共同体意识工作领导小组和促进会的作用，形成党委领导、促进会发挥作用、全社会共同参与的工作格局。

二是实施六大工程。实施好主题宣讲工程。组建"七支队伍"，常态化开展"听党话、感党恩、跟党走"主题宣讲活动，以深入学习贯彻党的二十大精神为重点，持续深化铸牢中华民族共同体意识宣传教育，推动广大干部群众衷心拥护"两个确立"，忠诚践行"两个维护"，动员大家在全方位建设"模范自治区"中积极担当、主动作为，累计开展各类文艺宣讲活动220余场次，实现干部教育、学校教育、社会教育三个全覆盖。实施好"石榴籽+"工程。根据《准格尔旗"石榴籽+"工程推选标准》，经过推荐申报、严格审核，准格尔旗推选出了第一批"石榴籽"示范集体和个人。其中，"石榴籽学校"3所，"石榴籽企业"3个，"石榴籽窗口单位"3个，"石榴籽嘎查村（社区）"12个，"石榴籽典型个人"15人，"石榴籽家庭"2户。营造深入交往交流交融铸牢中华民族共同体意识氛围，形成各民族互相帮助、邻里和睦的社会新风尚。实施好共建精神家园工程。聚焦群众的精神文化需求，对薛家湾镇滨河公园进行升级改造，建设"铸牢中华民族共同体意识"主题公园。在大路镇小滩子村打造一处漫瀚调文化研究基地，做好优秀传统文化的传承与保护。积极打造漫瀚调艺术节、乡村旅游文化节、那达慕大会等民族节庆文化旅游活动和特色演艺品牌，树立和突出各民族共享的中华文化符号和中华民族形象。实施好共建共享现代化工程。坚持"两个毫不动摇"，坚决打通民营企业诉求通道，尽心尽力把企业和企业家的事情办好。充分发挥工商联、商（协）会桥梁纽带作用，围绕全旗14条重点产业链，加强与区外重点商协会的沟通对接，推进招商引资向更高层次、更宽领域迈进。大力发展乡村产业，推动乡村振兴不断取得新进展。实施好依法治理工程。加强民族政策法规宣传普及，强化民族事务网格化管理，坚决防范民族领域各类风险隐患。夯实旗、乡、村三级民族工作网络，确保基层民族工作有人管、有人抓、有人负责。实施好民族团结进步创建工程。深入开展民族团结进步创建"八进"工作，常态化开展"抓党建促民族团结进步"活动，推动民族团结进步创建工作提档升级。

三是做到"十个纳入"。牢牢把握铸牢中华民族共同体意识主线，把全方位建设"模范自治区"任务摆在重要位置，坚决做到十个纳入（纳入党委重要议事日程、党建工作责任制、意识形态工作责任制、政治考察、巡察内容、实绩考核、人大依法监督和政协民主监督、政府工作规划、部门业务工作、基层组织重点工作），推动工作任务项目化、清单化落实。任务牵头单位充分发挥主导作用，及时沟通研究工作中遇到的困难和问题，各责任单位主动履职尽责，齐心协力完成各项任务。

新时代铸牢中华民族共同体意识，要强化民族凝聚力，增强各族人民的归属感和认同感。民族团结是我国各族人民的生命线，各民族共同团结进步、共同繁荣发展是中华民族的生命所在、力量所在、希望所在。这需要我们深入挖掘中华民族优秀文化传统，传承和弘扬中华民族精神，坚持正确的中华民族历史观，加强民族团结，共同维护民族团结大业。

新时代铸牢中华民族共同体意识，要让各族人民共享发展成果，实现共同富裕。这就需要我们坚持正确的，调整过时的，更好保障各族群众合法权益。这需要我们坚持全面深化改革，推动经济社会持续健康发展，努力提高人民群众的生活水平，实现物质文明和精神文明协调发展。

新时代铸牢中华民族共同体意识，重点要把握好四个方面的关系，即正确把握共同性和差异性的关系，增进共同性、尊重和包容差异性是民族工作的重要原则；正确把握中华民族共同体意识和各民族意识的关系，引导各民族始终把中华民族利益放在首位，本民族意识要服从和服务于中华民族共同体意识，同时要在实现好中华民族共同体整体利益进程中实现好各民族具体利益，大汉族主义和地方民族主义都不利于中华民族共同体建设；正确把握中华文化和各民族文化的关系，各民族优秀传统文化都是中华文化的组成部分，中华文化是主干，各民族文化是枝叶，根深干壮才能枝繁叶茂；正确把握物质和精神的关系，要赋予所有改革发展以彰显中华民族共同体意识的意义，以维护统一、反对分裂的意义，以改善民生、凝聚人心的意义，让中华民族共同体牢不可破。

新时代铸牢中华民族共同体意识，要让各族人民共担民族责任，为实现中华民族伟大复兴而团结奋斗。这需要各民族像石榴籽一样紧紧抱在一起，手足相亲、守望相助，民族复兴伟大梦想才能顺利实现，民族团结进步之花才能长盛不衰。各族人民应该始终深刻领悟"两个确立"的决定性意义，增强"四个意识"、坚定"四个自信"、做到"两个维护"，自觉维护国家利益和民族尊严，为用中国式现代化推动中华民族伟大复兴的中国梦的实现而团结奋斗。

奇海林，鄂尔多斯学研究会会长；唐达来，鄂尔多斯生态环境学院副院长；杨福林，准格尔旗委统战部办公室主任；侯旭，准格尔旗委统战部科员。

历史研究

北京传统胡同街巷命名方式及特点研究

李 莹 朱永杰

引 言

地名是人们赋予某一特定空间位置上自然或人文地理实体的专有名称，具有社会性、时代性、地域性以及代表性等特征。如城市、乡村、街巷、小区、河流、山脉等地理实体都有名称。用来反映和表示这些客观实体、个体特征和地理分布、方位关系的，最明确实用的概念就是地名。因此地名是人们生活中不可缺少的工具。一个地名的产生，要经过历史沿革和社会发展。因此地名是在人类历史上或现实社会活动中的一种语言代号，很多地名有一定的历史积淀，几乎人类活动都在地名上有所反映，如以方位、山水、地形、鱼虫鸟兽、花草树木、庙宇、人物姓氏、建筑、官府等命名的种类。作为一种代称，地名不是一成不变的，而是随着历史进程、社会变迁、时代发展而变化。地名文化景观所具有的指代性、区域性和稳定性，能够反映地域的文化空间过程，为地理学、语言学、历史学等研究提供参考价值。

传统的地名研究主要集中于地名的起源、演变、语源、类型划分、地名群和反映的社会文化现象等方面，多采用描述、记叙等定性分析方法。19世纪后期，国外的学者开始对地名的研究加大关注，虽然在研究方法上还是以解释和描述为主。许多国外学者在该阶段的发展浪潮中对地名进行了系统研究，对某种现象产生的地名开展研究也成了当时的主流。例如多扎出版《地名起源与发展》，探讨了地名蕴含的历史地域文化，并且对地名进行了年代层序的划分，从而深化了对地名渊源方面的相关研究。20世纪60年代后，关于地名学的综合性著作开始出现，最具代表性的是《地名学导论》和《地名学论文集》。

北京东城区和西城区是全国政治中心、文化中心和国际交往中心的核心承载区，是历史文化名城保护的重点地区。西城区是皇城文化、仕子文化、民俗文化、宗教文化等各种文化高度融合的区域。东城区是北京文物古迹最为集中的区域，东西城也是胡同街巷的集聚区域，是北京普通老百姓生活的场所，具有深厚的文化底蕴，能够反映出生活方式、生活情趣等。本文以地名作为研究对象，科学地探讨了北京老城传统胡同街巷地名命名方式和原因、特点。通过对传统胡同街巷命名方式及其成因进行研究，探讨城市文化内涵和主要功能分区的特点，反映出当地的自然环境特征和文化信息。

一 传统胡同街巷地名命名方式

传统胡同街巷地名根据专名分为两大类，分别是自然景观类地名和人文景观类地名。自然类地名主要有地形地貌类、水文类、动植物类，如黄山岗胡同、景山前街、前海北沿、北海北夹道、狮子胡同、花枝胡同等。人文类地名主要有衙署、官家机构类、市场商品类、园林类、庙宇观堂类、水井桥梁类等，如帅府胡同、酒醋局胡同、米市胡同、北官园胡同、药王庙胡同、龙头井胡同、小石桥胡同等。自然类地名反映出自然环境特征，文化类地名反映出人类经济活动。

（一）自然相关类传统胡同街巷命名方式

1. 以海、沿、河、岗、湖等命名的胡同街巷

北京城内有以海、潭、池等水文景观命名的胡同。北京城内地名多起源于元朝，蒙古族久居草原，水源紧缺，入主中原后看到较大水域便称为"海"。北京城内有六海，分别是前三海（北海、中海、南海）和后三海（西海、后海、前海），相互连通组成北京城内的水系。明清把前三海规划给皇家林园，后三海元代称积水潭，到明代称什刹海，清朝时期称什刹西海、什刹后海、什

刹前海。围绕后三海的胡同都是按照西海、后海、前海命名，如前海西街、后海南沿、后海北沿等，这些还为胡同街巷命名多了一个例证。雪池胡同位于景山公园和北海公园东门之间，在清朝有六座专供皇家的御用冰窖，多积雪堆积而得名。以河、沟命名的街道胡同也很多，虽然很多历史实物已经不在，但传统胡同街巷地名还保留着遗迹。北京老城有河道沟渠分布，主要有南北沟沿、大明沟支流、月牙河、金口河故道、龙须沟等。相关胡同街巷地名有南河沿大街、北河沿大街、泡子河东巷等。泡子河在元代是漕粮运河，清朝末期废弃，新中国成立后填为平地成为居民区，分布有泡子河东巷、泡子河西巷等。

明清时期北京城建筑在平原上，地势呈现西北高东南低。初期随着地形的隆起和凹下，出现了许多洼、岗、水等，就用地形特征作为胡同街巷地名。同时这种岗、洼等地形，又给胡同布局造成障碍，于是就出现了以湾、斜街、半截等形状的胡同街巷，例如烟袋斜街、十八半截、南夹道等。

2. 以动物命名的胡同街巷

北京城内以动物命名的胡同街巷有90多条，主要有牛角胡同、蜗牛胡同、金鱼胡同、孔雀胡同、骆驼胡同等。在日常生活中饲养的动物被人们所注意便取其名，或者胡同街巷形态不规整像某种动物的部位也取其名。牛街源于穆斯林民族喜欢种植枣树和石榴树，最早称为"榴街"。又因为回族喜食牛肉把"榴街"演化为"牛街"。狗尾巴胡同现名高义伯胡同，由于街巷弯曲形似狗尾巴而得名。小羊圈胡同因为胡同形似羊圈，现改名为小杨家胡同。象牙胡同曾经在此出土过一对象牙，故名象牙胡同。明朝时皇帝喜欢饲养老鹰得名喂鹰胡同，现改名为未英胡同。

3. 以植物命名的胡同街巷

以植物命名的传统胡同街巷数量也较多，有松树胡同、枣林街、芝麻街、丁香胡同等。北京地处暖温带半湿润气候的华北平原上，适于杨、梅、柏、松、枣等植物生长。这也与当时河流分布和政府倡导种植有关。到了近代，很多传统胡同街巷保留明清时期的旧名，但城内人口增多伴随着胡同数量增多，于是以植物命名的胡同街巷又增多了。龙爪槐胡同因唐代龙树寺内有龙爪槐树，招来文人墨客在树下饮酒作诗而声名大噪，也就有了龙爪槐胡同。枣树胡同因胡同中有枣林而得名，类似的还有椿树胡同、柳树胡同等。

（二）人文景观类传统胡同街巷命名方式

1. 以衙署、官家机构命名的胡同街巷

北京城是以紫禁城为中心，在紫禁城外皇城以内都分布有为皇室服务的机构。明、清两代衙署都在天安门广场东西两侧分布，对胡同街巷命名产生巨大影响，例如惜薪胡同、铸钟胡同、府学胡同等等。惜薪司是明代专门管理宫中薪炭的机关，因惜薪司在此设立得名惜薪胡同。恭俭胡同原名内宫监胡同，是明清两代内宫监所在地，是明代内府二十四衙门中十二监之一，所管有木、石、瓦等以及米盐库、营造库等。同时这里聚集了相关作坊，演化出的地名有油漆作胡同、大石作胡同等。东厂胡同明代在此设立东厂和锦衣卫，是皇帝的特务机构，而得名东厂胡同。北京的粮仓历史悠久，粮食运输依靠漕运，经过通州运到北京，因此在朝阳门和东直门一带建了许多粮仓，例如禄米仓胡同、海运仓胡同等。

2. 以市场、商品、商店命名的胡同街巷

元大都是当时的政治中心，也是北方的商业中心。命名依据首先是以市场上某种主要销售货物为主；其次这些市场在十字交叉路口附近，交通四通八达，多集中在前三门，此外还有东四、西单等附近。这些胡同街巷的命名特点是从地名便知其销售对象，经过几百年的历史演变，直到今天这些地区仍然属于重要的商业区。有关胡同街巷地名有米市大街、棉花胡同、炒面胡同、菜厂胡同等。花市大街当年主要出售插花、绢花、纸花等商品，附近居民也以此为生。灯市口大街在明代商业繁荣店铺聚集，在晚上店铺挂起各种彩灯供人观赏，独具特色以此得名。鲜鱼口原名叫线市口，起初街巷以买卖针线为主，后以买卖鲜鱼为主，销售货物不同其名称也发生转变。

3. 以园林命名的胡同街巷

园林类胡同大体可以分为两类：第一类为私家园林，第二类为种植瓜果蔬菜的果园或菜园。明代皇家建造花园，有勺园、宜园、清华园等，清代皇家兴建园林，臣子也在仿效，建造了不少私人花园，例如和珅的私人花园、方园、可园等。芳嘉园胡同因胡同内有方姓人家修建大花园而得名。孙公园是座私家公园，后又改为会馆，乾隆时期一分为二称为前孙公园胡同和后孙公园胡同。什锦花园胡同因私家花园"适景园"而得名，乾隆时称"石景花园"，宣统时称"什锦花园"，整顿地名时改称为"什锦花园胡同"。花园胡同中有达尔汉亲王府，府内有一花园，胡同由此得名。南菜园以前有大片菜园，只有种菜的几户人家居住，附近有菜园街、菜园东里、南菜园街等胡同街巷。芦草园旧时为芦苇，人烟稀少，后来有居民居住形成胡同，现分为北芦草园胡同、中芦草园胡同、南芦草园胡同。

4. 以庙宇、观堂命名的胡同街巷

北京历辽金元明清五朝庙宇众多，以庙宇命名的胡同街巷也较多，例如大兴隆胡同、三庙街、雍和宫大街等。如今大部分以庙宇命名的胡同街巷都发生了演变，有的只留寺名把寺字去掉，有的庙名消失取得新名。例如净土寺胡同改为净土胡同，真武庙胡同改为红岩胡同，圆恩寺胡同改名为交道口南三条。观音寺胡同、夕照寺胡同、抬头巷因胡同街巷内有观音寺、夕照寺、抬头庵而得名。

5. 以水井、桥梁命名的胡同街巷

北京是个缺水的城市，北京地区利用地下水，水井成为人们主要的生活水源。北京的井多数是浅井，苦水井水质不好，甜水井数量少。如今水井已被填平，但以井为名的胡同街巷依然存在。例如井儿胡同为苦水井；王府井大街的井很出名，因为是少见的甜水井。北京城内有河渠，在流经地区都有桥梁修建，现在许多桥梁已被废弃，而以桥梁命名的胡同街巷仍然存在。例如有李广桥胡同、小石桥胡同、太平桥大街等。

6.其他类

除了上述命名方式外，还有以日常生活中的柴米油盐、桌椅板凳、剪子扫把、人物姓氏、贵族府邸等命名，例如刘兰塑胡同、椅子胡同、尚勤胡同等。北京传统胡同街巷地名五花八门，通过上述分析可以发现传统胡同街巷命名规律，反映出所包含的社会风俗和传统文化，对研究北京文化是非常珍贵的资料。

二 传统胡同街巷地名命名特点

北京传统胡同街巷地名可以分为自然地理名称和人文地理名称两大类，其中自然类较少人文类较多。传统胡同街巷地名历史悠久，命名方式多样。北京胡同街巷起源于元代，最多时有6000多条，元代在建都时共拥有东西南北干道各九条，其中有一条为中轴线，形似棋盘式格局。明代对城垣有较大改变，修建了不少王府、衙署、寺庙等，成了胡同街巷命名的依据。清代沿用了明代的城垣，胡同街巷名称未做出较大改变，许多传统地名保留至今。传统胡同街巷命名方式有两大类，自然类地名主要有地形地貌类、水文类、动植物类，人文类地名主要有衙署、官家机构类、市场商品类、园林类、庙宇观堂类、水井桥梁类等。北京的地势是西北高东南低，元代建都时依照水系建城，皇宫是依中南海、北海、后海而建。元明时期北京城水系众多，因此留下许多河、湖、海等与水相关的地名。官府衙署的名称，是北京作为政治文化中心的象征，明清时期衙署主要分布在千步廊，东侧和西侧分布有六部、太医院、五军都督府、锦衣卫等，这一带的街巷胡同都以衙署命名。明成祖迁都北京后，由于北郊常遭受北元军队的骚扰，市场只能在南郊发展。南方丰富的物产通过水系运至南郊，所以在宣武门、崇文门外、外城前门，以市场、商品、商铺命名的胡同街巷大量出现，体现了胡同街巷的经济功能。传统地名反映出老北京人的大量民俗信息，面茶胡同、烧饼胡同、芝麻胡同等反映出特色饮食。以生活用品的命名，如盆儿胡同、宗帽胡同、灯草胡同等反映出普通百姓的市井生活。北京城内也有不少以人物姓氏和行业的命名，这些人大多是能工巧匠身怀绝技因此命名。

地名雅化现象普遍，有些胡同街巷地名庸俗不雅取其谐音代替。许多与动物有关的地名被改动，主要是带尾巴、肉、皮、毛、猪、粪等字的胡同街巷地名，如粪厂胡同改名为奋章胡同；臭皮胡同改为受壁胡同；狗尾巴胡同改为高伯义胡同；羊毛胡同改为杨茅胡同等。许多达官显贵为了驰名天下，而将自己的住宅所在地改为文雅地名，如段祺瑞将自己所在的鸡罩胡同改为吉兆胡同，以表达美好寓意。

传统胡同街巷地名还体现区域特点。内城以皇家机构命名的胡同街巷较多，皇家机构多分布在前走廊两旁，以东文西武的秩序排列，这一带的胡同街巷地名多以"营、府、部"等命名。在紫禁城周围多分布为皇家服务的宫廷内府，就以该机构命名的胡同街巷居多，主要以"司、局、库"等命名。以贵族王府命名的居多，明初在内城修建皇家园林，出现不少以贵族的姓名和园林命名的胡同街巷，同时也是达官显贵、文人雅士聚集的地方，胡同街巷地名较为文雅。还有以寺庙命名的胡同街巷也在内城聚集，元代以信佛为主，统治阶级不断修建寺庙，有白塔寺、双塔寺、护国寺等。外城以市场商品命名的胡同街巷较多，在元代最繁华的商业区位于积水潭，明代货物由通州运河经陆运到达北京。因此在正阳门和崇文门附近形成商业区，周围胡同街巷多以市场和商品命名。以会馆命名的胡同街巷也在外城聚集，明清时期的科举考试，在外城修筑较多的"同乡会馆"以供考生应试，同时还是商讨要事的重要场所。也有许多以军营、教场命名的胡同街巷，外城有许多留守军和班军的驻地以及训练场所，有些便成为胡同街巷的地名。

三 结语

作为地域文化的重要载体，地名蕴藏着地方的自然、历史、民族、社会、文化等诸多信息。本文对传统胡同街巷地名的属性进行分类，反映了北京在不同时期的政治经济情况，明确不同时期北京胡同街巷功能分布，体现出北京老百姓的真实生活面貌。随着朝代更替胡同街巷数量逐渐减少，传统胡同街巷地名也发生了变革。改革开放后应城市建设的需要，许多胡同街巷被拆除，现代建筑拔地而起，有些地名消失取而代之新名。有些胡同街巷地名庸俗不雅取其谐音代替，有些重名也进行改变。今年先后出台了两批《首都功能核心区传统地名保护名录（街巷胡同）》，共收录了1111处历史传承稳定、文化底蕴深厚的街巷胡同传统地名，对胡同地名文化遗产保护得到了社会各界人士的重视。

对传统胡同街巷地名的保护，开展地名文化遗产保护分级研究工作，以保护价值为衡量依据，开展传统胡同街巷地名保护名录的编制。创建文化胡同街巷，每个胡同街巷都有其独特的文化内涵，在胡同街巷改造中加强文化打造，营造符合该胡同街巷历史的文化氛围。对传统地名的使用时间、由来、历史演变进行考证，挖掘其历史文化底蕴，让民众了解胡同街巷地名的历史渊源。当传统地名与现代地名相冲突时，我们应该坚持保护传统地名。很多命名的历史实物已经消失，但留存的传统胡同街巷地名，对研究历史发展有借鉴意义。

李莹，北京联合大学应用文理学院地理学专业硕士研究生；朱永杰，博士，北京联合大学北京学研究所教授。

历史研究

北京孔庙和国子监的文化价值与活化利用

张雨盟

一 北京孔庙和国子监基本概况

北京孔庙是元、明、清三代皇帝祭祀孔子的场所,占地22000多平方米,以大成殿为中心,南北呈一条中轴线,三进院落,建筑左右对称,主体建筑依序为先师门、大成门、大成殿、崇圣祠。西面设有和国子监相通的持敬门,是现今仅次于山东曲阜孔庙的全国第二大孔庙。

国子监是元、明、清的最高学府和教育行政管理机构,又称"太学""国学",占地27000多平方米,为传统的中轴对称格局,中轴线上依次排列着集贤门、太学门、琉璃牌坊、辟雍殿、彝伦堂、敬一亭。两侧有四厅六堂,是我国唯一保存完整的古代最高学府。

据《元史》记载,元代至元二十四年(1287),元世祖忽必烈通过了学士修建国学的意见,成立了国子监。初设的国子监有:讲堂五间,东西学官厅二座(各三间),斋房三十间(东西各十五间),厨房六间(分左右),仓库房五间,门楼一间,后来由于生员增加原有空间不足,加之相比大德十年(1306)新修建的孔庙已显得破旧,同年元成宗就对国子监展开了扩建工程,其间由于武宗的"殊恩泛赐"[1],等到至大元年(1308)才宣告竣工。

明清时期国子监继续作为国家最高学府存在,备受统治者重视,明永乐、正统时期曾开展过对国子监的大规模修葺工作,嘉靖七年(1528)增设了用于祭酒办公的敬一亭,清乾隆四十八年(1783)又增建"辟雍"这一组皇家建筑,形成当前的规制。明清时期国子监教学活动受政治因素影响较大,洪

---

[1]《元史》卷二十二。

武二十六年（1393）生员曾高达8126人，到了光绪戊戌变法废科举之时国子监正式停办。

北京孔庙的修建主要源自元代皇帝在北方推行尊孔崇儒政策、加强思想统治的政治构想，始建于元成宗铁穆耳大德六年（1302），元大德十年（1306）建成，与西面国子监构成左庙右学规制。北京孔庙经过了历代的多次扩建修葺，元皇庆二年（1313）初设进士题名碑，将中试者姓名刻于石碑，立于孔庙之内以显示荣耀。明嘉靖九年（1530）增设了崇圣祠，将孔庙原先的两进院落改为三进。清代皇帝对孔子的尊崇为历代之首，修缮最为频繁，康熙二十四年（1685）设皇帝御笔"万世师表"匾额，乾隆年间将孔庙各殿顶改为黄琉璃瓦，崇圣祠为绿琉璃瓦，光绪三十二年（1906）又将大成殿改制为九间五座，将孔子的地位提高到了帝王级别，孔庙最终形成了现今的空间布局。民国时期北京孔庙曾经被选址为中国历史博物馆筹备处，1984年大成殿恢复开放，后续修缮工程持续至2005年，2008年6月孔庙和国子监博物馆正式挂牌开放。

二 孔庙和国子监的文化价值分析

（一）孔庙

首先，北京孔庙在建筑上的整体布局参考了曲阜孔庙，采用一贯的古代院落建筑的手法，即按照儒家"居中为尊"理念依中轴线左右对称，并用竖向"一字排开"的布局，南北纵深排列，整个建筑气势恢宏，合乎规矩。

北京孔庙的主体建筑为大成殿，位于孔庙的二进院落，供奉着至圣先师孔子的牌位，是祭孔时皇帝行礼的地方。大成殿建筑雄伟庄严，殿前设有丹陛，中间为御路踏跺。面阔九间，进深五间，大殿瓦顶为重檐庑殿顶，用光彩夺目的黄色琉璃铺砌，殿顶正脊两端装饰着龙形鸱吻，殿内金砖铺地，内顶施团龙井口天花，建筑等级在孔庙中最高，规制可与故宫太和殿媲美。大成殿内外高悬清朝从康熙到宣统九位皇帝的御匾，均为皇帝对孔子四字赞誉的亲书。大殿中央供奉着孔子的神位，主位两侧配享四贤，分别为颜回、孔伋、曾参、孟轲四大弟子。四书五经基本由这五位编著和修订，从西汉太学确定五经做教材算起，儒学做全国通用教材延续了两千多年。此外于东西两边还置有十二哲的牌位，如仲田、朱熹等人。神位前置祭案，上设祭器。大成殿的建筑细节无处不贯彻着严格的等级观念，是儒家礼制思想的外化。

其次，孔庙还保存着众多珍贵文物。第一，孔庙内收藏有历代各类石碑，其中包括进士碑、御制记功碑、"十三经刻石"等，它们都有各自的文化价值。孔庙一进院内分布着198座进士碑，刻有元明清三朝五万多名进士的姓名、籍贯和名次，上面有很多熟悉的名字，如北京保卫战的主持者——于谦、"心学"领袖王阳明、戏曲大师汤显祖、清代著名词人纳兰性德、中国禁毒第一人林则徐、洋务派领袖曾国藩、李鸿章、北京大学校长蔡元培，乃至爱国民主人士沈钧儒，这些人皆为国家栋梁，在历史上留下了很多脍炙人口的事迹，是中国政治、文化传统的重要组成部分。进士题名碑是研究历代科举制度的重要实物资料，具有很高的历史研究价值。

孔庙一进、二进院落陈列着14座御制记功碑，碑文内容除记载修葺孔庙、祭孔活动之外，主要记载了清代康熙、雍正、乾隆三朝帝王南征北战、一统天下的历史功绩，如平定青海、两定金川等，分析其建碑动因，可能有宣扬国威、告慰先祖与仪范后代之意，当然这些记事也可作为史料参考。

"十三经刻石"亦称"乾隆石经"。十三经是儒家的13部经典著作，即《周易》《尚书》《诗经》《周礼》《仪礼》《礼记》《左传》《公羊传》《谷梁传》《论语》《尔雅》《孝经》《孟子》，是中国古代学生主要的学习内容，更是研究儒学的珍贵史料。

孔庙遗存的文物中还包括大量的祭孔器乐，大成殿内存有麾、柷、敔、编钟、编磬、革等，大部分为清代原物。孔庙历史沿革展中还展示了许多吹奏与弹拨乐器，如古琴和瑟、排箫、笛、笙、埙等。清代祭孔用乐为《中和韶乐》，八音齐备，中和雅致。八音为八种材质的乐器，取四海材，发天地之音，八音克谐，符合儒家大乐与天地同合的礼乐思想。

孔庙的存在体现了儒学在中国传统文化中的主流地位。元明清三代帝王通过在孔庙祭祀孔子，宣扬尊崇儒家思想，表示国家以道德为重，教化百官和天下百姓。

（二）国子监

国子监的第一道大门为集贤门，表明这里是聚集贤能人才的地方。国子监作为行政管理部门，根据古代的传统规制，大门为黑色，庄严肃穆，是现今北京可以见到的唯一一座黑色大门的古建。国子监大门不设门槛，以示遵循有教无类原则，标志着无论是什么身份背景，只要有真才实学，有好的品德，都可以考入这个最高学府，平等的考试制度，体现了国家对知识和人才的尊重。

通过国子监第二道门太学门，映入眼帘的就是以华美著称的琉璃牌坊，这座建于清乾隆年间的牌坊是全国唯一专为教育事业设立的牌坊，四柱三间三楼，朱红柱体，黄绿琉璃瓦，歇山顶，五彩斗栱，牌坊正背两面刻有"圜桥教泽""学海节观"，均系乾隆皇帝御书，可见规格之高，足见当时统治者对教育的重视程度。

国子监的中心建筑——辟雍，是皇帝讲学的殿堂。建于中轴线中心泮池中央的四方高台上，是一座方形重檐攒尖顶殿宇。乾隆皇帝在修建辟雍过程中参照了明堂礼制文献，他在1784年所写的《国学新建辟雍环水成碑记》中详细记述了辟雍的建制情况和理论依据。辟雍大殿为九间制，面阔三间，加上围廊和廊外的擎檐柱，使得每面五间，令辟雍大殿主体结构暗含九五之数，隐喻九五至尊的天子。辟雍的设计还从多个方面体现着"天圆地方"，从细节上看，辟雍围廊外环为方柱，内环则为圆柱；从整体布局上大殿四面架设石桥横跨泮池，使殿宇与院落相通，形成"圆水四桥，中为方殿"的布局，俯视图中犹如一块碧玉，这种建筑形制不仅具有美学价值，还符合儒家阴阳五行思想。辟雍殿内的彩画采用了最高级别和玺彩画中的金龙和玺，这种级别的彩画只能用于皇家宫殿、坛庙的主殿及堂、门等重要建筑上，高等彩画的应用遵循严格的等级制度，在体现儒家礼制观念的同时彰显了皇家气蕴。殿内东、南、北三面均悬有皇帝御书的匾额，北为"雅涵於乐"，东为"万流仰镜"，南为"涵泳圣涯"，与周围流水相契合，旨在教化四方。皇帝临雍讲学时坐在辟雍大殿正中心的宝座上，这既表明了人位于天与地的中间，在"天圆地方""象天法地"中实现了天、地、人的和谐统一，同时又宣示了君王的中心统治地位。[2]国子监作为元明清三朝的最高学府与教育管理机构，地位接近于现代的大学，是历代有考取功名之志的读书人神往之地，对于研究古代教育具有重要意义。

三 孔庙与国子监的保护与利用

（一）保护利用现状

所谓文物的全面保护，是指保护文物建筑所具有的历史、文化、科学和情感等各方面的价值，要保护它的全部历史信息。具体来说，空间上要保护建筑平面、立面，到室内的装饰、雕刻、绘画乃至当时的家具、陈设等。[3]国子监与北京孔庙分别于1961年和1988年被中华人民共和国国务院列为全国重点文物保护单位，历来受到有关部门重视。为了改善文物环境，进一步加强文物保护，2011年6月孔庙和国子监博物馆对十三经碑林进行清洗、加固、移碑等多项施工，把乾隆石经展厅转化为现代化碑刻展厅，同时博物馆还对进士题名碑进行扶正、加固地基等措施，并翻修保护棚，2012年7月博物馆完成敬一亭东西两厢的改造工程。

文物古迹活化利用的最高层次在于文化层面，博物馆在加强对文物本身保护的同时，一直以弘扬中华优秀传统文化为己任，充分挖掘利用馆藏资源，推出了国子监原状陈列、金榜题名、大哉孔子、北京孔庙历史沿革、中国古代

---

[2] 侯佳：《从国子监孔庙看建筑中的儒家文化》，《榆林学院学报》2017年9月，第121-128页。
[3] 陈允适：《古建筑木结构与木质文物保护》，北京：中国建筑工业出版社，2007年。

官德文化五个固定展览，以及辟雍、大成殿等核心建筑的复原陈列。博物馆成功打造了国学文化节、祭孔大典等多个文化品牌活动，利用原有空间，开展高三学生成人礼活动。在孔庙崇圣祠推出的《大成礼乐展演》项目，以传统礼乐为素材，经过提炼、改编成为具有观赏性的集乐曲、乐舞、吟诵三位于一体的演出，是对博物馆传统陈列展览的丰富和创新，它能给观众带来视觉和听觉上的新感受，在与演员的互动中体味传统礼乐文化的博大精深。

在 21 世纪数字化的浪潮下，国内大部分博物馆和纪念馆都相继建立了官方网站，利用实体与互联网相结合的传播模式为民众带来了便利，在最近两年特殊的疫情形势下，线上云游的作用也开始显现出来。孔庙和国子监博物馆对碑刻文物进行了扫描与拍照，基于点云数据和影像数据制作文物的精模与简模，成立了文物贴图攻关小组，力求在数字化层面进行保护工作，并打造线上展示平台，使观众可以打破时空限制，全方位浏览展品，当前博物馆的网站建设已经较为完备，基础功能齐全，能够提供较好的云浏览体验。

（二）存在问题与对策

孔庙和国子监博物馆已对外开放十余年，在不断推出高品质的文化展览和展示活动的同时，也在打造全国国学文化基地。博物馆每日游客络绎不绝，良好的日常维护和管理工作至关重要，下文将从文物保护、活化利用两部分问题提出针对性意见。

由于风吹日晒等环境因素，御碑亭一部分展示牌出现了文字模糊、缺失现象，不可避免地影响了游客的游览观感及对石碑内容的理解，建议博物馆加强日常检查管理，比如加强定期检查，设置隐患发现、排除机制，加强文物修复部门的有效职能。

保护文物建筑，要同时保护它一定范围的历史环境，不要使它脱离历史形成的环境孤立出来。失去了原来的环境，文物建筑的真实性必定会受到伤害，它的历史信息就要失去或歪曲。[4]博物馆内已开设较多的展厅，几乎占

---

[4] 翁达来、夏峻：《州历史文化街区保护之策》，《小城镇建设》2002 年 7 月，第 62-63 页。

到总面积的 20%，已经是比较大的比例，需要在实现博物馆基本的展览和教育功能的同时，在一定程度上维持古建筑原本的风貌，使古建文化遗产保护和博物馆功能达到平衡。甚至可以考虑在孔庙和国子监外增设新馆，实现专门的文物展览功能。在今后建设过程中务必注意对原有建筑风格的保护，不宜再增设更多现代痕迹明显的展厅。

另外，保护不仅限于古建筑本身，还要遵循与环境相统一的保护原则，把古建筑周边也管理好，尽量保存原本的氛围。国子监街在古时曾设有刻着六种文字的下马碑，碑上写着"官员人等至此下马"，到达此处，任何人都要下马下轿步行进入，充分体现了对先师圣贤的尊重，同时也提醒人们对知识和学问要怀有敬畏之心。因此今天关于国子监街的保护，应该在保证居民日常生活质量的同时兼顾整体环境的把控，控制停放在街区内的机动车数量，清退违规建筑，防止周边过度商业化。

在文化创意方面博物馆的开发力度还有待加强，游客可以在国子监街的文化商店中购买文创产品，但现阶段的产品不论是种类还是数量都不足，仅有孔子塑像拓片、状元笔、辟雍匾额摆件等，国子监街商店里属于雍和宫的文创产品占比甚至高过了国子监与孔庙博物馆，可见文化价值挖掘尚浅，需要加大文化宣传力度。具体来说可以增加文创产品种类，扩充文具、彩妆、图书、相关食品的种类，增大科普和学术类图书的比重。

博物馆应该积极促进优秀传统文化走向社会、走进校园、走出国门。可组织专家讲学，增进民众对博物馆背后时代价值、历史意义的理解，增设国际课堂，提高受众的文化体验。同时为更好地开展工作，博物馆可以广泛招募志愿者，加强其日常管理和培训，设置志愿者激励机制。

四　结论

北京孔庙和国子监是极具代表性的、具有特定文化属性的历史文化遗产，如今它更是以独特的建筑风貌、丰富的馆藏资源、浓郁的历史气息和高品质的文化活动成为国学圣地。它所代表的儒家文化对现今社会发挥着重要的影响作用，是宝贵的精神财富，我们要更加全面、深入地了解它的悠久历史和文化内涵，采用科学的保护措施，加强活化利用，更好地弘扬和发展中华传统文化。

张雨盟，北京联合大学应用文理学院中国史专业硕士研究生。

历史研究

康熙第二次亲征噶尔丹
所经内蒙古西部地方地名研究[1]

刘忠和

康熙三十五年（1696）春至康熙三十六年（1697）夏，在一年多的时间内，康熙皇帝亲率清军三次西征，攻打厄鲁特蒙古首领噶尔丹所率军队，取得了最终胜利。

这三次亲征过程中，他有两次来到了今内蒙古西部地区。本文探讨的主要是他第二次亲征噶尔丹时所经过的内蒙古西部地方的地名，由于这些地名绝大多数是用蒙古语标识，而今这些蒙古语地名多已变成汉语地名，使后人难以对应，不知康熙帝及清军到过什么地方，所走路线又是怎样，其对准噶尔蒙古战争及对以后内蒙古西部历史发展的影响又怎样，都是尚未确定的。

康熙第二次亲征噶尔丹是在第一次亲征的同年进行的。康熙皇帝第一次亲征发生于康熙三十五年（1696）4月1日—7月7日，清军分三路攻向今蒙古国中部的图拉河和克鲁伦河，康熙皇帝亲率中路军于农历三月初一（4月1日）从北京启程，由独石口出边，经今锡林郭勒草原，直抵克鲁伦河，未遇劲敌。五月十三（6月12日）费扬古所率西路军与噶尔丹厄鲁特蒙古军战于昭莫多（昭，蒙古语意为百，莫多，即毛都，意为树，双方战于百树林，彼时蒙古草原上树木极少，有上百棵树的树林，已是罕见的地方了），噶尔丹大败，逃往塔密尔河，从此一蹶不振。康熙皇帝所率中路军因长途行军，弹尽粮绝，精疲力竭而班师，第一次亲征就此结束。回到京师的康熙帝，不断得到噶尔丹处境艰难、难于过冬、必来归服的情报，判断噶尔丹一定会来投降，于是

---

[1]此为内蒙古自治区社会科学规划办2013年度社科规划课题"清代黄河内蒙古段变迁研究"（课题号2013B070）的研究成果之一。

他再次亲率清军出征,来到呼和浩特和鄂尔多斯。

康熙第二次亲征噶尔丹开始于康熙三十五年(1696)九月十九(10月14日),结束于十二月十六(1697年1月12日),历时九十一天。在此次亲征中,康熙皇帝有两个多月时间活动在今内蒙古西部地区,下面就其在今内蒙古西部所经路途逐一展开研究。

一 从张家口到归化城

从北京启程后,经过六天行军,康熙皇帝及清军于九月二十五(10月20日)到达了张家口,在张家口进行了军备补充后,没做多少停留,继续向西开拔。九月二十八(10月23日),康熙帝及清军出张家口,到察汗托罗海(Chagha-tologai)驻跸。察汗托罗海是蒙古语,察汗汉语意为白色,今多写作查干;托罗海汉语意为头,合起来意为白头山,它是康熙三十二年(1693)所安设的张家口驿站的第一个蒙古站,也是阿尔泰军台出张家口的第一站,其地应在今张家口市北崇礼县西南石嘴子乡的五十家及附近的察汗陀罗一带。

九月二十九(10月24日),康熙帝及清军到达哈喇巴尔哈孙(Qara-Burgasu)驻跸。哈喇巴尔哈孙为蒙古语,哈喇意为黑色,巴尔哈孙意为城,合起来即黑城,后转音为布尔哈苏台,蒙古语意为有柳树之地,它是阿尔泰军台出张家口的第二站,应在今张北县城一带。

九月三十(10月25日),康熙帝及清军到达海流图(Qaligutal)驻跸。海流图蒙古语意为有水獭的地方,它是阿尔泰军台出张家口的第三站,应在今张北县境内的海流图乡政府所在地一带,正北方即是安固里淖。

十月初一(10月26日),康熙帝及清军到达鄂罗音布拉克(Oroi-bular)驻跸。鄂罗音布拉克为蒙古语,鄂罗音意为顶,布拉克意为泉,合起来即顶泉、山泉。它是阿尔泰军台出张家口的第四站,也称作鄂罗依琥图克,琥图克蒙古语意为井,说明这里有一个山井或山泉,其地应为今河北省尚义县石井乡政府所在地。

十月初二（10月27日），康熙帝及清军到达胡虎额尔奇（huge-erqi）驻跸。胡虎额尔奇为蒙古语，胡虎即呼和，意为青色，额尔奇意为崖、土坎，胡虎额尔奇即青色土坎。从此开始，康熙帝及清军离开阿尔泰军台路，直转向西。该地应在今尚义县大青沟镇一带。

十月初四（10月29日），康熙帝及清军到达昭哈（jooh）驻跸。昭哈为蒙古语，意为锅台，该昭哈位于今兴和县境内的皂火口，昭哈就是皂火，蒙古人非常重视火，因此用这样的词汇做地名，现在这里有一个水库。从此站已经进入今内蒙古西部地区了。

十月初五（10月30日），康熙帝及清军到达河约尔诺尔（hoyar-noor）驻跸。河约尔诺尔为蒙古语，河约尔意为二、双，诺尔即淖尔，意为湖泊，合起来就是双湖。该双湖就是今察哈尔右翼前旗小淖乡境内的依核淖尔和巴嘎淖尔。今天这里仍有两个小湖。察哈尔蒙古在康熙十四年（1675）发生了"布尔尼之变"后，被康熙皇帝从今辽宁义县一带迁徙到了今乌兰察布市及锡林郭勒盟南部，清政府把13746丁编隶旗佐，那时察哈尔蒙古大约有人口七万人，以如此数量的人口，分散在七万多平方公里的土地上，每平方公里仅有1人还不足，可见那时察哈尔地域人口是多么稀少。

十月初六（10月31日），康熙帝及清军到达巴伦郭尔（baragun-gool）驻跸。巴伦郭尔为蒙古语，巴伦意为左或西，郭尔意为河流，合起来即西河、河西或河左。从上一驻跸地河约尔诺尔和下一个驻跸地瑚鲁苏台（葫芦素太）来看，这个巴伦郭尔应即流经今丰镇市隆盛庄镇和察哈尔右翼前旗新风乡境内的西河湾。这条河全长只有十七公里，两岸现有十多个村庄。在今当地人口里，也称其为隆庄河，因为它不仅发源于隆庄，而且隆庄也是这条河岸边最大的集镇，晚清这里有两三万人口，隆庄镇里有来自今北京、河北、山西、陕西的一些大商人的院落，这些商人以这里为中心，向四周的广大乡村收购粮食和其他农副产品以及草原上的皮毛、牲畜等，使隆庄成为内蒙古西部仅次于呼和浩特、包头、丰镇、托克托等地的一个大商业中心，有"绥东第一镇"之称。

十月初七（11月1日），康熙帝及清军到达瑚鲁苏台（Hulustai）驻跸。瑚鲁苏台为蒙古语，意为有榆树的地方，实际上瑚鲁苏台（今写作葫芦素太）在以后迁来的汉人口里，发音有了变化，今天多发海流素太（Hailiustai），意为有竹子的地方，这里没有竹子，有的只是芦草，因此这是个有芦草的地方。今海流素太就是丰镇市的三义泉乡政府所在地。早在康熙二十七年（1688），康熙皇帝派往俄罗斯的张鹏翮、钱良择等就从这里走过。

十月初八（11月2日），康熙帝及清军到达磨海图（Mogaitu）驻跸。磨海图为蒙古语，意为有蛇的地方，也写作穆海图，今多写作马盖图。此地应为今卓资县梅力盖图（三义堂），金峰先生认为此地是今卓资县的马盖图。

十月初九（11月3日），康熙帝及清军到达喀喇乌苏（Har-usu）驻跸。喀喇乌苏为蒙古语，喀喇意为黑色，乌苏意为水，合起来就是黑水。此地应在今卓资县县城一带，依康熙皇帝每日行军四五十里计，大约应在这里，大黑河上源流过这里，有喀喇乌苏一名不足为奇。且上距梅力盖图（三义堂）有五十多里，下距下一个驻跸地——察汗布拉克四十多里，较为适中，如马盖图说，则出现一日行军太多，一日行军仅十多里。

十月初十（11月4日），康熙帝及清军到达察汗布拉克（Chagha-bulak）驻跸。察汗布拉克为蒙古语，察汗意为白色，今多写作查干，布拉克意为泉，合起来就是白泉。此地就是今卓资县后房子乡境内的厂不浪。据康熙帝自述："代哈（此即岱海，在今内蒙古乌兰察布市凉城县境内）庙在路南三十里处，我们过杜特岭去探望。庙非常平凡。代哈湖北岸有一处温泉，水温热。喀尔喀色凌阿盖王的牧地在此。据称因为今年庄稼丰收，生活比往昔好些，但看起来还是穷。因其人英俊，赏了五百头牲畜。向北过乌尔土岭，来到了驻跸地"。从厂不浪到岱海北的大庙（也就是岱海庙、代哈庙），有三十多里，说明康熙还曾到过岱海。大庙东南三里东的水塘村，可能就是康熙皇帝提到的有温泉的地方。

十月十一（11月5日），康熙帝及清军到达喀喇河朔（Har-huxu）驻跸。喀喇河朔为蒙古语，喀喇意为黑色，河朔意为山尖、山嘴，合起来就是黑山头。按康熙帝及清军的行军速度，和下一个驻跸地——白塔综合考察，此喀喇河朔应是今呼和浩特赛罕区的黄哈少镇。黄色蒙古语发音为萨喇，而黑色发音为喀喇，二者音非常近，可能当地汉人误听为黄色的字音。

十月十二（11月6日），康熙帝及清军到达白塔驻跸。白塔是汉语，就是指今呼和浩特东的辽代万部华严经塔，此地已离呼和浩特非常近了。

十月十三（11月7日），康熙帝到达"归化城驻跸。归化城马驼甚多，其价亦贱"。归化城是汉语，就是今呼和浩特（Huhu hoton，旧城），归化城是明代万历皇帝送给俺答汗（也称阿拉坦汗，明代土默特蒙古首领，呼和浩特城的修建者，明封顺义王）所修库可河屯（今称呼和浩特）城的汉语城名。康熙皇帝在呼和浩特逗留了十一天，处理了一些事情。

二　从归化城到鄂尔多斯

十月二十四（11月18日），经过十一天的休整后，康熙皇帝率清军由归化城出发，继续向西进发。当晚驻跸衣赫图尔根郭尔（Yehe-turgen-gool）之南。衣赫图尔根郭尔为蒙古语，衣赫意为大，今多写作义和、伊克等，图尔根是河流名称，意为黑色，郭尔意为河流，合起来就是大黑河。依清军行军速度看，此地应位于今土默特左旗白庙子乡境内。此地康熙三十四年（1695）刚刚开始招民垦种。在《圣祖仁皇帝亲征平定朔漠方略》里，记载该地为距归化城三十三里的浑津村之南，说明该地应在今浑津桥一带。

十月二十六（11月20日），康熙帝及清军到达达尔罕拜尚（darhan-baixing）驻跸。达尔罕拜尚为蒙古语，达尔罕是一种对有艺能贡献人的封号，也写作打儿汉或达尔汗，拜尚即板升，是指由汉人所建房屋而形成的村庄。合起来就是有艺能人的村庄。结合上一个驻跸地衣赫图尔根郭尔之南及下一个驻跸地丽苏综合考虑，这个达尔罕拜尚应在今土默特左旗北什轴乡或三两乡境内，结合《内蒙古自治区地名志——呼和浩特分册》，笔者认为这个达尔罕拜尚就是今土默特左旗的北什轴村，因为该村"原名'旦州板'，意为管家人的房子"。旦州板与达尔罕拜尚发音非常近，笔者认为旦州板就是达尔罕拜尚的音省，且恰位于康熙皇帝上一个驻跸地衣赫图尔根郭尔之南和下一个驻跸地丽苏之间。康熙皇帝在丽苏板升写给皇太子的信中说："二十六日，驻跸达尔汉拜尚。出归化城向西南行，地平塘，新设御庄正当此路，田多，耕之不尽，诸塞之外，未见有如此地之平塘者，且草美水佳，朕行如许路，不闻有一病者。"康熙皇帝对路经达尔汉拜尚的地貌描述，也正好能说明此地应该是今土默特左旗的北什轴，北什轴就位于今呼和浩特西南，且位于康熙御庄——今白庙子乡西，且土地平坦，水草佳美，再加上康熙皇帝在此地宴请当地百姓及随军将士，笔者想什轴也许是"食周"，是给周围人提供了丰盛饮食的意思。

十月二十七（11月21日），康熙帝及清军到达丽苏（lisu）驻跸。丽苏今写作里素，即今土默特左旗善岱镇里素村。据武莫勒先生研究，"在《蒙图》（1974）里素被还原为 Alisu，意为羊草，小里素村又作 Baya-lisu。《呼志》第220页、《蒙图》（1987）均作 Luus，称意为水神龙王"。"据传，这里曾遭受过特大洪水灾害，人们认为这是水神发怒所致，修建成'劳乌素苏木'，意为里素召，周围形成村庄后，得村名里素。1696年（康熙三十五年）。康熙西征里素，并赐里素召为增福寺。该村位于善岱3公里处"。据乌云毕力格先生研究，康熙皇帝在从呼和浩特到鄂尔多斯的路上，不断写信给在京的皇太后和皇太子，报道他一路的行程状况，其中出归化城后的第一封信就是从丽苏板升写给皇太后的。他说"二十七日在丽苏板升驻跸。那天有兔子，但不多。呼和浩特（到这里的）距离一百余里，但还没有丈量完毕"。这与今里素到呼和浩特的距离相符，里素距呼和浩特55公里左右。但丽苏、里素，蒙古语究为何意，笔者不能妄加推测，似乎前一种更为可取。

十月二十八（11月22日），康熙帝及清军到达湖滩河朔（hutani-huxu）

驻跸。湖滩河朔为蒙古语,湖滩即哈屯,意为可汗夫人、皇后,蒙古人称黄河为哈屯河,河朔意为顶部、突出处,合起来就是最靠近黄河的一座城镇,即今托克托县城所在地。"二十八日,在湖滩河朔驻跸。汉人称这个地方叫作托托城。此即黄河之岸,有兔子,不多"。因再一次到达了草原上的大城镇,也等待黄河冰封结实,康熙皇帝在湖滩河朔休整清军一周,处理了一些重要的政治、军事事务。如以西路出征兵丁劳苦,倒毙马一千二百三十四匹、免其赔偿,准许鄂尔多斯松阿喇布在察罕托灰耕种捕鼠等。

十一月初五（11月29日）,康熙皇帝率清军离开湖滩河朔,驻跸喀林拖会（horin-tohui）。喀林拖会为蒙古语,喀林意为二十,今多写作和林,拖会意为湾,今多写作陶亥或套海,此地应即今土默特右旗的八里湾村。这是康熙皇帝在土默特蒙古地方最后一个驻跸地了。

十一月初六（11月30日）,康熙皇帝率清军"自喀林拖会渡河",进入鄂尔多斯地面,驻跸东斯垓（Dong-suqai）。在清代所设杀虎口驿路由归化城去往鄂尔多斯的第二驿,驿站名为栋素海,就是这个东斯垓。"在《会典》卷九八二和《归绥县志》经政志中,都写作'东素海'。《准格尔旗档案》（内蒙古档案馆藏,准旗第一匣,蒙古文,乾隆二十七年）及蒙古文《则例》（指《大清会典则例》）作 Dong-suqai。《驿程》作'多素哈'"。因此东斯垓是蒙古语,斯垓为蒙古语蓿亥的音转,多为汉语意思,那么这个多蓿亥在今什么地方呢？它位于鄂尔多斯市准格尔旗蓿亥图乡境内,今名召梁。"召梁,行政村。位于乡东北部,北临黄河,东与十二连城乡为界。以驻地召梁取名。召即东素海塔宾庙。东素海,系蒙古语,意为东红柳。塔宾为五十,是清朝设立由50丁组成的驿站,清朝嘉庆年间庙建在大圐圙,后被沙压,民国七年（1918）迁建于今址,1939年被马占山军破坏。抗日战争时期托克托县政府在此驻留三年,将驿站地划属二区,1945年改设清浪乡,后设驿站的联合会召梁分会。……辖5个自然村,1个农业社"。"栋素海"实即"东斯垓"的音转,此地东距托克托县城50里。康熙皇帝及清军在这里待了三天。

十一月初九（12月3日），康熙皇帝及清军移驻察汗布拉克（Chagha-bulak）。察汗布拉克为蒙古语，察汗意为白色，布拉克意为泉，察汗布拉克意为白泉。这个察汗布拉克应该就是今天西查干布拉克村周围，今天这个蒙古语地名就是古代蒙古语地名的保留。这里距上一个驻跸地仅有十多里地，也可看出其行军是多么缓慢。

十一月初十（12月4日），康熙皇帝及清军行军到瑚斯台（hustai）。瑚斯台为蒙古语，意为有呼斯的地方，今写作呼斯太，呼斯不知何意。此地仍应位于今准格尔旗境内，今准格尔旗与达拉特旗交界处的北段，就是以呼斯太河为界，基地距察汗布拉克大约二十里。因有"厄鲁特诺尔布寨桑来降"，康熙住了两天，隔一天才继续向西行军。

十一月十二日（12月6日），康熙皇帝及清军驻营夸托罗海（huwa-tologai）。夸托罗海为蒙古语，有汉文史料也写成华托罗海，意为源头、泉头。由于得到诺尔布寨桑带来有关噶尔丹的准确消息，康熙皇帝非常高兴，行军并不急速，但为尽快逼迫噶尔丹投降，康熙在行军夸托罗海及驻跸此地时，发布了一些命令，以促使噶尔丹尽快归降。这个夸托罗海应即今达拉特旗吉格斯太乡靠近黄河的河头村。

十一月十六（12月10日），康熙皇帝及清军到达哲固斯台（Zhirsutai）。哲固斯台为蒙古语，今写作吉格斯太，意为有菖蒲的地方。这个哲固斯台，也写作吉克苏台，是杀虎口驿路由归化城去往鄂尔多斯的第三驿，蒙古语写作Zhirsutai，"《会典》卷九八二、《驿程》《归绥县志》经政志中都写作'吉格素特'"。哲固斯台、吉格斯太村，位于今鄂尔多斯市达拉特旗境内，村人呼名大红奎，也称何家圪堵。"大红奎，村，在何家圪堵南2.4公里。相传清光绪年间建成一庙，庙门上横额书'大红奎'三字，村因之得名"。康熙皇帝在这里驻跸了七天，处理了许多军国大事。至此后约伯费扬古而回军，因此吉格斯太成为康熙皇帝此次行军到达的最西端。此地东北距黄河仅十里。康熙皇帝在哲固斯台写给皇太子的信说："朕今循河岸而行"，说明此次行军主要沿今黄河行进。

三　回程所经内蒙古西部地方

十一月二十三（12月17日），康熙皇帝及清军又返回瑚斯台（hustai）。

十一月二十五（12月19日），康熙皇帝及清军到达东斯垓（Dongsuqai）。在这里康熙皇帝又驻跸了六天，处理了一些军国大事。和诺尔布寨桑订好噶尔丹七十天后来降之约后，假说去拜访迈达里庙（今美岱召），派人探修去迈达里庙的路，但在送走诺尔布寨桑后，康熙皇帝不是向北过黄河去美岱召，而是率清军返程回京。

十二月初二（12月25日），康熙皇帝及清军到达萨尔浒托辉（sarxu-tohui），在这里召见了伯费扬古，商讨对噶尔丹的战略战术。

十二月初三（12月26日），康熙皇帝及清军到达湖滩河朔（hutani-huxu）之南。此地大约是今托克托县河口一带。之后日夜兼程向北京进发，行军速度明显快了许多。

十二月初四（12月27日），康熙皇帝及清军到达秋伦鄂络木（qilagun olom）。秋伦鄂络木为蒙古语，秋伦今多写作楚鲁、此老等，意为石头，鄂络木意为浅渡。按其行程，此地应在今清水河县境内的喇嘛湾，因为托克托县境内的黄河岸多为土质，只有喇嘛湾才有石头堤岸，且喇嘛湾很久远以来一直是渡口，有君子津之名。

十二月初五（12月28日），康熙皇帝及清军到达哈当和硕（hadenhuxu）之西。哈当和硕为蒙古语，哈当意为山峰，今多写作哈达，和硕意为尖、突出的地方，合起来意为山尖，这个地方就是今林格尔县境内的哈达哈少村，"哈达哈少山，译名山峰、山嘴，与黑山相连，山势层峦叠嶂，势甚雄伟，为土城子起祖发脉处"。此地西南距和林格尔县城二十里。

十二月初六（12月29日），康熙皇帝及清军到达西尼拜星（xinbaixing）。西尼拜星为蒙古语，西尼意为新，今多写作席尼、锡尼，拜星即百姓、板升，

283

合起来意为新房子，这个地方就是今林格尔县新店子镇政府所在地。

十二月初七（12月30日），康熙皇帝及清军到达杀虎口城内。

十二月初八（12月31日），康熙皇帝及清军到达右卫城。之后康熙皇帝及清军经左卫城（今山西左云）、大同府城、望关屯（今阳高县境内）、天镇、宣化府城、旧保安、怀来、昌平，于十二月二十（1697年1月12日）回到京师（今北京）。

四　结束第二次亲征的原因分析

康熙皇帝这次在内蒙古西部的行程，有急有缓，是其智慧的展现，同时也受一些客观因素制约。现在只探讨康熙皇帝急迫结束第二次亲征的原因。

清廷官方给出的回答是，已与诺尔布寨桑订好噶尔丹七十天后来降之约，不必继续西征，再加上年关将至，军旅劳顿了一年，急需休整。而笔者在检视这一时期康熙皇帝及清军的活动轨迹看，还有一些因素也是康熙皇帝决定停止此次亲征的原因。

笔者认为，清军军粮供应出现了大问题。

首先，康熙皇帝本军行直向宁夏（今银川市），但到达哲固斯台后，不再继续西行，反而掉头东行。又到达东斯垓后，当遣返诺尔布寨桑格垒沽英时，康熙"又谕格垒沽英曰，尔还语噶尔丹，令其亲身来降，否则朕必往讨。朕在此地行猎待尔，限七十日内还报。如过此期，朕即进兵矣。正立限遣发之时，包衣大达都虎奏曰，御用米粮将尽矣。上怒曰，达都虎蛊惑人心，可斩也。如粮尽，则取湖滩河朔之米，何虑之有？粮虽尽，朕必啮雪穷追，断不回师。宣谕后，又将往幸迈达礼庙，遣向导修路，于时诸军皆不喻。既遣格垒沽英，复使人随之出二十里外。上遂传令班师，众皆大悦。是日，驻跸黄河西界萨尔虎拖会地方。"从这段话中我们不难分析出，军粮供应出现了不济，康熙虽严厉惩处达都虎，认为他动摇了军心，但也说即使军粮短缺，可从湖滩河朔调米，笔者想他那时就在距湖滩河朔四五十里的地方，说明湖滩河朔也没有多少存米。从他对格垒沾英说，朕在此地行猎待噶尔丹，不谈军粮筹运，也从另一个角度说明当时缺粮是实情。

其次，从今天内蒙古托克托县及相邻的山西河曲县、保德县的一些老百姓口中，都说康熙皇帝在这一带行军遭遇了严重的军粮危机。如托克托县百姓口中有康熙皇帝向百姓征粮，百姓给他吃糠窝窝，他还给起了个好听的名字，叫倒口酥。保德县老百姓教育子女不懂得珍惜粮食时，就拿康熙这次行军遭遇来说服。日后康熙皇帝曾因缺粮问题，对人们日常的三餐习惯表示不理解，他在批阅一封奏疏时说："尔汉人，一日三餐，夜又饮酒。朕一日两餐，当年出师塞外，日食一餐。"说的就是这次亲征噶尔丹时的遭遇。"中路出征时，往来行走四月有余，日进一餐，五更起行至晚始歇，遇沙地则下马步行，殊觉耐劳"。

再次，从他下一年春再次亲征噶尔丹时的行军路线，也能说明问题。第三次亲征到宁夏，他没有选择路程近许多的内蒙古西部，也即第二次行军路线，而是选择了人口相对稠密的山西、陕西内地，也说明上次行军军粮问题难以解决，内地相对要好些。

最后，这次行军前，除有"命左都御史于成龙赴归化城理西路粮务"的谕令外，一路并没有见到于成龙督运军粮与康熙皇帝会合的记载，有的多是康熙皇帝打猎的描述，因此乌云毕力格先生认为"康熙皇帝这次出巡算不上什么军事远征，其实是一次以打猎为主要内容的'休假'"。从康熙皇帝这三次亲征噶尔丹有关军粮运输问题的安排来看，第二次亲征的军粮安排没有其他两次缜密，也没有严厉的军令保障。

刘忠和，内蒙古科技大学包头医学院图书馆副馆长，教授，博士，研究方向为内蒙古地区史。

地方学研究

探究中国古都地理空间机制

姚亦锋

引 言

地理空间对于古都的起源和变迁有非常重要的影响作用。在历史上，地理空间曾经被帝王看作"象天法地"的"命脉"，被看作王朝命运、国家命运、城市命运以及帝王个人命运的根基。地理空间内的特征形态保存具有生存的重要本质意义！

地质学家李四光教授，在《风水之另一解释》中指出："就是一个极小的村落，一条道路的存在，只要仔细地考察，往往能找出地下的原因出来。比如一个小褶皱；或是一个地层中的小裂缝；或是一层特别的岩石的露头，都可为收集居民的原因。常在实地调查地质的人，都知道这种奇怪的事实。……地下的种种情形有左右地上居民生活状态的势力。那种势力的作用，常连亘不断。它的影响虽然不能见于朝夕，然而积久则伟大而不可抗。人类既是自然界的一部分，怎样能逃脱这种熏陶作育的势力？"

南京曾经多次成为中国的古都，其中有政治、军事、经济和文化原因，各个历史时期原因各不相同，但是始终贯穿有地理的原因。地理原因使南京成为中国南方的、长江之滨的都城，地理原因造成南京不可能持续成为中国的都城。

江苏省镇江市比南京历史悠久，在春秋战国到秦汉时期，作为长江渡口曾经比南京重要，但是镇江从来没有成为都城。山东省曲阜曾经在2800年前，涌现出一批智慧绝顶的、杰出的哲学家和思想家，历史上当地的经济也很发达，但是曲阜从来没有成为中国的都城。湖北省武汉是长江之滨现代大城市，是中国南北交通重要枢纽，但是武汉也从没有成为历史上的都城。古都的地理景观具有国家特别重要的政治、军事、经济、文化意义，历史上曾经是国家文化的象征。古都地理景观与城市建筑共同构筑形成文化遗产，因此古都地理景观具有国家历史文物信息。

一　中国地理空间与古都格局

中国有辽阔的疆域，经历五千年波澜壮阔的历史演绎。留下无数王朝兴亡、城市盛衰、人世间悲欢离合的故事。每一个王朝皆建设有都城，都城是统治者居住之地，是历史时期控制国土疆域和发号指令的核心地。

中国三千年历史时期内维持统一大国的重要原因是其具有独特的地理空间结构。秦岭、关中盆地、中原、燕山、长江中下游丘陵平原等辽阔而又丰富的地理空间构筑了中国历史空间，中国历史核心区。政治、经济、军事、文化限制在这个地理空间内演绎，从而形成中国八大古都和城市群。

表1　八大古都多尺度地理空间影响分析

城市	小尺度空间：建设核心区	中尺度空间：地貌影响范围	大尺度空间：扩展控制区域	影响历史阶段
北京	北京古城区	太行山燕山半围合小平原	华北平原，中原，东北	辽、金、元、明、清
西安	西安古城区	秦岭围合关中盆地	西北，黄河流域，中原	西周、秦、汉、唐
洛阳	洛阳古城区	伊河洛河小平原	黄河流域，中原，华北平原，长江中下游平原	夏、商、东周、东汉、隋、唐
南京	南京古城区	宁镇山脉半围合秦淮河小平原	华东地区，淮河流域	六朝、南唐、明朝、民国
开封	开封古城区	五河交汇，黄河大运河	黄河流域，中原，长江中下游平原	春秋战国、北宋
杭州	杭州古城区	孤山钱塘江	江浙太湖流域，江浙闽赣	吴越、南宋
安阳	安阳殷墟区	恒河流域、黄河中下游	中原地区	商
安阳	郑州古城区	黄河中下游区	中原地区	商、春秋战国

从中国版图的大尺度辽阔地理空间分析，自西向东有三条地理界限构筑了文化景观差异以及城镇群的分布差异：阴山燕山形成农牧业分界线，秦岭形成南北气候分界线，长江形成第三条景观分界线。

天山、阴山、燕山形成的连绵山脉，形成农牧业分界线。沿着这条山脉，春秋战国时期就开始建立一系列国家城墙，秦始皇把这些国家的城墙联系建立形成伟大的"万里长城"。也在这条线附近形成一系列宜居城镇，其中最重要的城市是北京，也是现代中国的首都。

以昆仑山、秦岭山脉形成连绵山脉，形成南北气候分界线。这条山脉在抵达中原之后逐渐消失。正是在这条山脉与平原交界处，秦岭和太行山围合的半圆形空间，在东部形成华北平原和长江中下游平原，这个区域内有黄河和长江，中国5000年历史演替于此地，西安、洛阳、开封、安阳和郑州五大古都就在这些地理空间区域内诞生和演替。"五岳四渎"也是指这个核心的空间坐标体系，以此核心扩展影响全国。

《史记》卷二十七天官书：及秦并吞三晋、燕、代，自河山以南者中国。中国于四海内则在东南，为阳；阳则日、岁星、荧惑、填星；占于街南，毕主之。其西北则胡、貉、月氏诸衣旃裘引弓之民，为阴；阴则月、太白、辰星；占于街北，昴主之。故中国山川东北流，其维，首在陇、蜀，尾没于勃、碣。是以秦、晋好用兵，复占太白，太白主中国；而胡、貉数侵掠，独占辰星，辰星出入躁疾，常主夷狄。其大经也。此更为客主人。荧惑为孛，外则理兵，内则理政。故曰"虽有明天子，必视荧惑所在。"诸侯更强，时灾异记，无可录者。

长江作为辽阔浩荡的大河，自西向东延伸，在中国疆土偏南部拦腰切割，在此形成南北景观分界线。每当中原王朝受到入侵威胁或者发生动乱战争，以长江为天堑的割据南方王朝就会出现。历史上南京作为都城，或者与北方朝廷分庭抗礼，或者是"衣冠南渡"。

二 多尺度时空范围的都城移动轨迹

地理格局作为一个客观存在现象，无法伸缩变化，但是基于多尺度或者多视角观察，结论却大相径庭。地理格局研究需要多个尺度清楚地界定所关注的空间问题，探索各个尺度空间内城市运行规律，以及如何将不同尺度上的研究结果关联起来，从而能够既全面地认识整体世界，又深入把握局部环境。

小尺度范围研究，可以更详细地了解城市系统运行的方式和机制；大尺度范围研究，可以有整体格局和宏观区域的认识和把握。

本篇设定研究的多尺度地理空间，表现在三个尺度空间：区域空间、领地空间、核心空间。

区域空间，表现是跨越多个城市地域的广大范围。这个大尺度范围还是有共同地理基础的区域，城市之间相互影响，有主从、互补或者共轭等关系机制。领地空间，表现是地貌范围。山脉水系连续地作用影响，超出城市用地范围。核心空间，表现是城市范围。古代城市往往是城墙边界。

（一）大尺度区域演替空间："节点""轨迹"与"领域"

在大尺度地理空间范围内，把城市意象进行抽象，看成空间联系的"切换点"或"节点"，山脉河流看着是"线条"。在战争时期，是对峙前沿重要的控制要点。在和平时期，也是经济交流沟通的重要控制要点，也是地理空间转换界面的控制要点。

在时空背景过程中，看地域整体系统内的这些点线运作轨迹是有规律联系的。研究解释城市社会的历史过程，逐步明晰多个尺度空间的嵌套关系。这对于在大尺度地理空间格局范围内，现代城市选址发展以及区域城镇体系规划，非常重要。

秦岭区域范围内山脉围合的"关中盆地"，历史上，强力崛起的周部落和秦国，出函谷关夺取中原。贾谊《过秦论》秦孝公据崤函之固，拥雍州之地，君臣固守以窥周室，有席卷天下，包举宇内，囊括四海之意，并吞八荒之心。当是时也，商君佐之，内立法度，务耕织，修守战之具，外连横而斗 诸侯。于是秦人拱手而取西河之外。选址洛阳建都，考虑到的是秦岭山脉与中原的交界处，是通往关中盆地和中原的重要节点。从地理位置看，洛阳地处黄河中游南岸，跨伊、洛、涧几条河流，北倚邙山，南对伊阙，东据虎牢，西有崤坂，素有"河山拱戴，形胜甲于天下"之誉。按古说法，洛阳是一个恃险防御、盘龙卧虎的地方，"调在中枢，西阻崤谷，东望荆山，南望少室，北有大岳三河之分，风雨所起，四阻之国"。

北京最早出现的都城活动是在西周初年，周武王即封召公于北京及附近地区，称燕，都城在今北京房山区的琉璃河镇，遗址尚存。当时在以中原文化为核心的大地理格局中，北京处于汉文化边缘地区。在地理大空间格局上发生重大变化，东北有强力崛起，选址北京建都，在大尺度区域考虑的是太 行山脉与华北平原的交界处，以至延伸的中华重要中原腹地。元代有描写北京的地理空间"右拥太行，左注沧海，抚中原，正南面，枕居庸，奠朔方"。

选址南京建都，是因为南京建都的国家大多是割据江南，或者王室南迁逃难，从长江中下游区域的空间看起来，南京是最佳节点。在中国版图的宏大尺度范围内俯瞰南京位置，东南方向接太湖水网地带，西部连接皖南丘陵地区，隔江对应江淮大平原。这三个方向都是中国最主要的经济场地。地理区域空间南京看成空间联系的"切换点"或"节点"。在近现代，津浦铁路过长江点在南京，新中国建立具有战略意义的长江大桥也选址在南京。南京成为这一带广大空间的核心点。

（二）中尺度领地空间：山脉地貌区域

一个地区内地貌连续跨越多个城镇，形成相对独立的地理空间范围，本篇理解为中尺度地理空间。山脉水系是影响人工城市建构的最基本核心动力。地理脉络支撑古都主体空间存在，也引导形成人地关系变迁的历史轨迹。表现在城市功能有：军事防御，经济发展，商贸流通，景观空间构造，甚至风水天象星座的映射。城市历史上多次毁灭，又有多次重新建设，而地貌是最稳定、最持久、最基本的城市空间发展机制。这些都是人工建筑所无法替代的。

地貌在地理空间内具有脉络结构关系，地理脉络一是支撑古都主体空间存在，二是形成人地关系变迁的历史轨迹。

构筑北京作为古代首都的地貌空间，应该是北面燕山、西面太行山、南面的永定河以及围合其中的小平原。北京市区距离八达岭60公里，是辽阔平坦地形，从而具有军事防御、人居生活、商业贸易等人类定居的功能。

宁镇山脉有150多公里长度，沿着长江南岸延伸，经过南京和镇江二城市。由此山脉诞生了一系列的历史城镇和风景名胜区，对于当地文化景观形成产生重要的影响作用。东吴孙权在赤壁之战取胜后，在镇江考虑选址建都，视角在长江中下游大尺度范围寻查，最后评价南京周围的地貌景观是"钟山龙蟠，石城虎踞，此乃帝王之宅"。这个著名的地貌景观评价影响了南京后来数千年的城市建设。

现代南京城市规划建设强调实用功能，历史讴歌的连绵山脉被分断，水系大规模填埋，"虎踞龙蟠"的地貌景观基本被挖掘破碎，是城市景观的重大损失。

（三）小尺度核心空间：城市建筑街区

相对自然地貌或者河流而言，城市建筑区空间范围比较小，属于小尺度地理空间。建筑具有人类文化寓意。海德格尔有言："住所是人类与物质世界之间精神统一形式的基本单元。通过反复体验和复杂联系，人类住所空间建构赋予地方含义。"

古代城市首先表现出的是城墙围合，形成城市边界。建筑和街区形成密集的人居活动空间，也营造了文化运行和发散的核心。古都城市历史上连续有多个王朝建都，显示历朝城市轴线和道路系统线形，形成有自身特征的国家政治文化和景观文化。扩散通过有地理区域和地貌脉络的线索传播。

在古代城市建筑首先表现出的是城墙的围合，限定了城市边界。这也与地理地貌有千丝万缕的联系。城墙和建筑营造依山、抱湖、临江，最重要的城市空间构建是地理景观依托，其次才是建筑空间叠加。居住宅院、街区街坊、城墙等都必须考虑依山傍水的景观。北京虽然所处在的平原面积广大，春秋战国的燕都蓟城在永定河，辽金元明清连续5个王朝建城池集中在什刹海水潭，也是层层叠压。南京城市历史上连续有10个王朝建都，基本上在秦淮河冲积小平原。西安秦汉唐都城在渭水河流域支流多次移动。洛阳秦汉唐都城在伊河、洛河之间移动。每一历史时期城市主人都按照其各自文化理念营造城市空间，有传承的，也有变化的。由于使用的基础地理空间是固定一致的，形成了城市历史文化信息的叠加。在时间延续的过程中，各个城市景观"相继占用"贯穿相同的一个地理空间，继而相互吸收、融合、涵化，城市发展逐渐整合为一种传统景观，留下了珍贵的城市历史遗产。

三 探索新视角古都风貌规划和新模式

（一）遗址的认识与规划

遗址是不可移动的文物，其景观价值有两个方面的内涵："遗"是历史遗存，"址"地理小尺度空间。历史文物与地理空间形成了整体风貌景观。遗址有单个的，还有群体的，并且在地理时空过程中，形成系列的分布轨迹和规律。遗址地群体分布，具有重要的整体性、逻辑性、连续性，形成整体的风貌和景观格局。遗址地景观规划必须认识到"地理空间"的重要价值。南京六朝避邪石刻场地规划，挖掘地面联系空间，形成三面环水的"小桥流水"景观，孤立石刻文物，"倒影"观赏实在不可取，是破坏遗址地的建设行为！函谷关是中国历史上著名的地貌景观，其地理空间具有极重要的文化文物价值。现在投资几十亿大规模开挖地貌，设计人工几何地形。建成二千米长度的宏大中轴线、大广场、大喷泉、大道路，还有一尊几十米高的、巨大的、金碧辉煌的老子塑像。老子哲学倡导的精华是：随意自然、水流花谢、谦虚低调，在这里被现代景观设计糟蹋得荡然无存！

（二）古都风貌与规划

"古都风貌"是指有成片的历史建设遗存布局以及与周围山川地貌形势融合的整体空间；这些历史年代中形成的风貌对于现代社会发展有着极为重要的意义。保护历史遗留的一栋建筑，只能算是保护一件"文物"。南京"虎踞龙蟠"的历史风貌特色存在，能使整个城市发出独具魅力的光泽，对于整个城市战略性的发展有重要意义。

许多城市关于其历史城区保护规划，古都风貌规划已经多次做过。如何以更高层次研究历史古城风貌？本篇探索以历史地理格局作为时空变迁的基本参照，探寻地理环境系统中的历史城市遗址和建筑空间变化规律，进而研究现代城市规划。以地理格局视角的研究景观规划：以地理格局透视生态格局、景观格局、城市格局、绿化格局、遗址格局、文化格局，甚至交通格局等。

认识触发城市文化起源的地段、地点，认识古都与风貌景观联系的地脉、地貌。依顺自然山水脉络系统，实地调查古城市起源和发展遗迹，考察城市变迁、遗址以及现状城市建设。研究古都形成的三重地理嵌套空间，即区域格局、地貌范围和历史城区。例如，南京3条山脉主要有北部沿江幕府山脉、中部紫金山西延覆舟山脉、南部牛首山脉。北部天险长江，2条支流是南部秦淮河与北部金川河。3个湖泊是玄武湖、莫愁湖和燕雀湖，历史时期是著名的游乐园林场地。历史时期城市结构走向以及目前遗留城墙主要顺应这些山脉河流。

叠加历史变迁的轨迹，通过古都景观结构变化过程分析，研究古都景观空间结构韵律（metric）特点。对于古都历史景观廊道、斑块、基质，科学系统地辨别分析历史影响。研究古都空间延伸的地理脉络，相应的多尺度地理空间嵌套，以及对照历史和现代的文化生态效应。

探查地理系统中对于历史时期城市起源的关键核心和延伸发展的景观空间，分析出体现古都风貌特征的重要河流和山岭，明晰其重要的地理作用或文化价值，明确认清这些对城市持续发展与特色继承的重要作用。

四　研究结论

古都起源以及后来变化皆有其基本内在的地理格局影响。地理空间是古都景观形成的"硬件"条件，而政治、文化和经济等人文因素作用是"软件"。虽然人文因素操控驱动着各个历史阶段城市景观的发展延续和积淀，地理格局依然深刻影响着城市景观。作为现代城市景观规划，应该探寻现存山脉河流之中历史景观格局、时空演替和变化规律。

帝王初次选择都城，是以唯物的"地理景观意向"作为指导思想。以军事防御功能考量，山脉环抱河流冲积平原，构建了古代城市地理景观，继而以唯心主义"王气""紫光"笼罩都城景观。

古都是地理环境与人类活动长期相互作用形成的一个历史文化留存，但地理环境是古都景观形成和发展的最根本场所空间，是城市景观肌理最稳定的骨架支撑。探察历史城市起源和发展的地理内核景观对于特色传承有深刻意义。

人地关系理念经过数千年积淀形成特定地域的传统模式，这种"模式"具有较强的整体性和稳定性，成为城市景观传统的文化基因。现代城市建设以完全实用功能为目标布局空间，破坏城市地理景观传统。古都风貌规划必须保护自然山水系统脉络，保存体现古都风貌特征的重要河流和山岭，以传承优秀的文化遗产。

姚亦锋，南京师范大学地理科学学院自然地理博士，德国 DAAD 奖学金获得者，德国亚琛大学 RWTH Aachen 大学访问学者。

历史研究

古代黄石地区矿冶地方文化的传播

——以明清时期《大冶县志》为例

刘金林

黄石市位于湖北省东南部，素有"青铜古都""钢铁摇篮""水泥故乡"之称。黄石地区人民在千百年的矿冶实践中创造了光辉灿烂的矿冶特色的地方文化，即矿冶文化，使黄石成为闻名世界的"矿冶文明之都"。

黄石市是由大冶县（今大冶市，黄石市管辖的县级市）的黄石港、石灰窑（今西塞山区）两个镇发展而来的。大冶县始建于宋乾德五年（967），李煜为南唐主时，以境内矿产丰富，冶炼业发达，升青山场并划武昌（今鄂州市）三乡与之合并，新设一县，取"大兴炉冶"之意，定名为大冶县。

明清时期的《大冶县志》对于黄石矿冶文化的传播起到了积极的促进作用。

一 明清时期《大冶县志》概况

大冶自公元967年建县以来，至清朝末年共纂修县志九次。其中：明朝4次，永乐十五年（1417）、宣德年间（1426—1435）、嘉靖十九年（1540）、万历十二年（1584）各修1次。清朝5次，康熙十二年（1673）、康熙二十二年（1683）、同治六年（1867）、光绪八年（1882）、光绪二十一年（1895）各修1次。除康熙十二年纂修的只有抄本外，其他8次皆出版印刷。由于年代久远，明永乐十五年、宣德年间、万历十二年3次纂修的《大冶县志》已无从查找。

（一）明嘉靖《大冶县志》

全志共七卷。赵鼐修，冷儒宗纂。由序、凡例、图域、目录和志构成。知县赵鼐，徐应华、冷儒宗分别作序。全志分七卷。卷一舆地志、卷二田赋志、卷三建设志、卷四祠祀志、卷五秩官志、卷六人品志、卷七附录。

（二）清康熙《大冶县志》

1. 清康熙《大冶县志》九卷本。该志由谢荣修，胡绳祖纂。首都图书馆现存 1—4、8、9 卷清康熙十二年（1673）抄本。

2. 清康熙《大冶县志》十二卷，首一卷本。该志由陈邦寄修，胡绳祖纂。康熙《大冶县志》首一卷包括余国柱、胡绳祖、陈邦寄写的序，胡绳祖写的后序。收录了张仕可、郭逵、徐应华写的旧序。还包括凡例、姓氏表、目录、《大冶县志》舆图（县境图、县治图、县署图、儒学图、八景图）；卷一地舆志、卷二建置志、卷三田赋志、卷四治忽志、卷五秩官志、卷六官绩志、卷七选举志、卷八人物志、卷九至卷十一艺文志、卷十二逸事志。

（三）清同治《大冶县志》

该志十八卷，首一卷。胡复初修，黄丙杰纂。该志卷首包括胡复初作序，冯修藩题跋，职名，目录，赵鼎、张仕可、郭逵、陈邦寄、余国柱、胡绳祖作的原序和胡绳祖作的后序，明永乐十五年修志职名，凡例和《大冶县志》舆图（县治图、县城图、县署图、儒学图、八景图）；卷一疆域志、卷二山川志、卷三建置志、卷四田赋志、卷五学校志、卷六祭典志、卷七秩官志、卷八宦绩志、卷九治忽志、卷十人物志、卷十一及卷十二烈女志、卷十三至卷十六艺文志、卷十七逸事志、卷十八补录艺文志。

（四）清光绪续修《大冶县志》

1. 清光绪续修《大冶县志》十卷，首一卷。该志由林佐修，陈寇洲纂。中国科学院光绪八年（1882）续修《大冶县志》稿本。

2. 清光绪《大冶县志》续编七卷，首一卷末一卷本。该志由林佐修，陈鳌纂。首卷由林佐、陈鳌作序，设有例言、《大冶县志》续编目录、《大冶县志》续编姓氏、舆图、图说。卷一官师志、卷二户口志、卷三祠祀志、卷四建置志、卷五学校志、卷六人物志、卷七详异志、末卷附录。

3. 清光绪《大冶县志》后编二卷。该书由陈鳌纂。全志书内容包括陈鳌作序，卷一城池、仓廒、学校；卷二祥异、官职、选举、人物、烈女、艺文等。

二 明清《大冶县志》对矿冶文化资源的记载

（一）明嘉靖《大冶县志》的有关记载

明嘉靖《大冶县志·卷一·舆地志·建置沿革》载：

五代属吴、南唐，置青山场以兴建炉冶，宋乾德三年升青山场并析武昌三乡置大冶县。

明嘉靖《大冶县志·卷一·舆地志·古迹》载：

金井：在县治西南五里，水泛没入湖，水固坑窟如池，相传古淘金井也。

银场：在县治西十里，与兴国州（今阳新县）界，元时江西陈提举在此开炉煎银。兵变，炉户散亡，坑湮没，银矿无出。

铜矿：旧志云在白雉山南出铜。晋、宋、梁、陈采矿烹炼，后废。今山麓尚有土墩留存，俗谓之铜灶其遗迹。或云县治西南铜绿山亦古出铜之所。

铁冶所：在县治东二十里，地名安田炉。本朝己巳年建，洪武十八年住罢，二十六年复建，二十八年住罢，三十二年仍设衙门煎销，三十五年复罢。

铁山炉：在县治北四十里，旧志云宋于此置炉煮铁，今铁滓尚存。

青山场：五代南唐置。

明嘉靖《大冶县志·卷二·田赋志·货类》记载：

金：古出金井，今无。

银：古出大小银炉，今塞。

铁：古出县治东围炉山，旧有铁务，今废。

铜：旧志云在白雉山，今无。

石灰：出县道士洑、铁山，保安亦有。

煤炭：出章山、道士洑二里。

（二）清同治《大冶县志》的有关记载

清同治《大冶县志·卷一·疆域志·沿革》记载：

南唐于永兴（今阳新县）属地置青山场，以兴炉冶。保泰十三年，时乾德三年也，升青山场并析武昌三乡，置大冶县，仍属鄂州（今武汉市）。

旧志考工：冶氏局铁邑之名，权与青山场之铁冶，夫非五金之谓矣。无论金井、银炉，湮灭已久。往时海盗跃冶矿，适为万民耳。铜窟虽存遗迹，亦莫详其年代兴废与鼓铸之方也。惟铁冶相沿未绝，然铁山之产，脆不堪锻，而冶人或采石于他山，以知宝藏物华，消息靡定，一有一无，理殊今囊，未可以按图而索骥矣。

清同治《大冶县志·卷二·山川志》记载：

……牛马隘为县来脉、道光丙午年，土人在此挖煤。邑绅呈请齐邑侯伟，亲诣押封，并详上宪，勒石永禁。

清同治《大冶县志·卷二·山川志·山》记载：

牛马隘：在县北金桥堡，距城二十里，今名牛角山。俗传许旌阳逐蛟至此，蛟化金牛，众以牛马隘之，不能得。其说荒唐，良以山径隘，牛马难行故耳。

铁山：在县北铁山堡，距城四十里。宋于此置炉烹炼铁口，故名。磊落嵌寄，连起数十峰。中有石洞，每阴雨，占龙出入，以洞口草偃仰为度。岁旱，取洞中水祷雨，有验。

白雉山：在县北宋皇堡，距城五十里，昔有白雉之祥，故名。山高一百三十丈，周回五十里，最高曰芙蓉峰。峰前狮子岭，峰后金鸡石，绝顶石佛像，祷雨者占石，石举则雨，不雨则举莫能胜。后失石所在。八景：雉山烟雨。

瑶山：在县东石灰堡，距城五十里，磁湖江上，土名石灰瑶。垂石悬江，古有仙人赌钱于此，号赌钱矶。左局磁湖山，与瑶山对。

青山：在县西，距城十里。旧设青山场，故名。

铜绿山：在县西马叫堡，距城五里，山顶高平，巨石对峙。每骤雨过，时有铜绿如雪花小豆，点缀土石之上，故名。绵延数丈，土色紫赤，皆官山也。或云古出铜之所，居民掘取铁子石，颇伤山骨。

金山：在县西金山堡，距城三十五里，与银山相望。

清同治《大冶县志·卷二·山川志·古迹》记载：

金井：在县前金湖中，相传古有淘金井，水泛则没。

银场：在县西十里，一名小银炉，地界兴国。元时江西陈提举开炉煎银，后兵变，炉户散亡，银矿无出。

铜矿：在白雉山之阳，旧云出铜。晋、宋、梁、陈采矿煎炼，后废。今山麓土墩，谓之铜窟者，其遗迹也。

青山场：南唐于此置炉鼓铁，今废。

铁山炉：在铁山下，宋设冶鼓铁，遗滓堆积。

铁冶所：在县东二十里，一名安田炉，明洪武初设，旋罢。有大使赵景先创七宝庙，以佑炉冶，今俱废。

清同治《大冶县志·卷十六·艺文志》收录的诗歌：

地方学研究

道边铁炉
胡率祖

辛苦耕耘尽纳输，村村为活赖洪炉。
夏王大有铜山帐，可祗三千六百无。

贺柯太史禺峰五十韵
刘光藜

南金雄北楚，曜冶发新芒。
望气凌霄汉，腾身破大荒。
山川挺异秀，草木袭余芳。
捷骑驰星彩，颂舆载道场。
名随仙侣著，地标达人望。
湖照瀛洲月，江凝玗洞霜。
天台仙鹤举，石堰架龙翔。
日影披桃李，露华映梓桑。

清同治《大冶县志·卷十七·逸事志》记载：

万历二十六年，道士洑民徐鼐，于吕文德宅基劚地，得黄金一窟，数武即墓遂，以小金埒垫棺四角，前有石几，上置瓶、炉、剪、尺、盆、盂，皆金也。鼐取之不已，为土人所觉，共发其棺，则妇人也。有镜焉，尸未变，舁而弃之江中，并碎其圹志。

崇祯七年，土人又于前地数武外，得钱一窟。方中丈余，皆满钱贯，铁线已朽。崇宁通宝大可径寸，间以五铢、半两，朱砂、翡翠、石青，古色种种。因征前事，乃封穴以报。上遣兴国缉捕、同知齐待问，发掘捆载，与商船兑贾而去。按金钱皆吕文德宅中遗物也。

（三）清光绪续修《大冶县志》的有关记载

运道矿务总局：在县东50里石灰窑江堤边，北向以居总理矿务委员，左为收支所。

王三石煤局：在县北二十五里，向无房室，光绪十六年，洋弁踏勘山煤胜佳设局，开窟购房数十楹。上台派员绅监理，历数年，而煤不济用，现经停采，其机器房屋仍委员绅看守。

铁路：自铁山至石灰窑计程五十二里六分，光绪十六年十二月前任知县林佐奉委勘定里数。

按《读史方舆纪要》载大冶铁山，唐宋时置炉烧炼兴邑，志符节自后无闻，光绪四年戊寅，海军衙门札饬举办其经前朝烧炼官山，铁渣满地，矿苗罕有。

三　明清《大冶县志》对矿冶文化的传播
（一）黄石矿产资源丰富，矿冶特色文化灿烂辉煌

明嘉靖《大冶县志》记载有金、银、铁、铜、石灰、煤炭等资源。现代黄石已发现金属、非金属、能源和水气矿产4大类计77种。其中，硅灰石储量居中国第一。已列入储量表的矿产有42种。其中，铜、钴、钨、钼、金、银、锶、铼、硅灰石、透辉石、泥灰岩、熔结凝灰岩、饰面大理岩等14种矿产储量潜在经济价值达4000多亿元。

黄石铜矿的开采、冶炼的历史最早可以追溯到商朝中晚期，春秋战国时期达到鼎盛阶段。唐天祐二年（905），吴王杨行密在今大冶铜绿山一带置青山场，采矿冶炼，大兴炉冶。北宋乾德五年（967）李煜为南唐国主时，析武昌县三乡，与青山场合并新设一县，取"大兴炉冶"之意，定名为大冶县。1973年考古发现的铜绿山古铜矿遗址，始于商代，经西周、春秋、战国延续至汉代，时间长达千余年。其时代之久远、生产时间之长、规模之大、保存之

完好举世罕见。黄石铁矿的开采、冶炼始于三国时期，兴于宋朝和明朝。黄石的煤矿开采于宋朝，金银矿及石灰石矿开采的时代也很久远。

明清《大冶县志》记载大冶县铜绿山、白雉山、青山场、铁山等处，迭经晋、宋、梁、陈，五代南唐，宋元明清时期铜、铁等矿产资源开采和冶炼的情况，先辈们创造的矿冶文化灿烂辉煌。

（二）黄石矿冶遗迹众多，矿冶文化源远流长

明嘉靖《大冶县志》、清同治《大冶县志》记载有金井、银场、铜矿、青山场、铁山炉、铁冶所等大量古迹。现代黄石有全国重点文物保护单位铜绿山古铜矿遗址、鄂王城城址、汉冶萍煤铁厂矿旧址、华新水泥厂旧址等矿冶文化遗址，现有黄石市博物馆、铜绿山古铜矿遗址博物馆、大冶铁矿博物馆、大冶市博物馆等多家与矿冶文化有关的博物馆。

黄石境内现已发现100多处古文化遗迹。其中，古城、古墓葬等多与古代采矿冶炼生产相关。考古发现的遗址和文物表明，从商代开始，铜绿山等地大兴炉冶，为了加强对采矿冶炼的管理而先后兴建了大冶五里界城、鄂王城、草王嘴城，黄石地区成为中国矿冶文化的发祥地之一。

明清《大冶县志》有关铜绿山的记载对于现代铜绿山铜矿的开发以及铜绿山古铜矿遗址的发掘有重要的参考意义。1974年1月至1985年7月，考古工作者通过对铜绿山古矿冶遗址的7处采矿遗址、2处冶炼遗址进行发掘清理，出土古代采矿竖（盲）井231个，平斜井100条，炼炉12座和七大类的工具文物。1982年被国务院公布为全国重点文物保护单位的铜绿山古铜矿遗址，是我国20世纪100项重大考古发现之一，在世界采矿史、冶金史和科技史上占有重要的地位。黄石矿冶之火从古至今三千年生生不息。

（三）黄石矿冶文化底蕴深厚，近代工业文明发祥地

明清《大冶县志》记载有大量的矿冶文化资源，铜绿山古矿冶遗址发掘的文物向世界展示了三千年前中国高度先进的采矿和冶炼技术，体现了当时科技创新的矿冶文化。清同治《大冶县志·逸事志》记载的明万历二十六年

（1598），乡民徐鼐在山下掘得一窖，内藏有瓶、炉、剪、尺、盆、盂皆为纯金制品，计万余两。明崇祯七年（1643）村人又于前窖的附近得宋钱一窖，"方中丈余，钱贯皆满"。这两次发现钱窖的大小、窖藏的时代和发现的数量和1967年发现的西塞山古钱窖大体相当。西塞山古钱窖发掘的钱币数量之多，内容之丰富，为中国钱币考古史所罕见，有着极其重要的文物价值，在中国矿冶史特别是钱币铸造及发展史上占有重要的历史地位。

黄石人民在三千多年的矿冶历史长河中，不仅创造了丰富的物质财富，而且通过诗歌、逸文等矿冶历史文学作品创造了反映人们生产、生活的大量精神财富。如：清同治《大冶县志·艺文志》的诗歌作品《道边铁炉》《贺柯太史禹峰五十韵》等反映了大冶地区"村村洪炉"的火热冶炼场景以及大冶成为"南金雄北楚，曜冶发新芒"矿冶文化底蕴深厚的矿冶文明之都。

清光绪《大冶县志续编·附后编》记载的铁路、运道矿务总局、煤局等内容，成为中国近代工业兴起的重要史料，也是黄石成为近代工业文明摇篮的重要依据。盛宣怀、张之洞等参考明清时期《大冶县志》的有关记载，促进了大冶铁矿的重新发现，以及重工业基地的兴建，使黄石成为近代重工业的发祥地。

刘金林，湖北师范大学地方文化研究中心主任、资源枯竭城市转型与发展研究中心研究员，黄石港地方文化研究会会长。

广州"花城"探源

梁达平

导 言

广州地处珠江三角洲，毗邻南海之滨，有幸北回归线穿越，光热充足，温暖湿润，肥沃富饶，四季常青，繁花似锦，素有"花城"之美誉。然而，花城历史从何而来？

一 两种芬芳馥郁的白花

远在两千多年前，就有两种芬芳馥郁的小白花一直默默地陪伴着、衬托着、装点着广州城。

从广州城首建于秦始皇三十三年（前214）起，鲜花就与广州结下不解之缘。汉高祖十一年（前196），被誉为"有口辩士"的陆贾出使南越国，说服南越王赵佗归汉。当时陆贾就住在南越国都城番禺（今广州）的越华馆，他看见这里城内外的居民，不分男女老幼，非常喜爱种花、插花、戴花，房前屋后、厅堂室内，到处都摆满了鲜花，而且"彼之女子，以彩丝穿花心，以为首饰"，因此，赞誉南越人是"彩缕穿花"的人。

以上情景，均汇集于陆贾回长安后写下的《南越行纪》。当时，在处处花丛中，给陆贾留下最深刻印象的是此地两种鲜花，一为耶悉茗，一为末利，"南越之境，五谷无味，百花不香，此二花特芳香者，缘自胡国移至，不随水土而变，与夫橘北为枳异矣"。陆贾还就这两种花的来源作了一番考证，认为耶悉茗和末利都来自西域，花瓣洁白细小，却又极其芬芳，路上头簪花饰的行人走了老远，空气里还有暗香浮动。换言之，陆贾觉得耶悉茗、末利这对姐妹花看似柔弱袅娜，却能漂洋过海移入广州城广泛种植，而且芳香亦然，实在是外柔内刚，其生命力之坚韧，令人折服。据李时珍《本草纲目》云："末利，本梵语，无正字，随人会意而已。"在古籍里，"茉莉"有多种写法：有写作"抹丽"的，也有写成"末利"或者"没莉"的。另外，西晋永兴元年（304）嵇含所著的《南方草木状》中也提及："耶悉茗花、末利花，皆胡人自西国移至南海。南人怜其芳香，竞植之。"嵇含是晋代的文学奇才，在担任广州刺史期间，当地花卉之多，草木之盛，让他大开眼界，创作出这本被学术界誉为我国现存最早的植物志。他用典雅的文笔记载下岭南的一花一叶、一草一木，用诗一般的语言形容广州之花"春华者冬秀，夏华者春秀，秋华者夏秀，冬华者秋秀。其华竟岁，故妇女之首，四时未尝无华也"（古代"华"与"花"相通），这也是嵇含对广州花城的由衷赞美。陆贾和嵇含文中的"耶悉茗"即是在广州得宠超过两千年、被夸赞"芬芳压过一切香花"的素馨；"末利"就是广受文人墨客称颂、"淡雅轻盈香韵远"的茉莉花。素馨和茉莉作为中国传统名花，不仅用于美化和簪戴，也用于香料、护肤、食品等，因而赢得了皇室宫眷和民间大众的芳心。正是这两种"花香味芬芳馥郁，百花中尤为夺目"的小白花，使广州有了"素馨茉莉天香国"之称誉。从盛夏至初冬，花开时节如满城闪着银光的素馨和茉莉，是那时当之无愧的"双市花"，团团簇拥着这座气势恢宏的南粤名城，共同奏响广州两千多年"花城"传奇的序曲。

二　两朝奇花异木的宫苑

广州先后为南越国、南汉王朝的国都，岭南纤秀、轻盈的园林始于南越国的宫苑园林，南汉御苑园林又把岭南造园艺术推向一个历史高峰，这为打扮美丽花城留下特别浓重的色彩。

南越国于汉高祖三年（前204）建立后，南越王赵佗就仿照中原的王朝在番禺都城建造宫殿御苑。从广州在越秀区中山四路西段的古城隍庙附近发现的南越国宫署御苑遗址可见，其中赵佗在王城东南部修筑了一座华贵瑰丽的宫苑，该宫苑是奇花瑶草、珍禽异兽的集萃之地，已知主要由一座约四千平方米的石构水池和一条长约一百八十米的曲流石渠构成园林雅景，保留有石池、曲渠、台榭、平桥、步石、回廊等遗迹，体现了秦汉先进的园林设计理念和造园要素。可以想象宫苑内把大自然山水缩微于庭院之间，有蕃池楼宇、石渠蜿蜒、小桥流水、龟鳖爬行、锦鳞洄游、芳林成片，花香沁入心扉，令人陶醉不已。这是目前我国发现保存最早和最完整的秦汉王宫园林遗址，也是全国首个宫苑实例最突出的典范。南越国宫苑遗址出土的植物有五大类、四十多种，其中观花类为桃、梅、山鸡椒、假牵牛等；观果类为荔枝、杨梅、橄榄等；林木类为榕树、樟树、构树等；藤本类为冬瓜、甜瓜、葡萄等；草本类为紫苏、眼子菜、石竹等。纵观这座倚山面水的王家园林，北边，层峦叠嶂的白云山郁郁葱葱，南面，珠江烟波浩渺，滔滔汩汩；宫苑内，碧水微漾，倒映着宏伟的宫殿，又有一溪清泉，蜿蜒地引入园林深处。另据《史记》《三辅黄图》等记载，汉武帝元鼎六年（前111）平定南越国后，在长安皇家园林上林苑内修建了扶荔宫，种植从岭南所得的奇花异木，除驰名的荔枝外，指甲花、山姜花、桂花、柑橘、枇杷、龙眼、槟榔、甘蕉、菖蒲等也赫然在列，这让我们能更丰富地感受到当年南越国宫苑的真容与原色。

到了五代十国时期，南汉（917—971）建国都于兴王府（今广州），得益于繁荣的海上丝绸之路带来的巨大财富，"悉聚南海珍宝，以为玉堂珠殿"，同时，几任君主都信奉"浮生若梦，为欢几何"，追求穷奢极欲的享乐。据南汉大型宫殿御苑遗址等多处考古发现，除都城建造大批富丽堂皇的宫殿外，在都城和城郊均修筑了许多精巧优雅的离宫、别院、苑囿。南汉宫苑规模宏大，有"三城之地，半为离宫苑囿"之说，其中最著名的当属"花药氤氲海上洲，水中云影带沙流"的仙湖药洲。乾亨三年（919），开国南汉王刘䶮在今西湖路、教育路一带，利用原来的天然池沼凿长湖五百丈，史称仙湖或西湖。园景布局以仙湖为中心，沿湖有亭、楼、馆、榭，不仅水秀岸翠，更是鸟语花香。湖北还有黄鹂港、宝石桥、紫云阁、玉液池等诸胜。湖心的沙洲遍植芍药，聚方士炼丹求仙，故名药洲。为了点缀仙湖、药洲之灵气，药洲中设有从太湖及三江而来的瑰奇怪石九块，世称"九曜石"，比拟天上九曜星宿，寓意人间如天宫美景。如今位于教育路南方戏院北侧的"九曜园"就是药洲的千年古迹，是我国现存最早的古代园林地面遗迹。南汉著名的宫苑还有昌华苑、芳华苑、华林苑等。这些御苑在理水、置石、植物配置等方面十分突出，形成了南汉系列王家园林的特色。另外，今流花湖东北有广州现存最古老的"流花桥"遗迹，南汉王在这里建了一座芳春园，相传宫女们晨起梳妆时，齐掷隔日残花于水中，如落英缤纷，漂浮经此桥下而得名。在东城今小北路附近，古有从白云山蒲涧流下的甘溪水，这一带从来就是广州人踏青避暑胜地，南汉辟为御苑，在甘溪旁边建甘泉宫，沿溪二三里皆种植花木。而南汉王更在越秀山筑了一条"呼鸾道"，该道两边遍栽金菊、芙蓉等名花，直通山顶的越王台，南汉君臣经常登高游宴，醉饮人生。甚至远至今广州大学城的番禺小谷围，也曾被南汉国辟为御花园与狩猎场，连南汉国的王陵——德陵、康陵也深藏于此。

三 两处广袤连绵的花田

说起广州千年花事，肯定不能绕过河南庄头、芳村花地这两处远近闻名的花卉之乡，实际上古时广州珠江南岸及城西就是大花园，一片片广袤连绵的花田，连云接天，珠悬玉照，香飘四溢。

据南宋庆元年间番禺县尉方信孺在《南海百咏》中记载，珠江南岸从南汉时起就开始培植素馨花田。另《南汉书》记载："素馨，后主刘䥯司花宫女，以色进御，封美人，性喜簪那悉茗花，因名之素馨。"相传素馨原是庄头村的种花女，进宫受宠后仍一直爱好种花，王家花园遍布冰清玉润的素馨。王姬的爱花，带动了王公贵族的效仿，进而由宫廷传至民间，又引领了百姓们种花、爱花，久而久之，形成广州以养花为幸福吉祥寓意的民风。的确，据清代

《广东图说》记载：河南堡有庄头花市，为南汉花田故址。当年庄头村一带（即今海珠区南石头、瑶头、庄头、南村、小港、五凤村等）有许多素馨花田，并就地成市，广州最古老的花市应起源于此。后来逐渐销往城中，每日晨曦初现，忙碌的卖花姑娘沐着朝露采摘素馨，迎着曙光挑到"花渡头"，划艇过河北叫卖，从城门旁扩展和聚集到市中心的花市，从而逐渐形成享誉全国、名扬海外的广州春节"行花街"。直到清初文人屈大均仍在《广东新语》中说："珠江南岸，有村曰庄头，周里许，悉种素馨，亦曰花田。"上千年以来，"一生衣食素馨花"，庄头村是栽种素馨花最多的地方，家家户户主要依靠卖花养家糊口。可惜时过境迁，在清代仍然是广州产量最大的素馨花，到了清末民初，庄头村所种的素馨花就日渐式微了。为了纪念，现在庄头村素馨花田的原址上建起了一座庄头公园，园内挺立着一尊身穿绣着素馨花长裙的素馨少女雕塑。

广州珠江南岸一带种花的地方慢慢从庄头延伸到花地，并持后来居上之势。芳村的花地原名"花埭"，寓意开满鲜花的堤岸。据《芳村文史》所述，古时这里只是一片长满水草的沼泽地。唐代，在今花地河河口设立了大通港，这便是后来宋代广州八大卫星镇之一的大通镇。镇的周围，烟水十里，河涌纵横，一道道堤岸围起的田野里鲜花盛放，是名副其实的"花埭"。芳村的鲜花种植始于宋代，盛于明清，后来已是城外最有名的花田，除种素馨之外，还广植各款花卉。清人沈复的《浮生六记》提及："……对渡名花地，花木甚繁，广州卖花处也。余以为无花不识，至此仅识十之六七，询其名有《群芳谱》所未载者，可见花地花事之盛。"清代"十三行"兴旺时期，被誉为"岭南第一花乡"的花地小桥流水、园林花圃星罗棋布，很多巨贾在花地建造"行商花园"。例如怡和行的行主伍秉鉴，由于与东印度公司的茶叶贸易使他成为晚清时期的世界首富，他在花地东部就建有一座精致奢华的"馥荫园"，综合当时中外史料记载，园中遍植竹、桧、橘、柚、荷、苔和大花蕙兰、墨兰、桂花、玫瑰、茶花、木兰等，还有大量的盆景树及菜蔬，没有哪一个中国花园考虑这么周全，其园林的造景手法和营造工艺更堪称一绝。花地和这些行商花园是当时前来广州的外国商客必游之处。尤其是对于来自英国皇家植物园的专家，当他们从广彩或广绣上看到栩栩如生的精美花卉图案后，广州就成了心驰神往的"奇丽大花园"。所以都要三番五次游览中西花卉品种特别多的花地，搜集菊花、兰花、山茶、玫瑰、牡丹、柑橘等花卉，以及采购许多活株植物和种子回国。清末民初，花地出现了三十多座经营花卉生意的园林，其中以醉观园、留芳园、纫香园等八大园林最著名，以种售花木、盆景为主，供游人观赏为辅，各具特色。每年农历正月初七"人日"，城里人纷纷呼朋引伴渡江而来"游花地"，成为当时习俗。就算平常四季花开，亦香气氤氲、裙履联翩。同时，花地各大园林、花场，每逢神诞或节庆，盛行"摆花局"，竞相将名贵花卉和古树盆景摆设在园内供欣赏和品评，引来万千游客，热闹非凡。

综上所述，是两种芬芳馥郁的白花，两朝奇花异木的宫苑，两处广袤连绵的花田，构成了广州城二千多年的姹紫嫣红。为此，历代反映广州花卉的诗文画作不计其数。仅从唐宋以来看，唐代诗人张籍在《送侯判官赴广州从军》中写道："海花蛮草连冬有，行处无家不满园。"再者，唐代诗人皇甫松《竹枝词》中赞叹广州特有的景物是"木棉花尽荔支垂，千花万花侍郎归"；宋朝诗人杨万里在广州时，被眼前的花景所感动，也欣然写下《宴客夜归》："月在荔枝梢头，人行茉莉花间。但觉胸吞碧海，不知身落南蛮。"这些优美诗句，描绘出广州是一座四季处处五彩斑斓的"花城"。

明代诗人黎遂球《素馨赋》云："登羊城以西望，见绿草之田田，匪织雨而含珠，乃浮香以如烟"；清代诗人黄绮云《羊城竹枝词》写道："四时不断卖花声，十月绯桃照眼明。浪说扬州风景好，春光争及五羊城？"在明清的广州城，从花田而来的"卖花女"是街头一道亮丽的风景线，她们和花担诗化了广州的四季，也美化了广州的花城。同时，19世纪后期由佚名画家所手绘、堪称迄今广州唯一保存下来的《羊城览胜图》，我们从中不但看到花团锦簇的广州城全貌，还目睹镇海楼周边绽开的红木棉。那时广州从城南到北郭，河南有"花田"、芳村有"花埭"、荔枝湾有"芙蕖万柄"、东面有"萝岗香雪（梅花）"及北面有"白云菖蒲"。清代繁华的广州城，到处是人住百花中，无日不赏花。

1961年广东著名作家秦牧的《花城》横空出世，抒写了当年广州元宵夜几乎全城人都涌出来挤"十里花街"的盛况。就像北京的故宫、杭州的西湖、洛阳的牡丹一样，这篇言近旨远的散文，更为广州"花城"这个名字的广泛、迅速传播起到了推波助澜的效应。"追本溯源鞭自加"，当今的广州虽然已经迈进世界一线城市，但广州花城与世界花都相比，仍缺乏高标准的国际驰名花园，未形成震撼人心的花景和充分体现四季花城的特色。展望眼前的广州，从越秀的城市中心到"小蛮腰"的珠江之畔、从最南端的南沙海滨到最北部的从化山林，各处都在传承、创新、扩展，并且融入科技、时尚、唯美新元素，力争营造出中国领先乃至世界级的各式花园、花穹、花博会等，使"花城"具有更现代、更多元、更惊艳的表达。"花城"，不仅是广州一个文化符号、意象，还是广州一个永恒品牌、标志。

梁达平，高级政工师，中国民族学学会生态民族学专业委员会理事、广东省生态学会人文生态专业委员会秘书长、广州南国文化工作室副主任。

历史研究

东胜区罕台镇的蒙古语村名、地名

刘忠和

东胜区作为鄂尔多斯市的主城区，自清末以来一直是伊克昭盟、鄂尔多斯市的政治、经济、文化中心，承载着重要的社会角色。

自光绪三十三年（1907）设置建东胜厅以来，东胜之名已延续了一百多年。但如果追溯"东胜"之名的出现时刻，可能要早些。查诸史料，隋开皇二十年（600）在今准格尔旗十二连城设置胜州，唐贞观三年（629）复置。胜有取胜、决胜的意思，是针对活动在这里的突厥族而言的。神册元年（916），契丹建国大辽，同年辽军攻入胜州，将胜州之民迁往黄河东岸，在今托克托县大皇城设东胜州，表示在原胜州之东。金、元两代沿袭辽制，明初设置东胜卫，后分左、右二卫，建文四年（1402），皆迁往河北。而所有东胜制所，除明初的东胜右卫设于原胜州城址之上外，其余皆在黄河东岸，与鄂尔多斯地无涉。光绪三十三年建厅采用其名。

从1907年始或再早约四十年的同治朝，在今东胜区大地上产生了许多村名、地名，这些村名、地名，承载着得名时的一些文化信息，细致探讨隐藏在村名、地名背后的这些信息，可以追溯东胜城市发展的历史，为东胜今后的社会历史发展提供有益的借鉴。

罕台镇位于东胜区中部，是东胜区的一个重要组成部分。镇政府设在色连七社，距离东胜城区15公里。罕台镇原是郡王旗（鄂尔多斯左翼中旗）西半部的部分，因此保留有许多蒙古语地名。

一 纯粹的蒙古语地名

1.罕台：罕是蒙古语中可汗的简称，是最高首领；台是蒙古语中有的意思，这里可能原是鄂尔多斯济农的驻地，后演化为制高点之意，附近山丘海拔1519米，系当地最高点，蒙古语名罕台银德尔。

2.布拉格：这是内蒙古西部常见的蒙古语地名，汉语意为泉水，位于罕台镇罕台村的一个社。

3.阿布亥：也写作阿不亥，蒙古语翻译为汉语，意为郡主、王爷的女儿、小姐等。现在撖家塔一带有阿布亥川。

4.乌德呼朔：乌德汉语意为"门"，呼朔意为突出的吻部、嘴子，乌德呼朔意为门嘴子，今为永胜村的一部分，部分已划入城区。

5.色连：色连是蒙古语萨拉那的变音，汉语意为岔子，此地有几条汇入罕台川的沟岔，故名。

6.巴音孟克：蒙古语翻译为汉语，意为永富。它原是郡王旗东协理台吉的户口地，面积有200平方公里。在清末贻谷放垦蒙旗土地的过程中，郡王旗东协理台吉布仁吉尔格勒把户口地的一半献给朝廷放垦，一半留作牧场，今靠近城区部分应即当年垦地。

7.布日都：也写作板东、板洞，汉语意为水泡子、绿洲。

8.什拉乌素：汉语意为黄色的水。什拉今多写作西拉、希拉，意为黄色，乌素意为水。什拉乌素今为东胜城区的一部分。

9.乌素图：汉语意为有水的地方，该乌素图今为灶火壕村的杨家梁、白家渠、史家渠、刘家村等地。

10.查干布拉克：汉语意为白色的泉子、清泉。该清泉应位于今白家村及格舍壕村相毗连的社一带。

11.吉劳庆：蒙古语，也写作吉乐沁，直译为持缰绳者，指驭手或御车者，是达尔扈特部一支的专称，其先辈为成吉思汗的侍从，后裔奉命专理成吉思汗生前骑乘用具遗物的保管和祭祀事宜。

二 蒙古语名词加上表示地貌特征的梁、沟、壕、圪堵、河、川和地上建筑如庙及表示方位的前、后等

主要有：

1. 罕台庙，是在罕台地方建立了一座庙，蒙古语为罕台音苏莫，译成汉语为制高点处的庙，该庙建于同治年间（1862—1874），是当地较大的一座寺庙，全盛时有喇嘛四十余人，香火地有七八十顷。庙址在原罕台中学院内。光绪三十三年（1907），东胜厅首任理事通判郑毓敷在此办公。抗日战争时期，国民党各路杂牌军驻扎于此，国民党达拉特旗组训处最初也设于此。1939年，东胜县城厢小学在庙上成立，学生百余人。新中国成立后，东胜县二区区公所设于此。"文化大革命"中，该庙被毁。

2. 罕台河、罕台川，达拉特旗的八大孔兑之一，因发源于罕台镇境内而得名，是黄河在达拉特旗境内的一条较大支流。河专指河流，川除了指河流之外，还有河岸上的平地。

3. 前无点、后无点：现在书写成这样，不管是从蒙古语还是从汉语上，其村社名称意思都无法解释。因旧有乌德呼朔一名，应该是前乌德呼朔、后乌德呼朔，翻译为汉语是前门嘴子、后门嘴子。那么作为地名规范用字为前乌德、后乌德。

4. 土盖沟，位于永胜村境内，是永胜村的一个社名。询问当地人，土盖不知何意。笔者们在寻访当地人及蒙古语复音，应为陶勒盖沟，是否因当地有一个形状如人头一样的土丘而得名？附近又有乌德呼朔，合起来出现了类似北京门头沟一样的地名？留此存疑。

5. 布日都梁（也写作板东梁、板洞梁）：汉语意为水泡子梁、有绿洲的山梁，位于东胜城区的东南方。

6. 刀老沟：刀老是蒙古语数字"七"的意思，今多写作道老、多伦、刀劳等，因此地有七条水沟而得名。

7. 乌兰圪堵：乌兰蒙古语意为红色，圪堵是内蒙古西部对高出去的地表

形态的描述用词。乌兰圪堵就是红圪堵。

8.灶火壕：蒙古语原村名为珠哈达布孙扎木，汉语意为有炉灶的盐路，清末、民国有盐商运盐在此歇脚，并埋锅造饭而得名，因村南有一条壕沟，故名灶火壕。

9.补洞沟：补洞蒙古语，意为野猪，此地为野猪出没之地。

10.达尔罕壕：达尔罕蒙古语，意为神圣的，被免除了徭役赋税的人，是有功劳人的专称，是达尔扈特人的一支。此地为他们世代居住的地方，处于壕沟之中，故名。

11.哈他土沟：哈他应是哈达的变音，蒙古语译为汉语，意为山峰，哈他土就是有山峰的地方，这里是山峰下的土沟。

12.翁滚沟：也写作文公、翁衮等。翁衮是萨满教的一种祭祀用人形偶像，蒙古语本意为神圣、神灵，后被人们用作对敖包、部落、姓氏、地名、人名、山水、寺庙等的称呼。其地为有翁衮的沟。

三 汉语姓氏某家后加"塔"等字形成的村庄

带"塔"字的地名、村名在鄂尔多斯各地有许多，特别是在准格尔旗、伊金霍洛旗、东胜区等地，"塔"在这里并不是一个表示有一定高度的高地，恰恰相反，当地人叫塌塌地，是指沟侧淤积的台地，多种资料中认为是汉语，笔者认为它来源于蒙古语，是蒙古语"塔拉"的音省。塔拉蒙古语，翻译为汉语意为平地、原野、草原等。此类村名、地名，在东胜区罕台镇主要有撒家塔、张家塔等。

村名、地名中蕴含着丰富的文化内涵，但由于一百多年东胜区罕台镇的农牧变迁以及近 20 年的城市发展，蒙古语地名随着城市的发展和原住人口的迁徙，有些失去了原来的蒙古语韵味，有的干脆淡出人们的视线，渐渐流失了。我们希望把这些非常重要的社会发展宝藏记录下来，让他们还原罕台大地的原有社会面貌。

刘忠和，内蒙古包头西口文化研究会副会长。

经济研究

经济研究

黄河"几字弯"乡村人才振兴的对策建议

——以鄂尔多斯为例

奇海林 苏利英

人才是实现乡村振兴的关键要素,"乡村振兴大力培养懂农业、爱农村、爱农民的'三农'队伍,将人才引入乡村、留在乡村,脱贫成果才能巩固,乡村振兴才有底气,共同富裕才有希望"。鄂尔多斯市全面贯彻习近平总书记关于人才工作的重要论述,牢固树立新发展理念,落实黄河流域生态保护和高质量发展要求,围绕实施乡村振兴战略总要求,发挥人才兴乡强村的重要作用,着力破除体制机制障碍,统筹推进乡村各类人才队伍建设,引导和促进人才智力向农村牧区合理流动,激发人才在乡村干事创业热情,为加快实现乡村全面振兴提供坚强的人才支撑和智力保障。

一 鄂尔多斯乡村人才振兴工作现状

鄂尔多斯实施"人才鄂尔多斯战略",培、引、用、管并重,正在培养造就一支懂农业、爱农村、爱农民的"三农"工作队伍。

(一)实施"人才鄂尔多斯"战略,逐步构建起人才政策体系

近年来,鄂尔多斯市深入实施"人才鄂尔多斯"战略,扎实推进"人才强市"工程,在人才引进、创新自主、人才评价、人才培养、人才安居等方面相继出台了一系列政策,逐步构建起以《鄂尔多斯市关于深化人才发展体制机制改革的若干政策》为核心,相关配套政策为多点的"一心多点"人才政策新体系。如创业优惠政策,开启"十万大学生鄂尔多斯创业就业圆梦行动"优惠政策和人才改革试验区优惠政策。又如,为了激发乡村人才发展活力,加强乡村人才培养,引导人才向乡村合理流动,优化乡村人才发展环境,

出台了一系列政策和方案，为深入推进乡村人才振兴提供了坚实的政策基础和行动指南。

（二）积极打造技能培训品牌

在全市范围内，建立健全了四级就业服务平台，为农牧民提供免费技能培训、政策咨询及职业介绍。对旗区有领先和示范效应的培训工种进行特色培训品牌认定，重点做好特色品牌和精品专业培训工作。积极开展"订单、定向、定岗"培训，坚持长短班相结合，部门与企业培训结合，确保培训一批、就业一批、稳定一批，年度开展"订单、定向、定岗"。

（三）重视各类人员的培训，打造乡村人才振兴队伍

以农村牧区实用人才带头人、农村牧区合作组织负责人和技术骨干培训为重点，开展多层次、大规模的新型职业农牧民素质培训，举办各类班次，正在打造一支新型职业农牧民、农牧业科技人才、农村牧区精英人才、农村牧区专业技能人才、农村牧区电商人才等人才队伍。

（四）注重引用农牧业和农村牧区高层次人才和团队

突出"人才+项目"方式集聚人才，组织开展市级高层次人才、创新创业团队和滚动支持团队的评选工作。截至2019年底，在农牧林领域评选出市级高层次人才19名、团队5个，兑现人才和团队资助资金410万元。

（五）选派挂职干部助力乡村振兴

认真学习落实中央、自治区关于实现巩固拓展脱贫攻坚成果同乡村振兴有效衔接的意见精神，把精准选派工作与干部挂职兼职、培养锻炼年轻优秀干部、建设巩固提升基层党组织等统筹结合起来，鄂尔多斯从市直部门选拔驻村干部，2021年市、旗区两级共派出924名驻村干部，市直部门选派的干部要求都是在编在岗、中共党员、年龄不超过45周岁、第一学历为大学本科、本单位处级后备干部等标准条件，覆盖所有嘎查村，建立完善了2021年全市包联驻村工作精准工作体系。

（六）促进高校毕业生面向基层就业

顺利完成高校毕业生服务基层项目人员的招募工作，招募"三支一扶"毕业生、"社区民生志愿服务计划"毕业生。按照规定及时将项目人员生活和社保补贴发放到位，全面发放"三支一扶"中央和自治区补助资金、市本级补助，发放乡村两级储备人才市本级补助资金。此外，针对乡村紧缺人才，已征集专家服务项目15个，乡村紧缺人才需求214个。

二 鄂尔多斯乡村人才振兴存在的问题

"乡村振兴要把人力资本放在首要位置，强化乡村振兴人才支撑。"鄂尔多斯在乡村人才振兴方面做了大量工作，但还存在一些问题亟待解决。

（一）人才"育不优"

对于新型职业农牧民、乡村工匠、文化人才、教师、医生、基层党组织人才队伍等各类人才匮乏及能力不足等现状，因人才培养开发不够，缺乏全面系统的培养使用，乡村振兴人才培训锻炼的机会少，他们对党团组织、村集体组织的相关学习活动参与较少，对国家在"三农"方面的路线、方针、政策了解与关注不够，培训形式和内容单一，缺乏科学谋划和解决实际问题的能力，培训效果不佳。拿市场营销来说，为了应对市场风险，一些农牧民在组织方式上已经有所创新，但如何拓展销售渠道仍然存在困难。随着电商发展，电子商务也成为农牧民热衷的销售渠道，营销技能的重要性也随之凸显。虽然农牧民掌握了一定的技能与经验，但市场分析能力、组织经营能力不强，难以适应激烈的市场竞争，难以适应乡村外向型经济发展与乡村振兴的现实需要，导致"带头人"引领能力不足。一些农牧民"强农""兴农"意识不强，依靠科技发展现代农业的能力不足。

（二）人才"招不来"

一是政策宣传不到位，许多人才不能及时、准确获得相关信息；政策落实不够到位，相关人才政策在具体实施过程中，申报程序繁杂且耗时较长，增加了人才引进的困难；政策优势不明显，各地在人才政策制定方面大同小异，但在政策执行落实方面与周边省市相比力度相对不足。另外，基层发展相对落后，基层设施相对不全，与优质资源多、工资收入高的发达城市相比，乡村还存在优质资源匮乏、发展机会受限、持续发展空间不足等问题，基层的现实条件让"优质人才"望而却步，一些农牧民内心对土地的眷恋、对乡村的归属感日益淡薄，与农村的距离越来越远。他们往往脱离农业，从农村涌向城市，即使留在农村，也不愿从事与农业相关的具体工作，造成基层人才短缺，一些乡村致富能手、技术骨干、管理人才等本土人才向城市流动，同时外来优秀人才又难以留在乡村。

（三）人才"上不去"

发展空间小，晋升渠道不够畅通。优惠政策明显偏重于高层次人才、高学历人才和年轻人，而数量庞大的乡村人才在年龄、学历、职称等方面均感受不到政策关怀。乡村高素质人才短缺，普遍缺乏现代农业发展所需要的投资管理、资本经营、环境治理、电商经营等人才。基层人才难以适应乡村外向型经济发展与乡村振兴的现实需要，部分乡村人才难以进入当地部门选人用人的视野，缺乏相应的激励机制。

（四）人才"用不上"

人才引进与农村牧区经济发展水平结合还不够好，与引入的产业发展潜力、重点项目和信息技术攻关脱节问题比较突出。具体表现为：一是理念上需要转变，有的高学历人才懂技术，但是官本位思想浓重，执意留在市直机关做不符合所学的工作，人才有，但才能不匹配。二是有人才，但缺少载体，找不准载体，有些人才利用不好，造成闲置资源。三是一些急需的人才非常缺乏。同时又过分依赖引进，忽视了对"土状元""田秀才"的使用。四是农村工作涉及面广量大，新选派的驻村第一书记大多缺乏农村牧区工作经验，驻村以后不想干、不会干、不能干的问题不同程度地暴露出来。

（五）人才"留不住"

一是农民工作不体面的传统观念束缚返乡创业。"大学生回村工作没出息的社会舆论""创业不如就业稳定，放着好工作不要，选择回家创业是错误选择"等观念依然盛行，二代农牧民家庭出身的年轻人多数工作和生活选择在城镇，哪怕生活再艰难也不愿回到农村牧区。二是基层工作压力大，待遇较低。基层工作繁复冗杂，基层工作人员往往一个人承担几个人的工作，工资待遇与工作强度不成正比，烦琐的工作任务、巨大的工作压力让他们选择"逃离基层"。三是城乡在公共服务方面存在差距。城里购房、子女教育、医疗支出等问题成为制约人才返乡的第一要素。生活条件及公共福利、教育落后、医疗卫生水平低，在乡人才收入渠道窄、发展空间有限等现实问题，导致大部分人宁愿在城镇地区享受优质公共服务也不愿返乡就业创业。四是引进和激励等体制机制不完善。政府已经出台了一系列政策，为各类人才打造平台、创造发展机会。但也还存在乡村人才引进机制不规范、激励机制不到位、流动机制不灵活等问题。体制机制障碍成为乡村人才留不住的首要原因，导致优秀人才供给不足。

三 鄂尔多斯在推进人才振兴方面的建议和举措

鄂尔多斯坚持人才引进、培养、使用、管理并重的原则，着力创新人才管理工作机制，切实优化人才工作环境，开发提升人才能力素质，激发人才创新创业活力，不断推进人才振兴发展。

（一）多措并举"育"

学如弓弩，才如箭镞。通过外出培训、上挂锻炼、跟班学习等多种方式，为乡村人才提供多种培训锻炼的机会，不断加强农村人才队伍建设，大力扶持、培养一批有文化、懂技术、会经营的新型职业农民、乡村工匠、文化人才和非遗传承人等各类乡村振兴人才。

1.把新型职业农牧民培育当作一项工程去做。建立教育培训、规范管理、政策扶持"三位一体"和市、旗（区）、乡村"三级贯通"的新型职业农牧民培育培训体系。按照农牧民"点餐"、专家"掌勺"、政府"买单"的方式，实施"专家授课＋课堂培训＋基地实训＋创业指导＋扶持政策＋新型职业农牧民"的精准培训形式，打造一支爱农村、懂技术、会经营的乡村人才队伍。以农村牧区实用人才带头人、新型农牧业经营主体带头人和涉农涉牧企业技术骨干培训为重点，开展多层次、大规模的新型职业农牧民素质培训。广泛开展对乡村干部、农牧民的继续教育和职业培训，通过采取学历教育（大专、中专）与非学历教育相结合，现代信息技术与教育教学相融合，推进农牧民终身学习与教育，不断提升新型职业农牧民整体水平，提高职业化程度。

2. 完善专业技能人才培养措施。落实乡土人才培育计划，围绕种植业、养殖业、病虫害防治、农畜产品加工等开展实用技术培训，针对乡村特色产业、乡村旅游、非遗文化传承、基层乌兰牧骑等开展特色培训。推广校企合作、订单培训、定向培训，鼓励各类院校、相关企事业单位和培训机构紧贴乡村实际开设职业技能培训课程，对培训成效显著的，根据培训人数等情况给予培训补贴。鼓励有条件的企业、职业院校等围绕乡村人才培养建设技能大师工作室。支持非遗传承人、乡村工匠等高技能人才传技带徒。建立乡土人才竞赛选拔机制，支持涉农涉牧的相关企事业单位和行业组织开展乡土人才传统技艺技能竞赛活动。

3. 加强农村牧区党组织人才队伍建设。采取选优配强与经常性培训相结合的方式，提高农村牧区党组织人才队伍综合素质，建设过硬的嘎查村党组织带头人队伍。以苏木乡镇为单位建立嘎查村党组织书记和嘎查村干部后备人才库。实施素质提升工程，每年分层级对驻村工作队、驻村第一书记和嘎查村党组织书记、班子成员进行集中轮训，推行嘎查村干部进党校制度，确保嘎查村党组织班子成员每年接受一次旗区或苏木乡镇组织的集中培训。

4. 加强基层医疗卫生人才培养培训。为了满足老百姓病有所医，病有良医的美好生活需要，推进乡村医生全员全科基本知识技能培训，大力实施农村牧区助理全科医生培养、全科医生转岗培训、全科医生特岗项目等岗位培训。鼓励符合条件的乡村医生接受医学学历教育、参加全科医师转岗培训、考取执业（助理）医师资格，通过多种途径取得医学专业学历。

5.深入实施乡村教师支持计划。为了解决乡村振兴人才后顾之忧，满足学有优教的美好生活需要，全面推行"县管校聘"管理体制和义务教育学校教师交流轮岗制度，促进城乡教师资源均衡配置和教师交流工作常态化。进一步提高乡村教师待遇，落实乡村教师工作补贴，加快实施乡村教师周转房建设，建立乡村教师重大疾病救助制度。积极构建国家、自治区、市级、旗区、学校幼儿园五级联动的乡村教师培训体系。充分利用远程教学、在线课程等优化课堂教学和自主学习，推动乡村教师培训常态化。

6.强化基层农技推广人才队伍建设。"技术在手，天下我有。"乡村振兴离不开工匠，为了培养实干人才和农技推广骨干人才，围绕高产高效种养技术创新和集成、动植物疫病防控、农畜产品加工等领域，分级分类开展基层农技人员培训，提升基层农技推广人才队伍整体素质和专业技术能力。全面实施农技推广服务特聘计划，重点从乡土专家、种养能手、新型农牧业经营主体技术骨干等人员中招募特聘农技员，不断壮大基层农技推广人才队伍。

7.大力培养农村牧区电商人才。积极引导农村牧区致富带头人、退伍军人、大学生村官、返乡创业青年等通过农村牧区电子商务创业就业。将农村牧区电商培训内容纳入新型职业农牧民培训、农村牧区实用人才带头人培训、返乡下乡人才创业就业培训等培训项目，对农牧民合作社成员、返乡创业就业人员、相关企业和基层干部等，开展不同层次的培训。支持农村牧区电子商务主体发展壮大，培育乡村本土电商人才。

（二）广开门路"引"

"广开进贤之路，广纳天下英才"，依据乡村振兴的发展需求，重点引进经营管理、环境治理、文化传播等懂技术、懂农业、懂市场的专业实干各类人才向乡村流动。注重区域人才引用，坚持不求所有，但求所用的柔性引进原则，引才引智并重的理念，区域人才发展是黄河"几"字弯高质量发展的延伸和支撑，鄂尔多斯要有战略眼光和大局意识，从黄河流域、京津冀、长三角、世界各地引进贤才；促进本土人才回流，引乡贤回乡，把经验、资金、技术带回本地，通过"大学生村官""三支一扶""大学生志愿服务西部计划""东西部人才扶贫协作""能人返乡创业"等方式，引导和鼓励高校毕业生、退伍军人和创业能人到乡村工作和创业，不断增强其成就感、归属感、自豪感，为乡村振兴提供"源头活水"。

1. 发展壮大农牧业科技人才队伍。加大农牧业科技项目实施力度，通过国家和自治区农牧业科技项目培养集聚农牧业科技人才。优化科技特派员工作机制，不断选派科技骨干到农牧业生产一线开展服务。实施好科技特派员创业行动，鼓励科技特派员围绕乡村产业链关键点或瓶颈环节创业，领办、创办、协办专业合作社等经济实体。

2. 加大农牧民返乡创业支持力度。根据农牧民工返乡创业就业培训需求，进一步完善服务体系，整合集聚优质培训资源，大力开展农牧民工返乡创业就业培训。鼓励相关培训机构开发蒙古语职业培训教材，提供蒙古语职业技能培训课程。对参加就业创业培训的，按相关政策规定给予培训补贴和职业技能鉴定补贴。支持农牧民工返乡创业园和创业孵化基地建设，将返乡创业农牧民工创新创业园区和孵化基地，按规定纳入自治区就业创业"以奖代补"资金扶持范围。

3. 促进各类专家人才服务基层。深入开展千名专家服务基层活动，积极引导教育、卫生、科技、文化等各领域专业技术人才通过项目合作、专家服务、兼职等多种形式到基层开展服务，其服务年限可认定为基层服务年限，在职称评定、岗位聘用等方面同等条件下予以优先考虑。支持高层次人才和创新创业团队与农村牧区相关企事业单位建立长期合作关系，开展成果转化、科技指导和对口人才培养等服务，对成效突出的服务基层项目，加大乡村振兴人才技术服务资助。

4.促进高校毕业生到乡村服务和工作。落实高校毕业生基层成长计划,开展好"三支一扶"、大学生志愿服务西部、选调优秀高校毕业生到基层工作等服务基层项目,切实落实生活补贴、社会保险等相关政策。服务期满且考核为优秀的服务基层项目人员,符合苏木乡镇事业单位公开招聘相关条件的,可作为急需紧缺专业人才采取面试、组织考察、技能操作等方式引进。积极扶持有相应能力和意愿的高校毕业生在基层创新创业,带动基层群众兴业致富。

(三)不拘一格"用"

1.用好本土人才。本土人才出生于乡村,成长于乡村,工作在基层,对乡村振兴的愿望更强烈,对脚下的土地更熟悉,对群众的感情更浓重,对地方有与生俱来的热爱,相对稳定,人才黏度会大大提升。注重在基层一线培养、磨炼和重用人才。全面激活乡村潜在人才资源,梳理"有用就是人才,人才就在身边"新理念。强化"凭能力用干部、以实绩论英雄"的用人导向,把能力突出、业绩突出、有专业能力、专业素养、专业精神的优秀干部及时用起来,注重从农村致富带头人、外出务工营商人员、复员退伍军人和乡贤等群众中提拔,选优配强村党组织书记,提升村干部服务群众,助力乡村振兴的能力。

2.引来各类人才。"聚天下英才而用之。"放眼四海,以事业留人、以感情留人、以待遇留人,让人才真正拥有归属感、幸福感。实施"乡村振兴合伙人"计划,鼓励各旗区通过群众推荐、组织选荐、个人自荐等方式,面向原籍企业家、金融投资业者、专家学者、创业典型等各类人才招募"乡村振兴合伙人",通过投资、入股、技术服务和招商引资等形式,共同发展新型农牧业主体和农村牧区新业态,允许"合伙人"通过合同约定享有乡村项目开发等优先权。充分发挥党政军离退休干部、专家学者、人大代表、政协委员、经济文化能人等乡贤在区域合作、创新创业、精准扶贫、招商引资、乡风文明和社会公益等领域的重要作用,凝聚社会各界合力,助推乡村全面振兴。鼓励引导各类社会组织和专业社会工作者到农村牧区开展服务。

(四) 做好保障 "留"

优化乡村人才发展环境。乡村工作环境较为辛苦，各项基础设施相对落后，要想真正留住优秀人才在乡村工作，强化岗位晋升、工资福利等激励保障措施，打好"待遇牌"做到事业留人、待遇诱人，为人才扎根基层解决"后顾之忧"，让人才在基层"劳有所得、干有所值"，确保其事业上有干头、干事上有劲头、干成事有盼头。

1. 健全乡村人才分类评价机制。建立健全以新型职业农牧民为主体的乡村专业人才评价标准。完善乡村"特殊人才"评价机制，将技能技艺突出、贡献较大的"土专家""田秀才"等特殊人才纳入高层次人才评价体系。依托"青年人才储备工程"，在市级"青年优秀人才"评定中设立乡村紧缺人才专项，为乡村发展引进和储备优秀高校毕业生，经认定后享受相关政策待遇。实施乡土人才技能等级评价制度，探索制定乡土人才技能等级评价标准，组织开展乡土人才技能等级认定。

2. 优化乡村专业技术人才评聘方式。在旗区、苏木乡镇、嘎查村工作的专业技术人才，侧重考察其工作实绩，对论文、职称外语、计算机应用能力和科研成果不作硬性要求。在旗区、苏木乡镇基层单位中小学、卫生、农牧、林业、水利、乌兰牧骑等岗位工作的专业技术人才参与职称评审时，单独设组、单独评审。

3. 改革乡村人才引进和管理方式。苏木乡镇事业单位招聘工作人员，可以采取放宽岗位专业条件、放宽年龄限制、降低学历要求或者开考比例等方式，适当降低招聘门槛。通过"绿色通道"引才等方式，推动引进乡村所需的高层次人才和高技能人才，按照相关政策优先予以扶持。苏木乡镇事业单位公开招聘具有全日制本科及以上学历的乡村振兴急需紧缺专业人才时，可以采取面试、组织考察、技能操作等方式择优引进。

4. 激发乡村人才创新创业活力。完善高等院校、科研院所等事业单位专业技术人员到乡村和农牧业企业挂职、兼职和离职创新创业制度，按规定保障其在职称评定、工资福利、社会保障等方面的权益。探索公益性和经营性农技推广融合发展机制，允许农技人员通过提供增值服务合理取酬。支持农牧业科技人才、新型职业农牧民、农村牧区致富带头人等创新创业，组织评选"乡村振兴创新创业人才团队"，对获评的人才团队给予资助。

5.加大乡村人才扶持激励力度。在推荐、选拔市级以上人才和人才项目时，注重向基层专业技术人才和高技能人才倾斜。苏木乡镇事业单位对聘用的高层次人才，可采用协议工资、项目工资、年薪制等灵活多样的收入分配办法，所需经费在绩效工资总量内单列，相应增加单位当年绩效工资总量。支持苏木乡镇事业单位专业技术人员通过兼职方式，为农牧业合作社、种养大户等提供增值服务合理取酬，所得收入不纳入本单位绩效工资管理。切实落实国家和自治区出台的乡镇机关事业单位工作人员乡镇工作补贴等工资福利政策。

6.提升乡村人才公共服务水平。推进人才微信公众平台和"人才E站"在苏木乡镇、嘎查村的推广应用，充分利用移动互联网络等技术，精准投放招聘信息，实现供求信息两头入库、实时对接。积极组织用人单位就地就近开展招聘活动，依托人社服务平台、村委会建立长期招聘代理服务点，多渠道、多形式举办农村牧区劳动力供需洽谈会。

总之，乡村振兴，关键在人才振兴。只有将人才育得好、引得来、用得上、留得下，才能实现乡村产业兴旺、生态宜居、乡风文明、治理有效、生活富裕、全面振兴。

奇海林，鄂尔多斯学研究会会长，教授；苏利英，鄂尔多斯市委党校副教授。

论鄂尔多斯经济增长与民生改善的协调发展

李相合　郭玉伟

人类社会的进步离不开经济的发展，而经济发展的核心离不开经济增长，从亚当·斯密发表《国富论》至今，无论经济学界如何变革，经济增长问题一直是学术界最核心的问题，也是最具争论的问题。我国自改革开放以来，经济取得高速增长的同时，国家对民生问题也越发重视。2021年4月，习近平总书记在广西考察时就指出："让人民生活幸福是'国之大者'。"因此，民生改善与经济增长的协调发展问题引发了学术界的广泛关注。

内蒙古自治区自西部大开发战略实施以来，经济取得了显著增长，而鄂尔多斯作为内蒙古经济发展的领头羊，主要经济指标常年在各盟市中处于绝对领先地位。然而，相对于鄂尔多斯经济增长的高速度，民生改善相对缓慢，出现了与经济增长不协调的问题。本文通过分析经济增长与民生改善不协调的现象，最后给出政策建议，以便促进鄂尔多斯在"十四五"规划中经济增长再创辉煌的同时，实现民生改善与经济增长协调发展。

一　文献综述

国家自2000年实施西部大开发战略以来，内蒙古自治区历经"十五""十一五""十二五"和"十三五"四个五年规划的发展，经济取得了腾飞式增长，因此关于内蒙古经济增长问题的研究也越来越多。王慧子（2020）对内蒙古经济增长的影响因素进行了实证分析，认为内蒙古的经济发展是劳动密集型的，并且经济增长需要靠能源消费拉动；何雄浪等（2020）对2002年以来内蒙古县域层面工业化、城市化与经济增长之间的关系进行了实证分析，认为推动县域经济增长的主要力量城镇化对经济增长的带动作用不突出，工业化生产力后劲不足；斯日吉模楞（2019）实证分析了自然资源约束对内蒙古经济增长的影响，针对煤炭资源、水资源等不同的自然资源得出了相对应的结论。赵丽霞等（2017）实证分析了内蒙古地区资源环境要素如何通过科技创新和政府干预影响经济增长；闫海春等（2022）与王宇等（2020）分别采用时序全局主成分分析法和熵权TOPSIS法对内蒙古经济高质量发展水平进行了测算和分析；付为政（2019）在供给侧视角下对内蒙古经济增长动力演进和转换进行了研究；赵岩等（2017）运用灰色关联理论的数学模型对内蒙古产业结构与经济增长的动态关系进行了研究。内蒙古作为中国北部边疆少数民族地区，民生问题不仅关系到自治区本身，还对全国的稳定具有重要意义，关于民生问题的研究始终受到学术界的持续关注。花蕊（2015）对内蒙古城乡居民收入存在的差距进行了分析研究，为增加牧民收入，缩小城乡差距提供了有利建议；牛雨佳等（2021）对内蒙古整体进行了民生发展水平测度和综合评价分析。内蒙古的经济增长，离不开众多盟市全域一体协同共进，鄂尔多斯作为内蒙古经济增长的领军者，高速经济增长的背后依旧存在着民生改善与经济增长不协调的问题，针对这个问题，李相合（2012）对鄂尔多斯经济增长与民生改善的协调发展进行了全面深入的研究，本文在部分内容上对其进行了拓展。

二 鄂尔多斯经济增长成绩显著

西部大开发为鄂尔多斯经济发展注入了强劲的动力，从2000年至2020年，鄂尔多斯的主要经济指标常年在内蒙古乃至全国地级市中名列前茅，GDP保持年均17.18%的速度高速增长。2020年，全市GDP由2000年的163.8亿元增长至3533.66亿元，增长了21.57倍，占自治区GDP（17359.82亿元）的20.36%，在自治区12个盟市中独占鳌头，比排在第二位和第三位的呼和浩特和包头分别高出732.98亿元和746.3亿元，分别是它们的1.262倍和1.268

倍；人均 GDP 由 2000 年的 12556 元增长到 164387 元，增长了 13.09 倍，在自治区 12 个盟市中排第 1 位，是自治区人均 GDP（72062 元）的 2.28 倍；一般公共预算收入由 2000 年的 9.82 亿元增加到 464.88 亿元，增长了约 47.34 倍，约占全区财政总收入（2051.2 亿元）的 22.67%；社会消费品零售总额由 2001 年的 31.27 亿元，增加到 565.47 亿元，增长了 18.08 倍。[1]以上数据表明了鄂尔多斯自西部大开发以来经济获得了显著性增长，但是经济增长只是一个地区在一定时期内产品和劳务产出的增长，是一个偏重于整体数量的概念，它仅仅体现了一个地区在一定时期内经济总量的增长速度，而人民生活水平的提高、生活状况的改善是否与经济增长同步或者相协调，则是需要深入探讨的问题。

三 鄂尔多斯经济增长与民生改善不协调问题依旧存在

在当代社会中，国家既要通过大力发展经济以不断增加物质财富，也要通过民生建设合理分配物质财富，在保障人民群众基本生活的同时，提高人民群众的生活质量。一般来说，民生建设的好坏可以通过生存民生、发展民生、安全民生和公共服务民生等领域来反映。民生是我国的执政之要、和谐之本，关注民生、改善民生、保障民生，是党和政府一切工作的出发点和落脚点，随着我国经济的腾飞，国家对民生问题越发重视。西部大开发以来，随着鄂尔多斯经济的增长，人民生活水平得到了较大的提高，然而，我们还必须清醒地认识到，民生改善相较于鄂尔多斯经济的高速增长，存在不协调现象。

（一）城乡居民收入与经济增长不同步

通过数据分析可以发现，2000 年以来，鄂尔多斯城乡居民收入获得了显著的增加，城镇居民人均可支配收入由 2000 年的 5502 元，增加到 2020 年的 50306 元，净增了 44804 元；农牧民人均可支配收入由 2000 年的 2453 元，增

---

[1]自治区 GDP、人均 GDP 以及呼和浩特、包头 GDP 数据来源于《内蒙古统计年鉴 2021》（中国统计出版社），其他数据来源于《鄂尔多斯统计年鉴 2021》（中国统计出版社），或根据相关数据推算。

加到2020年的21576元，净增了19123元。从整体上看，2000年至2020年，城乡常住居民收入的总体增长均滞后于GDP、人均GDP和一般公共预算收支的总体增长（见表1）。与2000年相比，GDP增加了21.57倍，人均GDP增长了13.09倍，一般公共预算收入和支出分别增长了47.36倍和41.21倍，而城乡常住居民人均收入却分别只增长了9.14和8.8倍，与GDP等经济指标增长幅度相差较大。2001年至2020年这20年间，鄂尔多斯市的GDP年均增长率为17.18%，而城镇常住居民人均可支配收入年均增长率仅为11.95%，比GDP年均增长率低近5.23个百分点，农牧民人均可支配收入年均增速为11.71%，比GDP年均增长率低5.47个百分点。[2]

表1 2000年至2020年鄂尔多斯市GDP、一般公共预算收支及城乡居民收入

指标 年份	GDP （亿元）	人均 GDP （元）	一般公共预算收入（万元）	一般公共预算支出（万元）	城镇居民人均可支配收入（元）	农牧民人均可支配收入（元）	城乡收入差距（元）	城乡收入差距（倍数）
2000	163.8	12556	98158	161036	5502	2453	3049	2.24
2005	493.31	31327	449045	652654	11025	4601	6424	2.4
2010	1701.52	88906	2390774	3187910	25205	8756	16449	2.88
2015	2698.67	130257	4458999	5730546	37432	14420	23012	2.6
2020	3533.66	164387	4648771	6637018	50306	21576	28730	2.33
倍数	21.57	13.09	47.36	41.21	9.14	8.8	9.42	1.04

从部分年份上来看，2011年至2020年间，鄂尔多斯市GDP年均增长7.72%，城镇常住居民人均可支配收入年均增长7.28%，这是事实，看似城镇居民收入增长与经济增长不协调的现象大大改善，然而考虑到2001年

---

[2] 鄂尔多斯GDP、人均GDP、一般公共预算收支数据来源于《鄂尔多斯统计年鉴2021》（中国统计出版社），其他数据来源于《内蒙古统计年鉴2021》（中国统计出版社），或根据相关数据推算。

至 2010 年间鄂尔多斯市 GDP 年均增长率和城镇常住居民人均可支配收入年均增长率分别为 26.65% 和 16.63%，在缩小二者差距这一问题上，究竟是前者下降幅度大于后者起主要作用，还是政府的各种积极改善措施起主要作用就难以确定了。但是即便忽略这个问题，鄂尔多斯 GDP 的年均增长率还是比城镇常住居民人均增长率要高 0.44 个百分点，因此不协调问题还是存在的。

所以综合以上来看，鄂尔多斯城乡居民收入增长与经济增长不协调的问题依旧存在，这将对国民经济的方方面面产生不利影响。首先是居民的生活水平。生活水平可以以居民所购买到的实物量来衡量，通过数据分析可以发现，鄂尔多斯市商品零售价格指数从 2001 年的 98.1 上升到了 2020 年的 101.6，20 年中均值为 101.03，也即商品零售价格约以每年 1.03% 的速度增长。但鄂尔多斯市城镇常住居民人均可支配收入增长率却在 20 年中波动下降，2020 年人均可支配收入增长率约为 1.08%，仅仅比商品零售价格增长率高出 0.05 个百分点。[3]倘若按照这种趋势继续发展，鄂尔多斯市城市居民收入的实际购买力将会下降，影响居民购买能力的同时还将降低居民的消费需求，而消费需求是最终需求，对投资需求的持续增长和国民经济的稳定发展起决定性作用。低收入导致低消费，这不利于产品价值的实现，不利于投资形成的生产能力达产达效，反过来又会制约投资规模的进一步扩大，进而不利于实现国民经济发展的良性循环。

（二）生存民生改善与经济增长不协调

1.经济增长并没有解决失业问题。民众的生存依赖于就业，所以就业与失业问题是关系人民生活和社会稳定的重大问题。随着鄂尔多斯市经济的不断增长，各行业从业人员需求不断增加，但由于外来人口大量涌入，使得失业人数和失业率大幅上升。2000 年鄂尔多斯城镇登记失业人数为 3653 人，占自治区登记失业人数的 2.89%，到 2020 年年末城镇实有登记失业人数上升为

---

[3]数据来源于《鄂尔多斯统计年鉴 2021》（中国统计出版社），或根据相关数据推算。

27164人，占自治区登记失业人数的9.05%，上升了6.16个百分点。在城镇登记失业率方面，鄂尔多斯市控制得较为不错，城镇登记失业率常年低于自治区城镇登记失业率，但波动较为明显。失业率从2000年的2.07%上升到2004年的4.47%，随后呈波动下降趋势，于2011年下降到2.2%，之后波动上涨到2020年的3.02%，对比2000年上涨0.95个百分点（见图1）。[4]由此可见，经济增长并没有解决好失业问题。

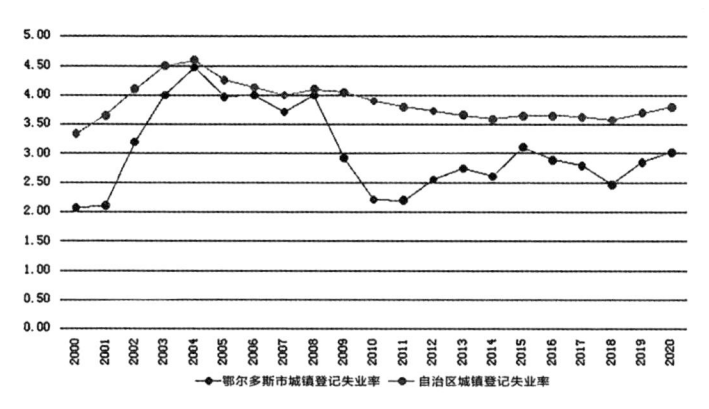

图1　城镇登记失业率

2.收入分配与经济增长不协调。伴随经济增长而来的收入分配问题既是经济领域的问题，也是社会领域的主要问题。收入分配是否平等，通常用收入差距来衡量。收入差距越小，收入分配越平等；收入差距越大，收入分配越不平等。随着互联网的发展，人们的视野越来越开阔，人民日益增长的美好生活需要和不平衡不充分的发展之间的矛盾逐渐暴露出来，引起了社会各界广泛的讨论。不管如何，收入差距不断扩大，既影响着经济的运行效率，更影响着社会的稳定。

随着经济增长，鄂尔多斯城乡居民收入差距呈现出不断扩大的趋势。从2000年至2020年，鄂尔多斯城镇居民人均可支配收入由5502元增长到50306元，而农牧民人均可支配收入由2453元增长到21576元，城镇

[4]数据来源于《内蒙古统计年鉴2021》（中国统计出版社），或根据相关数据推算。

居民人均可支配收入与农牧民人均可支配收入差距绝对值由3049元扩大到28730元；城镇居民人均可支配收入与农牧民人均可支配收入差距相对数由2.24∶1扩大到2.33∶1。另外，城镇居民人均可支配收入指标还掩盖着城市不同行业、不同部门之间在岗职工工资的巨大差距，如2020年采矿业从业人员平均工资为155720元，而农、林、牧、渔业从业人员平均工资为73808元；企业从业人员平均工资为106977元，而机关从业人员平均工资为87999元。[5]农牧民人均可支配收入指标同样掩盖着不同地区之间农牧民收入的巨大差距，比如城郊农牧民与其他边远地区农牧民收入的差距，土地因矿产资源开发而被征用地区与普通地区农牧民收入的巨大差距等。

不单是城乡居民的收入差距在不断扩大，同时由于经济增长过程中的利益分配不公平、不合理，社会各阶层之间、各阶层内部以及地区间收入差距都呈现出不断拉大的趋势。不断扩大的收入差距对本地区发展和社会稳定构成了潜在威胁。

（三）发展民生改善与经济增长不协同

发展民生建设是满足居民发展需求的民生建设，可以用一个地区的教育发展水平和文化娱乐发展水平等来衡量。

1.教育发展。鄂尔多斯市2010年一般公共预算支出为3187910万元，其中教育支出为438534万元，占比为13.76%；2020年一般公共预算支出为6637018万元，其中教育支出为844573万元，占比为12.73%。由此可见，虽然教育支出增长了1.93倍，但在一般公共预算支出中的占比却下降了1.03个百分点。[6]

2.文化娱乐发展。从2010年至2020年，鄂尔多斯艺术表演团体数量和

---

[5]数据来源于鄂尔多斯市统计局网站中数据鄂尔多斯版面的鄂尔多斯年度数据：http://sj.tjj.ordos.gov.cn/datashow/easyquery/easyquery.htm?cn=B010203.

[6]数据来源于鄂尔多斯市统计局网站中数据鄂尔多斯版面的鄂尔多斯年度数据：http://sj.tjj.ordos.gov.cn/datashow/easyquery/easyquery.htm?cn=B010203.

公共图书馆数量没有变化，仍分别为10个和9个，艺术表演场所数量由4个增加到5个，文化馆数量由8个增加到了10个，博物馆数量获得了显著增长，由2个增加到了22个。在自治区所占比重中，除艺术表演场所数量和博物馆数量有大幅度上升，分别由18.18%和3.7%较大幅度地上升为29.41%和12.79%外，艺术表演团体数量、文化馆数量所占比重略有上升，而公共图书馆比重反而由7.96%下降为7.69%。[7]这些文化、艺术等单位和场所的数量和比重，与经济增长而引起的社会需求不相适应。

（四）公共服务民生改善与经济增长不匹配

公共服务民生涉及基础设施建设、生态文明建设和医疗卫生建设等。近年来鄂尔多斯市公共服务民生建设成果斐然，在燃气普及率、建成区绿化面积等方面取得了快速的发展，但在医疗卫生事业方面的发展还是存在着与经济增长不协调的现象。

鄂尔多斯市2010年一般公共预算支出中卫生健康支出为164616万元，占比为5.16%；2020年一般公共预算支出中卫生健康支出为433499万元，占比为6.53%，卫生健康支出所占比重增长速度远远低于一般公共预算支出增长速度。卫生技术人员数量由2010年的8276人增长到2020年的16950人，在自治区所占比重由6.72%上升为8.38%，这与GDP和一般公共预算收入在全区所占比重大不相称；床位数2010年有6410个，到2020年有12580个，在自治区所占比重由6.56%上升为7.76%，[8]其所占比重和增长速度同样与在自治区的经济地位不相称。

四　鄂尔多斯经济增长与民生改善相协调的对策建议

（一）由能耗"双控"向碳排放"双控"转变的同时保持经济较快增长

经济增长与民生改善相协调，并不是指将经济增长放缓与现有的民生改善状况相协调。经济增长永远是民生改善的根本条件和物质基础。"十四五"

---

[7]数据来源于《内蒙古统计年鉴2021》（中国统计出版社），或根据相关数据推算。
[8]数据来源于鄂尔多斯市统计局网站中数据鄂尔多斯版面的鄂尔多斯年度数据：http://sj.tjj.ordos.gov.cn/datashow/easyquery/easyquery.htm?cn=B010203.

期间国家将坚持能耗"双控"向碳排放"双控"转变，围绕实现碳达峰、碳中和目标，采取更加有力的政策和措施，加快推动绿色低碳发展。而作为能源资源大区的内蒙古如何由化石能源大区向清洁能源大区转变，如何将碳达峰、碳中和目标与经济社会发展、生态环境保护和能源革命目标结合起来，实现绿色转型发展，面临的形势严峻、任务艰巨。鄂尔多斯作为我区经济、能源第一大市，想要在完成能耗"双控"向碳排放"双控"任务转变的同时保持经济快速增长，就需要在经济转型绿色发展方面取得新突破。

努力推动新能源和战略资源基地建设，深入推进能源革命，加快形成多种能源协同互补、综合利用、集约高效的供能方式。要高度重视煤炭清洁利用，在全区率先建成以新能源为主体的新型电力系统，努力探索新能源装机规模超过火电装机规模和新能源发电总量超过火电发电总量的快捷、有效途径。要广泛拓展新能源场景应用，大力发展新能源装备制造业和运维服务业，壮大风光氢储四大产业集群，推动新能源产业从单一发电卖电向全产业链转变，推动化石能源大市向清洁能源大市转变，建设国家现代能源经济示范区，把鄂尔多斯打造成为全国新能源产业高地。要依托国内外科技平台与呼和浩特、包头等城市进行联合技术创新，提高能源利用效率，提升产业链水平，推动经济增长提质增效，为鄂尔多斯市居民的生产生活提供稳定保障的同时为民生其他方面的改善创造条件。

（二）注重人才培养的同时促进创业就业

鄂尔多斯市的普通高校从 2000 年的 0 所发展到如今的 4 所，为本地培养了众多高水平人才，为鄂尔多斯的经济发展做出了卓越的贡献，如今高质量发展进程加快，对技术人才的需求也是与日俱增，鄂尔多斯需要继续加大劳动力投资，政府在推进本地教育投入的同时，可以制定相关人才激励政策引进外地优秀人才并且留住本地优秀人才，为鄂尔多斯经济的高质量发展做好人才的培养与储备。在现有的劳动力市场上不断优化，在劳动力供给端，要做好就业培训工作，提高居民的自身就业能力；在劳动力需求端，合理布局技密集型、资本密集型与劳动密集型产业，大力发展第三产业，鼓励中小企业的发展，扶植创新创业，扩大就业需求，以便为社会提供更多的就业岗位。

（三）注重三农三牧发展缩小城乡收入差距

缩小城乡收入差距是民生改善的重要一环，鄂尔多斯要缩小城乡收入差距，就要加快农牧民收入水平的增长。首先加快农村牧区公共基础设施的建设，扩展电网，对变电器增容改建以改善农牧区生产性用电难的问题，对农牧业的生产实施优惠政策等；同时要完善农牧区的交通、通讯基础设施建设，建立互联网信息平台，让农牧民生产出来的东西卖得出去，运得出去，以促进农牧区产业的发展。在产业的发展方面，政府要出台优惠政策切实鼓励农牧区中小企业的建立和发展，例如加大农牧区信贷幅度，出台相应减税减费减租减息减支的惠企政策等；农牧区可以在传统产业的基础上，大力发展服务业，特别是与鄂尔多斯当地自然生态、民族历史等特色资源相关的旅游产业；要大力促进传统农畜业升级，构建现代化农畜产业，积极发展特色农畜产品，扶植一系列本地品牌；创造大批公益岗位，努力促进弱势群体就业，以提高农牧民的收入水平特别是弱势群体人收入水平，进而缩小鄂尔多斯市的城乡收入差距。

李相合，内蒙古师范大学教授，经济学博士；郭玉伟，内蒙古师范大学经济管理学院研究生。

见证鄂尔多斯市改革开放四十年的伟大社会变革和辉煌成就的点滴片段

赵 谟

今年是改革开放第 42 个年头。在这 42 年中,鄂尔多斯各族人民解放思想,砥砺前行,战胜了一个又一个困难,创造了一个又一个奇迹,经济社会的发展取得了辉煌的成就,各族人民实现对美好生活的夙愿。我是鄂尔多斯 40 多年改革开放的见证者,也是鄂尔多斯 40 多年改革开放的经历者,下面我将改革开放 40 多年中所经历的几个片段讲述给大家。

解放思想 拨乱反正

20 世纪 70 年代末,有两件大事轰动全国,一件是江苏省党校教师胡福明同志以特约评论员的署名在《光明日报》发表了题为《实践是检验真理的唯一标准》的文章;另一件是安徽省凤阳县小岗村十八户农民联合签名实行包产到户,这也拉开了全国上下解放思想、拨乱反正,冲破"两个凡是"禁锢的序幕。

党的十一届三中全会召开后,当时的伊克昭盟,因为刚刚结束了"文化大革命",思想比较混乱,"两个凡是""以阶级斗争为纲"的影响仍未肃清。在全盟上下,需要解放思想,统一认识,回答群众中存在的模糊认识,当时急需回答什么是社会主义,怎样建设社会主义。当时盟委把这一项重大任务交给盟委宣传部。举行一次大的理论研讨会,开展什么是社会主义的大讨论。这是"文化大革命"结束后的第一次大的理论报告会。报告的主讲人是时任伊克昭盟盟委常委、宣传部部长杜风华同志,起草报告准备了很长时间,报告起草小组由盟党校副校长王培公、宣传部理论科长齐凤元和我组成,王培公和齐凤元执笔。报告当日，盟委礼堂座无虚席，报告进行了四个小时，报告的题目是《科学社会主义》，报告引起了很大反响，像一股春风吹进了人们的心田。

党的十一届六中全会，是继十一届三中全会之后，又一次具有重大历史意义的会议。它的重大历史意义就在于，一方面，在指导思想上，基本上完成了由十一届三中全会开始的纠正"文化大革命"及其以前的"左"倾错误的工作，也就是基本上完成由十一届三中全会开始的思想上、政治上的拨乱反正的任务。另一方面在组织上，基本上完成了也是从党的十一届三中全会开始的党的最高领导机关的改组工作，这是组织上的拨乱反正，而组织上的拨乱反正是为了保证思想上、政治上的拨乱反正任务实现的。当时，盟委为了贯彻好十一届六中全会精神，了解《决议》起草的过程、《决议》内容，在六中全会召开的前几个月，派出了党校老师乔凤山、郎奎达，宣传部的齐凤元和我四人去中央党校哲学班学习，先后拜访了党的著名理论家范若愚等同志，听了《决议》起草人之一的冯文彬同志三次关于《决议》起草的过程及内容。听取了邓力群同志关于学习《决议》的报告，在人民大会堂听取了中共中央总书记胡耀邦同志在庆祝中国共产党成立六十周年纪念大会上的重要讲话。根据记录由我把上述领导的讲话进行整理，寄回盟里，供盟委常委会进行学习。党的十一届六中全会结束后，我们选择了七个方面的专题，在全盟干部群众中进行宣讲，当时我负责宣讲的题目是《开始全面建设社会主义的十年》。这十年，有许多重大的事件发生，如反右派斗争，建设社会主义的总路线，人民公社、庐山会议，这都要讲清楚。全盟上下经过一年的集中宣讲，开启了解放思想，拨乱反正，继往开来的里程碑。

说到解放思想，拨乱反正，不得不说在20世纪70年代末发生在伊克昭盟的一件大事，就是比中国农村改革的发源地安徽省凤阳县小岗村早半年的伊克昭盟包产到户的产生与发展。

1978年，当时全盟粮食产量长期徘徊在2亿公斤左右，人均185公斤，每年需要国家供应 1 亿公斤左右的粮食，如果没有国家供应这么多粮食和贷款及救济，群众就无法生存，还有一部分群众甚至过着"棉蓬灯香沙葱菜，活了一代又一代"的原始采集生活。

面对这种残酷的现实，如何调动农牧民的积极性、创造性。实践呼唤理论的回答，实践渴望理论的指导。时任伊克昭盟盟委书记的千奋勇同志在达旗调研时，发现了耳字壕公社康家湾大队的一个典型，一个 50 来岁的妇女叫赵丑女，住在一个偏僻的小山沟，1978 年承包了附近 0.93 公顷耕地，1 台水车，1 头骡子，自主经营，秋收后亩产都在 300 公斤以上，大白菜、葱蒜的收成满足了整个生产队的需要，她家的人均创收高出整个生产队人均收入的好几倍，但在分配劳动收入时，出现了分歧意见，上下左右各说不一。当时有人写了一封信《像赵丑女这样的包产到户何罪之有》，后来这封信到了时任内蒙古自治区党委第一书记周惠的手里，据说这封信一直被带到党的十一届三中全会上，才有了后来胡耀邦同志说过：包产到户万里第一，紫阳第二，周惠第三的佳话。

通过大量的调查研究，盟委一班人看到了农村变革的希望，出路就是实行包产到户。包产到户是解决农民生存发展的一条根本出路。包产到户的特点，就是保证国家的，留下集体的，剩余都是自己的。目标确定了，这项工作谁来挂帅，千奋勇力排众议，选中了时任公署秘书长的马丕峰担任公署副盟长，挂帅推行包产到户工作。当时就有人说马老头是老右倾，这样的人也敢用。其实马丕峰同志 1942 年参加革命，是一位老革命。20 世纪 50 年代后期，针对"三面红旗"曾说过这么一句话："人民公社是娃娃穿的大人鞋，把娃娃拖垮了，仍然走不动"。这种实事求是的大实话，给他招惹了不少麻烦，一直得不到重用。马丕峰同志一贯对党的事业忠心耿耿，工作能力强，对农村牧区工作很有见地，是干部中公认的"农业专家"，事实证明，在推行"包产到户"过程中，马丕峰同志殚精竭虑，成绩卓著，有口皆碑，当时起用马丕峰，也使全盟广大干部群众看到盟委推行"包产到户"的决心是不可动摇的。

1979年春节刚过,以杭锦旗巴拉亥公社新明大队党支部书记郭学义为首的七个生产队率先实行了包产到户责任制,一时成为社会的热点话题和社会的新闻人物。短短几个月,全盟有20%的社队搞了"包产到户"。这时,社会上对"包产到户"的各种争议从四面八方汇集到盟委,一些与我们毗邻的外省地区把"坚决顶住伊克昭盟包产到户的单干风"写成标语刷在墙上,大喇叭冲着我们播放"纠正作业组为核算的错误做法""坚决反对包产到户"。当时盟里也有很大一部分人不同意搞包产到户,有人在会议上说"辛辛苦苦三十年,一夜退到解放前"。针对包产到户的分歧意见,盟委派出调查组进驻巴拉亥公社新明大队进行调查。调查结果,巴拉亥公社当年粮食总产量达到287.9万公斤,人均粮食550公斤,社员高兴地说"包产到户,有钱又有粮",基层干部说"今年是粮食产得最多的一年,收入最多的一年,生活最好的一年,队干部最好当的一年"。

1979年11月,针对推行包产到户,盟委召开扩大会议。参加扩大会议的有盟、旗、县党政主要负责人,全盟农业公社的党委书记。扩大会议分两个阶段进行,第一阶段用了8天进行参观、对比、分析、研讨了巴拉亥等七个公社实行包产到户的情况;第二阶段用了四天时间谈认识、讲体会、总结经验、联系本地区的实际,讨论如何积极推行包产到户责任制。扩大会议结束后,会议印发了《全盟旗县委书记扩大会议讨论推行生产责任制的纪要》,这个纪要在内蒙古地区第一次明确地将"包产到户"责任制以盟委文件下发,让全盟干部群众人皆知。现在,《纪要》作为历史的见证,被珍藏在中国革命历史博物馆里(现国家博物馆内)。

1980年1月8日,《鄂尔多斯日报》发表了中共伊盟盟委、杭锦旗旗委联合调查组撰写的《成功的经验,丰硕的成果》杭锦旗巴拉亥公社实行生产责任制的调查;1981年1月20日,《内蒙古日报》发表了《包产到户使伊克昭盟农民摆脱困境,并创办了走向富裕》的文章。

1980年我当时在伊盟盟委宣传部理论科工作,并创办了《伊盟社联通讯》,

在接下来的几年里，《伊盟社联通讯》刊发了大量的关于包产到户的调研报告。到 1980 年初，全盟已有 73% 的生产队推行了包产到户。为了更好地宣传包产到户，盟委责成宣传部起草伊克昭盟推行包产到户宣传提纲。宣传提纲由宣传部宣传科科长石生岐同志执笔。宣传提纲定稿后，由时任新华社内蒙古记者站记者带回呼市。内蒙古自治区党委第一书记周惠看后，非常高兴，并作了重要批示。1980 年 12 月 22 日，内蒙古日报 2—3 版全文发表了这个宣传提纲，题目改为《继续解放思想，肃清"左"倾流毒，不断巩固和完善生产责任制》，全文共分三部分，一、实行生产责任制带来的可喜变化；二、正确认识生产责任制及推行过程中出现的问题；在这部分回答了一系列问题，如推行责任制就是倒退吗，实行"包产到户"就是单干吗，实行"包产到户"会不会产生两极分化，实行"包产到户"是不是不看方向，实行"包产到户"会不会影响农业现代化等问题；三、进一步加强和完善生产责任制。这个宣传提纲一经发表，在社会上引起了强烈的反响，指导了全区的包产到户的推行和发展。

实行包产到户责任制虽然已经过去了四十多年，但它对社会发展产生了深远的影响，总结当年伊克昭盟的包产到户生产责任制的经验，一是以千奋勇、马丕峰、杜凤华、郭学义、赵丑女这么一群改革的先驱者，以超人的胆魄，睿智的眼光，为人民造福的胸襟，推动伊克昭盟农村社会的伟大变革。二是自治区党委的大力支持。在最困难的时候，自治区党委第一书记周惠在结束对伊克昭盟的调研后说："对伊克昭盟的包产到户我不习惯用'文革'的语言，今天也用一句，叫作'革命的大方向是完全正确的'。"周书记的话充分肯定了伊克昭盟推行包产到户责任制的正确。三是伊克昭盟 150 万各族人民，思想解放，积极参与，充分发挥了他们的积极性、创造性，大胆地实践，推动了包产到户的发展，谱写了一曲荡气回肠，流芳千古的故事。

兴调查研究之风　发挥参谋助手作用

从 1984 年 3 月起，我在伊克昭盟盟委政研室工作了整整 13 个年头，其中有九年的时间主持了政研室的工作，政策研究室是党委的一个重要部门，是党委决策的参谋和助手，1989 年，我们向盟委汇报了研究室的工作，会后，盟委发了《会议纪要》，纪要中明确提出了政研室工作的指导思想，坚持实事求是和一个中心两个基本点的思想政治路线，坚持把党的路线方针政策同我们的实际相结合，紧紧围绕盟委的工作重点和领导意图开展调查研究工作。调查研究作为一种工作作风，是我们党在长期革命和建设的实践中形成的优良传统。调查研究是辩证唯物主义认识论和方法论的基本要求，也是我们党实事求是，一切从实际出发的思想路线的具体体现。它不仅可以为我们制定正确的路线方针政策提供重要依据，还可以使我们紧密联系群众，改进工作作风，有利于防止和克服官僚主义、主观主义、教条主义。这一时期，我参与了盟委一系列重大决策的调查研究和文件的起草工作。

参与起草伊克昭盟第一个经济社会发展战略的工作。党的十一届三中全会以后，我国进入了一个改革开放的时代，当时的伊克昭盟各级干部都在思考如何摆脱贫困，伊克昭盟经济怎么发展这一大问题。1988 年春天，时任伊克昭盟行政公署盟长夏日同志提出伊克昭盟经济社会发展战略的指导思想是"三开一治一转化"。"三开"，即思想开明，改革开放，经济开发；"一治"，即国土整治；"一转化"，即资源转化。盟委政研室承担了起草发展战略的任务，同年 7 月，经伊克昭盟公署全体会议讨论确认，伊克昭盟正式将这个发展战略确定为伊克昭盟经济社会发展战略。同年 9 月中旬，盟委、公署派出雷·额尔德尼、袁庆中、王银拴和我作为工作人员赴京筹备"关于伊克昭盟地区经济社会发展战略咨询会"，邀请国家有关部委的领导、有关专家学者、北京的新闻媒体的记者参加。在咨询会上，公署盟长夏日同志全面地介绍了伊克昭盟经济社会发展战略，得到了与会领导和专家的高度评价，认为这个发展战略和指导思想不仅适合伊克昭盟，也适用我国西部欠发达的地区。

这次咨询发布会，让更多的地区和新闻媒体了解了伊克昭盟，同时也拉开了伊克昭盟加大开放，走向更广阔天地的序幕。

从党的十一届三中全会召开后的十年，我盟各级党委和人民政府全面贯彻落实党的一系列方针政策，坚持改革开放，经济社会全面发展，广大人民群众生活水平明显提高，精神风貌发生了深刻变化，各项建设事业都取得了显著成就，呈现出政治稳定，社会祥和，民族团结，经济生机勃发，人民安居乐业的新局面。

1989年11月，按照党的十三届三中全会精神，伊克昭盟盟委、盟行政公署专门作出决定，全面开展经济体制改革。当时，全盟财政收入只有1亿多元，粮食产量一直在五六亿斤徘徊。经济体制改革的突破口就是要深化农村牧区的改革，而且解放40年来农村牧区工作的正反经验告诉我们，粮食生产和畜牧业经济在全盟社会经济发展中占有举足轻重的地位。这一时期，党委政研室为盟委、行署起草了《大力发展粮食生产的决定》《关于牧区工作若干问题的决定》（简称40条）这两个决定都以中共伊盟盟委、伊盟行政公署名义下发贯彻执行。实践证明，大力发展粮食生产和畜牧业经济，全面深化农牧区改革，不仅直接关系着国计民生和地区经济的繁荣兴旺，而且对于贯彻党的民族政策，振兴民族经济，促进各民族共同繁荣进步，巩固祖国北疆，实现全盟四项奋斗目标，都具有非常重要的战略意义。

今天的鄂尔多斯，经过40年的艰苦奋斗，改革开放，发生了翻天覆地的变化。鄂尔多斯模式是在中国广袤的土地上涌现出的又一生动的典型，它的发展基础、发展环境、发展条件等在我国西部地区都具有很强的代表性，同时也是我国少数民族地区发展的典型和样板。认真总结鄂尔多斯改革开放40年取得辉煌成就的经验时，可能会有许多条经验，但是有一条经验尤为重要，那就是改革开放40年来，鄂尔多斯始终坚持反梯度推进发展的战略思想，走出了一条跨越式发展之路。在20世纪80年代，我就注意对反梯度理论和德国鲁尔工业区发展模式的研究，20世纪90年代和时任鄂尔多斯市常委、宣传部部长杜梓进行过讨论。直到云峰、杜梓主政鄂尔多斯后，反梯度理论和学习德国鲁尔工业区发展模式经验被写入鄂尔多斯经济社会发展战略，云峰同志说："赶苏州进入全国先进，学鲁尔走向世界一流，这就是对鄂尔多斯未来的规划。再往前，我们从另一种意义上规划，建设更具实力、富有魅力、文明和谐的现代化鄂尔多斯。"

长期以来，产业和要素从高梯度到低梯度有序转移，成为落后地区加快发展的一种路径。但实践表明，如果形成对这种路径的依赖，也就永远落在别人后面，难以实现跨越式发展。鄂尔多斯地处祖国西部地区，远离市场，既没有大城市和经济的辐射带动，也没有国家政策倾斜，过去曾经饱尝低水平引进和承接落后的苦果。改革开放40年，鄂尔多斯坚持以正确的战略观、辩证地、全面地、发展地看问题，冲破产业梯度转移，按部就班发展等唯经验论，没有简单地、消极地、被动地承接东部地区淘汰的落后产能，而是放眼世界，瞄准一流，发展先进，与高的攀，与好的比，与快的争，在改革的大潮中突出重围，走出了一条落后地区反梯度推进的跨越式发展之路。在新时代，鄂尔多斯反梯度发展战略将对少数民族地区和老少边贫地区提供借鉴的经验和做法。

一次创业 深化国企改革 成效显著

鄂尔多斯改革开放40年，我见证和参与了伊克昭盟经济体制改革的全过程，特别是在"一次创业"中，伊克昭盟国企改革和发展所取得的成效仍历历在目，记忆犹新。

在"一次创业"中，伊克昭盟认真贯彻落实党中央和自治区党委关于国有企业改革和发展的一系列方针政策，结合伊盟的实际，实施了"重塑重构，对接推进""抓大放小"，"支柱产业集团化，骨干企业公司化，中小企业民营化，盟旗经济一体化"和"四个层面"企业发展等思路，国有企业改革和发展取得了明显成效。特别是党的十五大，在一些重大理论问题上有了新的突破，为推动我盟国企改革提供了有力的理论支持和思想武器，改革中一些深层次的矛盾开始得到解决，使我盟的国企改革进入一个新的阶段，取得了重要成果。

一是支柱产业集团化。"八五"以来，伊克昭盟经济增长规模强劲，经济运行质量稳步提高，经济增长周期波动明显减少，经济增长结构发生了深刻的变化。特别是1994年以来，在全区工业经济低效运行的情况下，我盟经济在重塑重构中持续快速增长，每年以20%的速度递进，财政收入每年递增40%以上，连续六年在自治区夺冠。全自治区五个最大的利税企业，伊盟占据3个，使伊盟一跃成为自治区经济发展最活跃的地区之一。这些成绩的取得，主要是伊克昭盟各级领导解放思想，抢抓机遇，抓住了发展的主动权，抢占了发展的制高点，坚持实施了资源转型战略，着力推进产业结构的调整，实现了毛纺、煤炭、化工、建材、电力五大支柱产业的集团化和骨干企业公司化。抢先构筑起了伊盟地方经济的主力支柱、优势企业和名牌产品，初步形成了以优势产品带动优势企业，优势产业支撑全盟工业经济发展的新格局。从1995年开始，伊克昭盟积极探索企业集团走资本运营的路子，瞄准市场，充分利用企业集团在国内外市场中的知名度、资信度和商誉，组建上市公司，进行低成本扩张，鄂尔多斯、伊化、伊煤、伊利四大集团先后分别于1996年至2000年成功实施了A股、B股的股票上市，直接融资26亿元，有力地促进我盟资源转型战略的步伐，使伊盟的工业经济继续保持高速的增长态势。到2000年，以四大集团为代表的我盟12户集团企业拥有总资产120.2亿元，是1992年前伊盟国有总资产的11倍。特别是四大集团都已改造为资本运营的控股公司，走出了一条低成本扩张之路，企业抵御市场风险的能力显著增强，左右市场，控制价格的能力日益强劲。成为跨地区、跨部门、跨所有制、跨国经营的大型企业集团，分别跻身于国家重点企业和120家集团试点行列。到1999年底，鄂尔多斯集团总资产已达32.88亿元，实现利税3.36亿元，鄂尔多斯名牌已远销世界35个国家，完成了在41个国家的商标注册，占有1/4的国际市场和

1/3 的国内市场，真正扛起了民族羊绒工业的帅旗。伊化集团总资产由 1.6 亿元发展到 43 亿元，实现利税两亿元，进入全国化工企业 250 强，拥有全国最大的天然碱资源开采权。伊煤集团总资产已达 23.9 亿元，实现利税 1.2 亿元，成为自治区最大的煤炭经销企业，全国煤炭百强。

改革促进了发展。由于四大集团迅速扩张，不但成为伊盟的财政支柱和经济增长点，而且有效地带动了旗市经济的发展，在短短几年时间里，我盟就发展起一批利税超 5000 万元、超 3000 万元、超 1000 万元的雄狮企业，小老虎企业，小巨人企业。使我盟形成了四个层面的企业群体和鄂尔多斯工业梯队，成为长期稳定的经济增长点。

二是骨干企业公司化。1993 年，党的十四届三中全会决定明确国有企业改革的方向是建立现代企业制度，国企改革从过去的放权让利转向制度创新，塑造适应社会主义市场经济的微观基础。从 1995 年开始，伊克昭盟对一大批骨干企业进行公司化改造，包括股份制公司制度和有限责任公司制度。在按照《公司法》要求规范过的企业中，除四大集团股票先后上市后，蒙西建材高科技股份有限公司、东方实业集团股份有限公司已批准设立，并积极进行上市前的准备工作。经过公司化规范的骨干企业，基本实现了投资主体多元化，建立健全了法人治理结构，以三项制度为重点，转变企业经营机制。在用人制度上，建立了管理人员竞争上岗、聘任上岗、能上能下的机制，按照精干、高效的原则，科学合理定编、定岗，打破干部职工的身份界限。在用工制度上，建立了职工与企业双向选择的用工制度。在分配制度上，实行企业职工收入与企业经营效益挂钩的能增能减的机制，企业根据效益情况和国家有关政策规定自主决定工资标准，鼓励资本、技术、管理等生产要素参与企业收益分配。

三是在加强和改善企业管理方面，骨干企业一方面注重抓基础管理工作，健全岗位责任制和各项管理制度，重点抓人本、成本、资本和质量，财务的管理，降成本、出效益；另一方面根据市场变化，制定和修改企业发展战略、技术创新战略和市场营销战略，重视和利用现代管理技术、方法和手段，充分利用科技信息加快企业管理的现代化。

中小企业民营化。从 1996 年以来，伊克昭盟按照"三个有利于"的原则，坚持"思想更开放一些，思路更开阔一些，措施更灵活一些，步子更快一些"的指导思想和"产权一次买断，债务一次清算，职工一次安置，改革一步到位"的具体工作措施，加快了全盟中小企业改革的步伐。到 2000 年 9 月，全盟国有集体应转制 480 户，已完成了转制 470 多户，占应转制企业的 98%，其中 300 多户企业转为民营企业，注册资本 4.8 亿元，从业人员 5 万多人。实践证明，我盟中小企业民营化改革进展顺利，效果明显，既减轻了国家负担，又救活了中小企业；既妥善安置了企业职工，又解决了离退休老有所养；既结清了银行债务，又盘活了存量资产，对全盟的发展和稳定起到了十分重要的作用。

总之，在"一次创业"中，我盟对国有企业改革进行了艰巨的、多方位的、多层次的探索和实践，从放权让利到转换企业经营机制；从国有国营到民有民营；从所有权与经营权分离到所有权与法人财产权分离；从厂长负责制到构建内部治理结构；从工厂制到公司制；从资产经营到资本经营；从分散经营到横向联合和集团化经营；从两步利改税到承包制，再到建立现代企业制度；从重视企业内部改革到重视制度创新，改善外部环境，解决历史包袱问题；从试图搞活每个国有企业到搞活整个国有经济，从单一的公有制企业到发展多种所有制经济；从单项的企业改革到企业改革与社会综合配套改革同步推进等等，每一项改革，我们都取得了显著的成绩和积累了宝贵的经验。在"一次创业"中，伊盟经济发展步入了"快车道"，改革起了关键的催化剂作用。在"一次创业"中，全盟支柱产业集团化，骨干企业公司化，中小企业民营化，盟旗经济一体化整体推进，四个层面的企业群体格局健康发展，此时的鄂尔多斯一跃成为颇具实力，充满活力，富有魅力，文明和谐的强市。鄂尔多斯就像一颗璀璨的明珠，放射出耀眼的光彩。

科技创新　引领发展

鄂尔多斯改革开放 40 年的历程告诉我们，科技创新，对鄂尔多斯经济社会的发展起到了重要的支撑作用。下面重点讲讲我亲自组织实施全市科技特派员创业行动的过程和取得的成效。

2002 年国家科技部准备搞科技特派员创业行动试点工作。我们抓住了这一机遇，鄂尔多斯被列入国家试点。2003 年 10 月 10 日，中共鄂尔多斯市委办公厅、鄂尔多斯市人民政府办公厅转发《市科技局关于科技特派员创业行动实施方案》。科技特派员创业行动的指导思想是：紧紧围绕"建设绿色大市、畜牧业强市"的目标，着力推进体制创新，科技创新，建立健全以示范推广和服务为主的科技支撑体系，做大做强畜牧业产业，促进我市优势特色产业的形成和发展。

科技特派员创业行动主要坚持富民为本的原则；为"四个一"现代畜牧业示范工程和沿河高效农牧业经济增长带提供有效科技服务的原则；典型示范的原则；双向选择与利益驱动的原则；集约发展的原则，提高技能的原则。

科技特派员创业行动的主要任务是加快农牧业科技服务推广体系建设；实施"种子"工程；加大先进实用技术的推广应用力度；搞好农牧业的信息服务；大力发展科技中介服务组织；强化对农牧民的科技培训力度。

科技特派员的派驻方向，重点派往沿河高效农牧业经济增长带和"四个一"现代畜牧业示范工程内急需技术推广示范的苏木乡镇、村嘎查、种养大户、涉农企业、农牧业科技示范园区。

从 2003 年 11 月开始到 2004 年底，我市科技特派员，试点工作进展顺利，并收到良好的效果。

科技特派员工作对农牧业产业化健康发展起到了积极的推动作用。在短短的一年半时间里，全市科技特派员队伍已达到 500 多人，已成为构建创新型农村牧区科技服务体系的骨干力量。这些科技特派员主体力量分布在沿河高效农牧业经济增长带和"四个一"现代畜牧业示范工程实施区内的98个苏木乡镇，506村嘎查，受益农牧民人口达40余万人。占农牧民总人口的7%。在"两大工程"实施区内的五个自治区级农业科技示范园区和特色科技产业化基地，25家农牧业产业化龙头示范企业；食用菌产业、羊绒产业、奶业、保护地无公害果蔬业、玉米制种业，节水农业领域的专家大院；32个市级样板科技中介服务组织；沿河高效农业经济区、域郊经济区、60多个重点苏木乡镇科技综合服务站都聚集了全市科技特派员最精锐的力量。

科技特派员工作加快了科技成果的推广应用。到2004年底，全市实施218个引进、推广开发项目。其中，推广自治区级以上的农牧业科技成果推广项目12项，市级重点推广项目10项，旗区级重点推广项目196项。这些推广项目在科技特派员的组织和直接参与下，取得了良好的经济效益和生态效益。

促进建立利益共同体和推进法人科技特派员工作。到2004年底，全市有20%的科技特派员与服务对象或合作伙伴结成利益共同体，特别是在农畜产品加工、龙头企业和养殖业方面，有偿服务和经营性服务取得了良好的进展。

从2003年11月科技特派员创业行动实施到2020年底，市旗两级共下派科技特派员2688人（次），实施各类科技项目279项，结成利益共同体112家，创办专业协会123个，形成"龙头企业＋科技特派员＋基地＋农户""科技特派员＋科技示范园区（基地）＋农户"等多种运作模式。实践证明，科技特派员创业行动是科技和经济结合，科技人员和农牧民结合，科学技术和农牧业生产结合，推动农村牧区产业结构调整，发展农村牧区经济，增加农牧民收入的重要举措，是"全面建成小康社会"的实际行动，是破解新时期"三农"问题的有效途径之一。

习近平总书记在2013年10月指出："创新是一个民族进步的灵魂，是一个国家兴旺发达的不竭动力，也是中华民族最深沉的民族禀赋。在激烈的国际竞争中，惟创新者进，惟创新者强，惟创新者胜。"鄂尔多斯市经过40

年的改革开放，社会生产力，综合实力，科技实力，迈上了一个新的大台阶。现在我市已成为全国技术创新工程示范市，全国科技进步考核先进市，国家新材料高新技术产业化基地，国家"863"计划成果产业化基地，国家级示范生产力促进中心。现在鄂尔多斯拥有国家级工程技术研究中心1个，国家认定企业技术中心3个，国家级的博士后科研工作站7个，自治区级的院士专家工作站11个，工程技术研究中心13个，企业研发中心26个，企业技术中心16个，企业重点实验室4个，新型研发机构7个。到"十三五"规划末，鄂尔多斯市全社会研究与事业发展经费占生产总值比重（R&D/GDP）进入自治区先进水平，高新技术产业发展初具规模，工业经济结构持续优化，农牧业技术进步水平显著提高，科技促进生态改善效果明显，科技对经济社会发展的支撑作用明显增强。

鄂尔多斯历史文化悠久，是人类文明发祥地之一。现在鄂尔多斯是"中蒙俄经济发展战略圈"和"一带一路"上重要的节点城市，是祖国北部边疆风景线上一颗璀璨的明珠，是国家重要的能源基地之一。改革开放40年，鄂尔多斯40年风雨兼程，40年波澜壮阔，40年春华秋实，从一个一穷二白的地方变为生态自然美、人文特色美、经济活力美、社会和谐美、生活幸福美的好地方。

发展无穷期，改革无止境。进入习近平新时代，鄂尔多斯站在新的历史起点上，深入学习贯彻习近平新时代中国特色社会主义思想和党的二十大精神，全面贯彻落实习近平总书记关于内蒙古工作的重要讲话和重要指示精神，坚定不移地高举改革开放的旗帜，以自强不息，勇往直前的精神力量，发扬蒙古马精神，扬帆再远航，开启新征程，把鄂尔多斯建设成经济腾飞，人民富足，山川秀美的草原明珠。

赵谟，鄂尔多斯市科技局原副局长，鄂尔多斯学研究会专家委员会副主任。

乡村振兴的巴润哈岱实践

甘宜汴　乌宁夫　王春霞

乡村兴则国家兴，乡村衰则国家衰。党的十九大报告提出实施乡村振兴战略，明确指出 农业农村农民问题是关系国计民生的根本性问题，必须始终把解决好"三农"问题作为全党工作重中之重。要坚持农业农村优先发展，按照产业兴旺、生态宜居、乡风文明、治理有效、生活富裕的总要求，建立健全城乡融合发展体制机制和政策体系，加快推进农业农村现代化。

乡村振兴战略，是党和国家为应对现代产业经济推进和城镇化建设进程中出现的乡村发展失序问题，旨在促进乡村全面转型和复兴的伟大战略。近几年来，农业农村农民问题在不断解决旧问题的过程中，逐渐衍生出一些新的问题和新的矛盾，也呈现出新的特点，如乡村青壮年人口流失严重、土地闲置撂荒突出、产业发展薄弱无力、乡土文化断裂消失、生态环境持续恶化、乡村基层组织保障不力等。《乡村振兴战略规划（2018—2022年）》提出，科学有序推动乡村产业、人才、文化、生态和组织振兴，就是要以此为抓手，将乡村的发展后劲激发起来，将乡村活力调动起来，将乡村产业发展起来。

巴润哈岱村位于薛家湾镇西部，因境内西哈岱沟而得名，位于东经111.07°，北纬39.88°，属典型中温带大陆性气候。巴润哈岱村处于准格尔旗百里长川腹地，属丘陵沟壑区，东与兴隆街道王青塔村交界，南与薛家湾镇海子塔村交界，西与沙圪堵镇速计沟村交界，北与薛家湾镇白大路村交界，距薛家湾镇政府所在地13公里。巴润哈岱村近年来曾先后获得国家森林乡村、自治区优秀基层党组织、全市乡村振兴示范村、全旗脱贫攻坚先进集体、全旗乡风文明建设先进集体、全旗产业振兴示范村、"五好三提升"嘎查村党组织等多项殊荣。

全村总面积118平方公里（17.7万亩），辖20个农业生产合作社。巴润哈岱村属于典型的农牧业村。2021年底户籍人口1101户2400人，常住人口367户，763人。蒙古族87户，满族1人。全村耕地面积10352亩，人均耕地4.3亩。林地面积78152亩，林果面积109亩，牧草地面积29386亩，水面面积62亩。2021年村集体经济收入43.4万元。

巴润哈岱村生态建设成就和农业基础条件相对较好，油松林近8万亩，森林覆盖率45.3%，早在1994年被评为"国家绿化千佳村"，2020年被评为"国家森林乡村"。巴润哈岱村内有大型农业合作社2个，养殖场15个，规模化苗圃基地2个。在种植方面，以苗木为主，各类花卉、玉米、土豆、豆类、糜米为补充。在养殖方面，以生猪养殖为主，肉羊、散养鸡等为补充。该村主导产业为玉米、花卉、小杂粮、蔬菜种植；生猪、肉羊养殖。

一 科学规划，以合力促发展

巴润哈岱村立足自身农牧业发展特点和自身区位优势，编制了《巴润哈岱村未来五年发展规划》，为了进一步拓展思路、厘清头绪，解决好乡村产业发展中的瓶颈问题和关键难点，在鄂尔多斯市委党校的牵头帮助下，村"两委"及监委成员积极走出去取经，不断完善和修订了乡村发展规划。

（一）以调研拓思路，学习取经激发动力

2021年，巴润哈岱村先后前往伊金霍洛旗伊金霍洛镇龙活音扎巴村、乌兰木伦镇哈沙图村考察龙虎渠研学基地、艾朦农业公司乡居微经体项目、光亚哈沙图田综合体项目；随后赴东胜区罕台镇灶火壕村、鑫海颐和城养生养老园区、九城宫村等地考察。深入了解乡村产业项目在开发建设、管理运营、产品打造等方面的情况。

在榆林市榆阳区古塔镇赵家峁村，通过实地考察设施农业区、水上游乐休闲区等，详细了解农村集体产权制度改革工作情况，重点学习赵家峁村股

份经济合作社实现资产所有股份化、收益分配股红化、股权流动规范化、监督约束法治化的现代农村产权制度，为巴润哈岱村未来发展村集体经济、做活做好乡村产业提供了经验和思路。

巴润哈岱村党支部书记、村主任田勋世表示："通过学习观摩增强了我们提高产业发展的信心，开阔我们的眼界，在今后的产业发展过程中，我们要充分发挥现有的资源优势，细化研究产业发展的方式方法，不断地拓展发展思路，把巴润哈岱村的乡村产业发展得越来越好。"

（二）以规划定方向，夯实基础健全保障

《巴润哈岱村未来五年发展规划》中，制定了"一年有起色，三年见成效，五年上台阶"的发展目标，通过巩固脱贫攻坚成果和开展一系列乡村振兴项目，到2025年，全村围绕鄂尔多斯市农村基层干部培训中心形成可持续的产业支撑，建成百里长川乡村文化旅游重要节点村，全村人居环境得到明显改善并形成长效机制，农业基础设施现代化迈上新台阶，农村生活设施便利化初步实现，乡村文明程度得到新提升，村集体经济收入、村民收入实现跃升，村民获得感、幸福感、安全感明显提高，环境清洁优美、宜居宜游宜业的魅力巴润哈岱基本实现。

不断改善基础设施条件，为后续发展夯实基础。2021年巴润哈岱村围绕集中处理全村污水和生产生活垃圾做好文章，下大力气培养良好农村生活新风尚，改善村容村貌。目前规划建设的村级集中污水处理站和垃圾解析炉已经竣工并投入使用，逐步规范；运营全村厨卫废水，维护和改善污水处理条件，对全村生产生活垃圾进行收集并统一处理，减少了环境污染，村容整洁生态宜居迈上了一个台阶。

巴润哈岱村还将进一步以美丽宜居为目标，在突出晋陕建筑风格的基础上，将沿街打造成极具地方特色的民俗一条街，对村部主干道、两个集中移民区的地下供热、供水、排污等管网进行全面改造升级。规划建设旅游厕所、持续做好垃圾分类处理，朝着建设美丽宜居新农村的目标前进。

二 组织振兴，以党建促发展

村民富不富，关键看支部。村级党组织是中国共产党在农村基层的主要组织，村级党组织战斗力和凝聚力的强弱将直接影响乡村振兴的成效。当前我国总体上进入了以工促农、城带乡、全面推进乡村振兴的发展阶段，作为在农村具有领导地位的村级党组织，只有提升其政治领导力、思想引领力、群众组织力、社会号召力，才能充分发挥战斗堡垒作用，凝聚乡村发展共识，形成推进乡村振兴具体实践的强大合力。

巴润哈岱村早在2019年便根据全村党员91名的实际情况，将党支部提档升级为党总支，下设两个学习型党支部，并选举产生了党总支委员会，彻底解决了组织设置"小马拉大车"的问题，为将党建优势转化为发展优势、将党建活力转化为发展活力奠定了基础。

（一）班子成员选优配强，结构层次持续优化

巴润哈岱村党总支高度重视"两委"班子建设，坚持把政治标准放在首位，选优配强"两委"班子成员，积极推行党组织书记与村委会主任"一肩挑"，鼓励两委成员交叉任职。通过党总支书记以身作则传帮带，建立起一支年龄结构合理、干劲十足的"两委"班子。建立村级后备干部库，注重从致富能手、复员退役军人、大中专毕业生中培养后备干部苗子，进行定向培养和跟踪考察，实施动态管理。

村党总支委员会、村民委员会成员共8人，其中交叉任职2人，镇选调生下挂党总支副书记1人；监督委员会成员2人，嘎查村服务人员2人。

截至目前，村干部平均年龄40岁，本科以上学历者有4人。村级后备力量5人，其中，妇女干部2人，35周岁以下2人，大专及以上3人。党总支现共有党员83名（含预备党员1名），其中女性党员15名，少数民族党员10名，35岁以下党员12名、35—60岁党员39名，60岁以上党员32名。

（二）党建业务不断夯实，政治学习走在前头

薛家湾镇巴润哈岱村党总支按照薛家湾镇党委的指示要求，对照"五强"标准和"五个基本"要素，结合自身特点，找不足、补短板、促提升，努力推动党组织建设水平得到明显提升。

巴润哈岱村党总支严格落实"三会一课""组织生活会""党员民主评议"等制度，确保政治生活、组织生活严肃规范。严把发展党员入口关，提高发展党员质量，2021年，发展预备党员1名、发展对象5名、入党积极分子6名、入党申请人2名。在党员发展过程中突出政治素养、政治觉悟，特别注意对象的思想道德和政治理论水平。努力为党培养出工作能力强、思想觉悟高、政治可靠的优秀党员。

巴润哈岱村党总支以中国共产党党史和习近平新时代中国特色社会主义思想的常态学习、巩固提升为基础，利用报刊、网站、学习强国等主流媒体平台，通过微信、朋友圈等方式宣传、发送、分享党史知识。注重在"学""实""严"上下功夫，引导广大农村党员转思想、提素质、强引领、抓落实，促进党史学习教育常态化。严格按照进度抓好党史学习教育"第一课"及5个专题的学习，持续跟进学习最新有关党史学习教育的论述。坚持把党史学习教育与"我为群众办实事"紧密结合，夯基础、提质效，突破改革壁垒、巩固学习教育成果，确保各项工作取得扎实成效。

（三）组织活动丰富多彩，为民办事取得实效

巴润哈岱村党总支通过采取专家讲学、参观学习、集中学习、收看红色电影、观看庆祝中国共产党成立100周年大会实况直播等多种方式推进党史学习教育活动扎实开展。邀请鄂尔多斯市委党校专家教授进行四史专题培训，带领全体党员及部分村干部到城川民族干部学院、鄂尔多斯党史党建展厅开展现场教学，在庆"七一"系列活动中，由第一书记讲专题党课，并开展了慰问、表彰及文艺汇演、趣味比赛等活动。截至目前，巴润哈岱村开展集中学习5次，班子成员外出参观学习2次，特色活动2次，党支部书记或第一

书记讲党课 2 次，开展研讨 1 次，累计参加学习人数达 296 人次。通过组织专题研讨、专家辅导、现场警示教育等多种形式，进一步引导和激励大家传承红色基因，赓续共产党人的精神血脉，坚定理想信念，守好担当之责。

（四）加强阵地建设，完善便民服务

以党史学习教育"我为群众办实事"为契机，薛家湾镇巴润哈岱村党总支坚持问需于民、摸清实情，对群众所反映的"急难愁盼"问题进行梳理汇总并认领。截至目前，党总支班子认领 4 条，班子成员认领 13 条，党员认领 38 条。鄂尔多斯市委党校配合党史学习教育的开展，安排专家教授到村里做党史专题学习辅导；打造完善了村委会的学习大讲堂和学习讨论室，先后配套安装两组 LED 显示屏、音控台（含机柜）、功放、音响及话筒等，以及投影、幕布一套。

近年来，巴润哈岱村集中完善了便民服务大厅、会议室、办公室、村史馆、阅览室等功能于一体的综合服务中心，方便群众办事，解决村民难题。

三 产业振兴，以担当开新局

巴润哈岱村充分利用离薛家湾镇只有 13 公里的区位优势，结合帮扶单位鄂尔多斯市委党校的帮扶规划，计划以重笔墨发展教育培训、休闲旅游、乡村旅游产业，作为薛家湾镇的产业及教育补充。

（一）培训广覆盖，多元模式彰显特色

当前正进入乡村振兴战略关键时期，需要大批高素质敢作为的干部扎根农村基层，奋斗在乡村振兴的第一线。因此，着力构建农村基层干部培训长效机制，有效加强农村干部队伍建设，增强基层党组织的凝聚力、战斗力和创造力，已成为加快建设新农村、推进统筹城乡发展改革的关键环节。

鄂尔多斯市农村基层干部培训中心是响应"大学习大宣讲"要求，依托准格尔旗民兵训练基地（原乡旧学校）、巴润哈岱村党群活动中心所建立的。2019 年 3 月启动建设，2020 年 6 月正式挂牌成立，培训中心总占地面积 7000

余平方米，集课堂教学、研究讨论、餐饮住宿、图书阅览、运动健身等多种功能于一体，能满足240人规模的培训需求。

培训中心总建筑面积为6805.32平方米，由教学楼和综合楼组成。其中，教学楼为三层，建筑面积为2847.59平方米，设有普通教室、微机室、U型岛教室、U型教室、心理咨询室、综合教室、活动室等，同时安装了智慧党建调度系统可开展网上教学课程；综合楼为四层，建筑面积为3957.73平方米，内有客房63间，可容纳155人住宿，餐厅可同时容纳160人就餐；同时配备了图书室、健身房等设施。截至目前，培训中心已被有关单位授牌为"西北农林科技大学农业农村干部学院准格尔分院""西北农业科技大学农民发展学院准格尔分院""中共准格尔旗委员会党校干部研学基地""准格尔旗基层党组织书记培训基地""农业广播电视学校准格尔分校""准格尔旗农民工等人员返乡创业培训学校""准格尔旗高素质农民培训学校""准格尔旗农牧民培训学校"。

巴润哈岱村地处百里长川腹地，是西口古道途经地，同时也是乡村振兴示范点，地缘优势明显，历史文化厚重。培训中心在党史学习教育、乡村振兴和铸牢中华民族共同体意识学习教育中，发挥着独特的作用。近年来，培训中心致力于党史教育、党性修养教育、基层党建教育、民族团结进步教育、基本国情教育、基层治理教育、农村产业发展教育、乡土人才实用技术教育，构建了重点突出、主次分明、特色鲜明的课程体系，探索了多元一体教学模式，初步走出了一条优势明显、培训规范、覆盖范围广的教育培训之路，形成了辐射周边服务乡村影响地方的"课堂+观摩"的特色办学之路。

培训中心综合利用巴润哈岱村党群服务中心、种植养殖产业示范基地、青少年及儿童拓展训练基地、农技培训基地等现场教学点向周围辐射形成24个现场教学点，东至薛家湾镇的哈尔乌素露天矿工业经济和生态建设现场教学点7个，南至龙口镇大口村马栅工委革命遗址的红色教育现场教学点9个，北至十二连城乡沿河的现代农牧业现场教学点8个，形成红色教育线、美丽乡村线、工业经济线等各具特色、各具代表的现场教学观摩路线，让学员能寓教于乐、寓教于趣，充分融入教学活动中，达到学思用贯通、知行性统一的教学目标。目前，培训中心已累计举办各类培训班35期，培训范围已覆盖全自治区12个盟市，累计培训基层干部、人才20000余人。培训中心带动本村村民就近就地就业，同时解决了本村7户脱贫户的种植养殖产品销路问题，确保脱贫户实现脱贫攻坚与乡村振兴有效衔接。

（二）流转促增效，种植实训联动发展

巴润哈岱村在村内刘家塔社流转整合了130余亩的土地，建设共计40栋日光温室大棚。采取"企业+支部+合作社+农户"的经营模式，由村级合作社（准格尔旗绿益源种植养殖专业合作社负责承包经营）。40栋日光温室大棚中规划建设大跨度温室2栋，重点培育特色花卉、特色瓜果，建立采摘基地，满足培训现代化种植实训教学基地。40栋日光温室大棚按照"公司+合作社+农户"的模式，先期由康巴什园林绿化公司经营，并带动村民发展叶菜种植、果蔬采摘、花卉育苗、教学观光、庭院经济等，为村集体经济发展和贫困户增收注入新的活力。

40栋日光温室大棚的建成，可满足多方需求，让多方受益。村委会向承包方收取一定的租金，发展壮大了村集体经济；日光温室大棚利用了刘家塔社内部土地，使资源得到了最大化利用；村民也收取了每亩每年200元的流转土地费用；日光温室大棚建成后所种植的蔬菜瓜果既可满足薛家湾镇居民的日常需求，也可以将大棚打造为蔬菜瓜果采摘园，让附近的游客在周末及闲暇之余有了新的游玩处，并结合实际，打响巴润哈岱村特色乡村旅游知名度。

（三）多元谋发展，农产加工稳质增量

农副食品加工是直接连接第一产业、牵动第三产业，具有延伸作用的加工产业，有投入较少、投资回收较快的特点。从近年国家政策看，农副食品加工业符合国家发展低能耗、低污染、高效益的产业发展政策。

巴润哈岱村作为农业大村，利用村内闲散的农作物质量优势，依托本地

匠人的手工业优势，将闲散粮食加工转变为成品或者半成品的粉条、豆腐、小杂粮、肉制品等产品，利用离薛家湾镇只有 13 公里的区位优势，就近出售给薛家湾镇各大中小型超市、便利店、学校等处，甚至可以联系快递公司将所有产品通过电商平台进行销售，真正解决农副产品的生、产、销的问题。

巴润哈岱村协调帮扶企业伊泰酸刺沟煤矿争取三年帮扶款 60 万元，用于发展农副食品加工厂。利用原乡卫生院用地，新建建筑面积 594 平方米的 1 层框架加工厂厂房，包括 12 个固定摊位、1 个包装车间、1 个管理用房和 1 间展厅。经营模式为向村内经营豆腐、馒头、碗托、小杂粮制作加工等农户租赁固定摊位，村集体负责包装农副产品出售。每个摊位租金 2000—5000 元/年，预计村集体经济增收 4 万—10 万元/年。农副食品加工厂 2019 年 5 月完成招标手续，6 月 14 日开工建设，目前已完成主体结构施工，设备已采购完成，等待厂家安装后即可投入使用。

（四）旅游促联动，田园综合助力振兴

农村要发展，产业支撑是关键。巴润哈岱村按照土地整合 + 乡村旅游、农副产品加工、日常温室、林果经济等模式，通过村集体资源、资产、资金、技术入股及联合等方式，有效发展壮大村集体经济。针对人均耕地不到 5 亩、分散经营、收入较低、后劲不足的实际，将沿川 4480 亩土地进行了有效整合，建立了以观赏花为主的花卉基地、种植中药材黄芪，以及部分设施农业，实行规模化经营，带动了乡村旅游发展。协调资金实施林果产业项目，先后种植 170 亩 7100 余株优质果树，涵盖苹果、桃子、李子、杏、梨等十多个品种。另外，结合准格尔旗规划百里长川发展乡村旅游的定位，大力发展乡村旅游，在鄂尔多斯市农村基层干部培训中心的辐射带动下，围绕打造"巴润哈岱第一印象"，开展全方位四季游项目，以学员互动、户外体验、旅行社、学生研学等方式带动，进一步丰富巴润哈岱村"吃、住、行、游、购、娱"等产品与业态，依托爱情博物馆和百里长川诗歌创作基地，不断丰富田园综合体的生动内涵、增强辐射周边的能力，增加消费黏性。新建垂钓乐园、拓展训练、

星空树屋、观景平台等旅游基础设施，全民参与打造观赏花卉基地，不仅带动了村集体经济发展，也促进全村村民及周边脱贫户不断增收致富，逐渐成长为准格尔旗的"后花园"。

巴润哈岱村乡村振兴的生动实践，是市旗镇村四级联动形成合力的结果，也是新任"两委"班子和驻村工作队担当作为的良好成绩。乡村振兴不仅仅是一地政府或一村两委的工作，更是我们无数关心三农满怀乡愁的人心向往的追梦之路，我们成全乡村的发展，乡村也成全我们的梦。正如鄂尔多斯市委党校派驻准格尔旗薛家湾镇巴润哈岱村第一书记黄仕晏所说，乡村振兴的过程就是乡村活力建设的过程，如果说乡村是一片海，我们每个人就是一条鱼，鱼因水而生，水因鱼而活，我们就是让乡村活起来的那一条条"鱼"。

甘宜沂，鄂尔多斯市委党校讲师；乌宁夫，鄂尔多斯市委党校讲师；王春霞，鄂尔多斯学研究会常务副会长。

联动发展的展旦召实践

乡村振兴课题组

乡村振兴战略的总要求是实现产业兴旺、生态宜居、乡风文明、治理有效、生活富裕。其中,产业兴旺是基础。乡村振兴,关键是产业要振兴。

乡村产业如何振兴?需要我们树立正确的产业发展思路。达拉特旗展旦召苏木以新发展理念为引领,以供给侧结构性改革为主线因地制宜走出了一条适合自己的乡村振兴之路。

展旦召境内沙漠、草原、平原从南到北呈阶梯分布,种植业、畜牧业、煤炭采掘、旅游业等均有布局。多元的自然环境,丰富的自然资源,独特的民族文化,让展旦召展现出天赋的壮美。如今,当脱贫攻坚全面完成,乡村振兴有效衔接,让展旦召苏木迸发出更加璀璨的、体现人民勤劳致富、幸福安居的绝美华光。

一 理念为先谋发展

真正把乡村振兴这个工作做好,首先要把应该树立什么样的发展理念搞清楚,正如习近平总书记强调的,"发展理念是战略性、纲领性、引领性的东西,是发展思路、发展方向、发展着力点的集中体现"。确立了正确的发展理念,就抓住了乡村振兴工作的要害,就能起到纲举目张的作用。

坚持以新发展理念统领乡村振兴工作全局,是实现乡村全面振兴的重要前提。新发展理念是对我国经济发展实践经验的科学总结,是中国特色社会主义政治经济学的开创性成果,也是构建中国特色社会主义经济发展理论的科学指南。展旦召苏木领导班子以新发展理念为先导,立足于自身资源禀赋、从供给侧结构性改革出发，提出了建设"北部智慧农牧业先行区、中部文旅融合发展区和南部生态能源示范区"为主体的"三区联动"发展战略。这一战略的提出，学习了习近平总书记在正定提出的"投其所好、供其所需、取其所长、补其所短、应其所变"的二十字经济发展方针。从服务周边包头市、呼和浩特市以及鄂尔多斯市主城区的城市经济出发，实现乡村的产业振兴，体现了供给侧结构性改革的思维。同时，坚持新发展理念：以创新发展作为发展动力，大力引进科技附加值高的产业，提升产业链水平；以协调作为发展的内在要求，优化产业布局；以绿色发展保障发展的可持续，大力推动绿色矿山建设和黄河高质量发展和保护；以开放作为必由之路，推进与周边地区要素的流通；以共享作为发展的本质要求，着力推动农民增收实现共同富裕。展旦召苏木通过理念的重构，构建起了特色鲜明、优势突出的现代产业体系，形成了高质量发展"展旦召动能"。

二　"三区联动"振产业

（一）战略内容

1.北部现代高效农业区。北部沿河地区依靠优越的水地条件和良好的生产设施，以及23万亩高标准农田，将推进农牧业供给侧结构性改革为主线，以稳产、提质、增效为导向，积极发挥骑士牧场、璞瑞牧场、中化MAP技术服务中心和道劳农香合作社等农牧业龙头企业和农牧民生产合作社的带动作用，发展多种形式的适度规模化种植养殖。奶牛存栏数达到2万头，鲜奶年产量超过7万吨，绒肉羊存栏数达17万只；种植玉米19万亩、马铃薯6702亩、各类经济作物共51110亩，大力发展建设国家级商品粮食基地，全力打造"生产基地+加工企业+商超销售"产销模式，构建现代高效农业区。

2.中部休闲农旅发展区。依托中部地区国家5A级响沙湾旅游区、国家4A级银肯塔拉旅游区、库布其等丰富的沙漠草原风光和蒙元文化特色的旅游资源，精心打造"大漠风光、原始草原、民族特色、文化宝地、田园牧歌"的旅游产业集群，年均接待国内外游客达到110万人次；同时大力发展观光农业，依托骑士牧场三期、两宜生物肥厂等龙头企业，打造以展旦召嘎查为中心的田园综合体，构建集农牧业规模化发展与文化旅游相结合的休闲农旅发展区。

3.南部绿色生态示范区。南部梁外地区地下矿藏丰富，初步探明煤炭储量26.7亿吨。有金运、丰胜奎、苏家沟、联创集装站等煤炭企业，原煤年平均生产能力稳定在500万吨以上，年发运能力超过1300万吨。始终秉承"绿水青山就是金山银山"的发展理念，在坚决保护生态环境的前提下，将农牧业产业与环境保护相结合，围绕"以煤为基、集群发展"的工矿业发展思路，做优做精工业经济，全力建设绿色矿山，平整土地19.5万平方米，换填土质11151吨，种植树木11927棵；同时大力发展特色农牧业产业，扩大小杂粮、"山桃山杏"种植面积，推进高品质品牌化肉羊养殖加工项目，绒肉羊存栏数达到8万只，大力推动"青达门羊肉"品牌化、规模化发展，构建绿色生态示范区。

（二）主要成就

1.千方百计稳运行、保发展、增动力，综合实力稳步提升。牢牢把握黄河流域生态保护和高质量发展重大战略机遇，坚持以项目聚集要素、带动投资、引领发展，全力优化营商环境、振兴实体经济。引进骑士牧场三期、璞瑞养殖园区、博远粮食物流、两宜生物肥和中化MAP技术服务中心等一批科技含量高、带动能力强、发展后劲足的重大产业项目和基建项目，总投资超过40亿元，境内企业和合作组织超过40家，涵盖能源物流、科技服务、文化旅游等多个领域，整体呈现稳中有进、进中向好的运营态势，已成为加速新旧动能转换、提升产业发展等级的强力引擎。各类产业发展惠农贷款发放额达到3.03亿元，年均增长38.7%，农牧民人均可支配收入达到2.1万元，年均增长7.9%。连续三年荣获"实绩突出单位"表彰，综合实力稳居全旗第一方阵。

2. 坚定不移调结构、促转型、提质量，产业升级步伐加快。

一是通过"稳粮、扩经、广种草"调整农牧业产业结构。要夯实农业发展基础，坚持最严格的耕地保护制度，坚决遏制耕地"非农化"、防止"非粮化"。要落实"藏粮于地、藏粮于技"战略，产业结构调整"稳粮"第一。加大高标准农田和盐碱地改良力度，集成配套节水灌溉、水肥一体化、秸秆还田、轮作倒茬等技术，提升耕地综合生产能力。四年来新增高标准农田、盐碱地改良面积 5.82 万亩，设施农业 2.6 万亩，农作物总播种面积突破 36 万亩，农机保有量达到 7300 台，耕播收运综合机械化水平超过 90%，主要农产品实现连年丰收，粮食产量稳定在 2.7 亿斤以上。要确保农牧民增收必须提升亩产效率，调整产业结构。通过"扩经、广种草"，目前优质饲草面积超过 10 万亩，板蓝根、朝天椒、葵花、瓜菜等经济作物面积达到 4 万亩，有机农产品认证达到 1.8 万亩，农作物粮经饲比例由 2017 年的 70∶10∶20 优化为 61∶11∶28。

二是通过土地合作经营、调整产业结构、推广社会化服务等途径，有力推动了农业高质量发展。目前土地适度规模经营面积达到 24.5 万亩，涌现出"道劳合作社＋中化"等双赢典型，实现了集中连片耕地全程数字化服务的新突破，创造了青贮玉米亩均纯利润 1959 元的历史新高。养殖业势头强劲，种养结合互促的良性循环已基本建立，牲畜总存栏量突破 30.4 万头（只），其中绒肉羊存栏量由 20 万只增长到现在的 26 万只，生猪存栏量由 1.5 万头增长到 2.6 万头，奶牛存栏量突破 1.5 万头，鲜奶年产量超过 7 万吨，处于全市领先地位。品牌建设成效突出，长胜胡油、海子湾面粉、青达门羊肉等特色农畜产品由"土特产"变成了"金招牌"，道劳辣椒、展旦召嘎查民族食品进入自治区首批"一村一品"示范名单。

三是确保能源经济安全稳定，金运、丰胜奎、苏家沟等 5 家煤矿在技术升级、产品升级、质量升级、管理升级上步伐加快，面对能源供应持续偏紧的严峻形势，全力以赴组织生产，坚决守住能源保供底线，圆满完成了保障民生用能安全的任务，原煤年生产能力稳定在550万吨左右，联创集装站等物流企业年输运能力超过1500万吨，涉煤企业4年累计创造税收超过7.22亿元。

四是提升现代服务业支撑力，展旦召嘎查入选鄂尔多斯市第一批乡村文化旅游重点村名录，响沙湾、银肯塔拉、库布其等旅游景区努力克服疫情影响，发展的活力和势能越来越足，青达门红色革命教育中心顺利建成，沙漠旅游、乡村旅游、红色旅游等业态不断丰富、品质不断提升，游客接待量从四年前的95万人次最高增长到160万人次，年营业收入突破3.6亿元，对全旗旅游产业发展贡献率超过85%。

（三）特色典型经验——"道劳合作社+中化"模式

近年来，道劳哈勒正村聚焦"农牧业追赶跨越、农牧民收入倍增"的目标，取得了积极成效。

1.创新合作经营模式。道劳哈勒正村创新开辟农牧民专业合作社联合经营、抱团发展新途径，由党支部牵头，组织全村8个农牧民专业合作社，联合成立达拉特旗农香农牧业公司，农牧业公司坚持现代市场化运营制度和组织模式，各成员单位各司其职、通力合作，互促互补、合作共赢，结成稳固的利益联盟，着力发展合作经营、代耕代种、农机服务等各项事业，延长产业链、保障供应链、完善利益链，实现"抱团取暖走出去"。

多年以来，道劳哈勒正村通过"党支部+公司+合作社+农户"的模式苦心经营、持续发展，从最初种植青椒、尖椒等瓜菜600亩到现在突破3000亩，并带动周边村镇种植朝天椒突破5000亩。同时，合作社广泛吸纳农户参与，由最初的350户发展到现在的1100余户农户参加合作社，平均每户年增收达到1.5万元。

2.培育新兴种植产业。道劳哈勒正村以"稳粮、扩经、广种草"为主线，持续优化产业结构，以农香农牧业公司为核心带动蔬菜种植面积达到3000亩，特别是从2021年开始，道劳哈勒正村依托北纬40—42度黄金种植带昼夜温差大、日照时间长等优势，采用"小农户＋合作社＋企业"的经营模式推动集中连片朝天椒种植，带动农牧民群众致富增收。

截至目前，农香农牧业公司已与山东永清食品公司、贵州南明老干妈风味食品公司、内蒙古百椒荟农业公司等企业签订销售订单，产品销往北京、山东、贵州等10多个省市，部分产品经加工后制成辣酱等远销欧美、日、韩等国家，仅朝天椒一项，2021年销量就达到413.5吨，创收超过330万元。

朝天椒、玉米轮作模式是今后道劳哈勒正村农业高质量发展的主攻方向，种植朝天椒具有附加值高、风险低、适合长期贮存等特点，同时具备机械化程度高、利益联结广泛、促进转移就业等优势，2022年，全苏木计划以农香农牧业公司为龙头，吸收带动周边各嘎查村1100余户农牧民共同发展朝天椒种植5000亩，同时发展仓储、加工、物流等配套服务，预计年增收可突破2500万元。

3.推动种养结合发展。道劳哈勒正村现有大规模养殖场2个，中小规模养殖场超过30个。近年来，全村大力推广"种养结合、以养带种、以种促养"的发展模式。以肉羊养殖为基础，以农户为单元，通过人畜分离、畜草分离发展舍饲养殖，引导养殖户建设标准化养殖棚圈；加强品种改良、疫病防控，引进湖羊、杜泊、萨福克等优良品种，提升肉羊繁殖率和出栏率；加强饲草料加工配比科学化、机械化，采用订单包销机制，形成绒肉羊养殖"小规模，大群体"的"羊联体"模式。截至目前，全村牲畜年均出栏量达到2.2万头（只），直接经济效益达到1700万元，为农牧民收入倍增提供有力保障。

4.狠抓全程社会化服务。道劳哈勒正村与中化MAP技术服务中心等经营主体广泛开展全程社会化服务合作，稳步扩大智能化、数字化服务面积，围绕产前、产中、产后各项需求定制服务，建立起综合配套、便捷高效的全程智慧农业服务模式，病虫害统防统治、测土配方施肥等技术推广面积达到1万亩，

2021年"道劳合作社+中化"的合作经营模式,实现了集中连片耕地全程数字化服务的新突破,创造了亩均纯利润1959元的历史新高,通过变分散发展为集中管理,实现合作经营抱团取暖共同致富。

三 底线思维保生态

良好的生态环境是乡村的最大优势和宝贵财富。展旦召苏木践行"绿水青山就是金山银山"的理念,实施美丽家园建设行动,"底线思维"就是最有力保障。

(一)生态环境综合治理

近年来展旦召苏木累计植树造林32万株,建成市级绿色矿山1座,森林覆盖率、植被覆盖度实现双增。深入开展"四控行动",严控化肥、农药使用量,残膜回收率达到45%,秸秆综合利用率提高到70%。全面提升畜禽养殖粪污无害化处理和资源化利用水平,依托两宜生物肥和5处病死畜运转冷库开展全流程闭环管理,建立起"源头减量、过程控制,末端利用、反应迅速"的工作模式。新建低温裂解站5处,污水处理厂1处,生产生活垃圾污水实现无害化处理,实施"煤改电"等清洁能源项目472户,空气质量优良率稳定在80%左右。全旗第一批分布式光伏项目在黄木独村整村推行,已完成52户并网发电,年发电量可达152.8万千瓦时,实现增收47.8万元。

(二)加大人居环境整治力度

要推进农村牧区垃圾、污水、厕所"三大革命",健全公共设施常态长效运行管护机制。目前人居环境三年整治任务顺利完成。完成"户改厕"工程3499户,落实"公司化运营、网格化治理"举措,配备人居环境网格员、保洁员等312人,购置垃圾车、吸污车等大型机械20台,发放垃圾收储设备6230个,构建起"区划合理、责任到位、全面覆盖"的工作格局,实现了"户分类、村收集、乡转运"的规范流程,累计清运生产生活垃圾15万余吨,农村牧区常态长效保洁机制逐步建立，荣获"自治区卫生苏木镇"表彰，生态人居环境大幅改善。未来要深入开展人居环境整治提升五年行动，实施乡村净化、绿化、美化、亮化工程，厘清苏木政府、嘎查村、社员责任，通过擂台赛、排行榜等形式，整治垃圾乱扔、污水乱排、秸秆乱烧、柴草乱堆、私搭乱建等突出问题，坚决打赢人居环境整治"翻身仗"。要加大人居环境整治宣传力度，集中开展"美丽庭院"等评选活动，更好发挥先进典型的示范引领作用，营造"人人参与、家家行动、户户受益"的良好氛围，共建美丽幸福新家园。

通过美丽家园建设，展旦召实现生态优先、高质量发展的底线更加突出，底板更加厚实，底色更加鲜亮。

四　用情用力惠民生

四年来展旦召苏木着力保障基本民生，完成民生实事票决项目12项，狠抓政务服务改革，"打井上电"审批、设施农用地审批等工作效率显著提升，累计发放低保、五保、残疾人补贴、老龄补贴等政策资金和玉米大豆生产者补贴等惠民补贴总计3.6亿元，医疗保险、养老保险参保率稳步提升。全面完成住房安全隐患排查工作，累计实施危房改造22户。圆满完成第四次全国经济普查、第三次全国农牧业普查和第七次全国人口普查任务。顺利完成产权制度改革、宅基地确权、土地草牧场确权等工作。常态化开展疫情防控，新设5处核酸检测采样点，组织全员核酸检测应急演练2次，疫苗接种率达97.6%，全面筑牢了疫情防控安全防线。全力支持教育事业，中心小学荣膺"全国青少年人工智能活动特色单位"。第一时间贯彻落实上级关于农牧民冬季取暖用煤保障工作要求，精心组织、多方协调，为全苏木常住农牧民拉运"暖心煤"1.04万吨，真正实现了"寒冬不寒、民心更暖"。加快公共文化体系建设，新建19个嘎查村新时代文明实践站，组建了农牧民文艺队40支，极大地丰富了农牧民文化生活。扎实开展人民武装工作，累计为部队输送士兵88

名，在编民兵30人。大力推进法治、平安展旦召建设，"3+X"网格化基层社会治理模式全面推行，成立矛盾调解工作专班，累计化解历史遗留矛盾问题86起，安全生产、基层民主协商自治等工作扎实开展。铸牢中华民族共同体意识，全面深入持久开展民族团结进步创建各项工作。史志档案、新闻广电、人防气象、退役军人、工青妇、红十字等方面均取得新进步。

五 党建保障抓落实

（一）狠抓"铸魂赋能"行动，落实党建重点任务

履行抓党建第一责任人职责，推动党委落实全面从严治党主体责任，组织召开党建专题会议15次、党组织书记述职评议会1次、党务工作培训会4次、党建督查考核4次，在全苏木范围内形成上下齐抓、协同推进的党建工作格局。落实党风廉政建设责任制，组织开展警示教育、集体谈话等活动4次、专项督查6次，全力支持纪委监督执纪问责，全年受理问题线索19件，给予党纪处分6人，化解微腐案件1起，选树清风干部48人。

（二）狠抓"培优提质"行动，打造担当奋进队伍

完成党委换届工作，选举产生新一届苏木党委委员9名、纪委委员5名和旗党代表18名。完成嘎查村"两委"换届工作，19个嘎查村全部实现"一肩挑"，"两委"班子成员年龄、学历、性别结构进一步优化，干事创业精气神进一步提升。扎实做好党员发展和教育培训，全年发展党员16名，完成农村牧区发展党员违规违纪问题排查整顿等工作，开展党务工作培训会3次，组织开展产业振兴专题调研等活动16次。着力抓好干部队伍建设，持续深化"四抓四提"干部队伍培养管理模式，全面落实绩效考核办法，推动形成凭绩效定优劣、以奖惩促落实的良好氛围。

（三）狠抓"兴业共富"行动，夯实乡村振兴根基

明确"党员引领、光伏先行"思路，发挥党员先锋示范作用，试点推进"分布式光伏＋美丽乡村"项目建设，第一批共实施52户，实现煤改电供热

面积 6410 平方米，带来经济收入 47.8 万元。开展"集体带动、抱团致富"行动，通过"党支部＋土地合作经营＋社会化服务"的途径，推动土地适度规模经营面积达到 24.5 万亩，涌现出"道劳合作社＋中化"等双赢典型，实现了集中连片耕地全程数字化服务的新突破，创造了青贮玉米亩均纯利润 1959 元的历史新高。多措并举发展嘎查村集体经济，探索"产业发展型、合资合作型、项目带动型、服务惠民型"集体经济发展模式，19 个嘎查村集体经济全部突破 10 万元，黄木独等标兵村突破 40 万元。

（四）狠抓"强基善治"行动，优化基层治理效能

坚持以党建引领中心工作大局，将党的建设与"3+X"网格化基层社会治理模式统筹推进，贯穿到疫情防控、抗洪抢险、矛盾化解等各方面任务中，组建"党员尖刀班"57 个，协助处理历史遗留矛盾等重大村级事务 86 件。落实"百日集中推进"任务，完成软弱涣散党组织排查整顿工作，新建柳林村、建设村党群服务中心，打造最强党支部 6 个，评定 10 星级党支部 11 个、9 星级党支部 9 个，青达门红色革命教育基地建成投用。落实意识形态工作责任制，全年召开会议研究意识形态、网络舆情 12 次，开展新时代文明实践活动 80 余次，土地合作经营等亮点工作被新华社等媒体广泛报道"点赞"。认真做好统战工作，深化铸牢中华民族共同体意识教育，坚决维护民族团结和社会稳定；全力维护民营经济"两个健康发展"，推动骑士牧场三期等 4 个亿元以上重大产业项目落地。

（五）狠抓"连心到户"行动，提升服务群众水平

落实党员联系服务群众"六个一"工作机制，861 名党员全部实现挂牌亮户，572 名常住党员参与评星定级，结对联系 3422 户农牧民，形成"全员全时全面"全覆盖联系服务群众工作体系。扎实开展"我为群众办实事"实践活动，落实 35 公里农耕道路整修工程，以及合成村郭家塔社人畜安全饮水工程、福茂城村安全饮水管道改造工程等民生项目 14 项。持续深化"永葆赤子心"便民服务下基层活动，拓展"线上认领＋线下服务"等工作模式，延伸党建触角，扩大服务半径，解决农牧民急难愁盼问题110条。

从全面脱贫攻坚到与乡村振兴有效衔接，展旦召苏木踏出了坚实的一步。在未来面向第二个百年目标奋进道路上，他们将以"产业兴旺、生态宜居、乡风文明、治理有效、生活富裕"为目标，坚定不移践行新发展理念，统筹推进经济社会各项事业发展，奋力谱写新时代展旦召苏木乡村振兴新篇章。

课题组负责人：奇海林　高永权　娜木汗

撰稿人：乌宁夫　王春霞　甘宜汧　闫静

文化教育研究

原乡漫瀚调唱响布尔陶亥

杨 勇

2023年9月20日下午，鄂尔多斯学研究会与布尔陶亥苏木共同举办了"布尔陶亥漫瀚调原乡文化座谈会"，我们在这次会上正式提出"漫瀚调原乡文化"的概念，得到了与会者的一致认可。

漫瀚调，也称为"蒙汉调"，是在鄂尔多斯蒙古族民歌原曲上以汉词演唱的民歌，产生于清代中晚期，主要流传在准格尔旗及其周边地区，是鄂尔多斯各民族长期以来交往交流交融发展的文化结晶，是鄂尔多斯文化多元一体，融合发展的典型例证，体现出中华民族共同体的鄂尔多斯历史文化特征，是铸牢中华民族共同体意识有形有效有感的经典事例，漫瀚调是鄂尔多斯高原一颗鲜艳夺目的石榴果。

1996年，文化部命名准格尔旗为"中国民间艺术之乡（漫瀚调）"；2007年6月，漫瀚调被自治区人民政府确定为第一批区级非物质文化遗产；2008年，漫瀚调成为第二批国家级非物质文化遗产保护项目。近年来，准格尔旗在漫瀚调文化传承保护方面做了极有成效的工作。举办了9届漫瀚调艺术节和漫瀚调大赛，建立了旗级漫瀚调研究所，全旗苏木乡镇设立了多个漫瀚调传习所，挖掘整理出版了多部研究专著和音像制品，参加了自治区级、国家级多次大赛和演唱，创新创作了多部漫瀚调风格专业舞台艺术作品，还拍摄了多部漫瀚调影视作品，举办了多次非遗项目传承人培训，建立了漫瀚调民间艺术团体等等。漫瀚调文化艺术在准格尔旗得到了非常广泛的普及，深深扎根于准格尔大地。

漫瀚调源于何时。漫瀚调的产生与中国近代历史发展紧密关联，清代中晚期出现在晋陕地区向长城以北的移民现象，产生出的"走西口"文化对漫瀚调的形成有着深刻影响。清末朝廷在伊克昭盟实施的大规模"放垦"政策，加速了这一地区各民族文化融合进度，在鄂尔多斯长城沿线和黄河沿滩地区这种文化融合更加显著，准格尔旗是晋陕蒙三界交接地区，也是鄂尔多斯近代历史上民族融合较早的地区，蒙汉文化融合的标志之一，就是产生了漫瀚调民间艺术，漫瀚调成为近现代历史上我国北方最具民族文化融合特征的代表性艺术形式，广泛地流传在黄河与长城牵手的晋陕蒙区域。

漫瀚调缘何而成。漫瀚调的历史成因与其文化特征密不可分，近代历史上准格尔旗开始了汉族进入"草地"从事放牧耕田，由起初的季节性出入"口里口外"，到全年全时定居"口外"，再到居家移居，或者在"口外"成家定居。这样，外来移民数量逐渐增多，成为准格尔旗普遍的社会现象，也成为准格尔旗札萨克（王爷）政权需要管理的社会群体与对象，因而，蒙古族与汉族的交往从民间交流上升至地方政权层面，有力地推动了蒙汉民族的融合，蒙汉民族文化交流在王爷府也得以兴盛，蒙古族民歌与汉族艺术在这里相遇，蒙古族最好的民歌手与汉族民间艺人新颖独特的文化形式在这里得以共同展示，蒙古族民歌艺术在这里进行了"汉话"式处理，并且得到达官贵人认同与推广，带动了其在民间的普及，漫瀚调在准格尔旗迅速蔓延成长。

漫瀚调源于何处。布尔陶亥有着厚重的地域性文化特征，首先，布尔陶亥是准格尔旗王府所在地，是漫瀚调文化形成时期准格尔旗政治经济和文化中心，也是蒙汉文化交融发展核心地区，在鄂尔多斯近代历史上颇具影响力；其次，在明清时期，布尔陶亥奉祀有成吉思汗八白室中的三个白室，即准格尔伊金（成吉思汗第三位哈屯）、紫檀木奶桶、溜圆白骏。如今仍然有准格尔伊金敖包遗存。从而，布尔陶亥积淀了13世纪尊贵典雅而古老的游牧民族文化，传承与汇聚了鄂尔多斯民歌古老艺术，这里的蒙古族民歌富有民间艺术普及的特征，也富有对汉族民间歌者的磁性吸引力，蒙汉民族音乐结合而成的漫瀚调在近代准格尔王府所在地布尔陶亥的产生自然而流畅。

布尔陶亥作为漫瀚调原乡文化之地，还在于漫瀚调传统曲牌及与之相关人物故事，在布尔陶亥极其丰富。比如漫瀚调《黑召赖沟栽柳树》《达坝希里》歌曲名称，包含了布尔陶亥苏木现在两个村嘎查的地名，还有许多歌名以及传统歌曲中的许多人物和近现代著名演唱者、知情者都与布尔陶亥和准格尔王府有关，如毛阿肯、那森达赖、四奶奶、"跳打斗林"、奇昆山等。作为漫瀚调原乡之地，布尔陶亥漫瀚调演唱风格、演唱方式和演唱内容等方面保留有较多的传统特色，特别是在婚俗礼仪、寿诞宴席、节庆活动中仍然体现出传统民俗文化与漫瀚调演唱艺术及习俗的同台演绎、有机融合。

今天，布尔陶亥作为漫瀚调的原乡，涌现出了一批优秀漫瀚调传承人及爱好者，比如市级漫瀚调传承人弓赛音吉雅，市非物质文化遗产（蒙古短调项目）传承人奇俊文，旗级漫瀚调传承人张在义、黄玉莲、奇固元、黄玉蓉，旗蒙古民歌传承人杨四梅，漫瀚调爱好者葛达赖、黄羊换等人，编词编曲创作出《栽柳树》《妖精太太》《公益盖沟》《漫瀚情歌》等脍炙人口的曲目。如今，漫瀚调一如既往地咏唱在王爷府邸、传唱在梁峁沟畔，回荡在巴拉尔草原。

漫瀚调是蒙汉民族共同培养、共同浇灌出来的民间艺术瑰宝。近年来，布尔陶亥苏木狠抓文化旅游产业发展，坚持铸牢中华民族共同体意识，弘扬中华优秀传统文化，围绕"黄河水流进布尔陶亥"文化主题，促进乡村振兴战略发展，促进黄河"几字弯"生态保护与高质量发展，打造布尔陶亥漫瀚调原乡文化品牌。

布尔陶亥苏木在漫瀚调保护传承与创新发展方面制定了切实可行的措施，一是构建漫瀚调原乡文化传承发展平台，打造漫瀚调原乡文化品牌，列支专项经费保障漫瀚调文化传承与发展，在苏木文化站现有基础上配套专业录音录像设备、民族传统器乐等，注册成立"布尔陶亥漫瀚调"自媒体公众号，推广本土优秀漫瀚调艺术，定期组织文艺汇演、漫瀚调即兴编曲等比赛，正向激励广大群众学习弘扬漫瀚调。二是实施漫瀚调原乡文化系统性、特色化保护工程，聘请专业老师现场教学传授乐理，讲述漫瀚调演唱方法技巧，同时不定期组织漫瀚调传承人、爱好者等人外出学习交流，大力培养漫瀚调优秀人才。三是建设漫瀚调原乡文化博物馆，以布尔陶亥漫瀚调传统文化为基础，开展布尔陶亥历史文化、民俗文化调查研究，抢救性挖掘整理漫瀚调民间艺术与传承人珍贵资料，重点以视频音频进行收录，将漫瀚调原乡文化在博物馆得以活态展示，沉浸式体验漫瀚调动听旋律，共享国家级非遗高品质文化大餐。四是大力传承发展漫瀚调原乡文化与旅游融合发展，让游客在布尔陶亥自然与人文景观中领略漫瀚调的魅力，见证传统非遗焕发出的崭新力量，同时，实现文旅融合高质量发展，促进布尔陶亥乡村振兴，实现农牧民共同富裕。

布尔陶亥，激情四射的蒙古族原声民歌，高亢奔放的漫瀚调山曲，蒙汉共语的"风搅雪"唱腔，犹如一首新时代的优美赞歌，唱响鄂尔多斯大地，唱响晋陕蒙三界的长城内外，黄河两岸，唱响祖国大江南北，传颂着黄河水流进布尔陶亥的美景如画，传唱着布尔陶亥漫瀚调原乡文化的古老神韵与时代风貌。

杨勇，鄂尔多斯学研究会秘书长、研究员。

鄂尔多斯——伊克赛[1]

潘照东

鄂尔多斯是——

一首诗，发自肺腑，宣示精神；

一曲歌，悠扬激昂，感动天地；

一幅画，浓墨重彩，聚人眼目；

一个梦，奋斗成真，造福子孙……

回望40多年来，我见证了鄂尔多斯（原伊克昭盟）在改革开放的大潮中乘风而起，从"内蒙古的西藏"一跃而成为"内蒙古的领头羊"的历史进程，也与鄂尔多斯结下了不解之缘。

值此鄂尔多斯学研究会成立20周年之际，不禁心潮澎湃，感慨良多。

草原敦煌——阿尔寨石窟

2001年国庆节后，鄂托克旗旗委的两位领导找到我，介绍了阿尔寨石窟申报国家重点文物保护单位被国家文物局专家组否掉了的情况，希望我关注一下。

11月下旬，在和中央电视台合作拍摄《圣灯》时，完成了在成陵的工作，我即来到鄂托克旗。旗里安排阿尔寨石窟文物保护所所长巴图吉日嘎拉同志带我实地考察了阿尔寨石窟。看后，不禁大吃一惊——

这是当时全世界发现的唯一一所在草原地区、由草原民族凿建的大型石窟；

这是藏传佛教、汉传佛教各个流派荟萃一处、和平共处的大型石窟；

---

[1] 汉语意为很好的意思。

这是历经千年，内涵极为丰富的大型石窟，敦煌有一眼号称"国宝"的石窟，有 4 幅藏传佛教密宗的"喜乐金刚图"，需要国家文物局特批才能参观，而阿尔寨石窟的第 28 号窟中有 16 幅"喜乐金刚图"，保存较为完好的还有 13 幅，仅这一项就够了全国重点文物保护单位的条件；

这里保存有世界上时间最早、内容最为丰富的回鹘蒙古文榜题；

这里保存有成吉思汗晚年征西夏时骑马打猎受伤的养伤住所……

因此，阿尔寨石窟完全有条件成为国家文物重点保护单位。

基于这一认识，我邀请了北京大学考古文博学院、中央民族大学、北京考古建筑研究所、山西省古建筑研究保护所、内蒙古社会科学院、内蒙古大学、内蒙古师范大学的历史、宗教、蒙古文字、文物保护以及其他方面的专家，在 2002 年 9 月 18 日鄂尔多斯学研究会成立之后，立即赴鄂托克旗进行了实地考察，并连夜召开研讨会，形成了专题研讨会纪要。

纪要对阿尔寨石窟的历史文化价值，阿尔寨石窟在中国乃至世界石窟文化中的地位，及时保护阿尔寨石窟的必要性、迫切性以及其他相关问题，进行了比较广泛深入的探讨。

与会专家一致认为：

1. 位于鄂尔多斯高原西部鄂托克旗的阿尔寨石窟是我国北方草原地区规模最大的石窟寺建筑群，也是迄今为止世界上发现的草原地区规模最大的石窟寺建筑群，是藏传佛教苯波派、宁玛派、噶举派、萨迦派、格鲁派交相表现的重要场地，对于研究草原民族的历史文化、宗教的流传和演变均具有不可替代的作用。

2. 阿尔寨石窟虽经"文化大革命"的严重破坏，佛像雕塑全部被毁，但目前仍保存有近千幅壁画，既有宗教内容的，也有大量壁画反映了当时的社会生活，具有草原地区和草原民族的鲜明特点，内容丰富、涵盖面广，是研究蒙古草原地区自北魏至北元历史、宗教、文化、艺术、民族等弥足珍贵的形象史料。

3.阿尔寨石窟保存着迄今为止已知年代最早、数量最多的佛教回鹘蒙古文榜题，是研究中古时期蒙古语言文字发展史不可多得的珍贵史料。

4.阿尔寨石窟及其周边地区是成吉思汗晚年活动的重要区域之一，成吉思汗逝世之后成吉思汗黄金家族的重要祭祀活动场所，对成吉思汗研究及蒙古史研究具有极其重要的考古、历史研究价值。

5.阿尔寨石窟至今已有上千年的历史，自然损毁、人为破坏十分严重，壁画的起甲、褪色、脱皮、裂隙、剥落、霉变等病害的治理迫在眉睫，部分石窟坍塌，为数不少的石窟已被砂石掩埋。阿尔寨石窟如果毁于一旦，其损失将是无可挽回的。

6.阿尔寨石窟于1996年列入内蒙古自治区第三批重点文物保护单位，自治区文化厅及鄂尔多斯市（原伊克昭盟）、鄂托克旗有关部门采取了一系列行之有效的措施，对阿尔寨石窟的保护做了力所能及的工作。但是，阿尔寨石窟历史文化遗产的保护和开发，特别是对现有石窟的清理、保护和砂石掩埋石窟的发掘和研究，非地方所能承担。应努力争取及时列入国家重点文物保护单位，以取得资金和技术力量的支持。

同时，还应抓紧做好以下工作：

1.请各级政府依据国家《文物法》、内蒙古自治区《文物保护条例》和有关政策，划定文物遗址保护范围和遗址周围生态保护范围，责成有关单位及时制定阿尔寨石窟保护规划。

2.要聘请有资质的文博研究保护院所对阿尔寨石窟的保护、维修提出咨询论证的具体方案。

3.建议充实阿尔寨石窟文化保护所专业人才，由鄂尔多斯市人民政府责成鄂尔多斯学研究会和鄂托克旗方面协商，成立阿尔寨研究的有关机构，加强阿尔寨石窟的保护和研究工作。

4.呼吁社会各界重视阿尔寨石窟民族历史文化遗产的保护，建议各级政府采取切实有效的措施，加以落实。

5.纪要成文后建议呈报内蒙古自治区文化厅文物处、考古研究所和鄂尔多斯市文化局等文物主管部门征求意见,并请文物主管部门予以批示。

随后,新华社内蒙古分社的王欲鸣、贾立君、李泽兵在10月4日新华通讯社的《国内动态清样》(第2724期)发表了《专家建议拯救"草原敦煌"阿尔寨石窟》。文章指出,日前在内蒙古自治区鄂尔多斯市召开的"阿尔寨石窟专题研讨会"上,一些专家、学者认为,被誉为"草原敦煌"的阿尔寨石窟正面临着消失的危险,亟须得到有效保护。

据专家考证,位于内蒙古自治区鄂尔多斯高原西部鄂托克旗的阿尔寨石窟,开凿于北魏中期,是集寺庙、石窟、岩刻为一体的佛教建筑群,距今1600多年,是我国北方草原地区规模最大的石窟建筑群,也是迄今世界上发现的草原地区规模最大的石窟建筑群。阿尔寨石窟处于一座高约80米、东西长约300米的平顶桌形山上,四周为陡壁,分为上中下三层,环山凿有65座石窟,石窟内丰富的壁画及珍贵的回鹘蒙古文、梵文、藏文榜题,被专家们称为"佛教艺术宝库""壁画和岩刻的展台"。

据内蒙古自治区社会科学院研究员潘照东等专家、学者考证,阿尔寨石窟是历史上密宗各大派别的集中地,石窟中藏传佛教黑教、白教、花教、红教、黄教的壁画内容,构成了藏传佛教在内蒙古地区流传的历史画卷,对于研究草原民族的历史文化、宗教的流传和演变均具有不可替代的作用;石窟及其周边地区是成吉思汗晚年活动的重要场所,也是其逝世后的祭祀场所,具有重要的考古、历史研究价值;石窟中的回鹘蒙古文、梵文、藏文榜题,比敦煌莫高窟壁画上的回鹘蒙古文榜题还要古老,是研究蒙古文发展史不可多得的珍贵史料;石窟虽经"文化大革命"严重破坏,但目前仍有1000余幅壁画残存,是石窟中最有价值的文化艺术遗产,其中多幅密宗法王画像、28号窟中13幅较完整的男女双修图和元代礼佛图、31号窟内的西夏释迦牟尼及供养菩萨像等,堪称存世精品。反映蒙古民族特色的大量世俗壁画更是包罗万象,是研究近千年蒙古草原地区政治、经济、文化、宗教、艺术、地理以及民风民俗弥足珍贵的形象史料。

鄂托克旗文物管理所所长、阿尔寨石窟文化保护所所长巴图吉日嘎拉说，这样一处具有重要历史文化价值的宝贵遗产，至今还不是国家重点文物保护单位。65座石窟中，数百年来已有不少石窟毁于砂岩坍塌。现存的43座石窟中，残存的约2000平方米壁画大多出现了脱色、掉皮、裂隙、剥落、霉变等"病害"。阿尔寨石窟于1996年被列入内蒙古自治区第三批重点文物保护单位后，当地有关部门采取了一些措施进行保护。但是，阿尔寨石窟历史文化遗产的保护和开发，特别是砂石掩埋石窟的发掘和研究，非地方财力所能承担。

据介绍，内蒙古自治区文化厅每年拨给阿尔寨石窟的经费只有1万元。旗财政除保证2名职工的工资外，每年拨给石窟的经费只有3000元，其中1000元还要支付阿尔寨石窟看护人员的工资。在资金严重短缺的情况下，有关方面正在对阿尔寨石窟采取抢救性措施，经过拍摄、录像、临摹等方法为将来修复保留原始资料。

出席阿尔寨石窟专题研讨会的专家、学者呼吁，国家和地方文物部门应尽快依据《文物法》和有关政策，制定阿尔寨石窟保护规划，并对阿尔寨石窟的保护、维修提出具体方案；同时，尽快争取将阿尔寨石窟列入国家重点文物保护单位，加大保护力度。

10月8日，中共中央政治局常委、国务院常务副总理李岚清同志批示："请储波、乌云其其格并霁翔同志予以关注。"

随后，国家文物局常务副局长张柏同志率北京大学、中国社会科学院、中国历史博物馆、龙门石窟研究院的有关专家考察团于10月18日到鄂托克旗考察，接受了我们的观点。2003年3月2日，在全国两会召开前夕，国务院下发了国函〔2003〕29号文件，正式批复将阿尔寨石窟增补为全国重点文物保护单位。文件指出，"阿尔寨石窟位于内蒙古自治区鄂尔多斯市鄂托克旗，石窟年代为西夏至明代。经国务院核定，增补该石窟为第五批全国重点文物保护单位，现先予公布"。

这是新中国成立以来，唯一一次被国家文物局专家组否掉的项目又重新申报成功的。

鄂尔多斯模式开新篇

2007年夏天，鄂尔多斯市委、市政府请我做了一次学术报告，题目是《西部大开发与鄂尔多斯模式》。

做完之后，鄂尔多斯的老朋友找到我说：潘教授，鄂尔多斯也就是个"现象"吧，也能成个"模式"了？我笑着说：怎么不能？"现象"是个中性词，可以是学雷锋做好事，也可以是随地吐痰、吵架骂人。"模式"就不一样了，是褒义的，是反映了事物的本质和发展规律，有普遍推广意义的。例如，改革开放以来，形成了从"三来一补"发展成为外向型经济的"珠江三角洲模式"，从发展社队企业到以乡镇企业带动经济成长的"苏南模式"，从发展私营个体经济发展为以股份制经济带动经济跨越式成长的"温州模式"。但是，在21世纪西部大开发的历史进程中，地域辽阔、资源丰富，然而经济、社会发展水平较低，人才、技术、管理、资金匮乏的西部广大地区，怎样乘势而起、奋起直追，是现在突出的问题。鄂尔多斯正是在西部大开发的时代背景下，成功回答了这些问题。所以，"鄂尔多斯模式"提出来，恰当其时，恰合其势，恰应人心，为什么不可以呢？

2007年自治区成立60周年之际，我按照自治区党委和中央宣传部、中央电视台确定的任务，在庆祝大会召开时，到中央电视台第四频道与鲁健同志点评，国内外直播。鲁健也是内蒙古人，出生在阿拉善盟，在包头一中高中毕业后上的大学。那天的同步点评激情洋溢、酣畅淋漓，很顺利。晚上几位北京的朋友请我吃饭，我敬酒时情不自禁地说："现在是世界经济看中国，中国经济看内蒙古，内蒙古经济看鄂尔多斯。"有位朋友说："潘教授，网上说你是一个月去一趟鄂尔多斯，是吗？"我算了算，2006年我去了16趟鄂尔多斯。又有一位朋友问我："潘教授，你说世界经济看中国，好理解。你说中国经济看内蒙古，内蒙古经济看鄂尔多斯，这个怎么理解？"我说："从2002年到2006年，内蒙古的经济增长速度已经连续5年位居全国第一了，这是改革开放以来，也是新中国成立以来从未有过的。内蒙古经济发展，最好的代表就是鄂尔多斯，从'内蒙古的西藏'到成为内蒙古的领头羊，也是西部大开发中落实科学发展观的典范，创造了'鄂尔多斯模式'，值不值得我们喝彩？"大家异口同声"值得"！

此后，中共中央总书记、国家主席胡锦涛同志到内蒙古视察，对鄂尔多斯的发展给予了充分的肯定。

2008年，党中央确定改革开放18个典型前，派遣了两个调查组到鄂尔多斯进行调查研究。但是回京之后，调查研究报告改了53稿也没通过。中央要求鄂尔多斯市委上报一份汇报材料。时任鄂尔多斯市委书记的云峰同志在2月给我打电话，请我去完成这一任务。

经过紧张的工作，我完成了报告。经过3次修改，得到了党中央认可。报告总结"鄂尔多斯模式"的成功经验是——

走出了一条贫困落后地区反梯度推移的跨越式发展道路；

走出了一条资源富集地区资源节约、环境友好的可持续发展道路；

走出了一条生态脆弱地区人与自然和谐相处的绿色发展道路；

走出了一条地广人稀地区收缩转移的集中发展道路；

走出了一条西部边远地区自主增长的内生性发展道路；

走出了一条少数民族地区统筹协调的和谐发展道路。

报告还指出，鄂尔多斯的发展变化，最根本的是科学发展观的成功实践，必须有百折不挠的勇气和坚韧不拔的毅力；必须敢于解放思想，敢于战胜自我；必须保护生态环境，建设生态文明；必须尊重规律，科学发展；必须抢抓机遇，在服务大局中发展自己；必须坚持正确的政绩观，扎扎实实地创造经得起群众检验、经得起历史检验的成绩。

时光飞逝，2021年，鄂尔多斯GDP超过4000亿元，增量超过1000亿元，人均 GDP 达到 21 万元，均位居内蒙古 12 盟市之首。在 2022 年 1 月全国地级市财政收入排位中，鄂尔多斯以 145 亿元位列第三。

在全党、全国人民迎接中国共产党第二十次代表大会胜利召开的时候，我们应该满怀深情地道一声——鄂尔多斯——伊克赛！

潘照东，内蒙古社会科学院首席研究员，鄂尔多斯学研究会专家委员会副主任。

二十年，不断加深对成吉思汗陵文化内涵的认识

旺楚格

鄂尔多斯学研究会成立20年，也是不断对成吉思汗陵文化内涵全面深刻认识的20年。20年来，鄂尔多斯学会编写出版《鄂尔多斯学概论》《鄂尔多斯大辞典》等一系列文献书籍，其中设立《独具特色的祭祀传统》《成吉思汗陵祭祀篇》等专题内容，系统研究成吉思汗陵所传承的非物质文化遗产。20年来编写出版《成吉思汗陵文化明鉴》《国家级非物质文化遗产——成吉思汗祭典》等20多部文献图书，深刻解释成陵文化遗产。《鄂尔多斯学》《成吉思汗研究》等学术刊物和举行多次各种文化论坛，深入研究成吉思汗陵文化内涵。鄂尔多斯学研究会成立20年来，系统研究成吉思汗陵丰厚的文化内涵，取得丰硕成果，对成吉思汗陵以及成吉思汗陵旅游区文化内涵的认识打破了过去那种单纯"陵园"观点，加深了认识，拓宽了视野，为成吉思汗陵物质文化遗产和非物质文化遗产的保护传承，加深成吉思汗陵旅游区文化内涵，产生深刻的影响。

鄂尔多斯高原上的成吉思汗陵，是第二批全国重点文物保护单位，成吉思汗祭典是第一批国家级非物质文化遗产，成吉思汗陵旅游区是内蒙古首家国家5A级旅游景区。成吉思汗陵是祖国乃至人类珍贵的文化遗产。成吉思汗陵，带着中华民族优秀传统文化和红色基因，从历史走来，经历了沧桑岁月，经受了历史的变迁，彰显多元一体中华文化风采。

成吉思汗陵文化内涵

成吉思汗陵，是中华民族历史文化传承之地之一。从某种意义上讲，成吉

思汗陵是文化的概念，是中华民族历史文化支撑着成吉思汗陵。成吉思汗陵丰厚的历史文化内涵，是中华民族珍贵的文化遗产，也是人类珍贵的文化遗产。守护成吉思汗陵的鄂尔多斯蒙古族及达尔扈特人保留了与成吉思汗陵文化遗产相伴的独具风格、丰富多彩的民俗礼仪文化。成陵文化遗产和民俗礼仪文化相互渗透、形成独特的鄂尔多斯传统文化。鄂尔多斯传统文化，在历史发展中形成了优秀的民族传统文化，具有鲜明的民族和地方风格，在成吉思汗陵完整、集中地体现了这一文化的特点。所以，在一定意义上讲，成吉思汗陵不仅仅是个陵，而更重要的是耸立在祖国大地上的民族优秀文化丰碑。成吉思汗陵历史文化，从一个角度见证了源远流长的中华文化。

成吉思汗陵传承的传统文化，是多元一体中华民族文化遗产。成吉思汗陵文化遗产，以崇尚大自然为基本理念，体现天地人和的基本内容；在文化形式上再现了蒙古民族古老的火祭、奶祭、酒祭、牲祭、颂祭等形式；在祭祀用具上，表现了草原民族对大自然和动物的艺术审美属性，便产生了具有浓郁特色的诸多珍贵的祭器。成吉思汗陵文化遗产，成为民族原生文化的集中体现。所涉及的内容涵盖了蒙古民族古老的历史、文化、风俗、礼仪等诸多方面，成为蒙古民族原生文化的代表。守护、祭祀成吉思汗陵寝的鄂尔多斯部及达尔扈特人，将蒙古民族古老传统文化世代相传，完整地保留和传承至今，有效地保护了这一人类珍贵的文化遗产，体现了成吉思汗陵传统文化的价值。成吉思汗陵的文化内涵，从一个角度反映了中华民族历史文化。近800年传承的成吉思汗八白室，经历了沧桑的历史变迁，凝聚了鄂尔多斯部乃至中华民族历史文化经典。

鄂尔多斯源远流长的以民俗、风情、礼仪为主要内容的民俗民间文化，是成吉思汗陵非物质文化遗产的重要组成部分。成吉思汗陵文化遗产中的祝词、颂词、祭文、祭歌等诸多内容和表现形式，无不渗透于鄂尔多斯民间文化中，使鄂尔多斯民间文化具有独特的风格。鄂尔多斯蒙古族及守灵达尔扈特人，完整地保留、传承了丰富的民俗礼仪文化，构成了成吉思汗陵园丰厚的文化内涵。

　　成吉思汗陵蕴藏的深厚的红色文化基因和革命故事,加深了成吉思汗陵文化内涵。成吉思汗陵的历史,与祖国的命运,共产党的关怀息息相关。1939年,成吉思汗灵榇西迁,为中国历史写下光辉的篇章,使成吉思汗陵红色文化基因不断深化。当年,中共中央号召各族人民坚持抗日,使成吉思汗灵榇西迁成为中华民族共同抗日的动员令,体现了中华民族民族大义,爱国之举。新中国成立后,在党和国家的亲切关怀下,西迁的成吉思汗灵榇回归伊金霍洛故地,中央人民政府拨专款建立成吉思汗陵园,并不断修缮扩建,为保护、传承民族优秀传统文化予以极大的支持。在党和国家的亲切关怀下,成吉思汗陵成为国家级爱国主义教育基地,对青少年和公民进行爱国主义教育、民族团结教育、中华文化认同教育和民族传统文化教育,以及铸牢中华民族共同体意识提供红色文化资源。

　　成吉思汗陵,以深厚的文化内涵,独特的人文景观,特色的旅游资源构成著名文化旅游胜地,形成独具特色的旅游文化。成吉思汗陵旅游文化有着世界性、唯一性和独特性特点。依托成吉思汗陵迅速发展起来的成吉思汗陵旅游区内,有全国重点文物保护单位,诸多与历史伟人成吉思汗有关的文物景点;有13世纪形成的神秘的非物质文化遗产;有世代延续的成吉思汗守灵人独特的民俗礼仪文化;有保护完整的美丽的草原风光;有功能齐全的现代城镇和高档接待设施、民俗文化娱乐活动场所,形成文化遗产区、历史文化区、民俗文化区、草原观光区、休闲度假区等功能分区;举办成吉思汗四时大典、苏勒德威猛祭、成吉思汗旅游文化周、查干苏鲁克那达慕、民族民间歌舞展演等丰富多彩的传统文化活动和民俗展示。特别是近几年通过建设,一个雄伟壮丽、金碧辉煌、环境优美、内涵深刻的草原上的陵园呈现在世人面前;一个规模宏大、气势恢宏、特色鲜明、内容丰富的旅游区展现在鄂尔多斯草原上。成吉思汗陵旅游区松柏耸立,树木成林,绿草如茵,与美丽富饶的草原连为一体,再现水草丰美的景象,营造了独特的草原风光和人文景观。成吉思汗陵这一著名历史文化胜地，以其丰厚的文化内涵，构成浓郁的中国北方草原旅游文化氛围。

成陵旅游区特征

随着加深对成陵文化内涵认识，对成陵旅游区特征的理解也不断深化。成吉思汗陵旅游区以"多"为特征，从一个角度见证多元一体中华民族源远流长的文化。

一是多风格宫殿庭园。位于鄂尔多斯草原的成吉思汗陵，以蓝天绿草之间巍然屹立的具有中华民族建筑风格的金碧辉煌的陵宫大殿为主体，以苏勒德祭坛等诸多景点庭园组成。这里松柏耸立，树木成林，绿草如茵，与美丽富饶的巴音昌呼格草原连为一体，营造了独特的草原风光和人文景观。成吉思汗陵宫蓝色的云图、朱红的门窗、乳白的墙壁、金黄宝顶、绿色草地绚丽夺目，呈现中华民族崇尚大自然的吉祥色彩。陵园门牌楼蓝色屋檐和乳白色的石刻墙壁，像是绿草中立起的毡帐，迎候远方的客人；九十九级吉祥台阶，从远望去，像是永不停息的河水，寓意中华文化源远流长。

成吉思汗陵园建筑，融合多民族建筑风格为一体，给人以各民族我中有你、你中有我，谁也离不开谁的感观。雄伟壮丽的陵宫，穹庐金殿，拱角飞檐，体现蒙古民族毡帐与汉民族宫殿风格融为一体，恢宏大气，协调无缝。园林式庭园内的吉祥台阶、苏勒德祭坛、牌楼、碑亭和红墙，融入中国古建筑风格，成为多元一体中华民族历史文化的缩影。

二是多内涵包容文化。成吉思汗陵旅游区，建筑风格体现多元一体中华文化特点，其文化内涵也体现博大精深中华文化的包容性。这里，具有神秘的文化遗产、达尔扈特民俗文化；这里不仅蕴藏着中华民族珍贵文化遗产，也有共产党的革命故事与红色基因。抗战时期，震惊中外的成吉思汗陵西迁的经历，体现了中华民族民族大义、爱国之举，永远铭记在各族人民的心中，使成吉思汗陵成为全国爱国主义教育基地、国防教育示范基地和海峡两岸交流基地。国家级非遗项目成吉思汗祭典，以崇尚大自然为基本理念，天地人和为主要内涵，彰显中华民族多元一体和谐包容思想理念。成吉思汗祭典所用的五彩哈达，不仅象征蓝天、圣火、大地、乳汁、水草的基本色调，而且也寓意汉、蒙、高丽、维、藏等各民族多元包容文化。陵宫大型壁画中汉、蒙、维、契丹等各民族的有识之士共同推动社会发展的内容，反映了中华民族共同体意识是自古以来形成的事实。成吉思汗四时大典，以99匹白骒马乳汁祭洒苍天大地，与今日提倡的"生态优先、绿色发展""绿水青山就是金山银山"的理念不谋而合，体现了中华文化的博大精深。

三是多内容文旅景点。成吉思汗陵旅游区，是祖国北疆绚丽的文化旅游景区。旅游区包括历史文化区、文化遗产保护区、民俗文化区、草原观光区和休闲度假区等5个功能区。旅游区内文化旅游景点30多处，形成多内容、多景点的景区。旅游区占地10平方公里，生态保护和视觉景观控制区总面积达80平方公里，是世界上最大的主题旅游景区。丰厚历史文化内涵的诸多景点，从不同角度再现多元一体中华民族波澜壮阔的历史。

在旅游区历史文化区内可领略"气壮山河""铁马金帐"、中华版图、历史文化博物馆等恢宏的景点；文化遗产保护区内亲眼看见雄伟壮丽的陵园；民俗文化区内尽情体验鄂尔多斯婚礼等丰富多彩的民俗风情；草原观光区内可骑上骏马驰骋在广袤的原始草原，接近成吉思汗白马群，领略独特的达尔扈特马文化，走进达尔扈特牧家乐；休闲度假区内可游览成吉思汗陵博物馆、伊金霍洛特色小镇，亲身体验达尔扈特风土人情。

四是多色彩民俗风情。成吉思汗陵旅游区，是鄂尔多斯民俗风情集中展示区。环绕成吉思汗陵旅游区的巴音昌呼格河，滋润着两岸美丽的原始草原。巴音昌呼格草原，水草丰美，牛羊遍地，骏马奔驰，保留着广袤草原特色。这里的一片片蒙古包，从远望去，像是一块块蓝天上的白云，整个草原散发着奶香，叫人神往。巴音昌呼格草原上，由成吉思汗艺术团展演的民族风情实景《鄂尔多斯婚礼》，旅游区"双骏"马术俱乐部展演的草原马术，伊金霍洛旗和成陵旅游区举行的"查干苏鲁克那达慕""旅游文化周""珠拉格乃日"（马奶节）等传统民俗文化活动，为巴音昌呼格草原带来欢乐和激情。

远方的客人在洁白的蒙古包里做客，品尝奶茶、手扒肉，倾听草原牧人悠扬动听的鄂尔多斯民歌，骑上骏马在草原上自由地驰骋，领略草原风情，目睹古老的风俗习惯，当一回草原上的人，感慨万千。美丽深情的巴音昌呼格草原景色，达尔扈特古老的民俗风情令人流连忘返。

五是多风味草原美食。成吉思汗陵旅游区，传承古老的饮食文化。这里，不仅有达尔扈特传统美味，也有祖国大江南北美食佳肴。成吉思汗陵旅游区达尔扈特风味饮食，种类繁多、制作精巧、色泽鲜美、味道醇正，与传统的民俗民间文化融为一体，形成具有浓郁民族、地方特点的饮食文化。达尔扈特的传统的风味饮食，与神秘的祭祀文化、神奇的鄂尔多斯民俗文化融在一起，展示独具风格的蒙古族宫廷饮食文化特征。达尔扈特风味饮食，主要有奶食、肉食、茶食和米面食等。达尔扈特风味饮食的制作，在长期生产生活中借鉴其他民族的饮食文化，是民族交流、交往、交融的具体体现。成吉思汗陵旅游区传承的宫廷珠玛宴，是摆放烤全牛、全羊的宴席，是融宴饮、歌舞、游戏和竞技于一体的庆典娱乐活动，是民族珍贵的文化遗产。全羊宴，伴随祝颂仪式和民间歌舞款待尊贵的客人，成为成吉思汗陵旅游区著名饮食文化品牌，显示出无穷的魅力。

优秀传统文化凝聚着中华民族自强不息的精神追求和历久弥新的精神财富，是建设中华民族共有精神家园的重要支撑。成吉思汗陵文化遗产的和谐、包容、开放、奋进的思想内涵和人与大自然和谐相处的一系列先进思想观念，渗透到社会的各个方面，产生深刻影响，成为鄂尔多斯人生生不息、团结奋进的不竭动力。当今时代，各种思想文化交锋的新形势下，成吉思汗陵文化遗产面临种种挑战。加强对成吉思汗陵文化遗产的保护和传承，对弘扬民族优秀传统文化，增强鄂尔多斯文化软实力，推进文化旅游融合发展，提高国际上的话语权具有深远的意义。我们要以习近平总书记嘱托的"守望相助、团结奋斗""建设亮丽内蒙古，共圆伟大中国梦"精神为指针，紧紧围绕成吉思汗陵深厚的文化内涵，贯彻"保护为主、抢救第一、合理利用、加强管理、传承发展"的方针，加大保护传承文化遗产力度，把资源优势型向综合优势型转变，推进文化旅游融合发展，以中华文化为根基，铸牢中华民族共同体意识为导向，把成吉思汗陵旅游区建设成为富有文化底蕴的全国著名文化旅游景区。

旺楚格，鄂尔多斯市文化局原副局长、鄂尔多斯学研究会专家委员会副主任。

鄂托克岩画保护存在的问题与保护对策的思考

马西毕利格

鄂托克旗境内的阿尔巴斯山连绵起伏横亘于旗西北部，总面积约 3500 平方千米。阿尔巴斯山主峰乌仁都喜（桌子山）海拔 2149 米，巍峨俊秀，被誉为鄂尔多斯第一峰。

阿尔巴斯山是人类古代文明的发祥地之一。在阿尔巴斯山悬崖峭壁和山尖沟畔，或者在大小不一的磐石岩脉之上，残留着无数古代岩画。这些岩画因分布在鄂尔多斯第一峰周围而称乌仁都喜岩画，因散落在整个阿尔巴斯山多个地段而称阿尔巴斯山岩画，又因阿尔巴斯山地处鄂托克旗而称鄂托克岩画。

岩画是远古时代刻画在岩石上的"石刻档案"，是形象性"史册"。数千年来，匈奴、鲜卑、乌桓、突厥、回鹘、党项、契丹、蒙古等我国北方游牧民族，相继在这里繁衍生息，共同创造了灿烂的岩画文化。鄂托克岩画历史年代跨度大，绝不是某一个时期、某一个部族所制作，而是多个部族经历数千年甚至万年漫长岁月而形成。根据考古普查、游牧民族历史资料、阿尔巴斯山区及其周边地带自然生态、野生动植物资源等综合信息和岩画制作方法比对，学者们认为鄂托克旗岩画的上限可追溯至旧石器后期，下限延至明清时期。

一 鄂托克岩画题材宽广，内容丰富

鄂托克岩画所涉及的题材非常广，内容又丰富，基本上涵盖了世界各地岩画所发现的众多内容。可大致归纳为图腾崇拜与生殖崇拜、动物写生、猎牧生活、宗教信仰等多种类型。典型的有：

图腾崇拜有磨刻的类似太阳、月亮等神奇图像、太阳神类人面像、神灵崇拜类人面像、生殖崇拜类人面像。例如：毛尔沟太阳神、人面像、原始图腾、各种神灵图案；都斯拉其鹿图腾、太阳神、生殖崇拜图案；后希尼乌苏、黑龙贵人面像组合等图案，画面生动而富有装饰美感。表现原始人类通过图腾崇拜，祈求神灵能改变自然状态，战胜邪恶，带来健康、吉祥、美好的愿望。

动物写生岩画中有北山羊、岩羊、盘羊、鹿、虎、豹、狼、狐、鸟、蛇等表现野生动物图像。例如：都斯拉其、查干浩饶、伊克布拉格、河淳布拉格、阿塔盖、苏贝沟口等地岩画，表现古代阿尔巴斯地区是野生动物的乐园，漫山遍野虎豹出没，狼狐集堆，羊鹿成群，展示了远古生态的鼎盛场面。

动物画中还刻画马、牛、驼、羊、犬等家畜或正在驯养过程中的动物群体。例如：查干浩饶、伊克布拉格、希拉赫泊、阿塔盖、伊克莫锐等地的牧马图、骑者、围墙外的狼、饮水的动物群等岩画，反映了昔日阿尔巴斯山优越的自然环境，充分说明远古人类在日常生活中最多接触的是各种动物，展示了草原文化的特点。

猎牧生活岩画，突出体现了远古人类的狩猎、放牧、祭祀、舞蹈、交媾等日常生活、生产场景。查干浩饶狩猎、放牧、男女人体岩画；阿塔盖沟女性骑马图、戴草帽人图案；乌兰哈达骑骆驼人图案；毛尔沟男性生殖崇拜图；黑龙贵交媾图；后希尼乌苏女性舞者图等，不仅表现了原始先民们为了人类的生存，对生产的发展、食物来源的探索，而且充分反映了父系氏族社会时期生活于这块土地上人群的强烈生殖繁衍愿望。

宗教信仰方面，以藏文、藏文六字真言、佛塔、法轮、梵文、回鹘蒙古文符号居多。希尼乌苏、东查布其尔藏文六字真言；希尼乌苏、特布兴高勒、东查布其尔、阿门乌苏藏文符号；苏贝沟口、阿门乌苏沟回鹘蒙古文石刻；阿门乌苏沟回鹘蒙古文"长生天之气力"字样的岩刻、梵文符号、佛塔岩画、法轮岩画，所有这些都反映了蒙古族崇拜长生天的原始信仰和藏族、党项族、蒙古族信仰藏传佛教的历史面貌。

用符号和图案形式表现的岩画有日、月、星辰、山体、水纹、花木等，还有各种形状的几何图案等符号。如都斯拉其祭拜符号、毛尔沟繁衍示意符号、黑龙贵人形符号、后希尼乌苏和查干浩饶人面符号及各种形状的符号、河渟布拉格图形符号、希拉赫泊植物符号、哈沙图河水图案、苏贝沟连环重圈符号、苏贝沟口手印图案和莲花图形等大量的象形和表意的自然符号，表现了人类对自然最直接的认识以及描述。

二 岩画保护面临的严峻形势

岩画是原始艺术最重要的文化资源，是人类物质文化遗产中最珍贵的、最值得欣赏的代表群，是人类历史、科学、文化、艺术宝库中的精华，是全世界共同的财富。鄂托克岩画形成年代久远，大致500年至数千年甚至万年的跨度。因为种种原因，面临着严重的自然毁损和人为损害。

1.历经几千年的风雨沧桑，致使存在岩画的崖壁产生裂隙渗水，片状剥落和碳酸钙沉积物覆盖等多种危害岩画的病害。主要表现为：①岩画面产生岩石片状剥落，是岩画安全威胁最大的病害。②岩画面的层面裂隙和构造裂隙，破坏图像完整。③山顶落水使岩画表面冲刷和立壁裂隙渗水。④微生物的侵蚀，致使岩画图像褪色，破坏岩画画面。

2.由于工矿业的无序发展，原本的青山绿水逐渐受到影响，岩画文化遗产保护环境遭受人为损害。主要表现为：①阿尔巴斯山矿藏资源丰富，矿山开发波及岩画保护区。由于大量的人流、车流，使岩画周边的环境悄然发生改变，原始状态在慢慢消减。②开山炸石，车来人往，粉尘严重覆盖岩画。③因岩画周围矿山开发，排放的废气及产生的震动给已有病害的岩画增加新的安全威胁。④岩画保护最终取决于经费与技术，经费不足与技术力量薄弱使保护工作滞后。鄂托克岩画保护经费显得微乎其微，很难起到明显的保护效果。保护人员配备不齐，素质相对较低，缺乏高层研究、管理人员，岩画的保护工作处在一种较低级的日常看护状态。

三 岩画保护的基本对策思考

岩画文化遗产保护工作要坚持统一管理，科学规划，永续利用的原则，使世界文化遗产能够得到更好的保护，让全人类共享文明与财富。

1.要认真贯彻执行《中华人民共和国文物保护法》规定的"保护为主，抢救第一，合理利用，加强管理"的方针，保证鄂托克岩画遗产的真实性和完整性。坚持依法和科学保护原则，正确处理经济社会发展与文化遗产保护的关系，统筹规划，分类指导，突出重点，分步实施。

2.切实落实"保护第一，科学规划，合理利用，永续发展"。政府在制定城乡总体发展规划、乡村振兴总体规划时，把加强岩画文物本体及其周边地域环境的保护作为一项重要内容，分别制定各岩画点的保护范围和建设控制地带，加强管理，完善岩画产地的旅游管理和应急预案，保证遗产的可持续发展。

3.加大岩画保护的宣传力度，宣传贯彻文物遗产保护的指导思想、基本方针、总体目标，安排部署亟待开展的各项工作，让全民参与保护，减少和消灭人为因素对岩画造成危害。

4.岩画都是国保级重点保护项目，要实行文化遗产保护行政问责制，迫使行政领导正视文化遗产。政府要把岩画保护经费列入财政预算，文化主管部门要向各级争取岩画保护经费，有效地把资金、人员、技术落到实处。

5.加强队伍建设和多方合作，提高保护与管理的水平。要重视遗产管理机构的设置与人员配备，明确岗位职责，制定管理人员的培训计划，进行专业培训和系统轮训，提高管理人员的整体素质。

6.探索构建鄂托克岩画文化遗产档案数据库，使鄂托克岩画的记录更加科学，传播更加便捷，让鄂托克岩画文化遗产的珍贵价值得以永久延续。

鄂托克岩画的保护，有其特殊性，需要社会各界共同关心与支持。文化和旅游、文物保护机构要与有关部门加强协商协作，共同寻找对策，让更多的人理解、支持，参与岩画保护，使岩画尽快得以有效保护和永续利用。

马西毕利格，鄂托克旗文物保护管理局。

深化合作　协同创新
推动学校思想政治理论课建设

陶文辉

　　鄂尔多斯学研究会是全国、全区具有影响力的地方学研究组织。作为内蒙古自治区第一家地方学研究学术团体，也是我国成立较早的地方学研究组织。多年来，研究会扎根本土，服务地方，努力拓宽研究领域，积极服务改革发展，在全区乃至全国产生了强大的感召力和影响力。高校承担着文化传承的重要社会职能。青年学子是地方文化重要的受众者，更是地方文化重要的传播者。按照鄂尔多斯学研究会首任专家委员会主任陈育宁教授提出的鄂尔多斯学学科架构的两个基本点"知识体系＋应用服务"的总体定位和鄂尔多斯学研究会首任会长奇·朝鲁先生"三个走进"的具体要求，在现任会长奇海林教授的直接推动下，2016年鄂尔多斯学研究会走进鄂尔多斯职业学院，2017年鄂尔多斯学研究会与鄂尔多斯职业学院正式签订合作协议，2019年鄂尔多斯学研究会在鄂尔多斯职业学院挂牌设立鄂尔多斯学研究基地。几年来，研究会与学院的合作越来越紧密，双方共同推进了鄂尔多斯学进校园、专家学者进讲堂，共同举办了"学习中央民族工作会议精神座谈会""国际幸福日研讨会""民族地区文化产业发展论坛"等多项大型活动，共同开展了《鄂尔多斯历史文化》等重点课题的研究，共同打造了社科普及微课堂、"石榴花开"微课堂、民族团结进步教育微课堂等系列宣传品牌，新举措、新业绩、新成果有目共睹。借助鄂尔多斯学研究会的成果、平台、队伍等资源优势，在研究会的鼎力支持和帮助下，鄂尔多斯职业学院在全区高职院校中较早成立了社科联，并于2018年被评为自治区社科普及基地，哲学社会科学研究成果日益丰硕。广大教师通过参与研究，得到很好的锻炼，社科学术水平不断提升，不少成为鄂尔多斯学研究的专家。青年学生通过参加活动，更多了解了鄂尔多斯，更加热爱鄂尔多斯，更积极投入鄂尔多斯改革发展，为建设鄂尔多斯贡献了才智。鄂尔多斯职业学院在参与决策咨询、培养高素质人才、传承优秀传统文化等方面发挥了重要作用，为地区经济社会发展做出了应有的贡献。

思想政治理论教育是基础工程，思想政治理论课是培养合格社会主义建设者和接班人的重要保障。2019年3月，习近平总书记在全国思想政治理论课教师座谈会上强调："要建立党委统一领导、党政齐抓共管、有关部门各负其责、全社会协同配合的工作格局。"2019年8月，中共中央办公厅、国务院办公厅印发《关于深化新时代学校思想政治理论课改革创新的若干意见》，要求"坚持开门办思政课"，完善思政课实践教学机制。2022年7月，教育部等十部门印发《全面推进"大思政课"建设的工作方案》，再次要求"充分动员社会力量和资源，建设'大课堂'、搭建'大平台'、建好'大师资'"。这些政策要求都为高校深化与鄂尔多斯学研究会的合作，"推动思政小课堂与社会大课堂相结合"，教育引导学生坚定"四个自信"，成为堪当民族复兴重任的时代新人提供了基本遵循和行动指南。

鄂尔多斯学研究会在思想政治理论阐释与实践研究等方面有着丰富的资源。自成立以来，研究会始终将社会服务作为首要宗旨，积极参政议政，是市委、市政府决策的重要思想库和智囊团。研究会广泛组织区内外专家学者，积极开展马克思主义中国化最新成果的阐释，是宣传党的创新理论的重要力量。研究会也积极创造机会，引导青年学者成长进步，努力培养理论研究和宣讲骨干，为社科队伍梯队建设搭建了重要的平台。这些独特的资源平台优势，决定了鄂尔多斯学研究会已经成为新时代学校思想政治工作的有力引擎，在坚持不懈用习近平新时代中国特色社会主义思想铸魂育人方面发挥着重要作用，正在推动形成全党全社会努力办好思政课、教师认真讲好思政课、学生积极学好思政课的良好氛围。新时代学校思想政治理论课改革创新对高校提出了新的要求。深化与鄂尔多斯学研究会的合作，加强双方在政治、经济、文化、教育、生态等各领域的政治理论研究合作，强化在学校党的建设、思想政治、意识形态、安全稳定、统一战线等理论创新和实践探索的协同协作，必将有效促进各级各类学校思想政治理论课建设，推动形成全市学校思想政治理论课一体化建设格局。

一　共建创新平台，构建一体思政格局

2021年底，鄂尔多斯职业学院牵头成立了鄂尔多斯市大中小学思想政治工作创新发展中心。创新发展中心的成立，为鄂尔多斯职业学院深化与鄂尔多斯学研究会的合作提供了新的方向和思路。有了前期良好的合作基础，完全可以将创新发展中心与鄂尔多斯学研究基地的工作整体谋划，整合工作资源，发挥协同优势，加强大中小学党建和思想政治工作体系建设，一体化构建理论与实践相结合的思想政治工作创新型研究型工作平台，较为系统科学完整地开展教育活动。鄂尔多斯学研究会可依托创新发展中心这个平台，广泛开展各类理论宣讲、学术研讨、文化活动等，扩大鄂尔多斯学的应用研究，增强社会影响力。鄂尔多斯职业学院可以继续得到研究会的帮助，不断加强马克思主义及其中国化成果的学习研究阐释，持续推动党的创新理论进教材、进课堂、进头脑，为全市大中小学思政课做出教学指导和示范引领，促进学校党的建设、思想政治、意识形态、安全稳定、统一战线等工作的理论创新和实践探索，共同推进鄂尔多斯市大中小学思政课一体化建设升级发展。

二　统筹人才资源，培育一批思政名师

思想政治理论课建设是一场教育行政部门、学校、思政课教师、家长和社会共同参与的流程再造式教学改革。鄂尔多斯学研究会汇集了各级党政领导、社科理论界权威、思政工作专家、爱国主义教育基地负责同志以及行业模范、英雄人物、青年学者等各环节、各方面育人资源和育人力量。近年来，有的专家学者已经多次走进校园为广大师生做理论宣讲；有的专家学者已经

被高校聘为兼职教授，定期讲思政课或作形势政策报告，成为思政课建设的重要力量。各级各类学校应当实行思政课特聘教授、兼职教师制度，借助研究会丰富的人才资源，汇聚全社会育人"大能量"，打破传统组建教改团队，建强建优思政课师资队伍，集中优势培育一批名师。而学校青年教师的参与，也必将推动鄂尔多斯学这一品牌地方学研究队伍的年轻化，从而使鄂尔多斯学研究事业可持续发展。

三　创新教学形式，打造一批思政金课

按照人才培养的要求，学校思想政治工作者应围绕大中小学共有的马克思主义理论教育、中国特色社会主义和中国梦教育、爱国主义教育、社会主义核心价值观教育、中国共产党史、新中国史、改革开放史和社会主义发展史教育、中华优秀传统文化教育等内容，聚焦立德树人根本任务，与研究会专家学者开展深度研讨交流和集体备课，积极探索课堂教学和专题讲座以及第二课堂活动的整体设计、有效衔接的形式，强化党的创新理论普及。要以习近平新时代中国特色社会主义思想为指导，聚焦党的十八大以来，党和国家事业取得的历史性成就、发生的历史性变革，讲好新时代的中国故事、内蒙古故事，展现故事背后的思想力量和精神力量，推出一系列紧跟时代要求、具有自身特色、符合学段特点、师生喜闻乐见的思政教学活动，打造更多高水平思政"金课"，讲好用好新时代的"大思政课"。要推动"思政课+社会实践"，以社会生活为"课堂"、实践为"教材"，与研究会共建思政课实践教学基地，定期组织学生开展课堂教学、理论研究和社会实践活动，广泛开展社科普及，引导学生主动发现、思考、解决社会问题，增强课堂教学的针对性和实效性，推动习近平新时代中国特色社会主义思想深入人心。

四　传承地方文化，铸牢中华民族共同体意识

各级各类学校应当借助鄂尔多斯学研究会的平台资源优势，深入挖掘鄂

尔多斯历史文化的丰富底蕴，全面总结鄂尔多斯改革发展的辉煌成就，特别是中国共产党内蒙古史、鄂尔多斯革命史和各民族共同团结奋斗、共同繁荣发展的生动历史，组织专家学者走进大中小学，宣讲全区各地牢记嘱托、奋力书写新时代内蒙古高质量发展新篇章的生动实践，宣讲铸牢中华民族共同体意识的历史必然性、极端重要性、现实紧迫性和工作要求。要讲好各族干部群众按照习近平总书记和党中央为内蒙古确定的战略定位和行动纲领，走好以生态优先、绿色发展为导向的高质量发展新路子，加快建设"两个屏障""两个基地""一个桥头堡"的举措成效；讲好鄂尔多斯在全面建设社会主义现代化国家新征程上担当维护国家生态安全，保障国家能源安全、产业链供应链安全、粮食安全，服务国家经略周边和对外开放战略，维护国家统一、民族团结，守卫祖国北部边疆的责任使命和信心决心；讲好各民族交往交流交融、共同建设美好家园、共同创造美好生活的故事，宣传各民族共享的中华文化符号和形象，推进各民族共有精神家园建设，引导广大师生牢固树立正确的国家观、历史观、民族观、文化观、宗教观，让休戚与共、荣辱与共、生死与共、命运与共的共同体理念根植于心灵深处，不断巩固中华民族共同体思想基础，厚植热爱家乡、建设祖国、奉献社会的情怀。

五 重视总结交流，推出一批成果案例

坚持理论研究与实践探索并重，以扎实深厚的理论研究支撑和带动工作研究，着力推出高水准、高质量的理论和应用研究成果。在鄂尔多斯学研究会的指导和带领下，以鄂尔多斯学为主要研究方向，利用研究会的研究成果、研究平台、研究队伍等资源优势，共同申报鄂尔多斯历史、文化、生态、经济等各类课题，共同开展鄂尔多斯历史与现实、经济与文化、自然与人文、研究与实践等相结合的学术研讨、观摩交流等活动，总结推出科研成果和创新案例，为大中小学思政课一体建设提供理论支撑和学术支持，并推动鄂尔多斯学研究会的可持续发展。要坚持问题导向，从青少年成长成才和人的全面

发展角度，既立足教育看教育，又跳出教育看教育，紧紧围绕培养社会主义建设者和接班人根本任务、立德树人根本标准、师德师风建设第一标准，加强和改进高校党的建设、推进"三全育人"综合改革、构建一体化育人体系、宣传思想文化建设、统一战线工作、教师思想政治工作、意识形态工作、国家安全教育、平安校园建设、网络舆情工作等思想政治工作的热点难点问题，促进最新研究成果向政策层面、工作层面和教学层面转化，着力推出一流的理论研究和实践探索成果，为全面提升高校思想政治工作质量、推动高校思想政治工作体系贯穿整个人才培养体系提供理论支撑和决策咨询。

陶文辉，鄂尔多斯职业学院党委副书记、鄂尔多斯学研究会专家委员会副主任。

文化教育研究

推动职业教育高质量发展的思考

付 瑞

作为土生土长的鄂尔多斯人,我这些年先后在新闻单位、党政部门和学校从事文字工作,但多数是就事论事、应付差事。非常有幸参加鄂尔多斯学研究会组织的活动,能够当面聆听陈育宁教授、奇·朝鲁盟长、夏日主席等老专家、老领导的讲话,读他们写的文章,言语间的家国情怀,对地方发展的深邃思考,历经世事的淡定与真诚,让后生晚辈心生敬意。在鄂尔多斯学会成立20周年之际,实在拿不出像样的敬礼之作,只能在教言教,谈一点对鄂尔多斯职业教育的浅显认识。

一 我市职业教育的发展历程和现状

教育是社会发展的缩影,职业教育与地区经济社会特别是产业发展紧密相关。新中国成立初期,鄂尔多斯的职业教育一片空白。随着社会主义改造和国民经济的恢复,为填补人才缺口,国家把重心放在培养周期短、人才实用性强的中等职业教育上,中央和地方的工业、交通、农林、财贸等国民经济主管部门,创办了一批中等专业技术学校,培养技术干部和管理干部。鄂尔多斯在1956年成立了伊克昭盟财经学校,1959年成立了伊克昭盟师范学校、伊克昭盟卫生学校,1978年以来又相继成立了伊克昭盟农牧学校、伊克昭盟工业学校、伊克昭盟技工学校、伊克昭盟艺术学校、伊克昭盟民族幼儿师范学校、伊克昭盟教育学院和内蒙古电大鄂尔多斯分校,为鄂尔多斯经济社会各条战线培养了大量优秀人才。1984年,按照上级的要求和当时的实际,全盟加快了改革中等教育结构,大力发展职业教育的步伐,各旗县先后办起了职业中学。进入 21 世纪以来，随着国家人才需求结构的调整和教育考试制度的改革，市内原有各职业院校进行了合并重组。2007 年起陆续创办了鄂尔多斯职业学院、内蒙古民族幼儿师范高等专科学校、鄂尔多斯生态环境职业学院和鄂尔多斯应用技术学院，初步形成中高职有序衔接、农工商教体卫门类齐全的职业教育体系。

以习近平同志为核心的党中央高度重视职业教育工作。党的十八大以来，国家、自治区和鄂尔多斯市相继出台了深化职业教育改革的政策举措，有力促进了全市职业教育整体水平的提升。目前，全市共有应用型本科 1 所、高职院校 3 所、中等职业学校 8 所，高校附设中职部 3 所，在校生人数达到 3.1 万。但相对于发达地区、相对于全市基础教育水平，特别是相对于我市的经济社会转型和产业发展需求仍存在较大差距。一是社会对职业教育的认可程度较低，职业学校被作为普通教育的补充，甚至是无法上高中和大学学生的无奈选择，我市中考职普比例仅为 3∶7，较全国平均水平低 10 个百分点，与国家规定的二者比例"大体相当"的要求还有很大差距。二是对职业教育和普通教育、职业教育和产业融合协调发展缺乏有效统筹，管理体制机制也不尽完善，本专科、中职、职高隶属不同管理主体，办学经费渠道不一，多头管理，条块分割，中高职之间、学校之间各自为战，资源配置与专业结构布局不尽合理。三是职业教育办学质量评估和教学评价体系不健全，教育主管部门对职业院校办学质量没有统一标准、硬性要求，学校之间还没有真正形成竞争淘汰机制。学校对教师考核、学生评价也不够科学严谨，教学标准和教学质量不高。四是院校规模普遍较小，8 所中等职业学校在校生不足 1.4 万人，4 所高校学生人数也都在 5000 人左右，办学特色、专业特色不够鲜明，人才培养定位还不够清晰，课程改革不够深入，专业设置不够合理，战略性新兴产业专业挖掘储备较少。五是产教融合、校企合作机制没有建立，办学供给和企业需求之间不协调，人才培养存在"两张皮"问题。校企合作的政策性激励机制未得到有效落实，企业参与办学的主动性不强、积极性不高，校企合作仍处于浅层次、自发式、松散型状态。

二 构建一体化职业教育办学体系

2022年5月颁布的《中华人民共和国职业教育法》，首次以法律的形式定性了职业教育是与普通教育具有同等重要地位的教育类型，对各个教育阶段、各类学校承担的职业教育任务进行了明确，为推动职业教育与普通教育融通、不同层次职业教育贯通提供了法律遵循。

（一）优化顶层设计，落实"三通"要求

一是深化职业教育与普通教育相互融通。建立健全各级各类学校教育与职业培训学分、资历以及其他学习成果的认证、积累和转换机制，促进职业教育与普通教育的学习成果融通、互认。普通中小学、普通高等学校要根据实际需要，增加职业教育相关教学内容，进行职业启蒙、职业认知、职业体验，开展职业规划指导、劳动教育。二是深化职业教育内部融通。今后接受职业培训取得的职业技能等级证书、培训证书等学习成果，经职业学校认定，可以转化为相应的学历教育学分；达到相应职业学校学业要求的，可以取得相应的学业证书。中等职业学校根据高等职业学校设置制度规定，符合条件的技师学院可纳入高等职业学校序列。三是深化不同层次职业教育有效贯通。推动中等职业教育、高等职业教育均衡、高质量发展，实现中职学校与高职学校教育的贯通招生和培养，高等职业学校具备条件可以升本或开办本科专业。

（二）巩固中职教育的基础性地位，提升中职教育教学水平

一要调整定位，引导中职教育多样化发展，发挥中职教育的就业、升学功能，使中职教育的定位从单纯"以就业为导向"调整为"就业与升学兼顾"。通过拓展中职学校办学功能，提升中职学校对不同需求学生的吸引力。二要优化布局，通过撤并、转型等形式，提升中职学校办学水平。按照《鄂尔多斯市"十四五"教育体育事业发展规划》，到2025年，中职学校人数要达到1.9万人，建成3所自治区优质中等职业学校和11个优质中职专业，职普比

例达到40∶60，办学条件达标率达到100%。三要加大投入，完善中职学校生均经费拨款标准，建立与办学规模、培养成本相适应的拨款制度，确保中职学校在师资、设施、办学经验等方面持续加强。

（三）深化高职教育改革，构建多样化办学新格局

一是坚持需求导向和高质量标准。紧盯国家、自治区产业发展方向，特别是产业结构调整布局，优化学科建设和专业设置。建立专业和课程动态调整机制，确保人才培养与企业需求的一致性。二是优化市属高校的办学定位。鄂尔多斯职业学院聚焦煤炭、新化工、新能源、新材料、汽车、智能制造、建筑工程、信息工程、数字经济、生产性服务业等领域建设专业（群），鄂尔多斯生态环境职业学院聚焦生态环境保护、现代农牧业、食品加工建设专业（群），内蒙古民族幼儿师范高等专科学校立足师范教育、文化艺术、托育服务、智慧康养等领域建设专业（群），鄂尔多斯应用技术学院重点发展本科层次职业教育。三是提升高职院校的社会服务能力。发挥高校的人才和专业优势，开展面向社会的职业培训，面向中小学的职业启蒙教育，面向居民的社区教育。推动高校与行业、企业共同开展科技创新和科研攻关，帮助企业解决实际生产中的技术难题，形成产学研用互动机制。

（四）加快职业本科建设，打通技能型人才上升通道

一要提升现有本科院校的办学水平。鄂尔多斯应用技术学院立足应用型本科定位，紧盯"风光氢储车"和"高新特专""未来产业"产业集群，加强与国内头部企业、科研院所、高校联合培养硕士，积极培育专业硕士授予点。二要加快有条件的专科学校升本。争取内蒙古民族幼儿师范高等专科学校申办师范类本科院校。三要支持高职院校开办本科专业。重点培育办学条件成熟、校企合作基础良好的院校和专业，如鄂尔多斯职业学院煤炭清洁利用技术、机械制造及自动化、汽车制造与试验技术可以争取尽早设立职业本科专业。四要破除唯名校、唯学历限制。在公务员招考、企业事业单位招聘、包括职称评聘、人才认定过程中，对职业院校学生一视同仁，为他们成长成才创造条件，在全社会营造"技能宝贵，劳动光荣"的浓厚氛围。

（五）加强专业教师队伍建设，增强职业院校发展后劲

一要强化"双师型"教师队伍建设。将教师作为职业教育发展的第一资源，强化专业教学和实践要求，完善职业教育教师招聘标准，把好关口、畅通渠道，把优秀人才选聘到职业教育教师队伍中来。二要强化职业教育教师全员培训。建立专业人才培养和终身学习制度，加强师德师风、教学技能基础培训，专业课教师要定期参加行业领域的培训轮训，及时更新知识结构，提升教学水平。三要加强实践锻炼。完善"双师型"教师认定标准及相关管理规定的指导性文件，完善职业教育兼职教师聘任制度，建立校企人才协同合作与激励机制，吸引资深技术技能人才通过担任兼职教师将一线生产实践经验带入职业教育人才培养过程中。

三　深入推进产教融合校企合作

深化产教融合、校企合作，是实现职业教育现代化的必由之路，也是推进人力资源供给侧结构性改革的迫切要求。近年来，我市在职业教育产教融合、校企合作方面进行了积极有效的探索，2020年自治区确定鄂尔多斯市、乌海市作为全区首批产教融合型试点城市，集中培育产教融合型城市、产教融合型行业、产教融合型企业，我市随即又出台相应的改革方案和具体举措。我们要紧紧抓住新一轮科技革命和产业变革的战略机遇，以建设国家现代能源经济示范城市为导向，围绕供给侧结构性改革和资源型城市绿色低碳转型，全面构建职业教育产教融合、校企合作新机制。

（一）加强对职业教育的顶层设计和总体统筹

一是把职业教育与普通教育放在同等重要位置，将产教融合发展纳入全市经济社会发展总体规划、旗区（园区）产业发展规划、重大项目布局规划，作为产业发展、企业引进基础条件和重要支撑。二是健全职业教育发展的领导机构和工作机制，从全局层面加强领导统筹，及时研究解决改革中的难题，落实保障加快职业教育改革发展的相应政策措施。三是建立产教融合服务平台，通过大数据信息实现产教融合各类信息资源互利互通。实施产业人才需求预测计划，建立以人才需求预警和预测为牵引的职业教育资源配置模式。

（二）建立健全产教融合校企合作支撑体系

一要加大对职业教育的宣传力度，理顺职业教育管理体制，增加职业教育吸引力，引导全社会对职业教育广泛认可和支持，提高职业教育的社会认可度。二要认真贯彻执行《中华人民共和国职业教育法》和《国家职业教育改革实施方案》，抓住产教融合试点城市建设契机，按照"政府推动、行业牵引、校企对接、社会服务"的发展思路，构建人才供应链服务体系。三要进一步完善鄂尔多斯市"科技新政30条"和"人才新政30条"，落实落细《职业教育改革发展实施方案》及系列配套实施方案，增强高校选人用人的自主权。四要出台产教融合政策措施、支持方式，政府主导打造一批产教融合型示范企业，激发企业深度参与职业教育的积极性和主动性。全面落实职业教育经费政策性来源渠道，建立健全职业教育经费保障机制。五要建立监督考核体系，将产教融合考核结果纳入院校年度考核指标中，并与企业享有的优惠政策相挂钩，形成行业主管部门、用工企业和社会多方参与的科学评价体系。

（三）提升校企协同育人深度和质量水平

一是深化校企联合人才培养机制建设，共同完善专业教学标准、人才培养方案，共同开发新课程，建设优势特色专业。二是加强企业技术中心和高校技术创新平台建设，鼓励企业和高校共建产业技术实验室、中试和产业化基地，把专业建在产业链和需求链上，把学校延伸到产业基地和开发区。三是鼓励学校与企业共建、共管、共用"生产性体验中心""未来技能中心"等实训基地，提升学生顶岗实习、企业见习、社会实践的基础条件和学习效果。四是坚持"以赛促改、以赛促学"理念，完善各级各类职业赛事机制，定期举办鄂尔多斯市内职业技能大赛和科普推广活动，加大高技能人才的选拔培育和奖励力度。

(四)全面深化职业院校办学改革

一要坚定为地方服务、办人民满意的职业教育理念。职业院校要立足地方、服务地方，真正从为民办教育、培养高素质人才着手，加大与企业的对接力度，开设市场需求度高、就业前景好的专业，制定切实可行的人才培养方案。二要提升招生就业的精准度和服务水平。积极探索学校与地方政府合作，由政府推动招生就业，让学生就近上学、当地就业，保证就业率与就业质量。三要把产教深度融合纳入学校教学体系，加强与企业人才培养的连贯性，提高专业匹配度和人才适用性，着力打造产学教研用协同发展的现代职业教育体系。四要主动服务民生改善，实施终身职业技能培训计划，落实重点人群和困难群众就业帮扶措施，对农民工、失业人员和转岗职工、退役军人等开展免费职业培训，拓展职业教育的覆盖领域和服务功能。

付瑞，鄂尔多斯职业学院宣传部部长、鄂尔多斯学研究会专家委员会委员。

铸牢中华民族共同体意识的逻辑演进与新时期学校民族团结教育创新实践研究

——鄂尔多斯市第一中学伊金霍洛校区民族团结教育工作纪实

陈 峥

2021年，教育部、中央宣传部、中央统战部、国家民委联合发布《深化新时代学校民族团结进步教育指导纲要》（以下简称《指导纲要》），以铸牢中华民族共同体意识为主线，对新时代各级各类学校民族团结进步教育高质量发展进行了全面部署，这是落实立德树人根本任务、铸牢各族师生中华民族共同体意识、巩固中华民族大团结的重要举措，对于促进各族师生广泛交往交流交融，对于实现中华民族伟大复兴中国梦具有重要意义。

近年来，鄂尔多斯市第一中学伊金霍洛校区认真贯彻落实新时代中国特色社会主义思想，切实将中华民族共同体意识培育纳入教育教学工作体系，不断完善培育模式，创新方式方法，找准教与学的心理契合点、情感共鸣点、价值结合点，突出"中华民族一家、同心共筑中国梦"这一主线，组织开展丰富多彩的主题教育和社会实践活动。自2019年以来，我校每年为青海省河南蒙古族自治县委培40名高中生，通过"民汉合校、统编教学"的方式，诠释了各民族之间守望相助、手足相亲，以实际行动践行铸牢中华民族共同体意识，典型事迹被人民网、中央统战部官网转载报道。2021年我校被评为"鄂尔多斯市民族团结进步示范单位"荣誉称号。

一 加强组织领导建设

成立民族团结教育活动领导小组，由校长任组长，分管领导具体负责，各学科组长、骨干教师为主要成员。并进一步建立和完善了工作责任制，形成了责任明确化、工作具体化、主管领导抓、分管领导具体抓的良好格局。校领导以身作则，加强民族团结教育，推动学校快速发展。学校领导班子成员从自身做起，经常检查班子成员在贯彻执行党的民族政策和加强民族团结方面的情况，开展批评与自我批评。校党支部则紧紧围绕发展稳定的大局，采取教职工大会、专题辅导、座谈交流、印发学习材料等集中培训和分散学习等方式，使全体教职工正确认识民族团结进步是基本国策，民族文化是祖国文化不可缺少的一部分的重要性。

二 突出党员表率作用

树立民族团结良好形象，民族团结是各族人民的生命线，是学校各项工作的保障和基础。学校在民族团结进步创建工作中充分发挥全体师生员工的积极性和创造性，坚持将民族团结工作作为促进学校工作科学发展的一个重要内容，将民族团结工作渗透到教育教学管理的各项工作中去，积极推进民族团结工作的经常化、制度化建设。一是加强民族团结教育，牢固树立民族团结意识。组织师生员工深入细致地学习党和国家的民族政策和民族理论，反复学习"三个离不开"思想，了解各民族之间荣辱与共、唇齿相依的密切关系，不断深化各族干部的民族意识。二是做好青海民族班的培养工作，用实际行动践行新时期党的民族理论、政策和方针，以增进民族团结为抓手，在培养机制、资源配置等方面积极作为。三是充分发挥少数民族党员干部在学校发展中为民服务、勤政务实、敢于担当、清正廉洁的精神品质，使各民族干部成为推动学校高质量发展的中坚力量。

三 推动国家通用语言文字

积极贯彻执行党和国家关于依法推动国家通用语言文字事业发展，大力推广普通话、推行规范汉字等政策，极大促进了民族团结，通过开展师生之间的互动交流和学习，充分利用课堂等学习载体，不断强化国家通用语言文字的规范使用，充分发挥国家通用语言文字的重要作用，不断发展和巩固各民族共同团结奋斗、共同繁荣发展的文化基础，不断铸牢中华民族共同体意识，为实现"两个一百年"奋斗目标、实现中华民族伟大复兴的中国梦做出积极贡献。

四　抓好学生培养工作

教育教学工作历来是学校工作的核心和重点，对于民族班委培学生来讲，更应从多方面考虑其实际情况，为此学校从顶层设计通盘考虑部署民族班的培养工作，将民族班教育教学基本计划列入学校整体工作计划。重点从学生综合素质提升及综合能力培养方面下大力气，在课程设置、教学进度、教学过程、教学激励、教学评价等方面既遵从学校共性的做法，也充分考虑民族班的实际情况，创造性地开展民族班的教育教学工作，如聘请蒙古族中学教师来校授课，帮助学生了解鄂尔多斯文化，学习蒙古语等等。通过两年多的运行，民族班学生的学业成绩及综合素养都有了显著的提升。

五　配备优秀师资团队

经过全盘考量和综合研判，学校从全校范围内挑选了优秀骨干教师担任民族班的班主任管理和日常教学工作。教师团队中既有德高望重、经验丰富的老教师，也有年富力强、精力充沛的中青年教师，新老教师的合理配置，充分发挥了教师的业务能力和特长间的优势互补，一方面能带领学生打好专业基础知识，另一方面也引导学生崇德、向善、自律、自为，养成良好的行为习惯，帮助学生树立正确的人生观、价值观、世界观，促进学生的全面发展。

六　搞好学习生活服务

在着重做好学生学业管理的同时，学校还特别注重学生生活方面的服务工作。为民族班学生提供了免费教科书、教辅资料，及时发放各类生活补助、购买医疗保险，特别是利用节假日委派专人组织学生到鄂尔多斯博物馆等地研学，丰富学生的课余文化生活，拓宽视野，让地区文化、民族文化、传统文化都能浸润学生心灵。中秋、元旦等传统节日，学校、级部会组织相关庆祝活动，老师学生们共度佳节，让学生在外求学也能感受到节日的温暖。学校相关部门主动、及时了解民族班家庭经济困难的学生，积极协调地方爱心企业和爱心人士，通过各种渠道为家庭贫困学生争取各类助学金，助力学生顺利完成学业。截至 2021 年底，累计资助 40100 元。遇到学生生病的情况，学校民族办负责人、班主任老师、任课教师在第一时间将生病学生送往医院救治。每逢寒暑假，学校会积极协调专车接送，确保师生往来安全。

七 促进学生身心健康

学校考虑到民族班学生远离家乡赴异地求学的实际情况，不仅从生活上给予他们关心和关怀，更多从心理上为学生创设温馨舒适愉悦的学习环境。从班级层面，任课老师在课下主动给予关心和关注，嘘寒问暖之间增进了师生情谊，温暖了学子的心，让学生真切感受到家的温暖。从年级层面，通过举办各种活动，让民族班学生踊跃参加，融入与当地学生的学习和生活中，增进了友谊，在交流互动中互相学习进步。从学校层面，搭建更多更高的平台，鼓励他们参加学校层面的各项活动，不仅能增进与当地学生之间的交流沟通，让当地汉族学生更多地了解少数民族，也能让民族班学生在活动中展现民族自信、民族风格，促进了学校各民族学子间的交流互动，加深了民族情感。同时学校也会定期邀请专家、学者来校讲座讲学，不断丰富学生的知识视野和人生格局。

八 助力学生成人成才

通过两年多时间的运行，民族班委培项目整体运行情况良好，成效明显，得到家长、师生、社会、政府的一致认可。总体来看，目前学生在校学习状态良好、生活稳定有序、身心健康愉悦、师生团结友爱、行为习惯儒雅，综合素质和个人能力均得到很大提升。下一步，学校将进一步工作做实做细，更加深入地了解学生的学习情况、兴趣爱好、文化习俗、生活习惯等，切实帮助学生更好地适应学校的学习及生活，最终实现自己的人生理想。学习将组织更多更有意义的民族团结教育活动，不断铸牢中华民族共同体意识，坚持为党育人、为国育才，努力培养新时期合格的建设者和接班人。

中华民族一家亲，同心共筑中国梦。学校已形成"全员、全程、全心、全域"立体覆盖和全面贯穿的育人工作体系，以中华民族共同体意识培育为指向、以思想政治教育课程创新融合为抓手、以人才队伍建设为依托、以民族团结进步创建为载体、以意识形态主体责任落实为关键、以人才培养目标为导向，不断开创工作思路、丰富工作内涵，以更高的站位、更严的要求、更实的举措助推民族团结进步教育工作向纵深发展，助推委培班项目取得更大的成绩，让委培班项目成为两地政府深化开展"民族团结教育实践活动"典范之作，同时将努力调动一切校园资源和所有学生心性力量，朝着促进中华民族一家亲的发展方向凝心，聚焦同心共筑中国梦接力者的培养目标发力，不断铸牢全校师生的中华民族共同体意识。

陈峥，鄂尔多斯市一中南校区校长、鄂尔多斯学研究会专家委员会委员。

文化教育研究

鄂尔多斯教育如何与经济同步高质量发展

杨 莉

昔日的鄂尔多斯曾是内蒙古自治区最贫困落后的地区之一，曾经的生活是："沙多草木稀，地多产量低，人穷文化低。"（《人民日报》语）8个旗、区中，有5个国家级贫困旗和3个自治区贫困旗。老百姓"吃粮靠返销、花钱靠救济"，改革开放40年，鄂尔多斯市地区面貌发生了翻天覆地的变化，地方经济引人注目。

2022年鄂尔多斯市"地区生产总值由2017年的3150.2亿元增加至4715.7亿元，增长13.3%，人均GDP超过20万元；一般公共预算收入由2017年的356.8亿元增加至552亿元，年均增长11.5%，主要经济指标保持全区领先。产业发展深层次变革。建成一批重大产业转型项目"。[1] 快速增加的地区生产总值，"产业发展深层次变革""建成一批重大产业转型项目"，表明鄂尔多斯市经济成功转型，迈向了高质量发展的快车道。

经济发展，为教育发展提供了资本，2005年鄂尔多斯市实施义务教育"两免一补"政策，免除学杂费、教科书费，补助寄宿生生活费。2007年开始实施免费特殊教育，2010年实现了12年免费函授教育和15年免费民族教育，并对考取专科、本科和国家"211"工程院校的农村牧区蒙古族大学生分别每年给予3000元、5000元和7000元的补助。

伊金霍洛旗、鄂托克旗分别于2010年、2011年实现15年免费教育，走在了全国前列。

2020年，全市教育经费总投入为100.36亿元，比上年的91.44亿元增长9.76%。

---

[1] 2022年鄂尔多斯市政府工作报告。

其中，国家财政性教育经费（主要包括一般公共预算安排的教育经费，政府性基金预算安排的教育经费，企业办学中的企业拨款，校办产业和社会服务收入用于教育的经费等）为 96.29 亿元，比上年的 84.11 亿元增长 14.48%。[2]

以上数据有力证明了，鄂尔多斯市对教育投入逐年增加，教育的基础设施得到了改善，教育质量显著提高，这是否就可以说明鄂尔多斯教育已经和经济同步高质量发展了？教育与经济发展的匹配程度如何呢？

集美大学产业与区域经济研究中心黄浩对西部各省教育与经济高质量协调发展程度做过研究，他根据 2010—2019 年数据，得出结论："西部各省的教育指数和区域经济高质量发展指数都保持稳步波动上升趋势，但发展不均衡；西部教育与区域经济高质量发展的耦合协调度也保持波动上升趋势，但仍处于偏低协调水平，说明西部教育发展显著滞后于区域经济高质量发展水平。教育对区域经济高质量发展的贡献偏低、教育投资激励不足、产教融合度低和授权专利成果少是四川等 11 个省份的共同突出短板。"[3]

从这个报告中可以看出，西部教育虽然有所发展，但与经济的协调度仍处于偏低水平，对区域经济高质量发展的贡献偏低。

2022 年 1 月召开的全国教育工作会议要求必须跳出教育看教育、立足全局看教育、放眼长远看教育，做到 5 个"深刻认识和把握"。其中，必须深刻认识和把握"现代化经济体系转型升级对教育的迫切需求，培养大批适应经济社会发展需要的人才"；必须深刻认识和把握"人民群众不断提高的教育期盼，推动教育改革发展成果更多更公平惠及全体人民"；必须深刻认识和把握"教育自身面临的突出矛盾和问题，深化教育教学改革创新，促进教育公平和提高质量"。

如果按照这个要求，那鄂尔多斯的教育在高质量发展方面还需要更加努

---

[2] 来源于鄂尔多斯教育体育之窗、时间为 2021 年 11 月 22 日、由鄂尔多斯市教育体育局、鄂尔多斯市统计局、鄂尔多斯市财政局共同出具的全市教育经费情况。

[3] 集美大学产业与区域经济研究中心、集美大学财经学院黄浩的《中国西部教育与区域经济高质量耦合协调发展研究》。

力。其实2022年全区教育工作会议的主题就是"走好教育高质量发展新的赶考之路",可见全区的教育工作重点就是"高质量发展"。

鄂尔多斯教育如何与经济同步高质量发展?

一 改变思想是前提

2021年7月,中共中央办公厅、国务院办公厅印发《关于进一步减轻义务教育阶段学生作业负担和校外培训负担的意见》,简称"双减"。本意见旨在恢复教育生态,避免教育应试化、短视化,培养学生的创新能力、探索精神及综合素质,全面提高教育质量,进而服务国家战略需求及民族复兴的伟大事业。一时间,"减负""提质""增趣""五育并举"……成了热词。"以德育人,培根铸魂;以智育人,夯实教学;以体育人,强身健体;以美育人,陶冶情操;以劳育人,知行合一"。这些观点,让教育终于回归了育人的本质,让人们看到了改革的希望。可鄂尔多斯的教育者真的能如此迅速地转变观念吗?学校真的能不再重视分数吗?社会真的能不再用分数衡量教育吗?

2022年,内蒙古普通高中要全面进入新课改,进入新高考。所用的2017年版课程标准和课程方案在2003年版课程标准(实验版)基础上修订,观念发生了革命性的变化,第一次明确教学质量不等于分数,育人不是育分,素质教育不在课外。

以前一提到素质教育,教师首先想到的就是课外活动,认为只有形式多样的活动才包含着素质,而上课,得实实在在让学生学习知识,知识才是切实的教学目标。本次修订革命性的转变就是要让老师们明白,学习某一学科,目的不是它的知识,而是通过知识,让人具有一种素养,这就是学科核心素养,而且学科核心素养就是教学目标。

从2012年开始,教育部组织开展了国内外高中课程比较研究,对美国、德国、英国、日本等10多个国家和地区近十年高中课程改革情况进行研究。这一先期准备,使本次修订具有国际视野,并强调关注信息化环境下教学改革的中国特色。对"以学习者为中心"的命题，赋予明确的内涵和价值追求，即培养具有各方面核心素养的主动学习者，而不是为追求功利目标的被训练者。

新课标和课程方案，将指导教育完成从教书到育人的转变。学生要将课堂里的学习与未来的生活、工作和挑战联系起来，老师与教研人员要成为具体教学方案的设计者、环境的创设者、教学资源的推荐者和建设者、学习的引领者和导师。

要想实现新课标理念下的教育目的，教育者就必须具备新的发展观、新的目标观、新的课程观、新的知识观、新的教师观、新的教学观、新的课堂观、新的学生观、新的评价观、新的作业观、新的方法观……这一系列的新的前提就是教育者要转变观念，而且这种转变迫在眉睫、刻不容缓！

思想是行动的指南，只有思想上领先一步，行动上快人一拍，才能胜出一筹。鄂尔多斯教育只有在改革到来之前，因时而变，跳出传统思路、改变传统手段，才能避免穿新鞋走老路，才能避免单纯拼时间、拼刷题的老路子。

这一轮教育改变，对于鄂尔多斯来说是挑战还是机遇，关键就是领导和老师能不能及时转变思想！

二 选择校长是关键

人民教育家陶行知曾说："一个好校长就是一所好学校"。校长是一所学校的灵魂，睿智的思想、深厚的文化、高尚的人格方可汇聚成独特的个人魅力。校长的教育理念、价值观念在很大程度上决定着一个学校的格局和特色，具有独特人格魅力的校长，对学校的思想高度和文化品位具有重大影响力。

如蔡元培之前的北大，官僚气息浓重，民国政府也曾试图对北大进行改革，但均以失败而告终。1916年12月蔡元培被任命为北大校长。在历任校长中，蔡元培不是首位也不是任职时间最长的，却只有他被北大人称为"永远的校长"，被国人称为"北大之父"。他以"思想自由，兼容并包"的精神，揽一时之英才，使北大成为大师云集的大学而非"大楼壮观"之大学！

蔡元培任北大校长，不唯上命是从，不唯上好是趋，一生践行着自己"教育救国"的理想，在内乱不断、外患频仍，动荡不安的民国时期，蔡元培以退为进，终于可以坚持自己的教育理想，开创北大新风气，成一国大学之奠基！

一所学校，总有那么几任校长，在学校发展史上留下影响深刻的一笔，或改变学风，或改变教风，或引领一地教育之风尚……这些改变，大都源于校长的教育情怀、办学理念、教育智慧、领导能力……

今天，在"双减"背景下，在普通高中新课标即将实施的时间节点下，在产业链重组高等教育必须为国培养高精尖人才的世界格局下，鄂尔多斯的教育必须改变急功近利的"短视"目标，放眼世界，才能争取未来的主动！

在这样的背景下，校长的选择，从小学到大学，就成了教育改革的关键。

鄂尔多斯教育如果想高质量发展，就必须选择那些在各方压力下还能保有教育"良心"的校长。这"良心"是对教育情怀的坚守，是对教育规律的尊重，是对学生成长的"仁慈"。

校长的教育情怀，就是不把校长当官去做，而是把教育当成自己终生的事业；不以升迁为终极目标，而以践行自己的教育理念为人生的幸福；不以成绩为衡量成败的唯一标准，而以学生的终生发展为教育宗旨……

校长对教育规律的尊重，就是对学生发展规律的尊重，不会拔苗助长，小学教育非要加入初中内容；不会无限地延长学生在校时间，让小学生睡眠严重不足；不会说一切"零碎"的时间用于学习就是努力上进，让学生上操还拿着书本……校长对教育规律的尊重，不是在汇报材料中体现，不是在应付检查中体现，而应是真实的教育日常！

校长对学生成长的"仁慈"，就是能保护学生的"好奇心"，允许不同的答案存在；能保护学生的个性，不以规矩扼杀学生个性成长的空间；不会如园丁修剪绿化带一般，一把电锯，"枝叶横飞"，"齐齐整整"……

校长虽然不会亲自上课，但校长的教育理念必定会引领一校教育之风气，所以鄂尔多斯选择的校长应该有教育的前瞻性、有改革的紧迫性、有胸怀未来的大格局……这样鄂尔多斯的教育才有可能进入高质量发展的快车道！

三 提高教师素养是根本

教师是立教之基、兴教之本、强教之源。教育要完成的传承文化、传递文明、传播知识的使命，得通过教师进行文化布道；学校所承担的塑造人心灵、完善人品格、增长人智慧、培养人情操的重任，也得通过教师来实现！所以教师强则教育强！

但现实中，鄂尔多斯的许多教师没有强烈的自我成长意识，专业素养与未来教育要求不匹配。鄂尔多斯教育亟待完善教师发展体系，全面提升教师专业素养，从而建成一支高素质专业化创新型教师队伍。

全面提高教师素养，是鄂尔多斯本轮教育改革成功的关键！我觉得提高教师素养的主要途径是读书！

教无定法，贵在得法，前提是心中有"无数法"可以选择。教师只有不断阅读，才能有博学多才的独特见解，出口成章的语言素养，落笔成文的文学修养，与时俱进的教学能力……才能真正提高自己的专业素养。

随着科技的发展，随着教育改革的不断深入，"一桶水"已远远满足不了学生的需要，教师要拥有一条奔腾不息的江河才能适应学生。教师要与时俱进，要适应新课程、新理念、新思维。要做一个学习型、研究型的教师，要树立终身学习的观念。教师只有掌握新知识、新方法才能适应新挑战。

陶行知说："要想学生学得好，必须先生好学。只有学而不厌的先生，才能教出学而不厌的学生。""树人"的前提是"自树"！

鄂尔多斯市的许多学校，在建校的时候，就特别重视校园文化的建设，重视图书馆、读书角的建设，重视校园文化的熏陶，努力营造书香文化校园，学生可以和书生活在一起，学生可以随手拿起书来阅读，在这样的氛围下，就需要有喜欢阅读的老师引领。只有教师广泛阅读，才能给学生择优推荐，才能让学生的阅读更有方向，更有收获！

在今天这样的教育新形势下，教师只有广泛深刻地阅读，才能提升人文情怀、道德素养、专业知识。教师广泛阅读，古今中外，文史哲都有涉猎，才能视野开阔，才能理解教育的真谛，才能理解教育是让学生成为幸福的人的教育，才能包容学生的错误，才能以发展的眼光看待学生的"不听话"。

现在是一个重视学生阅读的时代，重视全民阅读的时代，可是对于教师的阅读，鄂尔多斯并没有特别的措施给予支持和鼓励，也没有一定的要求来规划教师的发展，这样是很不利于教育的高质量发展的。

鄂尔多斯教育高质量发展是老百姓的期盼，如何高质量发展是为政者的重任，期待有一天鄂尔多斯的老百姓不仅以经济高速发展为自豪，还以教育高质量发展为自豪！

杨莉，鄂尔多斯市第二中学高级教师。